김민기 | Kim Min-gi

김민기 | Kim Min-gi

김창남 엮음

증보판을 내며

지난 2024년 7월 21일 그가 세상을 떠났다. 암 투병 중이었으니 어느 정도는 예견된 일이었지만 그렇다고 해서 그 충격과 슬픔이 경감되지는 않았다. 여러 매체들로부터 추모사를 요청받았지만 모두 응하지 않았다. 단 한 줄도 쓸 수 없었다. 《한겨레》 신문의 서정민 기자가 "그럼 1주기 때는 꼭 써주세요" 했을 때 무심코 그러마고 했는데 정말로 1년 후 다시 연락이 왔다. 어쩔 수 없이 1주기를 맞는 소회를 써 《한겨레》에 실었다. 거기 쓴 문장 일부를 옮긴다.

첫 만남 이후 오랫동안 그는 내게 스승이자 형이었고, 이런저런 일을 함께 한 동지였으며, 가장 가까운 술친구였다. 또한 늘 답 없는 수수께끼이기도 했다. 그는 어떤 면에서 한결같았지만, 끊임없이 새 길을 찾으며 변화했다. 통기타 포크의 창작과 연주로 시작된 그의 여정은 마당극, 국악과 민요, 동요와 구전가요, 노래극, 록 뮤지컬로 확대되었고, 예술적으로나 상업적으로 가장 소외된 영역 중 하나인 어린이 뮤지컬에까지 이르렀다. 1970년대의 포크 음악인들부터 80년대의 문화운동가들, 그리고 90년대 이후 소극장 학전을 무대로 활동한 후배 음악인들과 배우들에 이르기까지, 그의 영향을 받은 사람들은 다방면에 걸쳐 헤아릴 수 없이 많다. 그렇게 늘 새로운 길을 가면서도 상업적으로나 정치적으로나 결코 타협하지 않고 자기의 원칙을 엄격하게 고수하는 예술가적 고집만은 변함이 없었다. 편한 길이 있어도 굳이 어렵게 가는 그 성정이 스스로를 힘들게 하기도 했지만, 바로 그것이 많은 사람이 여전히 그를 존경하고 기억하는 까닭이기도 하다.

그를 존경하고 기억하는 나의 방법 하나가 그의 작품들을 모으고 정리하고 엮어내는 것이다. 내가 처음 그의 노래를 악보집으로 엮어낸 건 1986년의 일이다. 여기저기 흩어진 채 부정확하게 떠돌던 그의 작품들을 제대로 정리한 정본을 만들어보자는 취지였다. 엄혹하던 제5공화국 시절이었던 탓에 이 책은 나오자마자 판매금지라는 수모를 겪었지만, 1987년 6월 항쟁의 흐름 속에 민주화의 물꼬가 터지면서 해금되었다. 첫 책이 나오고 18년이 지난 2004년, 새로운 판형의 악보집 『김민기』를 새로

"

퍼냈다. 1986년 판 『김민기』가 주로 70년대에서 80년대 전반기까지의 김민기의 역사를 정리한 것이라면 2004년 판 『김민기』는 이후 〈지하철 1호선〉을 비롯해 소극장 학전을 무대로 새롭게 펼쳐지고 있던 그의 예술적 실천의 역정까지를 모아보고자 한 결과였다.

그의 별세 소식이 전해지고 새롭게 그의 생애와 업적에 대한 관심이 커지면서 『김민기』 책도 다시금 사람들의 관심을 불러 모았다. 이 책의 재고가 바닥 나 재쇄에 들어가야 한다는 말을 들었을 때 이걸 그대로 다시 찍을 수는 없다는 생각이 들었다. 다른 것은 몰라도 2004년 이후 그의 별세에 이르기까지 20여 년 세월의 역사를 담은 연보만이라도 보완이 되어야 한다는 생각으로 서둘러 작업한 결과가 이 책이다. '증보판'이라 이름 붙이긴 했지만 사실 제대로 된 증보판이라 말하긴 어렵다. 언제고 그의 생애와 모든 예술적 성과를 새로운 시선으로 담아낸 진짜 증보판이 나와야 하지 않을까 생각한다.

그가 떠나고 얼마 되지 않아 우리는 이른바 내란 사태를 겪었다. 겨울 광장에는 다시 사람들이 모여들었고 함께 노래를 불렀다. K-Pop과 민중가요가 어우러진 그 속에 김민기의 노래가 빠질 수는 없었다. 노래는, 아니 예술은, 다른 무엇이기 이전에 강력한 기억의 매개체다. 사람들은 예술 작품을 통해 그것과 함께 한 시간들을 기억한다. 김민기의 작품들은 그것이 속했던 역사를 끊임없이 일깨우고 환기한다. 그가 떠나도 그 작품들이 일깨우는 기억이 사라지지 않는 한 그는 여전히 우리 곁에 남아 있을 것이다.

2026년 1월 김창남

책을 내며

내가 처음 김민기의 음악과 그에 관한 글들을 묶어 책을 냈던 것이 1986년의 일이다. 물론 당시에도 그의 노래는 이런저런 지하 출판물들과 운동권의 불법 음반 등을 통해 많이 알려져 있었지만 악보마다 조금씩 노랫말이나 곡이 다른 경우가 많았고, 그의 작품이 아닌 곡이 그의 이름으로 알려진 경우도 있었으며, 김민기의 작품임에도 외국곡 혹은 다른 사람의 작품으로 알려져 있는 경우도 없지 않았다. 1986년의 책은, 그러니까 그의 음악을 그가 처음 만들었을 당시의 모습으로 정리해 하나의 정본을 만들어 보고자하는 의도와 함께 그의 음악 작업에 대한 중간 평가의 의미를 갖는 것이기도 했다. 그 책의 엮은이 서문 말미에 나는 이렇게 적은 바 있다.

김민기는 아직 30대 중반의 젊음 속에서 살고 있다. 이 책은 주로 70년대에 이루어진 그의 노래 작업을 일차적으로 정리해본 것에 지나지 않는다. 그가 작품 활동을 재개하여 다시 두 번째 작품집을 묶어낼 때쯤이면 그는 지금과는 다른 모습 다른 의미로 우리 앞에 나타나게 될지도 모른다. 이 책이 그에 대한 또 다른 편견 혹은 그에 대한 절대적인 평가를 낳지 않게 되기를 바란다.

그로부터 20년 가까운 세월이 흘러버린 지금 그에 관한 책을 다시 엮으며 새삼 세월의 변화를 실감한다. 지금 생각하면 참으로 어이없는 일이지만 당시에는 김민기의 노래 책을 엮어 공개적으로 출판한다는 것 자체가 그리 호락호락한 일이 아니었다. 그는 여전히 합법적 활동을 하기 어려운 상황이었고 그의 음악은 어떤 것이든 '공식적으로는' 존재할 수 없는 것이었다. 예상한 대로 그 책은 나오자마자 판금도서 목록에 올랐고 6월 항쟁과 함께 민주화 국변이 열리고 나서야 해금되었다. 두 번째 책을 묶어내는 지금 이 책이 정치적인 이유로 판금되거나 할 아무런 이유가 없다는 것은 내게 적지 않은 의미로 다가온다. 그것은 민주주의와 자유의 소중함에 대한 새삼스런 환기이기도 하지만 내가 첫 번째 책의 서문에 적었던 것처럼 김민기의 의미와 그에 대한 평가가 20년 전과는 사뭇 다를 수밖에 없다는 사실 때문이기도 하다.

1970년대와 1980년대에 통기타 음악과 청년문화의 대변자였고 저항문화의 상징이었던 그는 1990년대 이후 소극장의 경영자이자 가장 한국적인 록 뮤지컬의 작곡자·편곡자·연출자로 이름을 날렸다. 새로운 세기를 치닫는 지금도 그는 여전히 새로운 작업을 위해 암중모색하고 있다. 단 한 순간도 정체되어 있지 않으면서 꾸준히 뭔가를 만들어내고 새롭게 담금질해내는 그의 지치지 않는 예술적 열정이야말로 우리 대중문화사에서 유래를 찾기 어려울 것이며, 그를 가장 그답게 만드는 힘이다. 이제 김민기와 그의 음악은 그저 한 시대의 수난과 저항의 상징이라는 의미에서가 아니라 그것을 뛰어넘어 사회와 역사의 변화에 대응하여 전면적으로 펼쳐진 한 예술가의 창조적 이력이라는 차원에서 새롭게 평가받아 마땅하다. 이 책의 의미가 바로 거기에 있다 할 것이다.

이 책을 통해 나는 김민기의 모든 작품과 그동안 제출된 그에 관한 평가를 집대성하고자 했다. 여러 가지 사정으로 1986년 책에서 빠져야 했던 작품들을 수록하고, 구 이후의 창작물을 넣었으며 〈지하철 1호선〉의 대본과 악보, 김민기의 작품세계에 관한 여러 사람들의 평문을 수집했다. 다만 아직 미완성 작품인 〈개똥이〉는 제외했고, 비평문의 경우도 지면 사정으로 결국 일부만 추릴 수밖에 없었다. 지난 1993년 김민기는 네 장의 전집음반과 함께 보존판을 위한 소책자를 만든 바 있다. 김지하 선생의 발문을 비롯해 소책자에 수록된 몇몇 글들이 이 책에 재수록 되었고 그의 음악 세계를 조명하는 필자들의 글과 대담이 함께 엮어졌다. 새롭게 대담 원고를 만들어준 주철환 교수와 멀리서 글을 보내준 폴커 루드비히 선생을 비롯한 여러 필자들과 번역자들에게 고마움을 표하고 싶다. 가장 어려운 작업은 악보를 정리하고 입력하는 일이었다. 악보를 정리하는 작업은 그 자체로 곡에 대한 새로운 해석이고 재창조 작업이기 때문이다. 1980년대 노래운동의 대표적 활동가였던 작곡가 문승현이 그 작업을 선뜻 맡아주었다. 여기에 수록된 악보들의 음악적 색깔은 그런 의미에서 다분히 문승현적이라 할 수 있다. 악보 작업을 해준 윤광빈·조계연 씨, 까다로운 책의 디자인 작업을 맡아준 여백 커뮤니케이션, 학전의 식구들, 도서출판 한울의 여러분께도 감사드린다.

2004년 8월 김창남

| 차례 |

가뭄_1973 가을 편지_1970 강변에서_1973 검은 차_1970 고무줄 놀이_1978 고향 가는 길_1973 귀하_1970 그날_1969 그 사이_1971 기지촌_1973 길_1970 꽃 피우는 아이_1970 나비_1971 날개만 있다면_1984 내 나라 내 겨레_1971 눈 길_1973 눈산_1969 늙은 군인의 노래_1976 도대체 사람들은_1984 두리번 거린다_1972 땀 흘려 거둔 음식_1980 바다_1972 밤뱃놀이_1978 백구_1971 봉우리_1984 상록수_1977 새벽길_1971 서울로 가는 길_1971 소금땀 흘리흘리_1978 식구 생각_1975 아름다운 사람_1972 아무도 아무 데도_1971 아침 이슬_1970 아하 누가 그렇게_1970 어찌 갈거나_1974 인형_1971 잃어버린 말_1972 작은 연못_1971 잘 가오_1970 제발 제발_1984 주여, 이제는 여기에_1973 차돌 이내 몸_1972 천리길_1975 철망 앞에서_1992 친구_1968 혼혈아_1970

개성화된 삶의 예술 _김지하

김민기 씨를 처음 만난 것은 그가 대학에 다니던 스무 살 때였다. 그의 노래를 들으며 그가 새 시대의 감성을 대변하는 뛰어난 음유시인임을 단번에 느낄 수 있었다. 쓸쓸함, 맑음, 쾌활함, 이 세 가지였다. 버림받은 외로움과 슬픔, 그 가없는 쓸쓸함을 관통하는 티없는 맑음 때문에 어둠은 오히려 씩씩한 쾌활함으로 바뀌고 있었다. 그의 노랫말에는 죽음이 배어 있다. 그러나 그의 음악을 들으면 부활의 기쁨이 느껴진다. 밑을 흐르는 세계와 삶에 대한 짙은 사랑과 잃어버린 유년의 고향으로 이끌어주는 듯한 강렬한 종교성은 죽음과 고문의 시대를 사는 우리에게 그 자체로서 하나의 저항이었고 대안이었다. 그 절정이 「아침 이슬」이다. 미지의 삶의 광야로 무한히 열리는 「아침 이슬」의 마지막 소절은 약속과 창조의 땅으로 나아가는 고달픈 유랑민의 복음이었다.

그의 수난, 농촌과 바다, 그리고 광산에서의 고된 노동도 그의 음악에 거친 어둠보다는 오히려 씩씩한 쾌활함을 더해준 것 같다. 잘난 체하지 않고 섣불리 고통을 드러내지 않고 잘 새겨 아름다운 화해의 세계로 이끄는 그의 미덕을 만든 것 같다. 김민기 씨는 성공한 사람이다. 음악에서나 삶에서나 그는 개성화에 성공한 사람이다. 바라건대 그의 개성적인 삶을 더는 수줍어하지 말고 과감하게 음악 속에 쏟아 부어줬으면 한다. 지금 우리가 부딪히고 있는 전환기의 상황에서 지극히 필요한 것은 새 삶의 창조이며 그 창조를 추동하는 것은 보다 개성화된 삶의 예술이기 때문이다.

김민기, 그리고 새로운 청년문화의 구상 _김창남

01_ 현재 진행형인 김민기

　내가 『김민기』라는 제목의 책을 엮어 낸 것이 1986년이다. 벌써 20년 가까운 세월이 흐른 셈이다. 그 사이 세상은 참 많이 변했다. 1986년 당시 세상에 나오기가 무섭게 판금도서 목록에 올랐던 『김민기』는 이후 6월 항쟁과 함께 열린 민주화 공간에서 복권되었다. 몇 해 전에는 「상록수」가 공익 광고의 배경음악으로 연일 TV 화면을 타기도 했다. 한때 반체제적 저항가요로 낙인찍혀 '금지'되었던 노래가 하루아침에 정부에 의해 국가 홍보음악으로 변신하는 그 놀라운 '신분상승'의 드라마는 우리 사회의 시대적 변화를 상징하는 사례로 여겨지기도 한다. 그러나 한때 권력에 의해 금지되었던 노래가 아무런 설명 없이 또 한 번 권력에 의해 자의적으로 캠페인 송이 되어버리는 과정은 여전히 우리 사회에서 문화예술이 처해 있는 초라한 위치를 웅변한다. 하나의 문화 산물이 권력의 자의에 따라 어느 때는 이쪽 테두리로 분류되고 어느 때는 저쪽 테두리로 분류되는 것은 결코 자연스럽거나 바람직한 일이 아니다. 만일 「상록수」가 온 국민이 배우고 따라 부르며 지표로 삼아야 할 좋은 노래라면 그동안 이 노래를 못 부르게 금지하고 억압했던 사람들(그리고 그 사람들로 대표되는 사회 시스템과 이데올로기도)은 당연히 반성과 함께 권력을 내놓고 무대를 떠나야 옳은 일이다. 그러나 어디를 보아도 그런 흔적은 보이지 않는다. 어쩌면 그것은 현재 우리 사회에서 이야기되고 있는 이른바 '개혁'이 얼마나 한계를 지닌 것인지를 말해주는지도 모른다. 그리고 그것은 음악 활동을 시작한 지 근 30년이 넘고, 그의 노래를 담은 책이 발간된 지 십 수년이 지난 지금도 여전히 김민기의 음악이 다시 한번 상기해야 할 우리 정신사의 뚜렷한 자산으로 여겨지는 까닭이기도 하다.

　세월의 간격만큼이나 김민기 자신도 많은 변화를 겪었다. 그는 가수이며 작곡가였던 모습에서 한 걸음 벗어나 뮤지컬 연출가이자 작곡가, 그리고 소극장의 경영인으로 변신해 있다. '변신'이란 말은 사실 적절치 않다. 그는 하나의 위치에서 다른 위치로 하루아침에 자리를 바꾸어 앉는 타입의 인간이 아니다. 그사이 그가 겪어왔던 궤적(이 책에 수록된 연보를 참조)을 보더라도 그는 늘 자신의 삶 속에서 묵묵히 세상에 대해 발언하며 끊임없는 창조성으로 자신의 외연을 넓혀왔을 뿐이다. 그런 까닭에 그는 30년 전 통기타 선풍 속에 함께 있었던 동료들이 대부분 미사리 구석으로 밀려 잊혀져 가는 중에도 여전히 현재진행형의 예술가로 남아 있는 것이다. 지난 1999년 늦은 가을 장충체육관에서 열린 〈김민기 헌정 콘서트〉는 그의 음악이 왜 여전히 현재진행형일 수 있는지를 잘 보여주었다. TV 무대를 주름잡는 이른바 아이돌 스타들은 빼고 현재 한국에서 가창력과 음악성을 가진 것으로 인정받는 거의 모든 가수들이 이 무대에 올라 그에 대한 존경을 표했다. 관객들은 30년 세월의 간극을 넘어 그의 노래를 뜨겁게 합창했고 그의 노래가 갖는 동시대성을 함께 확인했다. 20대 초반에서 40대 후반에 이르는 관객들은 외모에서 드러나는 세대적 차이에도 불구하고 그의 노래 속에서 분명 공통의 뜨거운 감정을 나누고 있는 것으로 보였다. 세대와 연령의 차이를 넘어 그들 사이를 뜨겁게 관류하는 정신, 그것이 김민기 음악의 생명이며 지금도 여전히 그의 음악이 유효한 이유일 터이다. 그것을 나는 '청년문화의 정신'으로 이해한다.

02_ 통기타 음악과 청년문화

한국에서 청년문화가 공식적 담론에 등장한 것은 1970년대 초의 일이다. 1970년대 20대 초반의 젊은 층을 중심으로 기성의 문화와 구별되는 새로운 문화가 등장하였고, 이는 삽시간에 폭발적인 호응을 얻으며 주류 문화권으로 진입하였다. 이 새로운 문화의 주역은 대학생들이었고, 저널리즘은 이 새로운 문화에 청년문화라는 이름을 붙여주었다. 청년문화(youth culture)는 제2차세계대전 이후 서구와 미국에서 등장하여 기성의 가치와 문화에 거세게 도전했던 젊은이들의 문화를 일컫는 용어였다. 특히 1960년대에 등장한 청년문화는 구미를 휩쓴 인권운동과 평화운동, 신좌파(new left) 운동과 결합하면서 엄청난 사회적 영향을 미쳤던바, 당시의 청년문화는 흔히 대항문화(counter-culture)라는 용어로 불린다. 70년대 초 한국 젊은이들의 새로운 문화가 청년문화라는 용어로 불린 것은 그것이 어떤 식으로든 서구 문화의 영향 속에 있었다는 것, 당대의 청년 세대가 해방 후에 태어나 미국식의 교육을 받으며 미국 대중문화의 영향 속에서 성장한 세대였고 바로 그 점에서 여전히 일본식 문화에 젖어 있던 기성세대와 분명한 차이를 가지고 있었다는 것과 무관하지 않다. 말하자면 1970년대 초의 청년문화는 일본식 문화에 대한 서구식 문화의 도전, 혹은 한국 사회 문화 담론의 장에서 벌어진 일본 문화와 서구 문화의 헤게모니 갈등의 산물이었다고 말할 수 있다. 이는 당시 청년문화가 흔히 장발과 통기타, 청바지와 생맥주 등 서구적인 소비 문화 요소들로 대표되었으며, 청년문화에 대한 기성 사회의 반응이 흔히 퇴폐, 방종, 무분별한 외래 문화 등의 언어로 표현되고 있었다는 사실에서도 잘 드러난다.

지금 40대 이상의 연령층에 해당하는 사람들이라면 70년대 초 길거리에서 흔하게 벌어졌던 장발 단속이나 스트리킹에 관한 뉴스를 기억할 수 있을 것이다. 머리를 길게 기른 남자 대학생들이 줄줄이 즉심에 회부되거나 머리를 깎이는 장면, 멀쩡한 대학생이 한낮에 도심 한가운데를 벌거벗은 채 질주하다 잡혔다는 뉴스는 늘 젊은이들의 퇴폐 풍조에 대한 개탄을 실어 보도되었다. 개인적인 소회를 말하자면 사실 그 모습은 어린 내게도 이해할 수 없는 방종으로 비쳤다. 그런 뉴스를 접할 때마다 아버지는 "기껏 돈 들여 대학 보냈더니 저 짓이나 하고 있다"며 혀를 끌끌 차셨고, 많은 경우 "하여간 저런 놈들은 모조리 붙잡아서 감옥에 처넣어야 해" 하는 말을 덧붙이시곤 했다. 물론 당시 나로서는 아버지의 그 말이 얼마나 정치적인 의미를 가지는 것인지 이해할 수 없었다. 하지만 실제 당시 한국 사회는 그런 '놈'들을 얼마든지 감옥에 처넣고 몇 년씩 썩힐 수 있는 체제로 줄달음쳐 가고 있었다.

1970년대 초 한국 사회는 3선 개헌과 대통령 선거, 그리고 10월 유신으로 이어지면서 박정희의 장기집권이 예고되고 파시스트적인 군사 통치가 노골화되어가는 시점에 있었다. 박 정권의 장기 독재와 폭압 정치는 당연히 엄청난 반발과 저항에 직면했다. 전태일의 분신으로 촉발된 노동자와 빈민들의 투쟁, 김지하를 비롯한 문인과 지식인들의 저항, 대학생들의 지속적인 시위와 운동이 당대를 뜨겁게 달

구었다. 그러나 조용한 강원도 소도시의 평범한 10대로 살아가던 내게 그런 일들은 그저 풍문으로 언뜻언뜻 듣게 되는 먼 나라의 아득한 일일 뿐 피부에 닿는 현실이 아니었다. 당시 내게 의미 있었던 현실은 어떤 정치적 격랑이 아니라 길거리에서 간혹 만나게 되는 장발 청년들의 모습, 그리고 라디오 방송을 통해 들을 수 있었던 노래들이었다.

당시 내가 살던 도시에서는 FM 방송을 정상적으로 듣기 어려웠다. 통기타 선풍의 진원지였던 기독교 방송도 마찬가지였다. 한낮에는 그런 대로 들을 만했지만 해가 기울기 시작하면 어김없이 잡음이 끼어들면서 도저히 들을 수 없는 지경이 되곤 했다. 본체보다 큰 밧데리가 고무줄로 칭칭 동여매여 있는 트랜지스터 라디오를 이리저리 돌려가며 조금이라도 전파를 잡아보려 애쓰던 기억이 아직도 생생하다. 당시 내가 그토록 애를 쓰면서 듣고 싶어 했던 노래들은 그때까지 흔히 들었던 이미자, 남진, 나훈아의 노래와는 확실히 다르게 느껴졌던 양희은, 김세환, 서유석, 송창식, 이장희 등의 노래였다. AM 방송에서는 자주 듣기 어려웠던 이런 노래를 즐겨 듣던 친구들은 대개 대학에 다니는 형이 있거나 해서 대중음악에 관한 정보에 비교적 밝은 친구들이었고, 이들은 그런 노래를 잘 모르는 친구들에 대해 일종의 엘리트 의식 비슷한 감정을 가졌던 것으로 기억한다. 물론 나를 포함해 그 누구도 이런 노래와 70년대 초의 정치적 격랑을 연결시켜 이해할 수 있는 능력은 없었다. 간혹 매스컴을 통해 들을 수 있었던 청년문화라는 말은 아직 청년이 되지 못했던 내게 그다지 현실감 있는 용어가 아니었고, 통기타 가요, 포크 송 같은 말은 당시 유행하던 포켓 사이즈의 노래 책들을 통해 익숙해 있을 뿐이었다. 김민기라는 이름 역시 마찬가지였다. FM조차 듣기 힘들던 소년에게 그의 이름은 노래 책에 나오는 좀 '묘한 노래'들의 작사·작곡가였을 뿐이다.

당시 포켓 사이즈 노래 책을 열심히 보며 노래를 부르곤 했던 내게 '묘한' 느낌으로 다가온 것은 김민기, 한대수라는 두 사람의 이름이었다. 이들의 노래는 비슷한 유로 취급되던 김세환이나 이장희 등의 노래와도 분명히 달랐다. 당시 나로서는 그 차이를 정확히 이해할 수 없었지만 「작은 연못」이나 「바람과 나」 같은 노래의 노랫말과 분위기가 당시까지의 주류 대중가요는 물론이고 다른 통기타 가요와도 다른 점을 가지고 있다는 것은 분명히 느낄 수 있었다. 이미자, 남진으로 대표되는 기성의 대중음악과 통기타 음악이 가진 차이, 그리고 같은 통기타 가요 가운데 김민기와 한대수의 음악이 가진 차이, 정확하게 표현할 수는 없었지만 분명히 존재하던 그 차이의 느낌이, 말하자면 당시 10대 청소년이었던 내 인식의 지평에 존재하는 청년문화의 스펙트럼이었던 셈이다.

03_ 통기타 음악, 그 차이의 정치학

1970년대의 청년문화는 이른바 뽕짝 가요와 통기타 가요의 차이에서 기본적으로 규정되었다. 여기에는 청년들의 장발과 스트리킹, 거기에 혀를 끌끌 차는 기성세대의 반응이 오버랩된다. 좀더 나아가면 일제 강점기에 교육을 받고 전쟁을 치른 기성세대의 사고방식과 미국의 영향 속에서 교육을 받고 4·19를 거치며 고도 성장기의 근대화 신화 속에서 성장한 새로운 세대의 사고방식이 빚어내는 갈등이 여기에 오버랩된다. 1969년 클리프 리처드의 내한 공연에서 보였던 여학생들의 열광을 둘러싼 사회적 논란은 바로 그런 갈등을 배경으로 한다. 그런 의미에서 보면 70년대의 청년문화는 일본 문화와 서구 문화, 전전(戰前) 세대와 전후(戰後) 세대 사이에서 드러나는 차이의 정치학에 기초해 있다. 그 차이의 정치학을 대중문화적 스타일의 차원에서 구체적으로 구현한 대표적인 것이 통기타 음악이며, 그것이 가능했던 것은 20대 청년층을 기반으로 한 청년 시장(youth market)이 형성되었기 때문이다. 이 점은 매우 중요한데, 60년대 말부터 명동 YWCA회관이나 음악 감상실 등에서 젊은 통기타 가수들이 노래를 부르고 한대수가 드라마센터에서 공연을 했던 일이 70년대 초반의 폭발적인 붐으로 연결되면서 주류의 일각으로 자리 잡을 만큼 문화적 흐름을 이룰 수 있었던 것은, 그것을 자신의 문화로 받아들이고 적극적으로 수용하는 새로운 문화 시장, 즉 청년 시장이 형성됨으로써 가능했던 일이다. 이 새로운 시장의 중심 주체는 대학생들이었고, 이들은 고도 성장기의 사회 변화 과정에서 상당 수준의 구매력을 확보한 새로운 소비 주체들이었다. 이들이 생맥주를 마시고 청바지를 사 입고 통기타를 들고 노래를 부르며 음반을 구매함으로써 청년문화는 구체적인 시장의 현상으로, 그리고 곧 문화적 현상으로 대두하게 된다. 예나 지금이나 문화산업은 늘 당대의 가장 민감한 소비자들을 겨냥하기 마련이다.

1970년대의 청년들이 이 새로운 노래들에서 느꼈던 것은 무엇인가? 그것은 일차적으로 이전 세대의 뽕짝 가요가 대변하는 쥐어짜는 듯한 신파적 정서와 구별되는 세련되고 감각적인, 그런 의미에서 좀더 현대적인 정서라 말할 수 있다. 이런 차이는 가요뿐 아니라 의상, 스타일, 코미디, 영화, 그리고 일상적 소비 문화 등 대중문화 전반에서 드러난다. 청바지와 장발이 유행하고, 전통적인 코미디나 만담과 구별되는 새로운 세대의 개그가 각광을 받고, 하길종과 이장호의 감각적 영상이 관심을 모았으며, 생맥주·고고춤·테니스 같은 서구적 생활 문화가 인기를 끈 것도 같은 맥락이다. 이는 청년문화의 근저에 일본적인 것에서 미국적인 것으로 심미적 기준이 바뀌어가는 사회적 과정이 깔려 있는 것이며, 당대의 청년들에게 어떤 식으로든 미국지향적 혹은 서구지향적 욕망이 짙게 자리 잡고 있었음을 말해준다.

1960년대 이래 군사정권에 의해 사회적 목표로 제시된 이른바 근대화의 내용이 경제적으로는 공업화, 문화적으로는 서구화를 의미하는 것이었고 보면 급속한 근대화의 사회적 변화 속에서 성장한 당대의 청년 세대가 서구지향적 욕망을 갖게 된 것은 자연스러운 결과라 할 수 있다. 여기서 주의할 점은 서구지향적 청년 세대가 당대의 '모든' 청년 세대를 의미하는 것은 아니라는 점이다. 급속한 공업화는 또한 급속한 농촌의 몰락을 가져왔고 농촌의 많은 젊은이들은 이농 현상과 함께 도시 주변에 자리 잡으면서 노동자 및 도시 빈민 집단을 형성한다. 이농으로 인한 고향 상실과 생활고에 시달리던 이들에게 통기타 가요의 서구적 낭만주의보다는 여전히 망향과 이별의 비애 속에 있는 트로트 가요가 훨씬 친화적인 것이었다고 할 수 있다. 통기타 가요와 트로트 가요의 분화는 당대 사회의 구조적 분화와 '비교적' 상응한다. 트로트가 사회 기층민의 정서를 달래주는 문화였다면, 통기타 가요는 상대적으로 세련된 도시적 분위기를 대변하며 대학생과 지식인층의 낭만주의적이고 서구지향적인 감성을 충족시켜주는 문화였다고 할 수 있다.

통기타 가요의 낭만주의적 성격은 이 노래들에서 흔히 사용되는 노랫말이 보여주는 몇 가지 특성에서 잘 드러난다. 이들의 노랫말은 예컨대 전통적인 트로트 음악에서 흔히 보이는 직정적인 감정의 토로보다 사물과 자연의 은유를 통해 맑고 깨끗하고 순수한 자신들의 세계를 추구하는 모습을 보여주는 경우가 많았다. 그런 의미에서 이들의 노래는 좀더 '시적'이라는 표현이 가능한데, 이영미(『한국대중가요사』, 시공사, 1999)는 1970년대 통기타 음악의 세계가 소박하고 순수한 이미지의 시어들에서 특징적으로 드러난다고 말한다. 하얗다, 맑다, 작다, 가난하다 등의 형용사가 많이 등장하고, 아침, 눈물, 이슬, 새, 초가집, 조각배, 아이, 소년, 소녀 등 때묻지 않은 순수를 상징하는 시어들이 흔히 등장하는 것은 통기타 가요가 순수하고 소박한 세계에 대한 지향을 담고 있음을 잘 보여준다. 순수성에 대한 추구는 달리 말하면 순수하지 못한 것, 때묻은 것에 대한 거부이며 그로부터의 도피를 의미한다. 통기타 가요가 지향하는 세계는 문명, 성인, 탐욕의 세계에 대비되는 비문명, 청(소)년, 소박한 가난의 세계이다. 그런 의미에서 이들의 지향은 1960년대 서구 사회를 휩쓸었던 대항문화와 히피주의의 세계와 분명 일정한 공통점을 가지고 있다. 통기타 가요의 수용자들이었던 당대의 청년들이 장발과 청바지라는 히피주의의 스타일을 채용했던 것은 그런 의미에서 자연스러운 일이다. 장발과 청바지는 단순히 서구적 스타일의 모방이라는 차원을 넘어 규격화된 스타일로 표현되는 기성의 문명과 질서로부터 벗어나고 싶은 일탈과 자유의 욕망을 드러내는 것이다. 그러한 일탈과 자유의 욕망은 통기타 가요가 기타라는 매우 간편하고 쉬운, 즉 자유로운 악기를 매개로 했다는 점에서도 읽을 수 있다. 기타는 쉽게 이동할 수 있고 아무 데서나 연주할 수 있으며 단순하면서도 풍부한 사운드를 가지고 있는 악기이다. 기차를 타고 도시를 떠나 자연 한가운데서 캠핑하는 젊은이들이 기타를 연주하며 노래 부르는 모습은 당대의 청년문화를 상징하는 전형적인 장면으로 기억된다. '기타를 칠 줄 모르면 간첩'이라는 말이 유행할 정도로 청년 세대의 일상적 문화로 자리 잡은 통기타 문화는 우리 대중문화사에서 대중이 단순한 문화 소비자의 수준에서 벗어나 적극적이고 능동적인 문화 실천자로 모습을 드러낸 최초의 사례라 할 수 있다.

1970년대의 청년 세대가 통기타를 매개로 집단적인 문화 정체성을 형성할 수 있었던 데는 당시 통기타 음악의 기수들이 보여주었던 행태가 기성의 대중음악 스타들과는 여러모로 달랐다는 점도 중요한 요인이 된다. 당시의 통기타 가수들은 대부분 대학생 신분이었거나 팬들과 비슷한 연령층이었고, 무엇보다도 그들이 무대에서 보여주는 모습은 기성의 가수들과는 확연히 다른 것이었다. 그들은 보통의 대학생들처럼 청바지를 입고 수수한 차림으로 노래를 불렀으며, 같은 세대의 대학생들은 기성의 '연예인'들과는 다른 그들의 풋풋한 아마추어리즘에 쉽게 동일시할 수 있었다. 통기타 가수들의 아마추어리즘이 주는 친근함, 접근하기 쉬운 통기타라는 악기의 특성, 그리고 통기타 가요들의 순수주의와 낭만주의는 당대 청년 세대의 새로운 감수성을 반영하며 청년문화가 형성될 수 있었던 중요한 요인들이다.

04_ 한대수와 김민기

순수주의와 낭만주의가 1970년대 통기타 음악의 기본적인 정체성이었다면 김민기와 한대수는 그 가운데에서도 확실히 독특한 세계를 보여주었다. 그것은 물론 그들의 노래가 흔하디 흔한 통속적 사랑 타령에서 벗어나 있던 것에서 비롯된다. 사실 예나 지금이나 대중가요에서 남녀 간의 사랑과 이별은 가장 흔한 주제이다. '사랑'이라는 단어가 등장하지 않는 노래가 얼마나 될까? 이는 통기타 음악에서도 크게 다르지 않았다. 표현 방식의 차이가 있을 뿐 통기타 음악 역시 대부분 젊은이들의 낭만적 사랑의 감정을 크게 벗어나지는 않았다. 서유석과 양병집 등 일부 가수들이 사회 풍자를 담은 노래를 발표하기도 했지만 통기타 문화의 주류는 분명 사회적 관심보다는 개인적인 낭만주의의 세계에 있었다. 그런 의미에서 보면 김민기와 한대수의 음악은 확실히 독특한 것이었다. 청소년 시절을 통기타 음악의 세례 속에서 성장한 나의 당시 느낌으로 보면 그들의 노래는 분명 뭔가 메시지를 숨기고 있는 노래였다. 이들의 노래에는 일반적으로 노랫말로는 어울릴 것 같지 않은 단어들이 들어 있었고 다른 노래에서는 보기 어려운 의미심장한 내용이 숨어 있는 것으로 느껴졌다. 그것이 정확히 어떤 의미인지를 이해한 것은 한참 후의 일이지만.

내가 노래 평론가라는 직함을 갖게 된 계기가 되었던 최초의 평론은 「삶을 지향하는 노래」라는 제목을 갖고 있다. 1983년에 쓰여진 이 글은, 지금 읽어보면 여러모로 허점투성이인 데다가 사고와 논리의 천박함이 그대로 드러나는 글이지만, 70년대 후반 세대가 노래운동을 시작하던 무렵의 인식을 잘 보여준다. 이 글에서 나는 한대수와 김민기에 대해 나름의 평가를 내린 바 있는데 1970년대의 청년문화, 특히 한대수에 대한 나의 평가는 대단히 인색했다.

> 건강한 인간해방 운동의 일환으로 나타난 일련의 문화적 움직임들이 미국이라는 고도의 풍요사회 속에서 보헤미안적 낭만주의로 변질되면서 이른바 포크 송들도 애초의 건강한 의식을 잃고 대중오락으로 전락해버린다. 70년대 초 한국의 청년문화란 바로 그러한 일련의 문화적 현상이 아무런 비판 없이 모방 이식되었던 현상에 불과하다. 그 선두주자격이었던 한대수의 노래 「행복의 나라로」는 바로 그러한 한계를 명백히 보여주는 것이었다. '미국적'일 수밖에 없는 정서가 한국적 현실이 부닥쳤을 때 나타난 갈등은 이 땅에 행복의 나라를 건설하겠다는 의지가 아니라 어딘가에 있을 행복의 나라로 찾아가겠다는 표현으로 나타나고 있다. 그의 노래가 갖고 있는 '형식적 자유로움의 미덕'(이를테면 기존 가요에서 볼 수 없었던 생경한 단어나 사투리의 거리낌 없는 사용, 고정된 악보에 얽매이지 않는 노래 형식 같은 것)이 건강한 역사의식으로 접맥되어 보다 긍정적인 결과를 낳기엔 그는 너무도 '미국적'이었던 것이다. 결국 그가 스스로 정신적으로 몸담고 있던 '행복의 나라'로 가버린 것처럼 그의 노래는 몇 가지 '새로움'의 의미만 남긴 채 대학가 노래운동에서 그 힘을 잃어버리게 되는 것이다.

한대수 음악이 보여주는 도저한 자유주의를 제대로 이해하고 수용하기에 우리의(혹은 나의) 의식은 너무 편협했고 우리의 문화적 레퍼런스는 너무 빈약했다. 무엇보다도 가파른 사회과학적 인식과 민족주의가 앞서 있던 당대의 상황에서 문화를 보는 우리의 시각은 지나치게 협소했다. 그런 우리의 협소한 시각에서 한대수의 음악이 과소평가되었던 것은 자연스러운 일이었다. 20년 가까운 세월이 흐른 지금 나는 위 글에서 드러나는 우리 세대의 넉넉지 못했던, 하지만 당시로서는 다소 불가피하기도 했던 편협함이 이후 음악 운동의 풍요로운 발전을 제한했고, 그 결과가 현재의 허망한 상황에까지 연장되고 있음을 인정하지 않을 수 없다. 그렇기는 해도 나는 위 글에 나타나는 한대수에 대한 평가가 근원적으로 수정되어야 할 정도로 잘못된 것이라고는 생각하지 않는다. 적어도 1970년대 초 이후 20년 이상 한국을 떠나 있던 한대수의 음악에 비해 70~80년대 내내 한국 사회에서 부대끼면서 끊임없이 예술적 결과물을 산출해냈던 김민기의 작업이 진보 음악 진영에 미친 영향은 더 클 수밖에 없기 때문이다. 또 90년대 이후 문화 담론의 변화와 팽창 속에서 신중현, 산울림, 들국화, 그리고 한대수 등의 음악이 새롭게 평가된 것은 최소한의 민주적인 사회 변화 속에서 문화에 대한 인식의 폭과 깊이가 달라진 상황을 떠나서는 생각할 수 없기 때문이다.

　김민기의 음악이 동시대의 다른 음악적 표현들과 구별되는 지점은 바로 그의 음악이 분명하게 보여주는 '대안에 대한 고민'에 있다. 대안에 대한 고민은 현실에 대한 좀더 치열한 부정과 비판, 그리고 그로부터 비롯되는 고뇌와 혼란의 깊은 자의식의 표출을 수반한다. 다른 통기타 음악이 대부분 현실에 대한 다소 막연한 인식과 막연한 도피에 머문 것에 비해 그의 음악은 좀더 치열한 고민과 깊은 자의식의 산물이며, 그런 점에서 좀더 정치적이다. 이는 한대수의 음악과 비교해서도 분명히 드러난다. 한대수의 음악 역시 히피적인 분위기와 노랫말에서 드러나는 자유주의 정신을 통해 시대와의 불화를 드러내며 그런 점에서 분명 정치적이지만, 김민기가 '나'의 주체에서 '우리'의 주체로 그 지평을 넓혀가며 좀더 치열한 정치적 문제의식을 드러내는 반면, 한대수의 경우는 '나'의 주체에 대체로 갇혀 있는 모습을 보여준다. 김민기와 한대수의 차이는 기본적으로 이 지점에 있다고 나는 생각한다. 이는 두 사람의 음악이 가진 어떤 문화적 혹은 미학적 '가치'의 차이를 의미하지는 않는다. 그것은 한국적 상황이라는 특수한 사회·역사적 맥락에서 음악이 가진 사회적 접점의 스펙트럼의 차이이며, 70~80년대의 대학가 노래운동에서 두 사람의 음악에 대해 가졌던 인식의 차이도 결국은 여기에 근거하는 것이다. 범박한 예로 대학 시절 우리에게 한대수의 노래는 「행복의 나라로」 정도를 제외하면 함께 부르기보다는 혼자 부르는 노래였던 반면, 김민기의 노래는 혼자서도 부르지만 함께 부르기 위해서도 빠뜨릴 수 없는 노래였다. 그의 음악은 지식인적 자의식이 강하게 드러나는 초기 작품들에서 점차 민중지향적 정치 의식이 짙게 드러나는 후기의 작품들로 스펙트럼을 넓혀가며 그 정점에 노래굿 〈공장의 불빛〉이 위치한다. 그의 노래가 보여주는 이러한 자기 확대의 과정은 70년대의 청년문화가 낭만적 순수주의에서 점차 현실적인 정치성을 띠면서 80년대로 이어지는 과정을 담고 있다. 그것은 '나'의 세계에서 '남'의 세계로 다시 '우리'의 세계로 나아가는 주체 인식의 확대 과정이기도 하다. 70년대의 통기타 음악에서 김민기의 비중은, 그래서 그 대중적 명망이나 인기와 무관하게 절대적이다. 김민기의 음악이 있음으로 하여 70년대 통기타 음악은 비로소 청년문화의 이름에 값할 수 있었다. 그의 음악이 없었다면? 우리는 70년대의 청년문화를 단지 한때의 유행으로, 문화 정치의 맥락과 별 관계 없는 그저 하나의 흘러간 사조쯤으로 기억하고 있을 것이다.

05_ 청년문화의 새로운 패러다임

1980년대까지 김민기의 음악이 거의 독보적인 평가의 대상이었던 것에서 1990년대 이후 다양한 음악인들의 작업이 재평가된 것은 사회의 변화 속에서 문화를 보는 우리의 패러다임이 변화했음을 의미한다. 나는 그것을 민중주의적 패러다임에서 다시 청년문화적 패러다임으로의 전환이라고 생각한다 (나 이외에는 아무도 이런 식의 표현을 쓰는 것 같지 않지만). 이는 보기에 따라서는 진보 이념 자체의 퇴화와 약화를 의미하는 것으로 비치기도 하지만 그보다는 사회·문화적 진보의 스펙트럼이 이념 중심에서 좀더 폭넓은 사회적 담론으로 그 지평이 옮겨졌음을 의미하는 것으로 볼 수 있다. 90년대 이후 광범위하게 제기된 일련의 문제들, 이를테면 생태론, 동성애, 페미니즘, 신세대와 청소년 문화, 서태지 신드롬, 스타일을 통한 저항, 능동적 수용자론, 미시 권력과 일상적 파시즘, 비주류 문화, B급 문화, 정체성의 정치학 등등 새로운 문화 담론은 말하자면 문화적 진보의 개념이 좀더 다양한 스펙트럼으로 펼쳐지는 모습을 보여주는 것이라 할 수 있다. 언뜻 별다른 연결고리 없이 각개 약진하는 것으로 보이는 이 담론들을 나는 청년문화의 스펙트럼이라는 관점에서 재정의할 수 있다고 생각한다. 말하자면 나는 이 새로운 문화 담론들을 하나의 패러다임으로 통합할 수 있는 개념이 '청년문화'라고 본다. 이는 이 다양한 담론에서 드러나는 문제의식이 60년대 이후 서구에서 등장했던 청년문화 담론의 문제의식과 유사한 맥락을 가지며 70년대 초 한국의 청년문화 역시 그런 맥락 속에 포함될 수 있다고 보는 것이다. 70년대 후반에서 80년대까지 정치·사회적 상황이 극단적 억압과 대립으로 치달으면서 청년문화의 스펙트럼은 강한 정치성 혹은 이념지향성을 중심으로 집중되었다가 1987년 이후의 국내외적 변화와 함께 다시 다양한 스펙트럼으로 펼쳐지기 시작한 것이다.

　청년문화의 '청년'은 단지 특정한 세대, 혹은 연령층을 의미하는 것이 아니다. 나는 청년의 청년다움은 육체적 연령이 아니라 '대안을 꿈꾸는 정신'에 있다고 생각한다. 청년문화는 단지 특정한 세대의 차원이 아니라 기성의 질서와 지배적 문화 체계와의 관련 속에서 대안을 꿈꾸고 실천하는 일련의 행위와 비전, 그리고 그것을 추동하고 지지하는 다양한 집단의 문화적 연대를 폭넓게 의미한다. 70년대 초의 자유주의적 청년문화는 순수주의와 낭만주의를 기저로 불의한 사회로부터의 탈출을 꿈꾸었고, 80년대의 민중주의적 청년문화는 강력한 이념을 토대로 억압적 권력에 맞서 투쟁하며 해방을 추구했다. 90년대 이후 사회 변화는 여러 가지 차원에서 이 청년문화의 토대를 약화시켰다. 사회주의권의 몰락은 80년대를 강하게 지탱해온 이념적 기반을 무너뜨렸고 국내 정치의 형식 민주주의적 변화는 정치적 대립의 구도를 약화시킴으로써 대안에 대한 사고를 어렵게 했다. 무엇보다도 과거 청년문화의 거점 역할을 했던 대학문화가 급속도로 퇴행하기 시작했다. 대학문화의 정체성이 흔들리면서 청소년들이 빠르게 문화 시장의 헤게모니를 얻기 시작했고 청년문화 대신 신세대, 청소년 문화가 새로운 담론의 중심으로 부상했다. 그런 한편으로는 80년대의 이념적 강박에서 벗어나기 시작한 지식인들이 문화론으로부터 새로운 대안을 구하려는 노력이 이어졌고 다양한 문화 담론이 폭발적으로 터져 나오면서 '90년대는 문화의 시대'라는 언표가 공공연히 등장하기도 했다.

그러나 문화 담론의 다양한 전개에도 불구하고 문화적 진보에 대한 문제의식은 오히려 불분명해지거나 퇴색했다는 느낌을 지우기 어렵다. 그것은 70~80년대의 진보 문화 담론의 중심을 형성했던 청년문화에 대한 사고, 요컨대 대안적 문화 실천에 대한 사고가 중심 의제로 떠오르지 않았기 때문이다. 내가 새롭게 청년문화의 패러다임을 이야기해야 한다고 믿는 것은 그 때문이다. 또한 김민기 음악의 동시대성에 대해 새롭게 조명할 필요가 있다고 믿는 것도 그러하다.

1990년대 이후 우리 문화 전반을 특징짓는 현상은 무겁고 진지한 예술적 태도가 점차 사라지면서 가볍고 향락적인 경향이 주류를 차지하게 되었다는 점이다. 현실을 아프게 성찰하는 대신 표피적인 즐거움을 추구하는 것은 90년대 이후 문화계 전반을 장악한 신세대 집단의 가장 큰 특징이다. 정치와 현실에 대한 무관심, 감각적 쾌락주의, 소비 문화에의 경도 등 신세대 집단이 보여주는 문화적 경향은 그대로 우리 문화 전반에 확산되었다. 80년대 내내 때로 성찰적이고 때로 공격적인 진지함의 무게를 견지했던 진보적 민중문화의 여러 흐름이 90년대 내내 하강 국면을 겪어온 것은 그러한 변화의 한 측면이다. 이런 상황은 70년대와 80년대 대학을 중심으로 진보적인 목소리의 중심이며 창조성의 교두보 역할을 했던 청년문화가 90년대를 겪으면서 사실상 해체되어버린 것과 맥을 같이한다. 요즘 들어 대학에는 청년 세대다운 열정과 고뇌, 진보적이고 실험적인 창조 정신의 맥을 찾기 어렵다. 그런 가운데 문화마저도 자본과 시장의 논리로 재단하면서 이를 자기 영토화하려는 경쟁은 치열해지고 있고, 그 결과 문화산업과 시장의 규모는 놀라운 속도로 증가하고 있다. 시장의 확대와 창조성의 소멸, 이 엄청난 모순의 극치야말로 지금 우리 문화가 경험하고 있는 혼돈의 핵심 내용이다.

이런 상황을 극복하기 위해 필요한 것이 21세기적인 새로운 청년문화의 구성이라는 것이 내 생각이다. 이는 단지 80년대식 진지함의 무게를 되살려야 한다는 뜻이 아니다. 90년대가 이념의 중압감에서 벗어나면서 개인의 쾌락과 주체의 욕망이라는 세계를 발견한 것은 나름대로 분명한 진보의 의미가 있다. 중요한 것은 여기에 80년대가 추구했던 역사와 사회와 진보에 대한 진지한 열망을 어떻게 결합하는가 하는 문제이다. 개인을 놓치지 않으면서 사회와 이웃을 함께 보는 시각을 갖는 것, 개인의 욕망 실현과 더불어 함께 사는 사회의 실현을 모순 없이 구현할 수 있는 좀더 새로운 전망을 만드는 일이다. 가벼움과 진지함의 결합, 육체와 정신의 결합, 개인과 사회의 결합, 쾌락주의와 역사주의의 결합이 그것이다.

06_〈지하철 1호선〉과 청년문화의 전망

1990년대 이후 김민기는 소극장 학전을 경영하며 가수나 작곡가로서보다는 뮤지컬 연출가로서 지속적인 활동을 보여주고 있다. 단형의 노래가 가진 한계를 넘어 총체적인 서사를 음악을 통해 드러내고 싶은 그의 욕망은 1970년대 말 이미 〈공장의 불빛〉을 통해 드러난 바 있고, 이후 1980년대부터 그의 활동은 서사적 음악극에 집중되고 있었다. 1993년 스스로 '빚을 갚는 심정으로' 낸 네 장짜리 전집 음반은 1970년대부터 시작된 그의 음악적 삶이 한 시대를 정리하면서 새로운 단계로 나아감을 알리는 신호탄 같은 것이었다. 이후 〈지하철 1호선〉, 〈모스키토〉, 〈의형제〉 등 외국 작품의 번안물과 창작물 〈개똥이〉(80년대 중반에 구상된 이 뮤지컬은 그동안 두 차례 무대에 올랐음에도 불구하고 그 스스로 여전히 미완성이라고 말한다)에 이르는 일련의 뮤지컬은 그의 서사적 능력과 음악성을 한껏 펼쳐 보인 역작들이다. 특히 독일 원작을 한국적인 상황에 버무려 넣어 완벽하게 형상화한 〈지하철 1호선〉은 1994년 이래 2,000회를 넘는 장기 공연으로 학전의 대표적인 레퍼토리로 자리 잡았다.

뮤지컬 〈지하철1호선〉은 한국 관광객의 꼬임에 넘어가 그 아이를 임신한 채 한국에 찾아와 애인을 찾는 연변 처녀가 서울역에서 청량리에 이르는 지하철 1호선을 오가며 여러 사람들을 만나면서 겪는 이야기를 담고 있다. 연변 처녀가 만나게 되는, 지하철 1호선을 삶의 터전으로 삼고 있거나 스쳐 지나가는 다양한 인간 군상을 통해 보이는 한국 현실의 만화경이 이 뮤지컬의 주요 부분을 구성한다. 회사원, 취객, 청소부, 가출한 여중생, 노인, 대학생, 노숙자, 소녀가장, 앵벌이, 창녀, 가짜 운동권 대학생, 제비족, 잡상인, 구청 단속반, 포장마차의 욕쟁이 할멈, 강남의 유한 과부들, 소매치기, 자수성가한 여사장, 깡패, 조선족 등 우리가 지하철 주변에서 흔히 만날 수 있는 전형적인 인물들이 등장해 우리 사회의 현실과 그 속에서 사는 삶의 다양한 모습을 쏟아놓는다. 이들이 풀어내는 다양한 사연은 대부분 관객들로 하여금 폭소를 터뜨리게 하는 해학적 재담으로 포장되어 있지만 그 밑바닥에는 알게 모르게 슬픔이 배어 있다. 사실 이 뮤지컬의 기본 바탕은 한국 사회의 희극적 현실 속에 잠재한 비극성에 대한 성찰이라 할 수 있다. 그러나 그러한 비극성은 풍자적 재담과 해학적 대사로 포장되어 관객들에게 중압감으로 다가오지 않는다. 비극적 현실의 중압감이 느껴질 때면 어김없이 웃음과 풍자의 난장판이 끼어들면서 비극은 날것 그대로가 아니라 웃음으로 중화된 거리를 갖고 다가온다. 이 절묘한 '낯설게 하기'를 통해 관객은 때로 어이없고 때로 통쾌한 웃음과 함께 우리의 현실을 아프게 성찰하는 역설적 경험을 갖게 되는 것이다.

　5인조 록밴드 무임승차가 들려주는 강렬한 라이브 사운드가 이 작품의 정서적 무게 중심을 튼튼히 지탱하고 있다는 것도 빼놓을 수 없다. 2,000회가 넘는 공연을 라이브 무대로 소화한 무임승차의 든든한 연주 실력에서 뽑아져 나오는 음악은 때로 관객의 정서적 몰입을 이끌기도 하고 때로 몰입을 차단하면서 적절한 긴장을 유발시킨다. 철저한 연습으로 무장된 이들의 라이브 연주는 그것만으로도 충분히 즐거운 경험을 제공한다. 무엇보다도 〈지하철 1호선〉에서 관객을 끌어당기는 매력은 템포 빠른 장면 전환에서 느껴지는 무대의 역동성이다. 효율적으로 디자인된 무대 장치가 수시로 자리를 옮기면서 지하철 구내와 계단, 객차 안, 서울역 등 다양한 공간을 만들어내고 결코 넓다고 할 수 없는 무대 위에서 불과 11명의 배우가 숨가쁘게 움직이며 80여 명의 등장인물을 연기해낸다. 치밀한 연출과 연기 훈련이 뒷받침되지 않으면 불가능한 일이다.

김민기의 노래에서 나타나는 가장 중요한 특성은 개인의 내밀한 의식을 통해 현실 상황을 드러내는 탁월한 시적 형상화의 능력과 우리말의 표현을 가장 적절한 음악적 구조로 재현해내는 놀라운 음악적 재능이다. 그의 그런 재능은 뮤지컬이라는 또 다른 형식에서도 유감없이 발휘된다. 〈지하철 1호선〉 곳곳에서 그의 장기는 빛을 발하고 있는데, 스쳐 지나가는 듯한 대사 한마디, 노래 한 대목에서도 어김없이 인물의 내면과 잠재된 욕망의 세계까지 핀셋으로 집어내듯 드러내는 솜씨는 가히 놀랄 만하다. 예컨대 지하철을 타고 가는 승객들이 마주 앉은 다른 사람들을 훔쳐보며 떠올리는 생각을 주고받으며 노래 부르는 대목은 거의 압권이며, 지하철에서 물건을 파는 잡상인의 대사를 랩음악의 스타일로 거의 완벽하게 담아낸 장면은 이 작품이 외국 작품의 번안이라는 사실이 믿어지지 않을 만큼 자연스럽다. 그런가 하면 쏟아지는 재담 중간 중간에 한 번씩 곰보할매가 부르는 「산다는 게 참 좋구나, 아가야」, 걸레가 부르는 「울 때마저도 아름다운 너」 같은 아리아가 펼쳐지며 관객의 호흡을 진정시키고 서정적인 울림을 자아낸다. 그런 음악적 배치는 복잡한 현실의 악다구니 속에도 결코 사라지지 않는 삶과 인간에 대한 사랑과 희망이라는 이 작품의 기본 정신을 적절하게 드러낸다. 바로 이런 디테일한 음악적 연출이야말로 이 작품이 다름 아닌 김민기의 것임을 확연히 드러내는 부분이며 대중을 빨아들이는 이 작품의 힘이다.

다소 엉뚱하게 들릴지 모르지만 내게 〈지하철 1호선〉은 바로 청년문화적 전망에 대한 하나의 실마리로 다가온다. 이 작품에서 등장인물들은 각자의 독특한 삶의 배경을 가지면서 살아 있는 개인이지만 서로 흩어져 있으면서 동시에 서로 강하게 엮여 있는 사회적 존재들이다. 이런 인물의 성격은 장면 장면에서 웃음과 눈물, 긴장과 해소를 적절히 배분하고 있는 극적 구조와 긴밀한 상관관계를 갖고 있다. 그래서 관객은 비교적 부담 없이 밑바닥 삶의 애환에 접근하면서 우리 사회의 온갖 부조리한 단면들을 성찰할 수 있게 된다. 20대에서 40대에 이르기까지 비교적 폭넓은 관객층이 서로 큰 장벽을 느끼지 않으면서 공감할 수 있는 것도 그와 같은 극적 구성에 힘입은 바 크다. 20대가 추구하는 감각적 즐거움과 개인주의적 취향을 만족시키면서 30~40대의 사회적 관심과 역사적 전망을 아우를 수 있는 기획, 이 작품이 성공할 수 있었던 핵심적 요인이 바로 그것이며, 내가 이 작품에서 청년문화의 새로운 가능성을 읽게 되는 것도 바로 그것 때문이다.

　앞에서 말한 것처럼 청년문화의 핵심은 '대안에 대한 사고'이다. 이는 새로운 사회와 삶에 대한 인식과 추구를 의미한다. 그리고 그것은 결국 '지금 여기'의 현실에 대한 치열한 비판과 부정의 정신으로부터 출발한다. 1990년대 이후 젊은이들의 소비 문화적 실천이 성취한 것이 있다면 그것은 '내 멋대로 사는 삶'이라는 사회적 가치를 확인했다는 점일 터이다. 사실 이것도 매우 중요한 성취이긴 하다. 적어도 권위주의 사회에서 우리에게 주입된 도덕 교과서적 집단주의의 가치들이 얼마나 위선적이고 억압적이며 허망한 것이었는지 일깨워주는 한에서 그렇다. 그러나 90년대 신세대 문화가 보여준 '내 멋대로 사는 삶'은 결국 소비 자본의 늪에 빠져 허우적거리면서도 그것이 자신의 몸짓인 것으로 착각하는, 그런 의미에서 결코 '내 멋'일 수 없는 그런 삶이었을 뿐이다. '우리'라고 하는 80년대식 집단 주체의 중압으로부터 벗어나 '나'라고 하는 개별 주체를 발견한 것은 새로운 사회와 삶의 가치에 접근하는 중요한 진보의 한 요소이지만 '남'과 '사회'와 '우리'를 생각하지 않는 '나'라면 그것은 무의미할 뿐 아니라 대단히 위험하다. 육체와 욕망의 거점으로서 '나'라는 주체는 대단히 창조적인 에너지를 가지고 있지만 자본의 놀라운 흡입력 앞에서 너무나 무력한 존재이기 때문이다. 앞서 언급한 신세대 하위문화의 '한계'가 바로 그것을 웅변한다. 결국 그 막강한 자본 권력의 힘에 대항하기 위해 '나'는 '나'이면서 동시에 '우리'라는 연대의 그물망 속에 위치하지 않으면 안 된다. 70~80년대의 청년문화가 어찌 되었든 사회적 변화를 추동하는 힘일 수 있었던 것은 그것이 '나' 아닌 '남'과 '사회'의 가치를 바탕으로 하고 있었기 때문이며, 그것이 결정적으로 힘을 상실한 것은 '나'라는 주체를 너무나 억압해왔기 때문이다. 90년대는 80년대의 '우리'를 수많은 '나'로 환원하는 데 성공했지만 궁극적으로 그 '나'를 '우리'의 연대망 속에 위치시키는 데는 실패했다.

결국 우리의 새로운 청년문화는 70~80년대를 통해 청년문화가 추구해온, '남'과 '사회'와 '우리'의 가치들이 여전히 중요하며 당대의 문제들이 많은 부분 여전히 해결되지 않고 있다는 새삼스러운 인식에서 출발해야 한다. 다시 한번 70~80년대의 가치들을 환기하되 지금의 현실에 창조적으로 결합시킬 수 있는 지혜가 필요하다. 그것은 단지 70~80년대의 문제들을 현실에 그대로 반영한다는 의미가 아니라 오히려 70~80년대 저항 담론의 모순까지도 포함하여 근대화 이래 한국 사회의 기본 가치들에 대한 좀더 근원적인 반성과 대안의 모색이 필요하다는 의미이다. 그러한 지혜는 신세대도, 청소년도 아닌 청년문화의 개념을 통해 이루어질 수 있다는 것이 내 생각이다. 신세대 문화의 '나'와 70~80년대 청년문화의 '우리'의 창조적 결합, 신세대의 감성성과 70~80년대 세대의 논리성의 창조적 결합에서 그것은 가능해진다. 김민기의 음악 세계는 바로 이 지점에서 다시 현재진행형의 의미로 새롭게 우리에게 다가온다.

독일 그립스 극단의 〈리니에 아인스(*LINIE 1- Musikalische Revue*)〉를 한국적 상황으로 번안, 우리의 현실로 완전히 녹여냄으로써 대중의 뜨거운 호응을 얻은 뮤지컬. 라이브 밴드, 소극장 장기 공연, 다양한 영상을 활용한 멀티미디어적 연출 등 한국 뮤지컬에 있어 새로운 전기를 마련했던 〈지하철 1호선〉은 우리의 정서와 가락, 리듬, 모국어가 살아 숨쉬는 한국적 뮤지컬을 향한 극단 학전의 부단한 시도와 노력의 출발점이 되었던 작품이기도 하다.

또한 결코 쉽지 않은 한국의 공연 현실에서 고정 관객층을 확보하고 있는 몇 안 되는 작품 중의 하나로 역동적인 라이브 연주와 1인 다역을 훌륭히 소화시켜내는 배우들의 활기찬 연기, 빠른 장면 전환 등을 바탕으로 한국 뮤지컬의 새로운 영역을 개척했다는 평가를 받았다. 특히 설경구, 이미옥, 방은진, 나윤선, 오지혜, 황정민, 장현성 등이 이 무대를 거친 바 있어 〈지하철 1호선〉은 뛰어난 연기자를 길러내는 산실로 평가받기도 한다.

통일 이전 독일의 사회적 고민이 날카로운 풍자로 묘사된 이 작품이 분단 한국의 서울 거리로 옮겨오면서 한국 사회의 뒤틀린 모습이 풍부한 재담과 음악으로 풍자되었다. 1994년부터 시작하여 매년 버전 업되면서 무대에 오른 이 작품은 지난 2000년 2월 6일 1,000회를 기록했고, 2003년 11월 9일에는 2,000회를 기록하는 기념비적 성과를 쌓았다.

원작 : 폴커 루드비히 (Volker Ludwig)

음악 : 비르거 하이만 (Birger Heymann)

번안 · 연출 : 김민기

1994년 5월 14일 초연
학전 소극장에서 극단 학전

|나오는 사람들|

선녀   안경   걸레   철수   곰보할매   땅쇠   빨강바지
문디   청소부   포인터   제비

삐끼   회사원   창녀 1, 2, 3   재수생   여대생   신문   영자
까까   날탕   병태   노파   김 병장   엄마   최 일병
여사원 1, 2   남대생   단속반 1, 2, 3   깔탕   아나운서   노옹   소녀가장
소매치기 1, 2   아빠   큰놈   작은놈   수녀   잡상인   빨래판
전도사   부동산   깜상   시장   과부 1, 2, 3, 4   취객   FUCK
지체장애아   그 밖의 승객들, 행인들

welcome

제1부

〔 제 1 장 서 울 역 광 장 〕

이른 아침, 선녀가 서울역에 도착한다.

|노래 1| 6시 9분, 서울역 ♪ 115쪽

선녀　　**1.** 여섯 시 구 분, 서울역

　　　　　　열차가 서고 문 여는 소리

　　　　　　희뿌연 하늘, 이슬 머금은 바람

　　　　　　햇살은 두 눈을 찌르고

　　　　　　난 뺨을 꼬집는다, 힘차게

　　　　　　여기는 서울

　　　　　　뜬눈에 새고 달려 왔네

　　　　　　설레는 마음 미칠 것 같애

　　　　　　이른 아침, 이 낯선 도시에

　　　　　　이른 아침, 이 낯선 도시에

가방에서 사진을 꺼내어 보고 가볍게 입을 맞춘다.

　　　　　2. 여섯 시 십 분, 서울역

　　　　　　두 발을 딛고 큰 숨을 쉰다

　　　　　　대도시의 냄새, 사치와 타락의 비린내

　　　　　　뒤엉켜 서 있는 자동차

　　　　　　매연과 향수 냄새, 광란의 바로

　　　　　　서울의 냄새

뜬눈에 새고 달려 왔네

설레는 마음 미칠 것 같애

이른 아침, 이 낯선 도시에

이른 아침, 이 낯선 도시에

〔 제 2 장   서 울 역   지 하 도 〕

삐끼가 손님을 찾고 있고, 계단에는 회사원이 신문을 덮어쓰고 자고 있다.
땅쇠가 다른 한쪽에 웅크리고 자고 있고, 그 옆에서 소주를 병째로 들이마시
고 있는 문디에게 선녀가 다가간다.

선녀   조선족이십네까?

문디   ……? 헹, 또 약장사 아이가……. 칵! 가시나……. (빈 술병을 땅쇠
의 품속에 집어넣고 선녀에게 다가가) 우리 누부야가 암에 걸리갖
꼬 오놀 낼 오놀 낼 한다카는데…… 차비가 똑 떨어지갖꼬…….

선녀   (백 원짜리 동전 하나를 꺼내어 문디에게 준다)

문디   지하철언 오백 언이아.

선녀   고럼 요건 제가 필요하겠는데요. (동전을 다시 가져간다)

문디   옴마야, 강……강도다 ─ 이 가스나가 내 돈 다 빼뜰어 간대이─.
이 드러븐 가스나, 강─

선녀   (동전을 다시 돌려준다)

땅쇠가 부스스 일어나 졸고 있다.

문디   화 ─, 고 가스나 고거 야무치네……. (이북 사투리쪼로) 그란데 동
무, 머 줏어 묵갔다꼬 여까지 기 나왔네? 요샌 여서 약도 몬 팔아야.

선녀   누굴 좀 만나러요.

문디   아하, 그라모 니도 거 농사꾼 놈덜 등치묵꼬 내뺄라 카는 기가 지끔!

선녀   농사꾼이 아이고 나무꾼입네다.

문디   머, 머라? 시……베……리아 벌목공을 꼭두새벽에 요 지하도에서

접선한다꼬? 옴마, ……무시버라…….

선녀   그런데 저 오팔팔로 갈라믄 어떻게 가야 됩네까?

문디   와? 요 옆에 용산역에도 있심니더…….

재수생이 이어폰을 끼고 나온다.

삐끼   (재수생을 건드린다) 야, 야…….

재수생   (이어폰을 뺀다)

삐끼   놀다 가. 아다라시 새로 왔어, 진짜야.

재수생   엄마 —. (도망친다)

삐끼   그러니까 맨날 재수하지 임마 —.

땅쇠가 잠에서 덜 깬 채 품속에서 술병을 꺼내어 들이마신다.

문디   참말이가?

삐끼   왜?

문디   외상 되나?

삐끼   꿈 깨라 깨. (손님을 찾으러 나간다)

문디   내는 머 꿈도 몬 꾸나…….

청소부가 비질을 하며 들어온다.

땅쇠   옴마, 읍서부러야!

문디   내는 당신 술에 침도 안 발랐스요.

선녀   (땅쇠에게 문디가 마셨다고 알려준다)

땅쇠   깐난아그 젖까지 뺏어 처먹어라, 이 술도적놈아 —!

문디   머? 도적놈?

땅쇠   (선녀를 가리키며) 징인도 있어 —, 뚜껑도 안 딴 거인디…….

문디   반뱉이 없드마…….

땅쇠   차라리 쥑여부러라, 칵 쥑여부러 —.

문디   마 참말로 오널 다 살아뿌까!

땅쇠　　(벌렁 드러누워 죽는 척한다)

청소부　어이구, 요새 머 사내꼭대기랄 것들이 남아 있나…….

문디　　와? 내 있잖아……. (청소부의 엉덩이를 만지려한다)

청소부　아니, 어데다 손대나, 쌍눔어 종재야!

문디　　헤헤? 식성 마이 배했네. 은자 살밥 묵고 싶다 이기가?

청소부　머이 우째구 우째? (주위를 살피며 문디를 뒤쫓는다)

문디　　니 안죽도 고 대학생 만날라꼬 요서 청소부 하는 거 내 다 안다 이

　　　　　아지매야. 하이꼬 남사시러버라 ─ . (도망친다)

포인터가 기웃거리며 들어오다 선녀를 발견하고 주시하고 있다.

청소부　(땅쇠에게) 확 쌔러 패기 즌에 인나, 이 빙신아 ─!

땅쇠　　(청소부의 등 뒤에 매달리며) 눙시깔을 쪽쪽 뽈아서 먹물로 니 부

　　　　　고장 써불 거여 이 보리문뎅이 자식아 ─ .

　　　　　(청소부가 빗자루로 후려치자) 왜 만날 나만 때려 ─ . (청소부에게

　　　　　맞으며 떠밀려나간다)

문디　　땅쇠 절마 저거…….

포인터가 선녀에게 접근한다.

신문이 신문 뭉치를 메고 나온다.

신문　　(회사원을 깨우며) 아저씨, 또 지각하겠어요.

회사원　알았다구요…….

신문　　맨날 여기서 자구 그래……. (나간다)

빨강바지　(무대 밖에서) 야 ─ .

부츠 한 짝이 날아 들어와 졸고 있는 회사원에게 맞는다.

포인터가 그 자리에 몸이 굳어버린다.

회사원　어? 또 못 들어갔잖아! (짐을 챙겨 들고 급히 나간다)

빨강바지　무사 나 밥 처먹곡 똔년 핥아주고 지랄이라 지라리 ─ .

문디   (날아온 부츠 한 짝을 주워들고 머리를 조아리며) 회장님 나오십
          니꺼?

빨강바지   (포인터에게) 야, 사냥개.

포인터   ……?

빨강바지   너 여기서 무신 패션쇼 햄나?

포인터가 황급히 자리를 피한다.

선녀가 어디선가 본 듯한 빨강바지의 기억을 되살리려 한다.

선녀   혹시…… 조선족 아니십네까?

빨강바지   약 풀거믄 똑바로 팔아게 ―.

문디   (빨강바지의 신발을 신겨주며) 깡아지들이 또 집을 나갔나 부지예?

선녀   (가방에서 선물을 꺼내어 보여주며) 이건 팔 게 아니란 말입네다,
          약혼자한테 선물할 거라구요. 오마이가 아바이 몰래 싸주신 거인
          데…….

빨강바지   뭐? 약혼자? 어멍…… 아방……. (침을 뱉으며 구두를 닦는 문디에
          게 갑자기 화를 낸다) 추접해게 이 빙신아 ―.

문디   하이꼬, 이를 우야문 좋노? 회장님 발님에 침님이 팅기삤네예…….
          (빨강바지의 발등과 구두를 소맷자락으로 정성스럽게 닦아준다)

빨강바지   내도 똑 30년 전에 너추룩 여기경 이섰주, 돈 벌어보젠 서울 올라
          왕…….

문디   니 회장님한테 잘 보이라이. 쩌 갱동시장이랑 요 남대문시장에만
          또 마 으리으리한 삘딩이 다섯 채나 있다이. 새파란 가스나가 오팔
          팔이 머꼬? (나가려는 빨강바지에게) 저 회장님예…….

빨강바지   (핸드백에서 만 원짜리 한 장을 꺼내어 문디에게 던진다)

선녀   어데서 봤더라…….

문디   하이꼬, 요래 마이 안 주시도 되는데. (나간다)

빨강바지   갠디 이젠 내 상다귀가 똑 난지도에 굴러댕기는 빈 나면 봉다리 꼬
          라지여.

선녀   (고개를 갸웃거리며 나간다)

빨강바지　**1.** 밤의 품에서 뿌연 아침으로

보이는 건 모두 그저 역겨움뿐

어쩜 그토록 고운 밤으로부터

이 썰렁한 시멘트 바닥으로

2. 환한 대낮으로 끌려 나와

거짓투성이로 뒤바뀔 뿐

구름 위로부터 시궁창에 처박혀

쓰레기에 묻혀 수챗구멍으로

대낮이여, 음란한 너

밤, 고결한 너

달빛에 비하면 햇살은 뭘까?

뻔뻔하고 쌍스러운 너

너! 더러운 너!

위선의 너! 음란한 너!

오 ― 대낮이여, 니가 난 싫어

대낮이여, 너를 혐오해

대낮이여, 너를 저주해

토할 것만 같은

오, 대낮이여 ―

(토한다)

〔 제 3 장   지 하 철   서 울 역   승 강 장 〕

무임승차   (목소리) 어디로 가나? 오팔팔은⋯⋯. (반복)

행인들   (목소리) 어디로 가나? 오팔팔은⋯⋯. (반복)

출근하는 행인들이 바삐 지나간다.

선녀   여보세요, 여보세요, 미안하지만⋯⋯.

여보세요, 오팔팔로 갈라문 어떻게 가야 됩네까?

행인 1(여)   딴 일자리나 찾아 봐, 못된 년 같으니.

행인 2(남)   새로 왔구나, 있다가 갈게.

행인 3(여)   오팔팔이 뭐죠?

행인 4(남)   미아리에 있는 거?

행인 5(남)   그건 텍사스지 임마.

선녀   뭐라구요? 여보세요, 오팔팔이 오느 쪽입네까?

행인들   요보세요, 오팔팔이 오느 쪽입네까? 별들한테 물어보시라요.

선녀   여보세요, 오팔팔 갈라문 뭘 타야 됩네까?

행인 6(남)   48번이나 57번, 일반⋯⋯.

행인 7(남)   오백팔십팔 번이 서울역에 서던가⋯⋯? (나간다)

선녀   (행인 7을 따라나가며) 여보세요 — 몇 번이요? 여보세요 —.

행인 8(여)   팔팔 체육관 갈려면⋯⋯ 아 참, 5호선이 공항까지 가지? 아가씨 —

아가씨 —.

〈음향〉   열차 진입 신호음

행인들 달려와 타려다 멈춘다.

〈음향〉   문 닫힌다. 열차 출발한다.

행인들   문 닫히고 차 떠난다

뒤로 물러섯! 뒤차를 타래

또 밀려났고 기다려야만 하네

화장실 차례, 만원 출근 버스

뒤로 물러섯! 요담에 타래

또 밀려났고 기다려야만 하네

행인(여)   아파트 당첨도

행인(남)   예쁜 색시도

행인들   폼 나는 직장은 다 동이 났네

기다렷! 늘 한 발짝이 꼭 늦네

문 닫히고 차 떠나간다

난 벌써 알고는 있었지

또 기다려야만 하다는 걸

기다렷!

행인(남)   요다음 열차를

행인들   기다렷!

행인(여)   요 다음 종강파티만

행인들   기다렷!

행인(남)   사장이 퇴근하기만을

행인들   뻥 뚫린 망태 같은 내 인생을

기다렷!

행인(남)   신경통 낫기만

행인들   기다렷!

행인(여)   생리통 멎기만

행인들   기다렷! 변비가 뻥 뚫리기만

         내 골통이 암 걸려 터지기만 ─

행인들이 각기 도시인의 막연한 꿈을 아무 노래에나 얹어 무반주로 부른다.

행인   나의 살던 고향은……

행인   *I'm dreaming of a white christmas*……

행인   달려라 고향열차……

행인   저 푸른 초원 위에……

행인   자 떠나자, 고래 잡으러……

행인   내 고향 남쪽 바다, 그 파란 물……

행인   비 내리는 호남선 완행열차에……

행인   가련다 떠나련다……

〈음향〉   열차 진입 신호음

행인들 달려온다.

〈음향〉   문 닫힌다. 열차 출발한다.

행인들   기다렷!

행인들(여) 도대체 뭘? 왜? 더?

행인들   기다렷!

행인들(남) 오늘이 다 가기만

행인들   기다렷! 컴컴한 전철역 구내에서

         밖엔 햇살이 눈부시게 쨍쨍한데

         기다렷!

행인들(남) 신경통 낫기만

행인들   기다렷!

행인들(여) 생리통 멎기만

행인들   *기다렷! 변비가 뻥 뚫리기만*

            내 골통이 암 걸려 터지기만 ―

            기다렷!

〔제 4 장 　열 차 　안 (서 울 역 ― 청 량 리 역) 〕

〈안내방송〉 정차하고 있는 역은 지하 서울역, 지하 서울역입니다. 열차 운전 정비 관계로 잠시 정차하고 있습니다. 안전한 차내에서 기다려주시기 바랍니다. 열차 청량리까지만 운행되는 열차입니다. 출입문 닫습니다.

〈음향〉　문 닫힌다. 열차 출발한다.

승객들 졸거나 신문을 보고 있고 선녀는 서 있다.

선녀   안녕하십네까?

승객들   ……?

〈안내방송〉 이번 역은 시청, 시청역입니다. 내리실 문은 왼쪽입니다. 신촌이나 을지로, 잠실 방면으로…….

선녀   (열차 벽면에 부착된 광고 문안을 읽는다)

            지구촌을 일터로 세계인을 친구로, 당신의 경쟁상대는 어느 나라 누구입니까…….

〈음향〉　열차 도착한다. 문 열린다.

승객들 내리고 탄다.

〈음향〉　문 닫힌다. 열차 출발한다.

선녀   고기 앉아도 되겠습네까?

승객들   ……?

선녀   (빈자리에 앉는다)

〈안내방송〉 이번 역은 종각, 종각역입니다. 내리실 문은 왼쪽입니다. This
stop is…….

선녀   간첩 최고 1억! 1억?
          독가스가 살포되면 코와 입을 막고, (옆 사람이 하품을 한다) 우욱—
          갱제를 살립시다. 갱제가 뭐하는 사람입네까?

승객들   (놀란다)

〈음향〉   열차 도착한다. 문 열린다.

승객들 내리고 탄다.

〈음향〉   문 닫힌다. 열차 출발한다.

선녀   혼자서 한다! (일어나 상품명을 메모하며) 임신일까 아닐까…….
          스스로 하는 임신 진단 테스트! 그런데 얼마나 더 가야 오팔팔이
          나오죠?

승객들   ……?

〈안내방송〉 이번 역은 종로3가, 종로3가역입니다. 내리실 문은 왼쪽입니다.
수서, 구파발 방면은 3호선으로…….

선녀   계속 왼쪽이네. 그런데 지하철이 몇 호선까지 있습네까?

승객 1   서울 올러온 지 얼마 안 되가 그거는 내 잘 모르니더.

〈음향〉   열차 도착한다. 문 열린다.

승객 1   (중심을 못 잡고 선녀를 끌어안는다) **엄마야.** (출입문을 잘못 찾았
          다가 허겁지겁 뛰어내린다)

승객들 내리고 탄다.

〈음향〉   문 닫힌다. 열차 출발한다.

| 노 래 4 | 맞은편   ▶ 123쪽

승객들 모두 다 스포츠 신문을 읽고 있다.

승객들   1. 저 건너편에 앉아 날 훔쳐만 보네
             매일 아침 이맘때나 밤늦게도 보네
             어떨 땐 반갑다가도 또 귀찮기만 해
             하지만 별걸 다 신경 쓰네, 왜 이럴까?
             타거나 말거나 나하곤 별 상관 없는데

          2. 일주일에 한 시간쯤 마주 앉아서 가네
             뻣뻣한 얼굴에다 비비꼬기는 왜 꽈?
             니가 가는 데가 공장이건 학교건 또 서비스센타건
             그게 어디가 됐건 별 상관 없지
             어디가 됐건 간에 전혀 상관은 없지

남 1   거 엉덩이 한번 죽인다.

여 1   어쩜 조렇게 생길 수가 다 있냐?

남 1   왕삼겹……

여 1   쪽제비……

남 2   나 꼬실 생각하지 마.

여 2   너 입이나 꼭 좀 다물어.

남 2   밝히기는……

여 2   에이 고춧가루……

남3   내 얼굴에 뭐가 묻었나?

여3   우린 입까지 벌써 맞췄지, 꿈속에서……

남3   세수했는데……

승객들   가령 단둘이 우리만 있다면

         아마 잘 어울리는 한 쌍일지도 몰라……

3. 마주 앉기 시작한 게 얼마나 됐을까?

     괜히 말이나 걸어볼까 생각도 했었지

     하지만 왜? 언제? 어떻게? 또 무슨 말을 해?

     그저 전철에서 만난 남남인데

     관심 하나도 없는 남남일 뿐인데

여4   참 멍청하게도 생겼다.

남4   숨 쉬지 마, 입에서 냄새 나.

여4   밥맛, 휘유 —

남4   어욱, 입 냄새.

남5   바람 꽤나 피웠겠군.

여5   마누라 엄청 두들겨 패겠다.

남5   화냥년……

여5   개잡놈……

남6   너 속에 까만 거 입었지?

여6   아니, 어딜 쳐다봐 저 자식이?

남6   다 보여.

여6   어머, 아이 쪽팔려……

승객들   날 우습게 보는 거 같은데, 흥!

         짜샤, 이래 뵈도 너한테는 과분하구 말구

4. 저 건너편에 앉아 날 훔쳐만 보네

     매일 아침 이맘때나 밤늦게도 보네

넌 전철의 한 부분일 뿐 내겐 흥미도 없고

내가 안 탄다 해도 별 관심 없겠지

하기야 내가 너래도 그럴 걸 뭐

이게 뭐람, 쪽팔려……

이게 무슨 왕쪽팔림!

〈안내방송〉 이번 역은 이 열차의 종착역인 청량리, 청량리역입니다. 내리실 문은 오른쪽입니다. 성북이나 의정부 방면으로 가실 손님은 이번 역에서 열차를 갈아타시기 바랍니다. 내리실 때에는 차 안에 두고 내리는 물건이 없는지 다시 한번 살펴보시기 바랍니다. 안녕히 가십시오. 고맙습니다. This stop is Cheongnyangni, Cheongnyangni. The last station. You can transfer for Seongbuk and Uijeongbu. Thank you.

〈음향〉　　열차 도착한다. 문 열린다.

[제 5 장　오 팔 팔]

이른 아침의 썰렁한 오팔팔 거리. 거울집을 배경으로 부스스한 모습의 창녀 1 이 화장을 고치며 손님을 기다리고 있다.
선녀가 신기한 듯 거울집 안을 기웃거리다 시주함을 들고 나오는 까까와 부딪친다.

창녀 1　　잘 가 까까, 오늘 밤에는 나다.

까까　　（합장을 하는 선녀에게）나무 관세음보살……. （급히 빠져나간다）

병태　　（술이 덜 깬 채 들어와 선녀에게 돈을 내밀며）자…… 내놔!

선녀　　전 약 팔러 나온 게 아니에요.

병태　　누구였는지 모르겠네……. （매달리는 창녀 1에게）가방 찾으러 왔단 말야.

철수　　（태껸 동작을 취하며 나온다. 도복 등판에는 '대한국인' 손바닥 그

림이 찍혀 있다)

안중근, 대—한국인! 독도는 우리 땅—! 이크.

병태가 놀라 골목 안쪽으로 도망친다.

선녀 (겁에 질려) 저…….

철수 ……? 파리 날려 죽겠는데 또 지 발로 걸어들어 왔네.

선녀 약혼자를 좀 만나려구요.

철수 어떤 새낀지 되게 급했구만, 새 차 뽑아놓고 영업용 타게. 김두한! 김구!

잠옷 차림의 창녀 2가 칫솔질을 하며 나온다.

선녀 아, 김구!

철수 이크!

선녀 그런데 독립군로가 어디지요?

철수 누가 만세 불렀어? 독립군은 왜 찾어?

선녀 오팔팔 독립군부대 기념 거리 말입네다.

철수 ……? 나래도 미친년하고는 같이 안 자겠다. 문세광! 김재규! 신창원…… 신창원?

걸레 (담배를 들고 비틀거리며 나오다가 선녀를 밀친다) 비켜, 으…… 떨려, 씨…….

철수 야 걸레, 너 뽕만은 하지 말랬잖아. 끝장나고 싶어 환장했냐?

걸레 끝장날 게 뭐 아직도 더 남았나? 안경 씨 아직 일 안 나갔겠지?

철수 또 시작이네. 대체 그 새끼가 니 애비냐 새끼냐—!

걸레 요새는 전처럼 책도 잘 안 읽어줘, 아침 일찍 나갔다가 밤늦게나 들어오고, 자기가 잘났으면 얼마나 잘났어? 내가 뭐 밥을 사달래…… 한번 달래기를 해? '기찻길 옆 오막살이……' (고무줄 놀이 흉내를 내다 넘어진다)

철수 (달려와 부축하며 담뱃불을 붙여준다) 까까들은 다 갔어?

걸레 뭣들을 처먹었는지 밤새 한잠도 안 재워주더라구. (품속에서 돈을 꺼내어 그중 만 원만 남기고 철수에게 건네준다) 쟨 또 어디 애들이 보낸 거야?

철수　맛이 갔어요.

선녀　연변에서 왔습네다.

철수　연변?

선녀　약혼자 만나러요.

걸레　그런데 여긴 왜 왔어?

선녀　혹시 궁전 무용교습소가 어덴지 아십네까? 닐굽 무용수거든요, 닌민배우 같은…….

걸레　요샌 뭐 제비도 남파하냐?

선녀　아! 제비 씨를 아시는군요? 제비 씨 지금 어데 계시나요? 강제비 씨 말입네다.

걸레　……?

선녀　제 나무꾼이야요. 전 옷 도둑맞은 선녀였거든요, 고 눈 덮인 장백산에서리…….

철수　장……백산?

선녀　아, 백두산 말입네다.

창녀 1이 호객을 하러 뛰어나가고 곧이어 김 병장과 최 일병을 데리고 들어온다.

걸레　아, 백두산…… 그러니까, 제비가 백두산에서 속치마를 물어다가 나무꾼한테 갖다 주니까 간첩이 눈 위에서 지루박을 추다가…….

선녀　아, 지루박! 길림, 텐진, 베이징 찍고…… (꿈꾸듯이 서툰 지루박 스텝을 밟는다)

걸레　놀부할멈한테 다리가 부러졌어? 근데 이거 우리나라 전래동화 맞니?

김 병장　(몹시 수줍어하며 걸레에게) 월……매래유?

걸레　(손가락을 펴 6만 원이라고 표시한다)

최 일병　김 병장님요 ―. (선녀를 지목한다)

김 병장　(선녀의 가방을 잡으며) 월……월매녀니께유?

선녀　(가방을 끌어당기며) 이건 팔 게 아니란 말입네다.

철수   얜 지금 안 돼, 걸레 씨 — 방 닦고 손님 받으세요 —.

김 병장   왜유?

철수   에이즈 판정 났시유 —.

도망치는 김 병장의 모자를 걸레가 낚아챈다.

선녀   에이즈가 뭡네까?

철수   ……감기 같은 거 있어.

선녀   (스카프를 목에 단단히 두른다)

걸레   두당 6만 원, 개시니까 만 원씩 빼줄게.

최 일병   또 올랐어?

철수   지하철 50원 오른 지가 언젠데 이게 안 올라?

김 병장이 여기저기서 돈을 꺼내어 세어본다.

창녀 3이 병태의 가방을 붙들고 늘어지며 따라나온다.

창녀 3   가방 맡아준다니까 그러네.

병태   1교시부터 강의야, 늦었어.

창녀 3   하고 가면 공부 잘돼.

병태   내가 교수란 말야!

창녀 3   교수? 아유, 요 귀여운 거. (병태의 볼을 꼬집으며 가방을 낚아채

           던진다)

병태   야, 내 놔.

창녀 2   (선녀가 가방을 주워 병태에게 주려 하자) 이년이! (가방을 빼앗아

           창녀 3에게 패스한다)

병태   야 —. (창녀 3을 뒤쫓아 골목 안으로 들어간다)

선녀가 신기한 듯 골목 안쪽을 바라본다.

김 병장   저 최 일뱅…… 시뱅 구맨 원뱅이 없고만…….

최 일병   김 병장님요, 교관도 식대 내는 거 봤습니까?

김 병장 쪼깨만 깎어줘유, 전방서 막 휴가 나오는 챔인디 군바리가 무신 돈
이 있대유?

걸레 삼춘 —, 얘네들 좀 보래요 —.

선녀 삼춘?

철수 *(칼로 긋는 흉내를 내며)* 이거 깎는 새끼들은 손이 귀하다던데.

김 병장 워쩐디야, 그라므는 시계도 맡어주남유?

걸레 *(김 병장의 시계를 푼다)*

김 병장 인자 집이는 워쩌코롬 내려간대유?

걸레 *(5만 원을 창녀 1에게 건네주며)* 나는 몰러유.

병태 *(런닝 차림에 상의를 들고 뛰어나오는 창녀 3을 쫓아 나오다 지 쳐)* 에라, 나도 모르겠다.

김 병장 나도 모르겄시유 —.

| 노래 5 | 사랑이 꽃필 때 ♪ 127쪽

모두 다 둠 둠 두두두 둠 둠 두두두 둠 둠 두두두 둠 둠 두두두

둠 둠 두두두 둠 둠 두두두 둠 둠 두두 둠

남자들 *하!   아 —싸, 오 예……*

창녀들 *아 —*

최일병 **1.** *식성만 맞으면 만사 제끼고*

꼬셔내서 얼러주고 손잡고

철수 *팔짱 끼고 끌어안고 입 맞추고*

또 훑고 빨고 흔들어대고 날 샐 때까지

철수/최 일병 *하지만 사랑이 어쩌구 시작되면*

그땐 모든 즐거움은 사라지고

스트레쓴 쌓이지, 재미도 하나 없지

그럴 땐 내빼, 아님 넌 끝장이야 —

철수	2. 또 순정 같은 잠꼬대나 외고 있네
	수천 명의 딴 여자는 어쩔래?
최 일병	그 여잔 너를 거들떠도 안 보고
철수/최 일병	또 신경질만 내고 바가진 긁어대고, 오 —

창녀들	그러니까 사랑이 어쩌구 시작되면
	이제는 산다는 매운맛을 보게 되지
	적금도 붓고 집도 사야지
모두 다	이것도 사고, 또 사고, 사고 사고 —

남자들	사랑이 어쩌구 저쩌구 시작되면 (어쩌구 저쩌구 —)
	좋았던 시절은 벌써 끝난 거야 (끝난 거지 —)
	머리엔 똥덩어리 두리둥실 떠다니고
모두 다	테레비 채널만 이리저리 돌려대지 —

〈간주〉

| 모두 다 | 테레비 채널만 이리저리 돌려대지 — |
| | 자, 가자 — |

걸레와 창녀 1은 김 병장과 최 일병을, 창녀 3은 병태의 팔짱을 끼고 각기 거울집 안으로 들어간다.

안경이 녹음기를 든 채 골목 안쪽으로부터 목발을 짚고 나온다.

철수	자, 넌 삼춘하고 옷 벗고 신체검사 하러 가자.
선녀	옷 벗구요?
안경	그 여자 놔주시죠, 미스터 찰—스…….
창녀 2	어머, 안경 씨 —.
걸레	(밖으로 뛰쳐나온다)
철수	철수라니까 이 새끼가 꼬박꼬박 먹물 까고 있어.

김 병장	얼랠래, 이것이 먼 일이래유?
창녀 2	언니 고마워. (걸레에게서 돈과 시계를 빼앗듯이 받아들고 김 병장과 함께 안으로 들어간다)
김 병장	(목소리) 이런 벱은 없는디.
창녀 2	(목소리) 내가 뽕가게 해주면 될 거 아냐 이 병신아 —.
김 병장	(목소리) 아 임자가 다르잖여유.
철수	정말 장사 못 해먹겠네, (안경에게) 마 —, 얘는 연변에서부터 지 발로 걸어 들어온 애야.
선녀	전 약혼자를 만나러 왔다니까요.
철수	니 약혼자가 제비래매? 그럼 그 나물에 그 밥 아냐 —? (선녀를 밀친다)
안경	여자에게 폭력을 쓰면 안 되지요, ……철수 씨…….
걸레	……. (안경의 행동에 감격한다)
철수	와…… 이게 잠수함 탔다고 옹냐옹냐 해주니까 이젠 영업까지 타치하네?
안경	안중근 박사, 백범 장군 신봉자시라면서요? 이 아가씨 할아버지도 그분들과 함께 독립운동을 하셨을지 모르잖습니까?
철수	어……어디서 감히 함부로 국부님들 성함을…….
안경	돌아가시지요, 여기는 아가씨 같은 분들이 오실 데가 못 됩니다.
철수	이 새끼가 보자 보자 하니까. (칼을 빼어 든다)
걸레	칼 치워.
철수	어쭈, 이것들이 오늘은 따블로 골 때리네.
걸레	(가슴을 풀어헤치며 악을 쓴다) 쑤시려면 날 쑤셔봐 이 새끼야 —!
철수	이걸 확! (걸레를 찌르려다 위세에 밀려 칼을 내린다) 해장부터 날 상할라.
선녀	고맙습네다. (겁에 질려 골목 안으로 도망치듯 사라진다)
안경	폭력으론 세상을 구할 수가 없습니다!
철수	……좆 —까…….
걸레	(나가려는 안경에게 만 원짜리 한 장을 내밀며) 점심 거르지 마세요.
안경	이젠 그만 하시지요, 저도 돈 벌잖습니까? (걸레를 외면하고 나가

려 한다)

걸레   …….

철수   야 먹물, 너 차라리 찬송가나 유행가를 불러라, 아니면 염불을 외
            우든가. 청량리역 앞에 까까들 요새 매상 좋은가 보더라. 니가 무
            슨 김민기냐 정태춘이냐 이 새끼야? 걔네들도 끝난 지 오래됐어
            임마, 정신 좀 차려 — .

걸레   미친 새끼, 지하철에서 딴 연놈들이 주는 돈은 다 받고 내 돈은 못
            받겠다? 왜? 똥치 돈에서는 똥냄새 나나? (돈을 코에다 대어보고
            는) 안 나는데.

철수   (칼을 던질 듯한 자세를 취하며) 짭새한테 확 찔러버려 저걸?

걸레   (철수의 칼을 뺏는다)

철수   야야 왜 그래?

걸레   (칼로 돈을 갈기갈기 찢어버리며) 무슨 잘난 일 했다고 오팔팔 숨
            어들어 왔을 때는 내가 끓여주는 라면 잘만 처먹더라 씨…….

안경   (고뇌에 찬 표정으로 나간다)

걸레   (흐느끼며 무너진다)

철수   (찢어진 돈을 주며) ……그냥 한번 대준다고 해봐, 공짜로…….

걸레   (어린애처럼 울먹이며) 그러다 정말 자자고 하면 어떡해…….

철수   그럼 도대체 뭘 어쩌자는 거야 — .

걸레   엄마 — .

선녀   (목소리) 혹시 저…… 궁전 무용교습소가…….

병태   (목소리) 야 — 문 닫어 — .

선녀   (목소리) 악 — .

창녀 3   (목소리) 저 쌍년이 — .

철수   오늘 정말 왜들 이러니 — .

선녀   (눈을 가리고 골목에서 뛰쳐나와) 오팔팔 독립군부대 기념 거리가
            이런 데가 아닌데…….

철수   야 — , 여기는 여자들이 돈 받고 몸 파는 성(性)스러운 직장 오팔팔
            이야, 맞아 뒈지기 싫으면 빨리 꺼져 이 쭝국 촌닭아 — .

선녀   옷은 찾아야 하늘로 올라…… (헛구역질을 한다)

철수   ……? 이게 아침부터 뭘 또 잘못 처먹었나…… (등을 두드려준다)

걸레　　……나도 누구 새끼가 됐건 애나 한번 배봤으면 좋겠다…….

철수　　……! (사이) ……야, 너 뭐…… 사……진 같은 거라도 있냐?

선녀　　(제비의 사진을 보여준다)

철수　　헤헤, 이 새끼 이거 완전히 폭탄 맞은 삽살강아지처럼 생겼네, 야 걸레야…….

걸레　　(장난치듯 칼로 손목을 그었다가 솟구치는 피를 보고 놀란다) 어, 어 어…….

철수　　야! 이 개걸레 너……. (안경이 나간 쪽으로 뛰쳐나간다)

선녀가 달려와 몸부림치는 걸레의 손목을 스카프로 싸맨다.

철수　　(목소리) 야— 이 안경 또라이 새끼야—.

걸레　　(몸부림치며) 놔! 놔—.

철수　　(맥이 풀려 들어오며) 히야…… 정말 오팔팔 영업상무 애로사항 너무너무 많다 응?

〔제 6 장　열 차　안 (청 량 리 역 — 서 울 역) 〕

〈안내방송〉 안내 말씀 드리겠습니다. 복잡한 열차 내에서 승객에게 불편을 주는 행위를 하지 맙시다. 열차 내에서 옆 사람에게 혐오감을 주는 불쾌한 행위는 법에 의해 처벌을 받게 되는 경우가 있습니다. 감사합니다.

병태는 런닝 차림에 가방을 꺼안은 채 신문을 덮고 자고 있는 회사원과 기대어 졸고 있고, 남녀 대학생이 경로석에 앉아 있다. 여대생은 헤드폰을 쓴 채로 잡지책을 읽으며 노래를 부르고 있다.

〈안내방송〉 이번 역은 제기동, 제기동역입니다. 내리실 문은 왼쪽입니다…….

남대생　　호프집에서 얼마 받았다고?

여대생   ……. (노래를 계속 따라 부른다)

〈음향〉   열차 도착한다. 문 열린다.

회사원   (잠에서 깨어) 거꾸로 가네……. (내린다)

영자가 올라타 병태 옆 자리에 앉는다.

〈음향〉   문 닫힌다. 열차 출발한다.

선녀가 병태의 옆 자리에 앉으려다 둘은 서로의 얼굴을 알아보고 기겁을 하
며 외면한다.

남대생   (여대생을 툭 치며) 누구 콘서트라구?

여대생   (헤드폰을 벗으며) 뭐?

남대생   연극 보자.

여대생   싫어, 졸려.

남대생   (여대생의 헤드폰을 가져다 자기가 쓰면서) 벗는 건데…….

병태   혹시…… 영자…… 이영자 씨 맞죠?

영자   ……병……태! ……유학 가셨다는 얘긴 들었어요.

병태   야…… 그러니까 이게 얼마 만이냐? 그때가 군대 가기 전이었으니

          까…….

영자   그땐 정말 미안했어, 부모님들이 하도 서두시는 바람에……. 그런

          데 지금 어디 가는 길이야?

병태   ……예, 학……교 가는 길입니다.

영자   그럼 아직도 학생……이세요?

병태   아니, 가르치러.

영자   그럼 교수님?! 근데 웬 란닝구 바람이야?

병태   (선녀를 의식하며) 응, ……시간강사거든……. 한 시간에 2만 원,

          ……일주일에 두 시간…….

여대생   누가 벗는 건데?

남대생	(음악에 열중해 있다)
병태	그 마이클 잭슨하고는 잘 살죠?
영자	……재근 씨요?
병태	그래, 마……재근!
영자	나—쁜 자식!
병태	누구?
영자	아…… 아까 만났던 남자. 보험 들어준다더니 차 마시자 술 마시자 허튼수작만 부리잖아.
병태	보……험회사 다녀?
영자	……응…… 집에만 있기도 너무 따분하구……. 이제 여자들도 다 자기 일을 가져야 하잖아? 결혼은 했지?
병태	2만 원짜리 시간강사한테 누가 시집 오냐—!

남대생은 음악에 열중해 있고, 여대생이 병태를 알아본다.

〈음향〉　열차 지나가는 소리

여대생	교수님 — 안녕하세요?
병태	어? 그래, 그래……. (영자에게) 애 있어?
영자	아니, 아직. 집 장만할 때까지는…….
병태	시집이 재벌이라고 그러지 않았나?
영자	……응, 그랬는데 지금은 우리가 모시고 살아. 그러니까 우린 아주 아주 행복해. 진짜야, 난 7시면 집에 들어가서 밥하고…… 같이 테레비 봐.
병태	야…… 테레비 본 지 정말 오래됐다.
영자	넌 옛날부터 활동적이었잖아. (자기도 모르게 병태의 손을 잡았다가 얼른 다시 놓는다)
병태	술 먹고 맨날 열두 시거든. 그래도 술값은 내가 안 내, 회사 다니는 애들이 다 사줘, 짜식들. 하, 하, 하…… 옛날엔 니가 많이 사줬는데……. (자기도 모르게 손이 영자의 어깨에 닿는다)
영자	(병태에게 와락 안기며) 이러지 마, 병태!

여대생	(남대생을 다시 쿡 찌른다) 야!

남대생	(헤드폰을 벗고) 아 왜?

여대생	벗는 게 여자냐구 남자냐구 —!

병태 벌떡 일어나 한쪽으로 비켜서 있고, 남녀 대학생이 잡지책으로 얼굴을 가린다.

〈안내방송〉 이번 역은 신설동, 신설동역입니다. 내리실 문은 왼쪽입니다. 성수, 잠실이나 왕십리 방면으로…….

병태	나 여기서 내려야 되는데…… 우리 언제 한번 만날까?

영자	……아니요, 우린 지금 행복해요. 그거 위협할 마음은 없잖아요?

병태	그건 그래요, 만나서 반가웠어요.

〈음향〉	열차 도착한다. 문 열린다.

한약재 꾸러미를 든 노파가 지팡이를 짚은 노옹을 부축하고 올라탄다.
선녀가 노부부를 맞이하러 간다. 날탕과 깔탕이 장난을 치며 달려 들어온다.

날탕	야 —, 자리 자리 —.

남/여대생	떴다. (서로 기대어 자는 척한다)

날탕과 깔탕이 뛰어들어 와 빈자리에 앉으려는 노부부를 밀쳐내고 앉아 외면한다.
노옹과 노파는 바닥에 넘어진다.

〈음향〉	문 닫힌다. 열차 출발한다.

노파	(지팡이로 선녀를 후려치려는 노옹에게) 아 왜 우리 형부도 그래쌔이요, 처음에는 물같이 나왔다오.

노옹	뭐어?

노파 아 똥 말이오. 그 아주 가는 게 꼭 지렁이처럼 나왔대째이요, 피 섞여 나온 건 냉주막이요.

노옹 (다리가 후들거리며 그 자리에 쭈그리고 앉는다)

노파 (노옹을 진정시킨다)

선녀 (날탕·깔탕과 눈이 마주치자) 안녕.

날탕/깔탕 웬 안녕? (깔깔대고 웃는다)

선녀 학교가 늦게 시작하나 봐요?

깔탕 이번 학기에는 일주일에 한 번만 갈 꺼야, 재미로 그치?

날탕 머리가 얼마나 나쁘면 학교까지 다니면서 공부를 하나?

깔탕 근데 여자 선생들은 왜 우리만 보면 그렇게 콤플렉스를 느끼는 거니? 정말 오해가 안 되는 거 있지? (회사원이 놓고 내린 신문을 펼쳐 본다)

소매치기 1, 2가 옆 칸에서 들어와 승객들을 살핀다.

날탕 (소매치기를 향해 교태를 부린다) 아저씨들은 또 왜 우리만 보면 저렇게 환장들을 하는지 모르겠어.

신문 (옆 칸에서 들어오며) 어쩌란 말이냐, 박찬호 허리 삐끗! 스포츠 —스포……. (날탕의 발에 걸려 기우뚱거린다)

소매치기 1 (신문을 밀치며) 이거 왜 자꾸 밀구 이래? (선녀의 곁으로 바짝 다가선다)

선녀 전 안 밀었는데요.

소매치기 2 (면도날로 선녀의 가방을 찢으려 한다)

깔탕 (신문을 보다가) 와 — 또 강간이다 —.

노옹과 노파를 제외한 모두가 깔탕 쪽을 주시하면, 소매치기 1, 2는 동작을 멈춘다.
남녀 대학생은 소매치기 2의 면도날을 발견하고 외면하며 다시 자는 척한다.

날탕 어디 어디? (신문을 보려다 선녀의 가방을 찢으려는 소매치기 2를 발견하고 그에게 접근한다)

노파   (다시 생각이 난 듯) 그래 내 거 궤양 아니냐니까네 치질이라고 빡

빡 우기더니 끝내 창자를 다 들어냈대째이요 글쎄.

노옹   (두려움에 떨며 주저앉는다)

노파   (노옹을 진정시킨다)

날탕   (소매치기 1에게 엉덩이를 들이밀며 교태스러운 목소리로) 왜 점

잖은 아저씨들이 여자애들 히프는 만지고 그러세요?

깔탕   오잉? (소매치기 2에게 접근한다)

소매치기들 두 손을 번쩍 치켜들고 그 사이로 선녀가 빠져나온다.

깔탕   어머, 날탕아 애. 이 아저씨 또 만져.

소매치기들 날탕과 깔탕이 앉았던 자리에 얌전히 앉으면 영자 벌떡 일어나 옆

으로 비켜서 있고, 날탕과 깔탕이 소매치기들의 양옆으로 바싹 좁혀 앉는다.

〈안내방송〉 이번 역은 동대문, 동대문역입니다. 내리실 문은 왼쪽입니다. 사

당, 과천, 안산이나 상계 방면으로 가실 손님은…….

날탕   (소매치기 1의 몸을 더듬으며) 얌전히들 가시는 게 좋을 거예요,

자꾸 만지시면 우리도 흥분한단 말예요.

소매치기들 다시 두 손을 번쩍 치켜든다.

깔탕   (소매치기 2의 가슴을 어루만지며) 어머머, 가슴은 그쪽이 아닌데.

소매치기들 벌떡 일어나 출입문 쪽으로 도망치면 날탕과 깔탕 계속 따라붙

는다.

남대생   (눈은 감은 채로 속삭이듯) 대학로 가려면 여기서 갈아타야 돼.

여대생   알고 있어.

날탕   깔탕아 애, 이번엔 치마 속이야.

깔탕   아이 이 아저씨 정말 간지러워죽겠네.

소매치기들 두 손을 서로 맞잡고 추켜올린다.

남/여대생   하나, 둘, 셋!

〈음향〉   열차 도착한다. 문 열린다.

남녀 대학생이 뛰어내리고, 소매치기들 도망치듯이 내리면 날탕과 깔탕이
계속 뒤쫓는다.

날탕/깔탕   아저씨 — 아저씨 —.
신문   와 예술이다, 날탕 —. (쫓아 내린다)

선녀가 노부부를 경로석에 앉힌다.

〈안내방송〉 열차 출발하겠습니다.

영자   참, 병태 씨. (뛰어내리며) 보험 하나만 들어줄래요 —? 병태 씨 —.

열차 출발 직전에 날탕만 뛰어와 올라탄다.

〈음향〉   문 닫힌다. 열차 출발한다.

신문   (뒤늦게 달려왔으나 타지 못하고 멀어지며) 날탕 —.
날탕   저런 병신 같은 년.
노파   그러니까네 은제든지 똥을 잘 살펴봐야 하는 게오. 딱딱한지 물렁
         물렁한지, 그리고 때깔도 매우 중요하오. 그거는 내가 도사지비.
노옹   (경련을 일으킨다)
노파   (노옹을 진정시킨다)
선녀   왜 그렇게 못된 장난들을 치지요?

날탕	가방 안 찢어졌나 잘 봐 이 푼수야, 쓰리꾼들이었어.
선녀	(놀라 가방 속의 약을 확인하고 안심하며) 미안해요, 난 또 그런 줄도 모르고…… 고마워요.
날탕	보통이야. 우린 머리가 열라 좋다는 거 아니니?
선녀	그런데 학생.
날탕	자꾸만 학생 학생 할거야? 기분 나쁘게!
선녀	아, 미안해요. 그런데 이름이 정말 날탕이에요?
날탕	압구정동에 가면 오렌지 / 탱자, 홍대 앞에 가면 야타 / 나타?, 오늘은 계속 허당만 치니까 날탕 — 깔탕 —.
선녀	학교 안 가면 부모님께서 걱정 안 하시나요?
날탕	같이 안 살아.
선녀	……미안해요, 일찍 돌아가셨나 부죠?
날탕	아니, 따로따로 시집 장가 가서 잘들 살아. (가방에서 거울과 루즈를 꺼내어 서툴게 칠하기 시작한다)
노파	참 조카사우네 회사 사장은 교통사고로 허리 아래가 턱 절단이 났는데, 아 사방에다 호스를 쑥쑥 박아가지고는 고름을 모두 뽑아냈다오 벌써 넉 달째오.
노옹	(격렬하게 경련을 일으킨다)
노파	(노옹을 진정시킨다)
선녀	그럼 지금은 누구하고 사나요?
날탕	남동생은 이모한테 갔고 나는 고모하고 살았는데 쫓겨났어.
선녀	왜요?
날탕	날 보구 도둑년이래.
선녀	뭘 훔쳤는데요?
날탕	사촌 애새끼들이 쌔빈 거야, 뻰드 한다고. 이거 나도 이번 기회에 어디 해외로나 진출해봐? 세계화라는데 말야.
선녀	휴우 —, 난 중국에서 어제 왔는데…….
날탕	그럼 너도 쫓겨난 거니? 어쭈바리!
선녀	아뇨, 누굴 좀 만나러 나왔어요.
날탕	친척 믿을 거 하나—토 못 되더라. 근데 오늘 저녁엔 또 어디서 자지?
선녀	약혼잡네다…….

<음향>　　　열차 지나가는 소리

날탕　　오잉? ……언니…… 반말한 거 미안해요. 장난으로 한번 그래 본
　　　　건데 오늘 밤에 나도 좀 같이 안 재워줄래? 응?

선녀　　에이…… 그건 좀…….

날탕　　졸라 빠개네!

노파　　아 그라고 그 회사 부쟁이라는 사람은 쌍판이 턱에서 코까지 완저
　　　　이 날라갔는데 아직까지도 살아있쩨이요. 하하하하하…….

노옹　　(지팡이를 들어올려 후려치려 한다)

<안내방송> 이번 역은 종로5가, 종로5가역입니다. 내리실 문은 왼쪽입니다.
This stop is …….

노파　　우리 내림매 — 아 날래 좀 내리오. (노옹을 부축해 내린다)

<음향>　　　열차 도착한다. 문 열린다.

큰놈, 작은놈이 올라타 침을 뱉으며 천방지축 돌아다닌다.
뒤따라 아이들의 부모가 올라타 노옹과 노파가 앉았던 경로석에 앉는다. 엄
마는 핸드백만을 들었고, 계속 하품을 해대는 아빠는 갓난아기를 안았고 기
저귀 가방까지 들었다.

엄마　　내가 무슨 틀린 말 했다고 그래요? 그럼 차 없는 집이 우리 동에
　　　　우리 집 말고 또 있단 말예요?

<음향>　　　문 닫힌다. 열차 출발한다.

　　　　채소 장사하는 삼백이 호도 봉고 트럭은 있다구요. 시집이라고 연
　　　　립 하나 해준 것밖에는 없으면서 큰소리는……. (장난을 치는 두
　　　　아이에게) 느이들 얌전히 안 있으면 쌍코피 터질 줄 알어!

아빠　　멀때야 —. (큰놈이 다가오면 옆에 앉히고 입가를 닦아주며) 침 뱉

지 마……. (졸기 시작한다)

날탕 부모의 사랑이라는 건 정말 눈물 나는 거야, 집 생각난다…….

선녀 나도 그래…….

날탕 근데 결혼은 뭐 하러 하지? 허구헌 날 저렇게 싸울 걸.

선녀 (작은놈의 머리를 쓰다듬으며) 그래도 아이들은 귀엽잖니?

날탕 에이, 난 애들 싫어. 야 똥싸개, 누나 주머니에 뭐 들어 있게? (주머니에서 껌을 꺼내어 자기만 조금씩 끊어 먹는다)

엄마 (조는 남편을 깨우며) 여보! 당신 정말 오늘 일 안 나가도 되는 거예요? 짤린 거 아녜요?

아빠 아 당신이 오늘 친정에 꼭 가야 된다고 했잖아요?

엄마 당신이 토요일이 있어요 일요일이 있어요? 하나밖에 없는 처남 동원훈련 갔다 왔다는데 이럴 때나 처갓집에서 애들하고 놀아주는 게 뭐 나쁘다고 그래요 —? 아빠가 (울먹인다) 손주들을 얼마나 귀여워하신다고…….

작은놈이 날탕에게 대들면 날탕이 작은놈을 발로 차고 올라타 목을 조른다.

엄마 (작은놈의 모습을 발견하고) 여보…… 저…… 저…….

아빠 (자세를 바꾸어 계속 존다)

〈음향〉 휴대전화 진동음

날탕이 목을 조르다 말고 갑자기 몸을 비틀며 신음 섞인 교성을 지른다.
작은놈이 빠져나와 울면서 아빠를 깨우고 날탕을 가리킨다.
엄마는 날탕의 모습을 흥미롭게 바라본다.
아빠는 작은놈이 날탕을 때린 줄 알고 작은놈의 뺨을 때린다. 큰놈이 좋아하다 한 대 맞는다. 작은놈이 큰놈을 놀리다 또 한 대 맞고 둘 다 벌을 선다.

선녀 와 그러네? 어디 아프네? (자리에 앉히고 진정시킨다)

날탕   에이, 좋다 말았잖아. (휴대전화를 받는다) 알았어!
깔탕이에요, 압구정동으로 오래요.

엄마   여보, 당신 핸드폰 있지요?

아빠   내가 개야? 개 목걸이 차고 다니게. (다시 존다)

선녀   정말 괜찮아?

날탕   근데 약혼자가 뭐 하는 남자예요?

선녀   유명한 무용순데 잘 모르겠어, 나한테 거짓말을 한 번 했거든.

날탕   아빠도 나한테 거짓말했는데, 끝까지 데리고 산다고 해놓구
선……. (울먹인다)

선녀   아빠 미워하네?

날탕   엄마가 더 미워요, 먼저 바람피웠으니까.

선녀   기왕에 그렇게 됐는데 날탕이 이해해드려야지. 아마 지금쯤 엄마
아빠도 날탕한테 굉장히 미안해하고 계실 꺼야.

날탕   이젠 나하고 아 —무 상관도 없는 사람들입니다!

〈안내방송〉 이번 역은 종로3가, 종로3가역입니다. 내리실 문은 왼쪽입니다.
수서, 구파발 방면은 3호선으로…….

날탕   그럼 또 봐요 언니, 난 깔탕 잡으러 가야 돼요.

선녀   오늘 저녁엔 어디서 잘 건데?

날탕   참, 외할머니 편찮으시댔는데…… 거기나 가볼까?

아빠   나 졸려서 도저히 안 되겠어. (아기와 기저귀 가방을 엄마에게 맡
기고 출입문 쪽으로 간다)

엄마   어디 가는 거예요, 여보?

아빠   집에 가서 잠 좀 잘 테니까 당신이나 애들 데리고 갔다 와.

〈음향〉   열차 도착한다. 문 열린다.

아빠, 내린다.

엄마	내가 정말 못 살아, 여보 ─ 여보 ─ . (아기와 기저귀 가방을 싸안 고 따라 내린다)
날탕	고마워요 언니, 좋은 남자 만나서 싸우지 말고 잘 살구요. 안녕 ─ (내린다)

엄마를 따라 내리려는 작은놈을 큰놈이 붙잡아 때리기 시작한다.
수녀가 올라타 아이들이 싸우는 것을 보고 성호를 긋는다.

〈안내방송〉 열차 출발하겠습니다.

〈음향〉　문 닫힌다.

엄마가 닫히는 문에 몸을 끼운 채 열려고 안간힘을 쓰면 아이들이 걸상 밑으
로 숨는다.

〈안내방송〉 세 번째 칸 첫 번째 문의 아주머니, 왜 그러는 거예요?

〈음향〉　문이 다시 열린다.

엄마	(아이들을 걷어차며) 빨리 내려 이 새끼 웬수들아, 여보 ─ 여보 ─ . (아이들과 함께 내린다)

〈음향〉　문 닫힌다. 열차 출발한다.

옆 칸에서 잡상인이 들어와 판을 벌인다.

| 노래 6 | 싸구려 (Rap) ● 131쪽

잡상인	*즐거운 나들이 시간에 잠시만 실례해요*
승객들	*조용한 차내에 큰 실례.*
잡상인	*이미 신문을 통해서 알고는 계시지만*

승객들	알기는 뭘 알아? 일절만 해!
잡상인	IMF 쳐들어오고 피 본 놈은 많아도

승객들   알기는 뭘 알아? 일절만 해!

잡상인   IMF 쳐들어오고 피 본 놈은 많아도

'안 넘어가' 회사가 제일 개피 봤어

재고처분 차원에서 이 사람이 나왔는데

소개할 상품은 고무장갑 —

애 낳아본 분들은 잘 아시겠지만

병원에서 의사들이 수술할 때 끼는 바로

그 장갑 만든 고무 절대로 안 찢어져

애 낳아봤죠? 애 낳아봤죠?

수녀   (열심히 성호를 그으며 기도를 한다)

여사원 1   무슨 이런 자식이 다 있어 —?!

잡상인   과연 정말 그럴까? 그렇게도 좋을까?

못 믿겠다 찢어봐라, 시범으로 내가 한번

알뜰한 주부들의 주방의 필수품

'안 넘어가' 회사의 '안 찢어져' 고무장갑 —

승객들   새겠다 그치? 찢어지겠다 그치?

잡상인이 시범으로 장갑을 찢다가 장갑이 정말로 찢어진다.

잡상인   어제까지만 해도 고무장갑만 팔았는데

엄청난 호응에 감사하는 뜻에서

오늘만, 오늘만

보너스 상품 몇 가지 드리지요

바늘쌈 세트 뚜껑 열어봐

바늘쌈, 골무, 옷핀, 머리핀,

플라스틱 이쑤시개, 좀약 없어서

단돈 천 원, 이게 다라면 그건 오해

치밀한 올의 특제 수세미

남자용 빗, 여자용 빗, 참빗, 구둣주걱,

귀후비개, 병따개, 압핀, 쪽집게,

일회용 휴지 하나 더 얹어 천 원!

오늘만, 오늘만, 내일이면 없어

절호의 찬스 놓치지 마.

시내에서 사시려면 만 원도 어림없어

IMF 땜에 손님들만 땅잡어 ―

승객들 (고무장갑과 보너스 상품을 비교해보며)

참 싸다 그치? 못 쓰겠다 그치? (반복)

잡상인 밑져봐야 본전, 애들도 안 받아

단돈 천 원에 떨떨이

떨떨이 떨떨이……

〈안내방송〉 이번 역은 종각, 종각역입니다. 내리실 문은 왼쪽입니다. This stop is …….

〈음향〉 열차 도착한다. 문 열린다.

빨래판 (올라타며) 으아 ― 정말 시끄러워서 못살겠네 씨……(벌)…….

〈안내방송〉 출입문 닫습니다.

잡상인이 물건들을 서둘러 거둔다.
빨래판이 급히 내리려는 승객들을 가로막는다.

〈음향〉 문 닫힌다. 열차 출발한다.

시주함을 목에 건 까까가 목탁을 두드리며 옆 칸에서 들어온다.

빨래판 거 조용히 좀 합시다, 에 ―?

까까가 수녀의 옆 자리에 앉아 서로 외면한다.

빨래판 조용한 차내에 잠시만 실례하겠어 씨……(벌)…… 10년 전 강원도

국도 변에서 있었던 어린이 암매장사건 아시는지 모르시는지 모르

겠어 씨……(벌)…… 나, 그 사건 공범…….

땅쇠   (옆 칸에서 들어와 승객들에게 구걸을 하며) 백 원만…… 백 원

만…… 백 원만 —.

빨래판   백 원만이야…… 백……백 원만? (몸부림을 치며 자해를 한다) 으

아 — .

땅쇠   ……?

빨래판   뭘 쳐다봐? 빨래판 또 한 번 긁어야 되겠어 —?!

빨래판이 상의를 걷어 올리면 배에 흉칙한 칼자국이 두 개 새겨져 있다.

승객들 겁에 질려 있고 땅쇠가 얌전히 꿇어앉아 팔을 들고 벌을 선다.

빨래판   한 개만 더 그으면 제트야! (신문 스크랩을 슬쩍 보여주며) 여기

뒤돌아서 있는 게 나요, 씨……(벌)…… 청송교도소에 창원이하고

같이 있을 때 개척교회 박 권사님한테 감화받고 회개해서 모범수

로 복역했어, 씨……(벌)…… 7년 만에 아임푸 특사로 나왔는데 좆

도 별 일곱 개 달았다고 아무 데서도 안 써주데…….

전도사   (UFO라고 쓰인 면류관에 이상한 차림으로 옆 칸에서 들어오며)

회개하라 — 들림의 날이 가까워왔도다 —

빨래판   그래서 회개하라…….

전도사   사막에 눈이 내려, 지진으로 일본이 가라앉아, 뿔 달리고 머리 둘

달린 애가 태어나…….

빨래판   아 제발 조용 좀 해주라 씨벌녀러 —.

전도사   ……? (아랑곳하지 않고 계속한다) 유황불로 너희를 종신형에 처

하리라, 예수님은 외계인이시니 UFO를 영접하라 —.

너, 너, 너, 너, UFO 타는 날에 나락으로 굴러 떨어져 —.

너, 너, 너, 너, 유황불 백 년, 천 년, 만 년, 십만 년, 백만 년…….

빨래판   (전도사를 향해 상의를 걷어 올리며) 어이구 이걸 그냥 확!

전도사   ……? (빨래판에게) 너만 일억 년! 참 예수님 감람나무, 할렐루야

예수사랑 —!

전도사가 손동작을 해가며 노래를 부르기 시작하면 승객들이 전도사를 따라 손동작을 하다가, 빨래판이 상의를 걷어 올리며 승객들에게 겁을 주면 승객들 눈을 질끈 감고 소리 높여 할렐루야를 외치며 따라 부른다.

|노래 7| 내게 강 같은 평화

전도사　　　**1.** *내게 강 같은 평화, 내게 강 같은 평화*

　　　　　　　　　내게 강 같은 평화 넘치네

승객들　　　*할렐루야 —* (스님이 박자에 맞추어 목탁을 치기 시작한다)

　　　　　　　　　내게 강 같은 평화, 내게 강 같은 평화

　　　　　　　　　내게 강 같은 평화 넘치네

승객들　　　**2.** *내게 바다 같은 사랑, 내게 바다 같은 사랑*

　　　　　　　　　내게 바다 같은 사랑 넘치네

전도사　　　예쑤 믿어 —.
스님　　　믿씁니다 —.
빨래판　　　장사 안 해!
전도사　　　예쑤 믿고 천당 가 —.
수녀　　　할렐루야 —.
잡상인　　　아버지 —.

빨래판이 신문 스크랩을 바닥에 팽개치고 담배꽁초를 피워 물면 선녀가 신문 스크랩을 주워 빨래판에게 주며 담배 피우는 것을 만류한다.
빨래판이 볼펜을 꺼내어 내밀며 선녀에게 팔려 한다.
전도사는 빨래판의 머리에 손을 얹고 안수기도를 시작한다. 승객들이 일어나 이들을 에워싸고 문 쪽으로 내몬다.

빨래판　　　어 어…… 왜 이러세요…… 밀지 마세요…….

<안내방송> 이번 역은 시청, 시청역입니다. 내리실 문은 왼쪽입니다. 신촌이나 을지로, 잠실 방면으로 가실 손님은······.

<음향>   열차 도착한다. 문 열린다.

선녀와 땅쇠만을 남기고 승객들 모두 내린다.

|노래 8| 이름 모를 연인들 ♪ 134쪽

땅쇠   **1.** 인생 끝장 서울역, 10년 전 농사 때려치우고 올라온 날
화장실 갔다 온 그새에 두 딸년 들쳐 업고 너는 내뺐지
그래 홧김에 주먹 한 번 휘두른 게
그리도 가슴에 맺혔냐? 이런 속 좁은 예펜네야 —

워디 잘 사나 보자, 월매나 오래 사나 두고 보자
돈도 빽도 없는 나를 홀애비 맹글고 잘되나 보더라고
10년 살 붙인 정이 있지, 워디 그럴 수가 있나
오늘도 지하철만 타고 천지사방 찾아 헤매다 마네······

청소부   **2.** 꿈속에서 만났나? 5년 전 추운 겨울 어느 날 즈녁
신랑인테 을어터지고 맨발로 헤매던 동대문 지하도
니는 따시허니 내게 다가와
라면 한 그릇 사주고 훌쩍 떠내가 버렸지······

주소나 알아둘 걸, 이름이라도 물어볼 걸
아니면 죽자 사자 한번 매달리기라도 할 걸 그랬나······
날은 저물어만 가는데 너는 왜 안 나태나고
속절읎이 쓰레기만 비우는 이 아줌마를 울리나······

김 병장   **3.** 상황발생 청량리역, 2년 전 첫 번 휴가 귀댓날

등산복 차림의 스카프, 스쳐갈 때 나던 비누냄새

인자 말년 휴가 귀댓날

나는 또 두리번거리네, 여기 청량리역이서……

주소나 알아둘 걸, 이름이래도 물어볼 걸

아니면 이판사판 탈영이래도 헐 걸 그랬나……

열차 떠나가는디 너는 왜 안 나타나고

말년 휴가 귀대허는 김 병장 속을 요로코롬 뒤집어 (놓나……)

모두가 각자의 후렴을 함께 부른다.

땅쇠   속 좁은 예펜네야 ―

청소부   이름도 모를 총각아 ―

김 병장   이름도 모를 여인아 ―

[제 7 장   포 장 마 차]

포장마차에서 곰보할매가 음식을 조리하고 있고 안경이 우동을 먹고 있다.

곰보할매   (속삭이듯) 아 고저 자수해개지구서리 맘 펜하게 살 일이디 이거

이 무슨 사서 고생이가 이 미렌한 놈아.

안경   (목청을 높여) 전 자수 못합니다. 그들을 인정하는 것밖에는 안 되

잖…….

곰보할매   (행주로 안경의 입을 급히 틀어막으며 더 큰 목소리로) 몰러 몰러

야, 내레 무슨 소린디 하나투 모르가서 야 하나투 ―.

안경   (숨이 막힌다)

곰보할매가 행주를 치우고 앞치마로 얼굴을 닦아주려 하지만 안경이 뿌리친다.

곰보할매	(미안해하며) ……기레, 오날은 좀 벌언?
안경	아뇨.
곰보할매	기리게 내레 머라 그랜? 아 서울 놈들한테 서울 욕하는 노래를 불라주무는 어나 골 빈 아새끼레 돈을 주갔네? 아 이런 노래들도 얼마던디 있디 않아? '종이 울리네 썅, 꽃이 피네, 아름다운 서울에서 썅 썅 썅 썅, 하날엔 됴각구름 떠 있고…….'
안경	할머니! 전 그런 군가 같은 노래들이 정말 싫어요.
곰보할매	쯧쯧…… 이런 헐어빠딘 아새끼 돔 보라, 너 내래 먹구 싶은 거만 팔았으무는 발—쎄 30년 년에 굶어 뒈뎠을 거이야, 이 한심한 놈아! 기레 이 클마니가 마네자 한번 해보는 거이 기맇게도 원이라는데 아 공밥 처먹구서리 그깟 소원 하나 못 들어주간? 이 오살할 놈의 아새끼레…….
안경	……할머니 한 분만이라도 들어주시면 됐죠 뭐…….
곰보할매	……기레 기레, 마네자가 제 가수 노래 안 들아주무는 뉘기레 들어주갔네? 자, 고 괴상망측한 서울의 노래나 다시 한번 들어보자꾸나 베라먹을.
안경	아 우동 먹다 말구…….
곰보할매	감정 잡구! (안경의 카세트 녹음기의 플레이 버튼을 누른다) 흠…….

안경이 카세트 녹음기의 반주에 맞춰 노래 부르기 시작하면 곰보할매는 이내 졸기 시작한다.

선녀가 두리번거리며 들어와 '꼼보네'라는 간판을 확인하고 다가가려다 안경이 노래하는 것을 발견하고 한 발짝 물러서서 노래를 감상한다.

| 노 래 9 | 서울의 노래 ♪ 139쪽

안경	서울, 하늘 아래 단 한 곳
	사방이 온통 남쪽뿐인 이상한 도시
	펄펄 끓는 가마솥도 이보다는
	더 하지는 못하리

1. 견디기 힘든 이 열병이 끝나지 않는 한

   노래를 부르리, 서울의 노래

   불로 소득자들의 낙원이여

   나라의 절반이나 되는 도시여

   공룡 모양의 커다란 풍선

   그 속엔 죽음의 아황산가스뿐

   곡식 한 톨 자라지 못하고

   강에는 등 굽은 물고기뿐인데

   거대한 자석에 붙어 떠나지 못하는

   사람들의 이상한 도시

2. 너 청와대와 총독부, 또 주둔군 사령부

   노래를 부르리, 서울의 노래

   너 투기꾼들의 낙원이여

   기생충들의 천국이여

   창녀들의 보금자리

   외국 사람들의 파라다이스

   가지도 못하는 자동차

   취직도 못하는 고학력

   입시 지옥, 교통 지옥

   한옥은 달동네에만 남았네

   나뭇등걸도 없이 6백 년을 자라온 너

   거대한 독버섯 서울특별시여!

   토해논 라면을 밟고서 배기가스를 마시며

   난 노래를 부르리 서울의 노래 ―

선녀가 박수를 치면 안경이 카세트 녹음기를 스톱시키고 외면을 하며 다시
우동을 먹는다.

곰보할매 (자다 깨어 안 잔 척한다) 메이야?

선녀 저…… 철수 아저씨가…….

곰보할매 와, 또 떼 들어간?

선녀 할머니한테 뽀뽀해드리라고…….

곰보할매 (얼굴을 험상궂게 찡그리며) 기레, 어디다 하갔네 이넌아!

선녀 (마지못해 볼에다 뽀뽀를 한다)

곰보할매 (선녀를 우악스럽게 끌어안으며 귀를 깨문다) 아이구 요 씹어먹을
간나. 자 — 뭘 먹구 배탈이 나겠니? 아바이 순대? 떡볶이?

선녀 남는 거 아무거나요.

곰보할매 남는 게 어디 있네? 이 베라먹을 네미나이!

선녀 그럼 순대 조금만 주시겠습네까?

곰보할매 막바루 얘길 하디 뱅뱅 돌레가멘 하구 이서 여시 같은 넌. 걸치라.
(순대를 꺼내어 썬다)

선녀 ……아깐 정말 고마웠습니다.

포인터가 들어오다 선녀를 발견하고 몸을 숨긴다.

안경 그들의 잘못이 아니지요, 이 땅의 척박한 역사가 그들을 그렇게 만
든 겁니다.
중요한 건 바로 영혼이지요. 그 옛날 예수나 석가, 맑스가 그랬던
것처럼 인간의 영혼을 구하는 일이 바로 민중가수의 역할입니다.

곰보할매 쯧쯧…….

포인터 안녕.

안경 (급히 몸을 돌려 얼굴을 숨긴다)

선녀 ……저 말입네까?

곰보할매 (순대를 선녀에게 주며) 처먹으라우.

선녀 고맙습네다, 할머니. (순대를 허겁지겁 먹는다)

포인터 배가 많이 고팠나봐, 여기 뎀뿌라 하나.

곰보할매　와 또 왔네 이 쌍 코랑 말코 같은 놈의 새끼.

포인터　왜 또 그러세요? 난 뭐 내 돈 내고 오뎅도 못 사먹어?

곰보할매　너 또 한 번만 개수작하무는 배때지를 쑤셔버리가서 이 포를 떠먹을 놈의 간나새끼.

포인터　할매는 왜 나만 미워해! (선녀를 의식하며) 그래두 서울역 앞에서는 이 집이 오뎅을 제일 잘한다.

곰보할매　……. (건성으로 오뎅을 퍼 담아주고 설거지를 하러 나간다)

포인터　중국서 왔니?

선녀　어떻게 아셨습네까?

포인터　호호호…… 자, 나 의정부의 '포인터'라고 해. (악수를 청한다) 우리말로 하면 '사냥개'. 그럼 너 어디 잠잘 데를 먼저 알아봐야겠구나? 아 참, 거기가 좋겠다 얘. 아가씨 또래 여자들이 아주 많은 덴데……. (선녀의 손을 쓰다듬으며) 어때? 미국 사람들한테 잉글리시도 배울 수 있고…….

선녀　(손을 빼며) 약혼자 만날 건데요 뭐.

포인터　그랬구나 지지배…… 그래, 만났어?

선녀　아뇨, 아직…….

포인터　……! 그런데 말야, 한국에서는 여자들도 다 자기 일을 가져야 한다 너. 그래서 하는 말인데, 내가 니 매니저 해주고 싶어.

선녀　매……니저가 뭔데요?

포인터　오, 그러니까…… 너 조용필이나 최진실 같은 애들 알지? 개네들도 다 저 혼자서 큰 거 아니다 너. 그게 다 매니저 잘 만나서 그렇게 큰 거예요.

선녀　그 사람들 키가 다 작다고 하던데…….

포인터　……무식한 것! 테레비 나오는 애들 키 다 쥐방울만 해 얘.

선녀　그럼 전 안 되겠네요, 할 줄 아는 것도 없고. (순대 먹는 데만 열중한다)

포인터　(품속에서 약을 꺼내어 오뎅 국물에 타며) 응, 다른 건 다 필요 없구 넌 그저 니 몸뗑이 하나면 되는 거예요. 육체! 그게 바로 아—뜬거야…….

안경은 포인터가 약 타는 것을 보고 안절부절못한다.

선녀는 순대를 먹다 목이 막혀 사래에 걸린다.

포인터　저런저런, 그렇게 급하게 먹다 체하면 어쩔려구 그래? 자, 주욱 마
셔, 주—욱—.

안경　(벌떡 일어나 큰소리로) 저…… 촬—스 씨가…….

포인터가 놀라 주저앉고 선녀는 오뎅 국물을 먹다가 얼굴을 찡그리며 내뱉
는다.

곰보할매　(뛰어 들어오며) 메이? 털수?

포인터　어머 안경, 너 아직도 안 달려갔니?

선녀　그런데 국물 맛이 좀 이상해요.

곰보할매　머이가 어드레? 이 백당놈의 네미나이! (선녀가 먹던 국물 맛을
본다)

안경　지난번에 아가씨 하나를 의정부로 빼돌리셨다면서요? 오실 때가
됐는데…… 헤이—촬스—.

곰보할매　튀—, 무슨 국물 맛이 이러네? (큰 통 속의 것과 비교해보고는 그
릇의 것을 버린다)

포인터　어머 어머, 내 정신 좀 봐, 나 에푸켄 가야 하는데. 그럼 아가씨 씨
유아갱—(나가다 말고 안경에게 잭나이프를 들이밀며) 개새끼!
(곰보할매가 국자를 꼬나들자 그대로 내뺀다)

곰보할매　아 돈 내고 가라—. 에라 이 오뉴월 염병에 땀도 못 내고 뒈딜 놈.
아 이놈아—(선녀에게) 너 저 자식한테 말대답도 하디 말라우,
본뙤게 나쁜 놈의 새끼니까니. (안경에게) 털수가 온대서?

안경　……? 아뇨.

선녀　그럼 못 오신대요?

안경　모르지요…….

곰보할매　이놈의 아새끼레 오날은 와 이렇게 왔다 갔다 하네?

선녀　참, 아까 걸레 씨가 자살하려고 했어요.

곰보할매　신경 쓸 거 없어 야, 그년은 상습범이니까니.

안경   할머니!

곰보할매   와—! 내레 틀린 말 했네? 앵갱이 너도 사생활 관리 확실히 해야 되

         는 거이야 이놈아. 스칸달 생기무는 한 방에 가는 거이야, 알간?

안경   잘 먹었어요. (카세트 녹음기를 챙겨들고 목발을 짚고 절룩거리며

         나간다)

곰보할매   …….

문디가 서울의 노래를 부르며 들어오다 안경과 마주친다.

문디   '거대한 독버섯 서울특별시여 —' 어? 카수! 요 사인 하나만 땡기

         라. (안경이 대꾸도 없이 나가자 등 뒤에다 대고) 저 문디 자슥

         저…….

곰보할매   저넨의 아새끼레 내레 걸레 얘기만 꺼내무는 눈에 쌍심지를 케구

         난리야 난리가. 아 걸레 빨아 쉐시수건 하갔네? 고 다 썩어 문드러

         진 넨 지가 데리구 살 거이가 어쩔 거이가?

문디   자 자, 여 쏘주 한 잔 따블로 주쏘, 와 거 꼬기 질기네……. (선녀를

         발견하고) 옴마? 니하 — 옴마?

선녀   니 하—.

문디   ……보리 문디 가스나…… 하이고야, 약도 몬 팔구로 하고 나무 빚

         다가는 당장에 쐬고랑 찰 끼고, 인자 머 대묵고 사노……. (곰보할

         매에게) 요 술 빨리 안 주나 —!

곰보할매   이 종간나 새끼레 쥐약을 처먹었네? 어따 대고 고함치고 이서 —?

문디   하 —따 참말로, 자 자 오놀 내 돈 많다. (천 원짜리 한 장을 꺼내

         어 던진다)

곰보할매   어디메서 훔쳤네 그 돈?

문디   훔쳤어? 이 인간 문디가 고래밖에 안 비나 이 꼼보할 —.

곰보할매   메이? 꼼……. (국자를 꼬나들고 문디에게 달려든다)

문디   (포장마차를 돌며 쫓긴다) 아, 아이요, 꼼보 아이요, 꼼보 아이라

         카이 —.

곰보할매   (숨이 차 쓰러지며 밭은기침을 한다)

선녀   (부축하며) 괜찮으세요?

곰보할매　……성한 구석이라구는 한 군데두 안 남았나 봐 베라먹을……. 기래두 아침에 일어나서 아픈 데가 하나투 없으무는 고땐 발쎄 고택골로 갔다는 증거디. 오날 아침에도 한 판 되게 붙어서 야.

선녀　누구랑요?

곰보할매　내 이 몸뗑이하고.

선녀　혼자 사세요?

곰보할매　……전쟁 통에 폭격 맞아 자식 서방 다 잃구서리……. (눈물을 찍는다)

선녀　……다시 결혼을 하시지…….

곰보할매　이 쌍판대기 개지구 맨 길바닥에서 어떻게 서나를 잡겠네, 이넌아—!

선녀　죄송합네다, 그런 뜻이 아니었는데…….

곰보할매　쳇, 할 일이 얼마나 많은데 기깟 서나 밑에 깔려 사네? 너, 내레 이래 뵈두 아직 고 단속반 놈들 멫 놈쯤은 자신 있……. (국자를 추켜올리다 허리에 담이 든다)

선녀　조심 하세요 할머니.

곰보할매　아이구, 아이구 허리야…….

|노래 10| 산 다 는 게 참 좋 구 나, 아 가 야　142쪽

곰보할매　**1.** 깊은 밤, 내 온 팔다리가 저레 온다

　　　　이자 모든 거이 다 끝장나 버렸나

　　　　뼛속 깊이 시레오는 이 아픔

　　　　아하, 아직 내가 살았다는 증거이디

　　　　자, 싸우러 가자우 —

　　　　한 발짝씩, 한 발짝씩, 아주 조끔씩만

　　　　양말 한 짝을 신은 것두 이긴 거이디

　　　　계단 한 칸 올라가는 것두 싸움이디

　　　　옳지 젊은 놈들한테 또 한 번이겠구나

　　　　산다는 거이 참 좋구나, 아가야

이자 새날이 시작되니 더더욱 돟아

내 맥박은 뛰고 혼백두 살아

남산엔 단풍잎이 흐드러졌네

저 한강물 위로 물새가 나르멘

산다는 거이 참 돟구나 이 서울에……

2. 말귀를 알아먹을 수 있을 때까지는

움직일 수 있고 기대어 설 수만 있다면

마지막 가쁜 숨 몰아쉴 그 순간까지

기래두 살아 있다는 건 정말 돟은 거이디

아 안 그러네? 이 사람들아 ―

기분 돟은 온갖 냄새, 아주 작은 소레들

디하털 달려가고 어린애들 싸우는 소레

거리에 넘쳐나는 다정한 눈빛들

내게 보내는 미소 요거이 바루 행복이디

산다는 거이 참 돟구나, 아가야

이자 새날이 시작되니 더더욱 돟아

내 맥박은 뛰고 혼백두 살아

남산엔 단풍잎이 흐드러졌네

저 한강물 위로 물새가 나르멘

산다는 거이 참 돟구나 이 서울에……

선녀가 약 기운에 취해 비틀거린다.

곰보할매　(선녀를 부축해 걸상에 앉히며) **아니 기린데 야레 와 이러네?**

후주에 맞추어 문디가 춤을 출 때 빨강바지가 들어와 문디의 엉덩이를 걷어

찬다.

문디   확……. (빨강바지인 줄 확인하고는) 하이꼬 회장님도 참말로…….

곰보할매   시장 사람들 죽는소리 하던데 수금은 잘되구?

빨강바지   쏘주 한 팽 줍써.

곰보할매   소주?

부동산   (뒤쫓아 들어오며) 힐튼에서들 기다린다 안 그랍디요.

빨강바지   할 말 있시믄 지가 오랜 해! (곰보할매에게) 장사는 좀 됨수가?

부동산   (휴대전화를 걸어 사정을 설명한다)

곰보할매   벌믄 뭐 하갔네? 뜯기구 나멘 꽝인데. 이거이 오늘 또 나올 것 같은데 아무캐두 오늘은 쎄게 한 판 붙어야 될래나 봐 베라먹을. (문디에게) 아 넌 가서 망이나 좀 보라.

문디   알았다카이. (망보러 나간다)

곰보할매   (소주잔과 함께 소주 한 병을 내어주며) 무슨 일 있었네? 생전 안 하던 술을 다 찾게.

빨강바지   나가 오늘은 이 조식허곡 무신 일이 이서도 결판을 내든가 해사주. 이게 보자 보자 허니까 ―.

   (소주를 병째로 들이켜다 목이 막힌다)

곰보할매   (급히 물주전자를 건네주며) 아 안주나 해서 마시라 ―. 술이라고는 마실 줄도 모르는 네미나이가.

부동산   (휴대전화를 끄며) 그랑께 우리 아그들맹키로 정식으로 등록을 한 사람들하고 거래를 했어야지라.

빨강바지   개난, 지난번엔 그린벨트기라 군부대 땅이라 나서?

부동산   아…… 아, 그땐 참말로 몰랐당깨요. 나도 속아부렀당깨. 위메 이 노무 새끼들 잽히기만 혀봐. 이빨 순서를 싹~ 바꿔부러…….

빨강바지   (말없이 술만 따라 마신다)

곰보할매   허이구, 턴하에 말죽거리 빨강바디두 사기를 당할 때가 다 이서?

부동산   그랑께 회장님 이번 것은 참말로 놓치시믄 안 되여라. 무지허니 후회해분단 말이요. 그려야 나도 회장님헌티 가우잔 안 스겠소. 하―하―.

빨강바지   뭐? 서? (취기가 조금 올라서) 보라, 사기 부동산.

부동산   야, 회장님!

빨강바지   너 이제까지 뭐 한 번 지대로 서본 적 이샤?

부동산   머슬 서라?

빨강바지   그 대맹이나, 양심이나, (부동산의 사타구니를 가리키며) 그……
         나.

부동산   (무안해하며 나간다)

빨강바지   개조식. (운다)

문디   고마 확!

깜상이 들어온다.

         헤이 깜상, 니 안죽도 몬 갔나? 하이고 이 시커먼 놈아, 머 처무을
         끼 있다꼬 지 나라 나뚜고 여까지 기 와가 그 고생이고? 내 무을
         껏도 없는데.

곰보할매   순대 오케?

문디   주지 마!

곰보할매   (문디를 윽박지른다)

깜상   오케이, 땡큐.

곰보할매   (순대를 썰며) 주뿔두 없는 공순이 넨이레 고만큼 행세하고 살았
         으문 됐디, 뭘 더 바래간? 야학 댕기문서 할매한테 우동 국물 얻어
         먹었을 때 생각을 해보라. 사람이 욕심이 많으무는 고저 벌건 대낮
         에 날베락 맞아 칵 뒈디는 거이야.

빨강바지   그거 아니라 마싱!

곰보할매   노, 놀랬디 않아 이 네미나이야…….

문디   (곰보할매의 귀에 대고 빨강바지의 사연을 말해준다)

빨강바지   (술을 들이켜며) 이 천하에 말죽거리 빨강바지가 영계 새끼 호나
         때문에 똑 영해야 되나?

곰보할매   아 그 망측한 짓 좀 그만 좀 하고 댕개 —!

빨강바지   개민 뭐 나신디 입 삐뚤어진 서방이 이수가 토깨 닮은 자식새끼가
         있길 허쨔? 혼재 밤이 얼마나 무서운지 할망이 더 잘 알잖으꽈. 소
         주 한 팽 더 —.

문디   마시, 캌 마시. (소주 한 병을 내준다)

곰보할매   (코를 풀다 소주병을 와락 뺏으며) 이 백당노무 새끼레 —!

빨강바지   (응석을 부리듯) 오늘 새벽이 요 남대문시장 뒤에 신캬바레에서
            웬 도새기 닮은 예펜게고 밤새 찍고 돌리는 거 잡아당 대맹이를 모
            사부러신디, 지금쯤 살아신지 — 죽어신지 —.

선녀   (잠꼬대로) 제비 씨…… 제비 씨 — 꼭 잡아요 —.

곰보할매   아이구 애 떨어지가서 —.

선녀   꿈이었구나…….

빨강바지   나가 지신디 어떵 해줘신디…….

곰보할매   아 듣기 싫에 —!

선녀   아, 맞아요. 이모님이시죠? 방금 꿈속에서 뵈었어요. 지난 여름에
            백두산 관광 오셨잖아요? 제가 그때 안내했구요.

빨강바지   백두산?

곰보할매   (문디에게) 조카레 이서서? 중국에?

빨강바지   (정신이 들어 시치미를 떼며) 나가 언제?

선녀   제비 씨 지금 어디 계세요? 저 제비 씨 만나러 나왔어요. (빨강바
            지의 손을 끌어다 자기 배에 갖다 대고 귓속말을 해준다)

문디   하이고, 세계하는 세계한갑다, 제비가 눈 덮인 백두산을 다 가보고
            요. 내는 은제나 가보꼬……. (쓸쓸히 나간다)

빨강바지   아이고, 어멍 — 아방 —. (땅바닥에 뒹군다)

곰보할매   아니, 야레 또 와 이러네?

선녀   이모님, 정신 차리세요, 이모님.

문디   (뛰어 들어오며) 떠 — 뺐 — 다 —. (깜상을 안쪽으로 피신시킨다)

곰보할매   메이야? 떠? (국자를 꼬나들며) 자 동디들 — 퇴후의 결뎐이다 베
            라먹을. 한 놈도 남기디 말구 씨를 말레 베리라우 —. (달려나가려
            는데 문디가 번쩍 들어 안쪽으로 피신시킨다)

빨강바지   (소주병을 꼬나들고 선녀를 노려본다)

선녀   왜 이러세요? 이모님…….

빨강바지   에라이 꿩 대신 닭이다. (단속반 쪽으로 방향을 돌려) 너네들 오늘
            잘 걸렸져 —. 성 오줌 씨는 놈들 몽땅 다 떼로 덤비라 이 — 확 다
            뽑아불귀라 —.

선녀가 빨강바지를 안쪽으로 피신시키고, 단속반들이 들어온다.

단속반 1 수고하십니다.

단속반 2 불법 노점상 단속……. (깜상을 발견하고 단속반 1에게 알린다)

단속반 3 여러분의 눈물겨운 사정들은 잘 알고 있습니다만, 우리는 다만 공
무를 집행하려는 것뿐이니까 얌전히 따라주시기만 하면 아무런 불
상사도 일어나지 않을 것입니다.

단속반 1 야야, 거기 까맣고 이상하게 생긴 거 —. 너 일루 나와봐, 너 네팔
에서 왔지 이 새끼야 —.

곰보할매 아니, 누굴 오라 가라 하네 이 찢어 쥑일 놈들이레 —!

단속반들 허!

| 노래 1 1 | 단 속 반 탱 고   ♪ 144쪽

단속반들 군바리가 잡았을 땐 안 그랬었지

고양이 앞에 쥐들처럼 설설 기었지

부수입도 그럭저럭 짭짤했었어

어떨 땐 아줌마가 흠……

자, 정권 한 번 바뀌었다고 이것들이

아 — 열 받어!

돈 봉투는 고사하고 어따 대고

으 — 이 갈려!

곰보할매/빨강바지/문디

공무원도 경찰도 아닌 것이!

단속반 1 에이, 쪽팔려……

단속반 2 좃도 꼭 이래야 먹고 사나?

단속반 3 짜샤, 이건 생존을 위한 전쟁이야 임마!

모두 다 백주에 시가전 — 백주에 시가전 —

백주에 시가전 — 백주에 시가전 —

곰보할매　에라 이 나쁜 놈, 포 떠 먹을 놈

　　　　　여자들만 그저 만만해 보이지?

빨강바지　너, 밤일 못해서 마누라한테 혼났지?

　　　　　내가 고쳐줄께 어디 요리 살짝 내놔 봐

단속반들　백주에 시가전 ─ 백주에 시가전 ─

　　　　　백주에 시가전 ─ 백주에 시가전 ─

곰보할매/빨강바지/문디

　　　　　할 테면 해봐 ─ 맘대로 해봐 ─

　　　　　할 테면 해봐 ─ 맘대로 해봐 ─

곰보할매　포장마차 걷어내고 광주리는 쓸어내고

　　　　　관광호텔 편의점만 올나이트냐?

빨강바지　구조 조정 웃기지 마, 없는 놈만 더 죽더라

　　　　　잡을 놈은 안 잡고 헛지랄들이야

단속반들　백주에 시가전…… 백주에 시가전……

　　　　　백주에 시가전…… 백주에 시가전……

문디　　온죽 없으마 맨 길바닥에

　　　　　나앉았겠노 요 문디 가스나야!

깜상　　집 떠나 와 어언 3년, 손가락은 일곱 개뿐

　　　　　떠날 날은 벌써 지났고 돈도 못 받고 쫓기네

　　　　　늙은 어머니, 내 아내들, 스무 명도 더 되는 애들

　　　　　나 올 날만 기다리지, 내 고향 남쪽 나라……

　　　　　(나간다)

단속반들　까라면 까는 거고, 뜯으라면 뜯는 거고,

　　　　　오늘 하루 일당만 받으면 그만

단속반들   *까라면 까는 거고, 뜯으라면 뜯는 거고*

          오늘 하루 일당만 받으면 그만

곰보할매/빨강바지/땅쇠

          깔 테면 까봐 — 뜯을 테면 뜯어 —

          깔 테면 까봐 — 뜯을 테면 뜯어 —

단속반 3   *적의 화력이 너무 세다 오바 —*

          지원요청 바란다 오바 —

          날 샜냐 오바 —?

곰보할매   *백주 대낮에 —*

단속반 1   *시가전 —*

빨강바지/문디

          백주 대낮에 —

단속반 2, 3/선녀

          시가전 —

모두 다   *시가전!*

슬로 모션으로 각자의 상대방과 전투를 벌인다. 단속반들 모두 쓰러진다. 아나운서가 뛰어 들어온다.

곰보할매, 문디, 빨강바지, 선녀 모두 어깨춤을 추며,
'에헤 —, 남문을 열고 파루를 치니 계명산천이 밝아온다. 에헤 —'

아나운서   비켜 비켜, 이거 뭐하는 거야?

단속반 3   노점상 단속하고 있는데요…….

아나운서   시장님 나오셔 시장님! *(나간다)*

곰보할매   뭐이? 시당? 시당이 나오라우 시당이 —. 내 오늘 손 좀 봐주가
          서 —.

단속반 1   *(단속반들끼리 서로 부축해 나가며)* 할매, 오늘 운 좋은 줄 알어.
          내일은 전경들이 나올 거니까 아예 안 나오는 게 좋을 걸? 오늘은

그냥 지도단속이었다구.

빨강바지　다음에 보자는 놈들 하나 —토 안 무섭더라 임마 —.

문디　그래 이 자슥들아 —.

단속반 3　저거 끌고 와.

단속반들이 문디를 끌고 나간다.

문디　옴마야, 와 내만 잡아가요? 쩌 예펜네들은 무서바요? 회장님예 —.

빨강바지　야 —. 문디 거기 안 내려 놔 —. (쫓아나간다)

선녀　이모님— 이모님—. (빨강바지의 핸드백을 챙겨 들고 뒤쫓아 나간다)

아나운서　최, 초, 추, 치, 차, 최, 초, 추, 치, 차, 들어갈까요? 네.
최근 교통사고율 선진국 수준, 교통사고 사망률 초강대국 수준이라는 세계 교통기구의 발표와 함께 교통정책 부재라는 일반의 비난 여론이 높자 서울시는 수도권 대중 교통수단의 확충을 위해 오늘 낮 IMF 시찰단을 모시고 총리, 관계 장관, 서울특별시장, 지하철공사 사장, 여야 의원들이 함께 지하철 1호선을 탑승하고 의견을 나누었습니다.

시장　에, 여러분께서는 오늘 수도권 대중교통 정책의 핵심사업인 서울지하철의 운용상황을 살펴보시겠습니다. 오늘 타시게 될 1호선은 고 박정희 대통령의 용단으로 일본의 전철회사가 설계부터 완공까지 막대한 이익을 남기고 일천구백칠십사 년에 개통된 것이며, 2호선은 영국의 회사가, 3 · 4 · 5 · 6 · 7 · 8호선은 또 그러그러한 회사들이 각기 막대한 이익을 남긴 사업들인 것입니다. 따라서 각 시공회사의 특징을 살려 1호선은 좌측통행, 나머지 것들은 우측통행이라는 점이 다른 나라에서는 찾아볼 수 없는 자랑이라면 자랑이라고 할 수가 있는 것입니다. 자, 그러면 1호선!

시장 서울역, 시청역, 종각역 지나 종로3가역

종로5가, 동대문역, 신설동 지나 제기동역

조금만 더 가면 청량리역, 언제나 즐거운 1호선!

아나운서 *And now for American friends. One, two, one, two, three, go —*

Seoul-Station, City-Hall, Chong-Gak and next stop Chong-Ro Samga

Chong-Ro Oga and Eastern-Gate, Sinseol-Dong and then Jaegi-Dong

The last station is Cheongnyangni, always be happy Line-One!

いちごうせんは ひだりがわつうこう, にごうせん, さんごうせん,

이찌고 —센 와 히다리가와 쯔 —꼬—, 니고 —센, 산 고 —센,

よん, ご, ろく, しち,

욘, 고, 로꾸, 시찌,

はちごうせんは みぎがわつうこうで あると いう てんが ソウルの

하찌고 — 센와 미기가와쯔 — 꼬 — 데 아루또 이우 뗀가 소우루노

ちかてつの ほこりで

찌까떼쯔노 호꼬리데

ございます。

고자이마스.

시장 *하이!*

아나운서 *いち, に, さん, し,*

이찌, 니, 산, 시,

아나운서가 노래 부르는 동안 철수가 들어와 곰보할매에게 제비의 사진을
건네주며 뭔가 얘기를 해주고 있고, 포장마차로 돌아오던 빨강바지, 선녀, 문

다가 이들의 얘기를 엿듣는다.

ソウルえき, しちょうえき, しょうかくを　とおって しょうろさんがい,
소우루에끼, 시쵸 — 에끼, 쇼 — 까꾸오, 토옷떼, 쇼 —　로산가이

しょうろごがい, とうだいもんえき, しんせつどうを とおって さいきどう
えき
쇼 — 로고가이, 토 — 다이 몬 에끼 신 세쯔도 —오 토옷떼 사이끼도 —
에끼

もうすこし いくと せいりょうりえき, いつも たのしい いちごせん！
모우스꼬시 이꾸또　세이료 —　리에끼,　이쯔모 타노시 —　이찌고센!

시장　　　그러면 1호선 타러 가시지요. (아나운서와 함께 나간다)

빨강바지와 선녀가 눈이 마주치자 빨강바지가 시선을 피한다.

곰보할매　(나가려는 철수에게) 와? 고저 가갔네?

철수　　　걸레가 이상해요, 안경 찾으러 간다고 나갔는데 쫓아가 봐야겠어요.

곰보할매　아 오마니한테 뽀뽀도 안 해주구 간?

철수　　　(마지못해 뽀뽀를 해주려다 선녀를 발견한다)

선녀　　　(울면서 뛰어나간다)

철수　　　야 — 야 —

|노래 12 — 2| 일호선 — 2

암전 속에서

시찰단　　1호선만 좌측통행, 2・3・4・5・6・7・8은 우측통행
　　　　　헷갈렸다간 거꾸로 타요, 출퇴근 시간 뒤바뀌죠
　　　　　정신만 차리면 괜찮아요, 멋대로 달리는 지하철

IMF 시찰단을 환영하는 팻말을 들고 모두 다 합창 대열로 서서 아나운서의 지휘에 따라 노래 부른다.

|노래 12-3| 일호선-3 (CHORAL-a cappella) ♪ 149쪽

모두 다　　1호선만 좌측통행, 2 · 3 · 4 · 5 · 6 · 7 · 8은 우측통행

헷갈렸다간 거꾸로 타요, 출퇴근 시간 뒤바뀌죠

멋대로 달리는 지하철, 우리도 좀 쉬었다가 또 합시다 ―!

〈1부 끝〉

제2부

〈음향〉　　차량 충돌 소음에 이어

|노래 13| 지하철을 타세요 ♪ 150쪽

신문　　지하철을 타세요 ― 편안하게 모셔요 ―

아, 지하철을 타세요 ― 시내에선 제일 빨라요 ―

1. 애인 만나 데이트할 시간도, 스포츠 중계 볼 시간도

술 마실 시간도 많아져요 자, 지하철을 타봐요

2호선은 순환선, 8호선까지 뚫렸어요

1호선은 인천, 안산, 수원, 의정부 못 가는 데 없죠

지하철을 타세요 ― 편안하게 모셔요 ―

아, 지하철을 타세요 ― 별별 사람 구경 해봐요 ―

2. 방세 밀려 쫓겨난 사람, 내달이면 실직할 사람

소주나 한 병 나발 불고, 자, 지하철이나 타봐요 —

세상만사 다 싫고, 서러움만 사무쳐

마지막 꿈은 복권 한 장, 그 꿈마저 깨질 때면

지하철을 타세요 — 사람 구경 해봐요 —

아, 지하철을 타세요 — 정말 별별 일이 다 있죠 —

3. 행복, 번영, 장밋빛 미래, 고통분담, 경제성장

선진조국 떠드는 놈, 지하철 한 번 안 타본 놈

압구정동에 달동네, 공항청사에 난지도

헛소리는 이젠 그만, 지하철이나 타봐 —

헛소리는 그만 집어쳐 — 지하철이나 타봐 —

아, 지하철을 타세요 — 정말 편안하게 모셔요 —

아, 지하철을 타세요 — 시내에선 제일 빨라요 —

아, 지하철을 타세요 — 별별 사람 구경 해봐요 —

〔 제 8 장 열 차 안 (서 울 역 — 청 량 리 역) 〕

선녀는 약 기운에 취해 열차 의자에 쓰러진 채 악몽을 꾸고 있다.

목소리가 들리는 동안 걸레가 유령처럼 옆 칸에서 들어와 누군가를 찾고 있다.

다음 칸까지 살펴보고 되돌아가려던 걸레가 선녀의 잠꼬대를 듣고 깨우려다

곤히 잠들었음을 알고 편하게 눕히고는 건너편 의자에 앉아 지켜보고 있다.

〈음향〉　목소리

문디   아하, 그라모 니도 거 농사꾼놈덜 등치묵꼬 내뺄라 카는 기가 지끔!

빨강바지   약 풀거믄 똑바로 팔아게 —.

철수   니 속치마 도둑놈 내가 잡아다 줄 테니까 서울역 앞에 꼼보할매네
         포장마차에 가서 기다리고 있어.

걸레   요샌 뭐 제비도 남파하냐? (웃음 : 에코로 커진다)

선녀   (잠꼬대를 한다) 제비 씨…… 제비 씨…….

철수   그 약혼자라는 놈이 삽살강아지라는 제비 새낀데 하필 빨강바지가
         키우는 놈이래요.

곰보할매   그넨이 새를 다 키원? 기린데 무슨 새 이름이 삽살개지가?

철수   아 거 왜 골 빈 아줌마덜하고 놀아주고 돈 뜯는 애들 있잖아요. 미
         친개한테 한 번 물렸다 치고 돌아가라고 그러세요.

곰보할매   고럼 배 속에 아래 어드러카구?

행인들   요보세요? 오팔팔이 오느 쪽입네까? 별들한테 물어보시라요. (웃
         음 : 에코로 커진다)

〈안내방송〉 이번 역은 종로3가, 종로3가역입니다. 내리실 문은 왼쪽입니다.
사당, 과천, 안산이나 상계 방면으로 가실 손님은…….

〈음향〉   열차 도착한다. 문 열린다.

과부들이 호들갑을 떨며 올라탄다.

과부 1   아이고 다리야, 다리에 알 다 배기겠어요 흉칙하게시리.

과부 2   그러게 수영을 하시라니깐, 아침반 코치 가슴 털이 얼마나 뽀송뽀
         송하다구…….

과부 3   그래도 미용엔 우유 목욕이 제일이더라구요.

과부 4   혹시 김 도사한테 안마받아들 봤수? 음…… 얼마나 짜릿짜릿하던
         지…….

과부 1   그런데 어떻게 된 게 이 차는 아까 것보다 냄새가 더 나지요?

과부 2	2호선이 사람이 많아서 그럴 거예요, 순환선이래잖아요.
과부 3	아무리 그래도 그렇지, 어떻게 지하철을 다 타자는 거예요? 누가 보면 어떡하라구.
과부 4	그럼 밍크코트 놓치면 사모님께서 책임지실 거예요? 지금 한강 다리 넘어오려면 얼마나 막히는 줄이나 아세요? 누군 뭐 비암따블유 없어서 써브웨이 타자는 줄 아나?
과부 2	맞아요, 수입 빤쓰까지 쎄일한다잖아요? 그러나저러나 젊은 여편네들이 먼저 와서 다 사갔으면 안 되는데, 아 살 떨려. (의자에 앉으려 한다)
과부 1	잠깐만요! (앉으려던 과부 2의 치마를 들치며) 하마터면 실크 속고쟁이 때 타실 뻔했네.
과부 2	어머머, 이게 얼마짜린데……. (치마를 걷어 올린 채 그 자리에 쪼그리고 앉는다)
과부 1, 3, 4	아휴 불결해. (과부 2를 따라 쪼그리고 앉는다)

〈안내방송〉 출입문 닫습니다.

〈음향〉 문 닫히다. 열차 출발한다.

과부들 일제히 엉덩방아를 찧으며 주저앉는다.

과부 1	운전수가 어떤 자식이야 —.
과부 2	당장에 짤라버려 —.
과부 4	누가 지하철 타자고 그랬어?
과부 2	저놈의 할망구가…….

과부 1, 2가 과부 4에게 달려든다.

과부 3	어머머 싸모님들, 이것 좀 보세요.
과부 4	웁스!
과부 1	아휴 징그러워.

과부 2	술 취했나 봐.
과부 4	(선녀에게 다가가 냄새를 맡아보고는) 술이 아니야.
과부 3	그럼?
과부들	마—약!
과부 2	벌건 대낮에 이 서울 한복판에서!
과부 1	군기가 빠져도 단단히 빠졌군.
과부 4	이봐요! 의자에서 발 내려요!

선녀가 잠에서 깨어난다.

과부 1	열중쉬어 —, 차렷, 열, 차, 열, 차. (과부 2, 3, 4 구령에 맞춰 동작한다) 어머, 안 해.
선녀	무슨…… 일이십네까?
과부들	무슨 일이십네……? 간 —첩! (일제히 휴대전화를 꺼내며 노래한다) 무찌르자 오랑캐…….
과부 2	(다이얼을 누르며) 1, 1, 4…….
과부 3	거기는 전화번호 물어보는 데라우. (다이얼을 누르며) 1, 1, 9…….
과부 4	(다이얼을 누르려다 말고 놀래어) 어디 불났어요?
걸레	113, 113 —!

과부들 휴대전화를 소리 나게 닫아 집어넣으며 걸레를 노려본다.

과부 1	흥, 이건 또 무슨 만두 부인 간장 찍어 먹는 소리죠?
선녀	(걸레를 발견하고) 아, 걸레 씨.
과부들	뭐? (일제히 걸레를 바라보며) 걸 —레? (비웃는다)
과부 2	이제 그 짓 하다 걸리면 둘 다 구속인데 어쩌나?
걸레	걱정도 팔자셔, 누가 경찰서 가서 그 짓 하나? 그러나저러나 바깥양반 간수 좀 잘해야겠어.
과부 1	근데 왜 갑자기 남의 남편은 들먹이고 그러실까?
걸레	저런 몸으로는 돈 주고도 남자 못 사겠으니까 그렇지. 내가 한번 만나봐야겠는데.

과부 2   뭐? 우리 남편을 만나? 고 ─위공직자 재산공개 때 열 받아서 죽

었다, 왜 ─?

걸레   공직자 같은 소리 하고 자빠졌네.

과부 2   뭐? 자빠져?

쓰러지는 과부 2를 다른 과부들이 부축한다.

| 노래 14 | 강남 싸모님   ♪ 153쪽

과부 3   신경 쓸 것 없어요, 우리가 누굽니까?

과부 4   4·19도 꺾었죠, 광주도 작살냈죠?

과부 1   비자금까지 챙겼잖아요. 우리를 거꾸러뜨릴 순

과부들   없다구요!

과부들   1. 우리는 서울의 노른자 강남의 싸모님들

제일 비싼 옷을 입고 거리를 누빈다

압구정동을 휩쓸고 또 롯데백화점까지

바로 삼십 년 전처럼, 사치기 사치기 사뽀뽀

바로 삼십 년 전처럼 사치기 사뽀뽀

2. 우리 바깥양반들은 다 거물들이었지

장·차관, 재벌, 장성, 고급공무원, 국회의원

그분 뜻을 따라 우리도 근대화에 앞장선다네

바로 삼십 년 전처럼

'어디 땅 나온 것 없을까?'

바로 삼십 년 전처럼 사치기 사뽀뽀

우린 상류층의 과부, 서울을 지킨다

우리가 아니었으면 벌써 빨갱이 세상

요즘 젊은것들은 정말 아무것도 몰라 전혀

우린 최고 중의 최고, 바로 부자촌의 과부

3. 데모하는 놈들은 모두 다 빨갱이들이야

   중국서 나온 약장사도 골칫덩어리

   방법은 단 한 가지뿐, 그저 잡아 처넣는 것뿐

   바로 삼십 년 전처럼

   '손 뒤로 하고 대가리 처박어 ―'

   바로 삼십 년 전처럼 사치기 사뽀뽀

4. 애들 때 잘 키워야 커서 사람 노릇도 하지

   군대는 미리 빼고 외국 유학 보내서

   외국놈들 끌어들여다 다 내주는 게 근대화

   바로 삼십 년 전처럼

   '어디 돈놀이할 데 좀 없을까?'

   바로 삼십 년 전처럼 사치기 사뽀뽀

   우린 상류층의 과부, 서울을 지킨다

   우리가 아니었으면 벌써 빨갱이 세상

   요즘 젊은것들은 정말 아무것도 몰라 전혀

   우린 최고 중의 최고, 바로 부자촌의 과부

   우린 우면동의 빌라촌, 금토동의 별장촌

   땅 나오면 다 잡아먹는 강남의 싸모님

   젊은애들만 오렌지고 우리들은 귤 껍데기냐

   사채놀이하는 우리는 강남의 싸모님

   아 ― 열 받어!

〈안내방송〉 이번 역은 동대문, 동대문역입니다. 내리실 문은 왼쪽입니다. 이 역은 전동차와 승강장 사이가 넓습니다. 내리실 때 조심하시기 바랍니다. This stop is……Watch your step.

과부 1   촌스럽게 웬 동대문?

과부 2	아니 그런데 여기가 어디야? 을지로 입구가 나와야 하는데…….
과부 3	어머머, 우리 잘못 탔나 봐요.
과부 4	이건 1호선이잖아, 을지로3가에서 갈아탔어야 하는 건데…….
과부 1	어머 어머, 점점 더 멀어지고 있어.
과부 2	내려 내려, 아무거나 바꿔 타.
과부 3	아이구 혈압이야.

〈음향〉　열차 도착한다. 문 열린다.

| 과부 4 | 이쪽이 아니잖아…….|

과부들 반대쪽 문으로 서둘러 내리다가 과부 2의 발이 승강장과 전동차 사이로 빠진다.

| 과부 2 | 엄마 — 나 발 빠졌어 —.|
| 과부 1 | 내가 미쳐 미쳐 —.|

과부 1, 3, 4가 과부 2에게 달려들어 다리를 빼내려고 안간힘을 쓴다.

| 과부 3 | 수영하셨다면서 웬 놈의 다리통은 이렇게 굵어요? |
| 과부 4 | 정말 별별 육갑을 다 떤다니까. |

과부 2의 발을 빼내고 과부들 방향을 못 잡고 우왕좌왕한다.

과부 1	이쪽인가?
과부 3	아냐, 저쪽이야.
과부 4	택시가 빠를까요?
과부 1	아냐 더 막혀, 뛰는 게 나아. (몰려나간다)
과부 2	같이 좀 가요 —. (쫓아나간다)

〈안내방송〉 열차 출발하겠습니다.

취객	(과부들을 향해 삿대질을 하며) 언젠가는 지네 사돈에 팔촌까지
	다 끌어들이고 쫓아낼 텐데 내가 이 나이에 느이들 똥구멍이나 핥
	아줘야 돼 임마? (열차 출입문에 기댄다)

〈음향〉	문 닫힌다.

취객의 목이 닫히는 문에 낀다.
선녀가 달려들어 문을 열려고 안간힘을 쓴다.

〈안내방송〉 아홉째 칸 두 번째 문에 아저씨, 오늘 정말 왜들 그러는 거예요
—?

〈음향〉	문 열린다.

취객이 바닥에 나동그라진다.

취객	(선녀에게) 니가 회장 아들이면 다야 이놈아 —? 막내동생뻘도 안
	되는 놈이 어디서 감히 버르장머리 없이…….

〈음향〉	문 닫히고 열차 출발한다.

취객이 다시 바닥에 쓰러지고 이내 곯아떨어진다.

걸레	어디 가는 길이야?
선녀	……저, 시내 구경 좀 하려구요.
걸레	눈감고 땅속에서?
선녀	……. (두통을 느낀다)
걸레	그래, 속치마 도둑놈은 잡았어?
선녀	(고개를 가로젓는다) 참, 철수 아저씨가 찾으시던데…….
걸레	아이, 정말 귀찮아죽겠네. 자기가 뭔데 시시콜콜 이래라저래라야?
선녀	그런데 할머니 남편이 미국 사람이었나요?

걸레   무슨 자다가 봉창 두드리는 소리야?

선녀   할머니가 철수 아저씨 어머니시면, 그러면…… 걸레 씨 아버지하고 철수 아저씨하곤 아버지가 서로 다른가요?

걸레   ……? ……! 아이고 해골이야. 아 친척이라는 게 뭐 별거야? 대충 다 식구 아냐? 삼춘? 핏덩어리 채로 신문지에 싸여서 이태원 뒷골목에 버려진 걸 할매가 주워다 키웠대, 미국 놈이라면 이를 갈지.

선녀   제비 씨 이모님도 그런 이모였겠군요…….

걸레   빨강바지 말야?

선녀   ……철수 아저씨가 할머니한테 하시는 얘길 들었어요.

걸레   불쌍한 여자지. 첫 남자한테 차이고 악착같이 돈만 모았지만 이제 그게 다 무슨 소용이겠어? 얌전히 공장이나 다닐 것이지 왜 처자식 딸린 놈한테는 넘어가? 하여튼 남자라는 것들은 다 죽여버려야 돼!

〈안내방송〉 손님 여러분, 출입문이 닫힐 때에는 무리하게 타지 마시고, 출입문에 기대거나 손을 짚으면 다칠 위험이 있사오니 조심하시기…….

취객   (잠에서 깨어) 뭐라구? 그럼 막둥이가 고 3인데 이제 어디로 가느냔 말야 —? 그 자식이 이걸 알고 그러는 거라구…….

걸레   그래 아저씬 안 죽일 테니까 조용히 좀 가자, 응?

취객   (걸레를 다른 사람으로 오인하고) 아이구 사모님 어떻게 이런 지하철을 다 타시고……. ('차려' 자세로 문에 기대어 존다)

걸레   사모님 좋아하네 병신.

선녀   그런데 걸레 씬 안경 씨 어디가 그렇게 좋으세요?

걸레   (달려와 선녀의 입을 틀어막고 취객의 눈치를 보며 속삭이듯) 아가리 닥쳐! 잡혀 들어가면 니가 책임질 거야?

취객   좋아 보이십니다, 사모님…….

선녀   무슨 나쁜 짓을 하셨나요?

걸레   ……나쁜 놈들한테는 나쁜 짓일 수도 있겠지.

선녀   ……사람을 죽였나요?

걸레   차원이 좀 달라, 일종의 사상범이라고 할 수 있어.

선녀   뭘 어떻게 하셨는데요?

걸레   대학생이었는데 데모를 주동한 것 같애. 굉장히 많이 맞았나 봐,

          다리가 부러졌거든. 지금쯤은 아마 간첩으로 몰려 있을 거야, 잡히

          면 사형을 당할지도 모르구.

선녀   사형이라구요? 뭣 때문에 데모를 했는데요?

걸레   ……? 글쎄, ……세상을 바꿔야 하니까.

선녀   어떻게요?

걸레   에이, 그렇게 어려운 건 나도 잘 모르지만 하여튼 지금하고는 좀

          다르게…….

선녀   서울의 노래 같은 것 부르면 세상이 바뀌나요?

걸레   만났어?

선녀   포장마차에서 점심 드시고 나갔어요.

걸레   또? 거긴 위험하니까 가지 말랬는데…… 그럼 앞차를 탔나?

〈안내방송〉 이번 역은 신설동, 신설동역입니다. 내리실 문은 왼쪽입니다. 성
수, 잠실이나 왕십리 방면으로…….

걸레   아, 이제 좀 덜 나오는구나. (팔목에 감았던 스카프를 푼다)

선녀   전 괜찮아요, 더 감고 계세요. (다시 묶어준다)

〈음향〉   열차 도착한다. 문 열린다.

취객이 문 밖으로 나동그라진다.
비틀거리는 걸레를 선녀가 부축해 의자에 앉힌다.

〈안내방송〉 출입문 닫습니다.

취객   살펴 가십시오, 사모님. '이 세상에 부모 마음…….' (나간다)

〈음향〉   문 닫힌다. 열차 출발한다.

걸레   (스카프를 묶어주는 선녀를 물끄러미 바라본다)

선녀	(걸레의 시선을 피하며) ……그럼 이제 우리 아기는 어쩌지요?
걸레	……저번에 테레비에서 봤는데, 가위가 배 속에 들어가서 싹둑싹둑 자르니까 그 2개월도 안 된 핏덩어리가 뭘 안다고 막 요리조리 피하는데 좀 안됐더라…….
선녀	죽고 싶어요…….
걸레	죽는 거? 그것도 쉽지 않데. 열차가 들어올 때 몸을 날려봤는데 나 안 죽었어, 이게 딱 내 앞에 서더라구. 여덟 칸만 달았었나 봐, 출퇴근 시간에 했어야 하는 건데…….
선녀	(고개를 파묻고 운다)

| 노래 15 | 울 때마저도 아름다운 너 ♪ 155쪽

| 걸레 | ……안경 씨가 그랬던가? 죽는 건 용기가 아니래, 그 반대가 용기래. |

1. 이봐, 거기, 그래 너.

   내 말 좀 들어봐 줄래? 응?

   말 꺼내기도 너무 챙피해

   아직 아무한테도 말은 안 했지만

   아마 너한텐 도움이 될지도 몰라

   넌 지금 너무 슬퍼 보여……

   하지만 너의 슬픔은 곧 사라져

   그건 내가 약속할 수 있어

   니 얼굴에 쓰였어. 자, 용기를 내

   행복해질 수 있다고

   왜냐면, 넌 너무 예뻐

   울 때조차……

2. 날 봐, 내 꼴 좀, 요 걸레쪽

   병들고 마약중독까지

   다들 다니는 중학교도 못 나왔고

엄만 술만 먹으면 날 때려댔지

엄마 놈팽이한테 당하고 끌려왔어

나도 엄마가 너무 미워……

하지만 너의 슬픔은 곧 사라져

그건 내가 약속할 수 있어

니 얼굴에 씌었어. 자, 용기를 내

행복해질 수 있다고

왜냐면, 넌 너무 예뻐

울 때조차……

머리 빗겨줄 할머니도, 개 한 마리도

친구 한 명도 없고

앞날은 끝도 없는 터널, 캄캄하고

독사만 우글대는 저 땅굴처럼……

그런 내게 너 같은 선녀가 찾아와

울어주다니……

하지만 너의 슬픔은 곧 사라져

그건 내가 약속할 수 있어

니 얼굴에 씌었어. 자, 용기를 내

행복해질 수 있다고

왜냐면, 넌 너무도 예뻐

울 때마저도……

〈안내방송〉 이번 역은 제기동, 제기동역입니다. 내리실 문은 왼쪽입니다. 이
역은 전동차와 승강장 사이가…….

걸레　　그럼 또 봐 선녀 아가씨. 안경 씨 이 찬 안 탔나 봐. ……난 안경 씨
　　　　노래 듣는 게 취미거든.

〈음향〉　열차 도착한다. 문 열린다.

걸레　（내리려다 말고） 참, 안경 씨 어디가 그렇게 좋으냐구? 글쎄……
　　　나보구 같이 자자고 그러질 않아서 그러나? 나 실은……안경 씨
　　　가 같이 자자고 그럴까 봐 겁이 나.

선녀　왜요? 안경 씨를 사랑하시잖아요?

걸레　……난 안경 씰 더럽히고 싶지 않거든. （사뿐히 뛰어내리며） '기찻
　　　길 옆 오막살이……' （고무줄 놀이를 흉내 내면서 나간다）

〈안내방송〉 출입문 닫습니다.

〈음향〉　문 닫힌다. 열차 출발한다.

옆 칸에서 소녀가장과 지체장애아가 들어오고 소녀가장이 애기를 하는 동안
지체장애아는 선녀에게 힘겹게 손을 내민다.

소녀가장　차내에 계시는 언니 오빠 아저씨 아줌마, 우리 아버지는 택시 운전
　　　하시다가 삼풍백화점 무너질 때 다리 한 개 뿌러지시고(시고), 냉
　　　면집 앞에서 구두 닦다가 그랜저가 후진할 때 치어 팔 한 개 뿌러
　　　지시고(시고), 집에서 봉투 풀 붙이는 일 하다가 연탄가스 맡고 비
　　　명에 돌아가시고(시고), 우리 어머니는 파출부 나가다가 도둑 누
　　　명 쓰고 쫓겨나 대학로에서 포스터 떼는 일 하다가 연극쟁이들한
　　　테 몰매 맞고 시름시름 앓다가 휑 집을 나가시고…….

선녀　（주머니에서 돈을 꺼내려다） 내 가방!

포인터　（옆 칸에서 들어와 지체장애아를 밀쳐낸다）

장애아　（힘없이 쓰러지며） 누……나…….

포인터　（선녀의 옆에 앉으며） 안녕.

소녀가장이 장애아를 부축해 맞은편 의자에 앉히고, 선녀가 옆 칸으로 도망
치려할 때 FUCK가 뒤따라 들어와 선녀를 의자에 앉히고, 포인터와 FUCK
는 선녀의 양옆에서 팔짱을 끼고 앉는다.

포인터	얼마나 찾았다구 지지배. 인사해 내 파트너야, F —U —C —K —,
	우리말로는 음…… 좀 그래.
선녀	……안녕하십네까.
FUCK	Hi.
선녀	절 좀 뇌주실 수 없나요?
포인터	조금만 참아, 이번 역만 지나면 우리 구역이니까.

〈안내방송〉 이번 역은 청량리, 청량리역입니다. 내리실 문은 오른쪽입니다. 계속해서 성북이나 의정부 방면으로…….

선녀	오랜만에 오른쪽이네…….
포인터	오랜만에 오른쪽? 그거 너무 재밌다 애……. (웃는다)

포인터가 웃는 틈을 타 선녀가 문 쪽으로 달려나가면 FUCK가 뒤쫓아와 선녀의 팔을 비튼다.

포인터	(잭나이프를 꺼내어 선녀의 목에 갖다 대며) 이년이!
장애아	부…… 불이야 —.

포인터와 FUCK가 놀라 있을 때 선녀가 괴성을 지르며 쿵후로 두 사람을 처치한다.

〈음향〉	열차 도착한다. 문 열린다.

[제 9 장   열 차   안 (청 량 리 역 — 서 울 역)]

그룹 '무임승차'가 연주하는 열차 테마 음악이 흐르고 안내방송이 빠르게 들려온다.

역 표지판이 청량리역, 제기동역, 신설동역 순서로 오버랩되는 중에 승객들이 슬로 모션으로 계속 타고 내린다.

열차가 시청역으로 진입할 때 불이 꺼지며 급정거한다.

목소리들　으아 ─.

목소리 1　아이고 이게 웬 난리야?

목소리 2　또 파업이냐 ─.

목소리 3　다리가 또 끊어졌나?

목소리 4　굴이 무너졌으면 무너졌지 무슨 다리야?

목소리 5　불 켜 ─.

목소리 6　지진인가?

목소리 7　여기가 일본이냐? 사구간이겠지.

목소리 8　시내에 사구간이 어딨어요?

목소리 9　누구야 ─ 더듬는 게 ─.

목소리 10　바퀴 밑으로 뭐가 덜컹 지나가는 것 같았는데…….

〈안내방송〉 안내 말씀 드리겠습니다. 열차가 역구내로 진입할 때 사람이 뛰어드는 사고가 발생했습니다. 사고가 수습되는 대로 열차 곧 정상운행되겠습니다.

〈음향〉　문 열린다.

승객들이 쓰러져 아우성치고 있다.

안경　(뛰어 들어오며) 으아 ─ 난 아냐 ─.

선녀　안경 씨?

안경　(선녀의 뒤로 숨으며) 으…… 무서워…….

승객들 고개만 밖으로 내민 채 사고현장을 기웃거린다.

승객 1　농사꾼인가?

승객 2　부도 맞은 모양이지.

승객 3　또 운동권 애들이야, 그 자살특공존가 뭔가.

승객 4 요새 그런 게 어딨어요?

승객 5 (만취해서) 모가지 짤린 게 저 하난가? 뒈지려면 조용히 목을 매 달든지 약을 먹을 것이지 왜 하필 지하철에는 뛰어들어 가지고 이런 피해를 주고 그러는 거야? 그것도 퇴근 시간에…….

승객 6 에이, 농구 다 끝났겠다.

안경 뭐야 이 새끼들아 — 느이들도 한번 죽어볼래 —?

철수 (뛰어 들어와 안경을 치며) 너지 이 새끼야, 걸레를 죽인 게!

선녀 걸레 씨가? (사고현장으로 달려 나간다)

안경 난 밀지 않았어요, 자기 발로 뛰어든 거라구요.

철수 마찬가지야 이 새끼야, 오죽이나 속이 상했으면 지 발로 뛰어들었겠냐? 너 그렇게 잘났어? 오갈 데 없는 놈 숨겨서 재워주고 먹여주니까 그래 똥 묻을까봐 못 자줬냐 병 걸릴까봐 못 자줬냐? 니 껀 금테 둘렀냐 이 개새끼야 —!

안경 오……오늘 밤에 같이 자자고 그랬더니 미친 여자처럼 막 웃으면서 뛰어내렸어요.

철수 거짓말하지 마. 넌 걸레한테 따뜻하게 말 한마디 해준 적이 없었어. 내가 맨 먼저 처단할 놈은 바로 너야 이 뻔뻔스런 먹물 새끼. 애시당초 종자가 다른 것들은 상종을 못하게 해야 했어. (칼을 빼어 든다)

승객들 놀라 열차 밖으로 도망쳐 나간다.
선녀가 들어온다.

안경 (벌떡 일어서며) 다 구라였다구요, 대학생도 아니었고…….

철수 이 새끼…… 다리도 멀쩡하잖아…….

안경 아무리 아니라고 그래도 걸레 씨가 믿지를 않았어요, 내가 꼭 그런 사람이기를 바라거나 하는 것처럼.

철수 니가 먼저 사기를 쳤으니까 그랬을 거 아냐 —.

안경 다니던 공장이 문을 닫게 됐는데 기분도 엿 같고 해서 깡소주 한 병 까고 오팔팔에 갔어요, 돈도 없으면서. 여기저기 기웃거리다 길바닥에 잠이 들었나 봐요. 누가 깨워서 일어나려고 하는데 갑자기

못 일어나겠더라구요.

철수　왜 이 새끼야?

안경　……발이…… 저려서요.

철수　…….

안경　그런데 걸레 씨가 날 끌고 안으로 들어갔어요. 꼭 영화에서 독립군들 숨겨주는 것처럼요. 그 다음엔 걸레 씨가 하라는 대로밖에 할 수가 없었어요. 직장도 없어졌고, 뭐 차라리 편하더라구요.

철수　그래서 그 말도 안 되는 노래 부르고 지랄 염병을 떨고 다녔냐?

안경　그럼 어떻게 해요? 먹여주는 사람 시키는 대로 해야지.
나중엔 좀 미안하더라구요. 그래서 오늘 6만 원 다 채웠길래 선금 주면서 나 병신 아니니까 오늘 밤에 같이 자자고 그랬던 건데…….
내가 싫었나 봐요. 아무리 싫어도 그렇지 그렇게 뛰어들 수가 있는 거예요?

철수　……넌 걸레의 꿈을 박살 낸 거야 이 한심한 새끼야…….

선녀　걸레 씬 자살한 게 아닐 거예요.

안경　그럼 왜 자기 발로 뛰어들어요?

선녀　고무줄 놀이를 흉내 내다가 발을 헛디뎠을 거예요. 그리고 지금은 영원히 깨지 않는 행복한 꿈을 꾸고 있을 거구요. 여자들끼리는 표정만 봐도 알아요.

철수　행복한 꿈을 꾸고 있다고?

선녀　걸레 씬 안경 씰 더럽히고 싶지 않다고 그랬거든요.

안경　(사이) ……더러운 놈은 바로 나라구요. (무너진다)

철수　그래서 그렇게 환하게 웃었나?

| 노래 16 | 가버린 그녀　🎵 157쪽

안경　1. 남들에겐 다만 조금 귀찮은 존재였을 뿐
세상 무엇과도 아무 인연 맺지 못하고
버려졌던 그녀 삶에 무섭도록 소름 끼치는
우리의 이 무관심
뒹구는 낙엽처럼 천진난만하기만 했지

일할 줄도 모르고 오직 사랑 타령만 하다가

사라져 간 그녀 삶에 무섭도록 소름 끼치는

우리의 이 무관심

어울릴 줄도 모르고서 춥다고만 말했지

그러면서도 쓸데없이 남들 걱정하다가

떠나버린 그녀 삶에 무섭도록 소름 끼치는

우리의 이 잘난 무관심

철수/안경　**2.** 말 한마디도 없이 멀리 떠나버렸네

딴 세상을 사는 듯 가까이할 수도 없었어

절망 속에 살면서도 뭔가 꿈을 꿨지만

어디서 그런 아름다운 꿈을 찾을 수가 있었겠어?

점점 추워만 지는데 더는 못 견디겠어

하지만 그냥 그렇게 잊혀진다면 그건 너무 허무해

〈안내방송〉 시민 여러분, 국가정보원에서는 우리나라, 우리 사회의 안전을 기하기 위해 여러분의 신고와 상담을 기다리고 있습니다. 의심된다 싶으시면 즉시 연락 주십시오. 신고전화는…….

땅쇠　(안경의 목발과 녹음기를 들고 뛰어 들어와) 너 시방 잽히믄 옳게 사형잉깨 후딱 튀어부러라 잉?

안경　내가 뭘 어쨌다구요?

땅쇠　배깥에 짭새들이 쫙 깔려부렀당깨.

안경　어 어, 난 아냐, 난 안 밀었다구 ―. (사고현장 반대편으로 도망쳐 나간다)

땅쇠　암만, 잘 뛴다 잘 뛰어…….

철수　저런 병신 같은 새끼…….

〈안내방송〉 열차 곧 출발하겠습니다. 속히 승차해주시기 바랍니다. 열차 인천행 열차입니다.

철수 땅쇠, 엄마한테 걸레 죽었으니까 먹을 것 좀 해가지고 오팔팔로 오
시라고 해.

땅쇠 말끝마다 반말이여 대갈빡에 피도 안 마른 것이. (철수의 시선을
느끼고 딴청을 부린다)

그런디 저거이 뭐이다고 쓴거냐……. (의미 없는 광고 문구를 읽는
다)

철수 (선녀에게) 그리고 니 속치마 도둑놈 빨강바지가 잡아올 거야.

선녀 어디로요?

철수 포장마차에서 기다려 —. (사고현장 쪽으로 뛰어나간다)

〈안내방송〉 출입문 닫습니다.

땅쇠 저런 호랭이가 물어갈 놈이…….

〈음향〉 문 닫힌다. 열차 출발한다.

선녀 **3.** 마지막 순간까지 꿈을 꿔야 해

행복을 꿈꿔봐 너에게 찾아올 거야

그건 언제라도 바로 오늘 중에도

아주 작게, 아니면 엄청난 기적처럼

꿈이란 소중한 것, 끝도 없는 것

그리고 이뤄지는 것

〈영상〉 걸레의 고무줄 놀이 하는 모습이 환영으로 스쳐 지나간다.

[제 1 0 장 서 울 역 지 하 도]

신문 (들어오며) 스포츠 — 스포츠…… 에이, 오늘도 한 장도 못 팔았네.
(신문 뭉치를 바닥에 팽개친다) 뭐? 날탕? 아! 고 죽이는 썩은 미
소…….

청소부가 비질을 하며 들어온다.

(청소부를 발견하고는 신문 뭉치를 밀쳐놓고 계단을 오르다 소주 박스를 들고 계단을 내려오는 문디와 땅쇠에게) 안녕하세요. (나간다)

땅쇠　　그려.

문디　　머 우리꺼정 갈 꺼 있나? 내사 걸레하고 자도 안 했는데…….

땅쇠　　초상집이 썰렁허믄 못 쓰는 거여 이놈아, 아 너 뒈졌을 때 나가 안 가믄 좋겠냐?

문디　　니가 내보다 먼저 디질 낀데 무신 귀신 풀 뜯어 묵는 소리 하고 자빠짔노 —! (계단을 내려와 소주 박스를 내려놓고) 야 야 땅쇠야, 우리 그라지 말고……. (땅쇠와 눈을 마주친다)

문디와 땅쇠가 소주를 두 병씩 빼들고 도망치려 한다.

청소부　　그 술 훔체 먹었다가는 걸레구신이 들레붙어 갖고 잠도 몬 자고 뇌랗게 말라 죽을껄?

문디　　(땅쇠에게 자기의 술병까지 안기며) 내가 제일로 싫어허는 기 술 도적놈이야.

청소부　　(신문 뭉치를 들쳐보며) 한 번 보고 내꼰질 꺼 머하러 이레 마이 찍나?

빨강바지가 개 줄을 손에 들고 뛰어 들어온다.

문디　　아이고, 회장님.

빨강바지　　회장이고 나발이고 이 강생이새끼 어데로 토꼈시? (나간다)

청소부　　쯧쯧…….

땅쇠　　멋이여? 강아지라고라고라?

문디　　보신?

땅쇠　　고거…….

문디/땅쇠　　나쁘지 않지(제)!

문디　　벤지 ―, 베토벤 ―, 아롱아 ―. (나간다)

땅쇠　　워리 ―, 워리 ―. (나간다)

청소부　개는 개라도 그 개는 못 먹는대니, 이 쌍눔어 종재들아 ―.

곰보할매는 소쿠리에 먹을 것을 담아 이고, 선녀는 가방과 찜통을 들고 계단을 내려온다.

선녀는 한복으로 갈아입었다.

곰보할매　내일이문 어드러케 될디 모르는 놈의 거 실컷 처먹기라도 하구 돼
　　　　　　뎌보자우 베라먹을. (짐들을 내려놓는다) 참, (사진을 꺼내어 선녀
　　　　　　에게 주며) 그럭하구, 그 약혼잔디 가이삑다군디 만나거든 목에
　　　　　　가이 줄을 해서라두 간수 단단히 하라, 서나라는 것들은 고저 눈밭
　　　　　　에 개지만두 못한 것들이니까니.

철수가 지하철 쪽에서 들어온다.

선녀　　　고마웠어요, 할머니, 꼭 다시 찾아뵐게요.

곰보할매　(철수에게) 아 송장 안 디키구 여긴 왜 또 완?

철수　　　안경 여기 왔지요?

곰보할매　여태 거길 안 가서?

철수　　　(계단을 뛰어 올라간다)

곰보할매　이런 민한 아새끼하구서리……. 기린데 이놈의 새끼들은 술만 갯
　　　　　　다 놓구 어디로들 내뺀 거이가?

청소부　개 잡으러 갔대니. (신문 뭉치를 들고 나간다)

곰보할매　요샌 초상집에서두 가이고기 쓴다 그러던? 원 늙어 뒈딜 놈들 같으니.

제비가 온몸에 깁스와 붕대를 감고 쫓기듯 들어와 계단을 내려오다 곰보할
매를 발견하고 도망친다.

곰보할매　전쟁 때도 아닌데 웬놈의 상이군인이가?

제비　　　(도망치다 선녀를 발견하고 돌아보며) 선녀?

선녀   제비 씨? 세상에……. (몸을 가누지 못한다)

제비   나 좀 살려줘 선녀!

곰보할매   (자리를 피하며) 제비 다리는 원래 잘 부러디는 거이야.

선녀   그러게 아이를 셋 낳을 때까지는 옷을 내어주지 말랬잖아요.

제비   지금 농담할 때가 아냐 선녀, 놀부할멈이 쫓아오고 있걸랑.

빨강바지   무신거? 놀부할망 —?

선녀   이모님 말인가요?

제비   이모? 이모는 무슨 이모? 난 그 아줌마랑 아무 상관도 없어. 그리
        고 여기서는 가끔 놀부할멈을 이모라고도 부르지.

선녀   그래요? 그럼 이제 우리 아이 이름은 뭐라고 부르면 좋죠?

제비   아이라니?

선녀   우리의 첫아이 말이에요.

제비   어 어 난 아냐, 난 애 같은 건 생각 없걸랑. 안 그래도 IMF 땜에 굶
        어 죽는 애들이 얼마나 많은데.

곰보할매   여기가 니북이가 —? 요새 굶어 죽는 아새끼레 어디메 있네 이 얼
        어 죽을 간나새끼!

제비   그리구요, 실은 전 제비가 아니라 제비 친구, 월 월, 삽살강아지걸
        랑요. 제비는 날아오다가 요 한강 다리 밑에서 얼어 죽었걸랑요.
        그럼 잘 가요 선녀, 월 월 — . (도망쳐 나간다)

곰보할매   뎌런 찢어 쥑일 죵간나새끼레!

선녀   (곰보할매를 만류한다)

빨강바지   야 — 너 거기 안 서 —? 이 똥개새끼야 — . (제비를 쫓아 나간다)

땅쇠   (뛰어 들어오며) 뭐? 똥개?

문디   똥개는커녕 뻥아리 새끼 한 마리 안 빈다.

땅쇠   개 맞은 똥캐가 지일인디…….

문디   니…… 스피츠도 무으봤나?

땅쇠   고거는 비려서 못 먹는 것이여 이놈아.

문디   하이꼬, 꼬라지에 주디이는 또 까다로바요.

곰보할매가 땅쇠에게 눈치를 주자 땅쇠가 문디에게 눈치를 준다.

문디	……그란데 와 이래 설렁―하노?
곰보할매	……한복이레 썩 잘 어울리누나 야…….
선녀	……처음 만났을 때 입었던 거예요. (나가려 한다)
땅쇠	인천 가는 전철은 다 끊겼을 꺼인디…….
선녀	이제 지하철은 타고 싶지 않아요.
문디	오놀 밤에는 어데서 잘라꼬?
선녀	아무 데서나 자지요 뭐.
땅쇠	아 같이 가, 잘 디야 얼매든지 있을 팅깨. 이상헌 놈덜 을씬만 혀봐라 씨부럴, (상의를 걷어올리면 배에 자그맣게 'z' 자가 반대로 써 있다) 제틍깨 ―!
문디	옷 내리라, 배탈 난다.
선녀	오팔팔에도 다시는 가고 싶지 않아요. (계단을 오른다)
곰보할매	기린데 앵갱이 이 아새끼레 어디메 간 거이네? (계단을 오르는 선녀를 끌어내리며) 야 야, 너 좀 내려와 보라.
선녀	……다들 고마웠어요. 그리고 안경 씨한테도 말씀 꼭 전해주세요, 고마웠다구요. (계단을 다시 오른다)
문디	참, 거…… 쭝국말로 인사하는 거 머라 캤제?
선녀	니 하―.
문디	머라꼬?
선녀	니 하―.
문디	니 머?
선녀	니…….
문디	그래 그래, 니 하―.
안경	(철수에게 떠밀려 들어오며) 다들 내가 죽였다고 그럴 거 아녜요?
선녀	안경 씨.
땅쇠	아 이놈아, 이렇게 싸돌아댕기다 잽히므는 워쩔라고 그려?
문디	니 앵갱이 참말로 맞나? 다리 개않나?
땅쇠	아 월매나 다급혔으므는 다리가 다 쭉 펴져부렀겠냐?
곰보할매	기레, 같이 안 갈 거이가?

철수　그래도 걸레가 좋아했던 건 너였잖아. 거적대기 하나 덮어서 땅바
　　　닥에 그냥 놔둘 거야?

안경　(안경을 벗어서 떨어뜨리며) 난 그 안경이 아니래두요.

땅쇠　자가 걸레 죽응깨 실성을 혀부렀고마이……

안경　(곰보할매의 손에 돈주머니를 쥐어주며) 자요, 노래 불러서 번 돈
　　　이에요. 초상 치르는 데 보태 쓰세요. 우동 값 밀린 것은 무슨 짓을
　　　해서라도 곧 갚을게요.

문디　와? 카수 안 할라꼬? 은자 막 뜰라 카는데.

곰보할매　네레 마네자 모르게 꿍친 돈으루 오입딜 할레구 했다문서? (안경
　　　에게 돈주머니를 다시 안겨주며) 내레 이런 더러운 돈 못 쓰가서,
　　　너나 실컷 쓰라우 이 나쁜 놈의 새끼. 꼭 다 키워놓으멘 빼간단 말
　　　이야 베라먹을.

철수　일자리 구하면 나도 하나 소개시켜줘.

곰보할매　중국 돌아가거든 똥은 서나 만나 잘 살라, 괜히 도깨비한테 홀리디
　　　나 말구.

선녀　그럼 안녕히들 계세요.

철수　왜, 어딜 갈려구?

선녀　집에 가야지요.

곰보할매　(철수에게 눈치를 준다)

철수　그럼, ……애는 어쩔려구……?

선녀　불쌍하지만 어쩌겠어요? 아빠 없는 아이라고 동무들이 놀릴 거 아
　　　녜요?

철수　……누구 새끼면 어때서! 불쌍한 고아 하나 주워다 키운다고 생각
　　　하면 되는 거지 뭐……

곰보할매　……아 날래들 서둘라 ―, 죽은 넨은 죽은 넨이구 산 사람들이나
　　　배 곯디 말아야디.

안경　나도 걸레 씨 따라 죽어버릴래……. (계단에 쓰러져 몸부림친다)

곰보할매　지지리도 못난 놈 하고는……

선녀　죽는 건 용기가 아니라면서요? 그 반대가 용기라면서요?

안경　난 그런 어려운 말 할 줄 모른단 말예요 ―.

일행들 선녀에게 눈인사를 보내고 자리를 뜰 채비를 하는데 철수만 그 자리에 굳어 있다.

선녀가 계단을 오른다.

안경   (갑자기 생각이 난 듯 스카프를 꺼내며) 참, 선녀 씨, 걸레 씨가 이거…….

철수   아까는 못 봤는데…….

안경   열차에 치이기 전에 주면서요, ……선녀 씨 돌봐드리라고…….

철수   자기 생각이나 할 것이지 무슨…….

선녀   (계단을 다시 내려와 안경에게) 같이 가요, 오늘 밤에는 어차피 잘 데도 없잖아요?

안경   …….

문디   (안경의 돈주머니를 집어들고) 여러분 —, 우리 앵갱이 돈도 있는데 택시 타고 가입시더 —.

땅쇠   니 꼬라지를 좀 봐라 이놈아, 어디 택시 태워 주겠는가.

문디   와? 내 꼬라지가 어때서 일마!

땅쇠   우리 태와주는 것은 지하철밲이 없어 이놈아.

일행들 선녀와 안경을 남겨두고 지하철 쪽으로 먼저 향한다.

│ 노 래 17 │ 듀 엣 ♪ 159쪽

선녀/안경   *모두 잠든 밤, 별밭의 꿈*
             소란스러운 소리는 멀고
             떠나가 버린 너의 빈자리
             고단했던 하루의 끝

안경이 스카프를 선녀의 목에 감아준다.

제비가 개 줄에 묶여 빨강바지에게 끌려 들어오고,

둘은 선녀와 안경을 숨어서 엿본다.

〈안내방송〉 (열차 진입 신호음과 함께) 이번 열차 청량리행 마지막 열차입니다. 한 분도 빠짐없이 탑승해주시기 바랍니다. 오늘도 저희 지하철을 이용해 주셔서 대단히 감사합니다…….

곰보할매 (목소리) 아 날래날래들 오라 —, 1호선 막차 끊어지가서 야 —.

안경은 선녀의 가방을 대신 집어 들고, 선녀는 안경의 목발과 녹음기를 챙겨 든다. 안경은 선녀에게서 목발과 녹음기를 건네받아 계단에 버리고 둘은 손을 잡고 지하철 쪽으로 뛰어나간다.
신문 뭉치를 버리고 들어오던 청소부가 이들에게 손짓한다.
빨강바지가 제비를 부축해 데리고 나가고, 회사원이 계단을 내려와 자기 하숙집으로 착각을 한 듯 신발을 벗어놓고 소변을 본 후 바닥에 곯아떨어진다.
청소부가 회사원의 잠자리를 살펴주고 카세트와 목발, 계단에 떨어진 안경을 쓰레기통에 쓸어 담고 계단을 올라 광장 쪽으로 향한다.
밤하늘엔 보름달과 별들이 총총…….

〈끝〉

6시 9분, 서울역

낯 선 도 시 에 - 이 른 아 - 치 ㅁ 이
낯 서 ㄴ 도 시 에
<Sax>
2.여섯시십부 ㄴ 서 울 여 - - - - ㅡ ㄱ
두 발 을 딛 고 큰 숨 을 쉰 다 - 대
도 - 시 의 냄 새 사 치 와 타 락 의 비 린 내 뒤
엉 켜 서 있 는 자 동 차 매 연 과 향 수

냄 새 광 란 의 ― 바 로 ― 서 울 의 냄
새
뜬 눈 에 새 고 달 려 왔 네 설 레 는 마 음 미 칠 것 같 애
이 른 아 ― 치 ㅁ 이 낯 선 도 시 에 ―
이 른 아 ― 치 ㅁ 이 낯 서 ㄴ 도 ― 시
에 아
― ― ― ― ― 아 ― ― ― ―

♩ = 112
G(add2) A G(add2) A G(add2) A G(add2) A
1.밤의
5 G(add2) A G(add2) A G(add2) A G(add2) A
품 에 서   뿌연 아침으로   보이
9 G(add2) A G(add2) A G(add2) A G(add2) A
는 건 모 두 — — 그저 역 겨움 뿐 ㄴ   어쩜
13 C(add2) D C(add2) D C(add2) D C(add2) D
그토록고우— — ㄴ 밤 으로부터   이
17 C(add2) D C(add2) D Bsus4 B
썰 렁 하 — — ㄴ시멘트 바닥으로 — —
2.환한
21 G(add2) A G(add2) A G(add2) A G(add2) A
대 낮으로   끌 려 나 와 —   거짓
25 G(add2) A G(add2) A G(add2) A G(add2) A
투 성이 로 — 뒤 바 뀔뿐 — — ㄴ 구름
29 C(add2) D C(add2) D C(add2) D C(add2) D
위로—부터— — — 시 궁창에처 박혀   쓰 레

기에묻혀 - - - 수챗 구멍으로 - - 대 - -
낮이여 - 음란한너 바 口 고결한너
달빛에 비하면햇살은 뭘까? 뻔뻔
하고 쌍스러운 너 -
너! 더러운 너! 위선의 너 음란한
너! 오 - 대 낮이여 니가 난싫어 대
낮이여 너를혐오해 대 낮이여 너를저주해 토할
것만같으 ㄴ 오 - - - 오 대 - - 낮이여 -

기다림

♩ = 136
Gm
문 달 히 고   차
떠 난 다   뒤로 물 러 섯! 뒤 차를타래 또
C   E♭7   Gm
밀 려 났고 기 다 려 - 야 만 하 네   화
Gm
장 실 차 례 만원 출 근 버 스 뒤로 물 러 섯!   요 담 에 타 래   또
C   E♭7   Gm
밀 려 났고 기 다 려 - 야 만 하 네   아
Gm   F   E♭maj7   F
파 트 당처ㅁ 도 예쁜 색 시도   폼 나 는직자ㅇ으ㄴ다 동이났네   기다
A♭m   B♭m
렷! 늘하ㄴ발짝이 꼭 늦 네 문 달 히 고   차 떠 나 간 다   난

벌 써아르고 는 있었지   또 기다려야 마 ㄴ 한다는거 ㄹ
기다렷! 요다음 열 차-르-ㄹ 기다렷! 요다음 종강파티마-ㄴ
기다렷   사장이퇴근하기마ㄴ을뺑 뚫 린마○태같은 내 인생으 ㄹ
기다렷! 신 경 통 낫 기 마 - - ㄴ 기다렷!   생 리 통
머 즈기 - 마 - ㄴ 기다렷! 변 비 가 뼈 ○ 뚫 리 기 - 만 내
골 통이 암걸려 터 지 기 마 - - - - ㄴ
1. 나의 살던 고향은—
2. I'm dreaming of a white christmas —
3. 달려라 고향열차—
4. 저 푸른 초원 위에—
5. 자 떠나자, 고래 잡으러—
6. 내 고향 남쪽 바다, 그 파란 물—
7. 비 내리는 호남선 완행열차에—
8. 가련다 떠나련다—

기다렷! 도대체 뭘 왜 더――― 기다렷! 오늘이 다―가기마―ㄴ
기다렷! 컴컴한 전철역 구내에서밖엔 햇살이 눈부시게 쨍쨍한 데
기다렷! 신경통 낫기마――ㄴ 기다렷! 생리통 머즈기―마――ㄴ
기다렷! 변비가 뻐ㅇ뚫리기―만내 골통이 암걸려
터지기마――――ㄴ 기다렷!

SWING ♩= 175
F#m C#m F#m F#m C#m F#m F#m
1. 2.
1.저 -
F#m C#m F#m C#m F#m C#m F#m C#m
건 너 편 에 아 - ㅈ아 - 나 - ㄹ 훔 쳐 만 보 네 - 매 - 일
일 에 한 시 가 - ㄴ 쯤 마 - 주 앉 아 서 가 네 - 뼈 - ㅅ
F#m C#m F#m C#m F#m C#m F#m C#m
아 침 이 맘 때 - - 나 - 바 - ㅁ 늦 게 도 보 네 어 - 떠 ㄹ 때 ㄴ
뻣 한 얼 굴 에 - - 다 - 비 - 비 꼬 기 는 왜 꽈 니 가 가 는 데 가
Dmaj7 D6 Dmaj7 D6 Dmaj7 D6 F#m/C#
반 / 갑 / 다 가 도 - 또 귀 차 ㄴ히 기 만 해 - 하 지 만
공 장 이 건 학 교 거 ㄴ 또 써 비 스 센 타 거 ㄴ 그 - 게
Dmaj7 Bm C#m9 F#m C#m F#m
별 걸 다 신 경 쓰 - 네 - 왜 이 럴 까 / 타 거 나
어 디 - 가 됐 거 - - ㄴ 별 상 관 없 지 어 디 가
Dmaj7 Bm C#m9 To Coda 1. F#m C#m F#m
말 거 나 나 하 고 - ㄴ 별 상 관 없 는 데 2.이 르 주
됐 거 ㄴ 간 에 전 - 혀 - 상 관 은
2.,3. F#m C#m F#m F#m
없 지 거 엉 덩 이 한 번 죽 인 다
어쩜 조렇게 생 길 수 가 다 있 나?

왕 삼 겹
쪽제비
나 꼬실생각하지마
너 입이나꼭좀다물어
밝히 긴
에이고춧가루
내 얼굴에뭐가묻었나?
우린입까지벌써맞췄지
Bdim
a cappella
C#
꿈 속에서
세 수 했는데 가령 단 둘이우리만 있 다 면
아 마 잘 어울리 는 한 쌍 일지 도 모 르 라
F#m C#m F#m F#m C#m F#m F#m
1. 2.
3.마 ─ 주
4.저 ─ ─
F#m C#m F#m C#m F#m C#m F#m C#m
앉 기 시 작하 ─ ㄴ 게 ─ 어르 마 나 됐 을 까? ─ 괘ㄴ 히
건 너 편 에아 ─ ㅈ아 ─ 나르 홈 쳐 만 보 네 ─ 매 ─ 일
F#m C#m F#m C#m F#m C#m F#m C#m
말 이나걸어보 ─ ㄹ까 ─ 새○ 각 도 했 었 지 하 지 마 ㄴ
아 침 이맘때 ─ ─ 나 ─ 바ㅁ 늦 게 도 보 네 넌 전 철 의

63 Dmaj7 D6 Dmaj7 D6 Dmaj7 D6 F#m/C#
왜? 언 제? 어 – 떻 게?– / 또 무 슨 말 을 해 – 그 – 저
한 부 분 이 – ㄹ 뿌 ㄴ 내 겐 흥 미 도 없 고 – 내 – 가
67 Dmaj7 Bm C#m9 F#m C#m F#m
전 철 에 서 마 ㄴ 나 ㄴ 남 남 인 데 과 ㄴ 심
안 탄 다 해 도 – – – 별 관 심 없 겠 지 하 기 야
71 Dmaj7 Bm C#m9 To Coda F#m C#m F#m
하 나 도 없 느 ㄴ 남 남 일 뿐 인 데 참
내 가 너 래 도 – 그 럴 걸
75 F#m
멍청하게도생겼다 숨쉬지도마입에서냄새나 밥 맛 휘유 어욱입냄새
79 G#m
바람꽤나피웠겠군 마누라엄청두들겨 패 겠 다 화 냥 년 너 개잡놈
83 Bdim
속에까만거입었지? 아니어딜쳐다봐저자식이 – 다 보인다 어머아이쪽팔려 날
87 a cappella
우 습 게 보 는 것 같 은 데 흥! 짜 샤 이 래 뵈 도

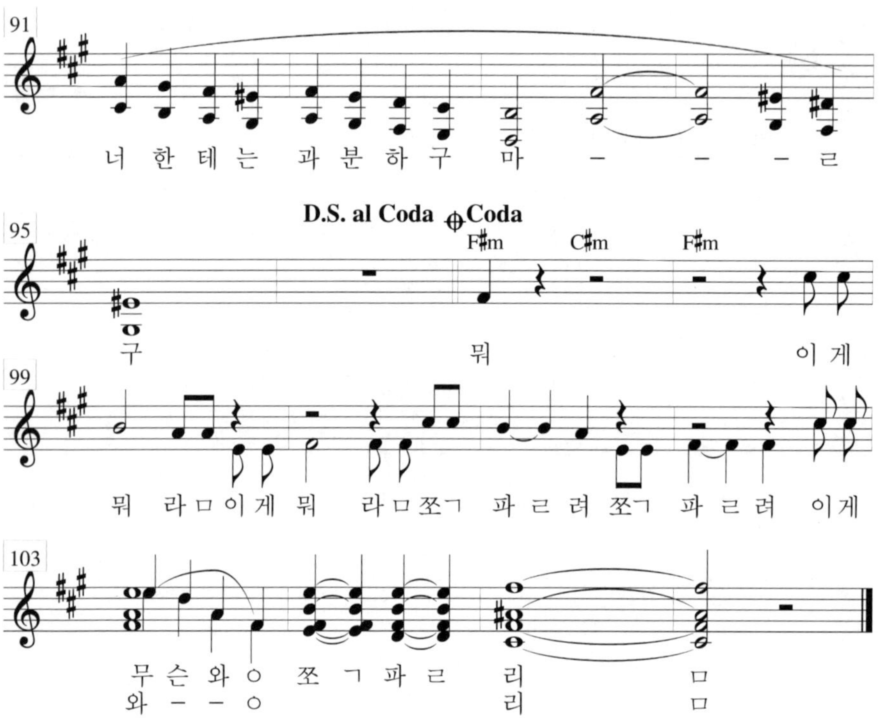

D.S. al Coda   Coda
F#m   C#m   F#m
너 한 테 는 과 분 하 구 마 — — — 르
구   뭐   이 게
뭐 라 ㅁ 이 게 뭐 라 ㅁ 쪼 ㄱ 파 르 려 쪼 ㄱ 파 르 려 이 게
무 슨 와 ㅇ 쪼 ㄱ 파 르 리 ㅁ
와 — — ㅇ 리 ㅁ

사랑이 꽃필 때

♩ = 154
Am
Fmaj7
하!
아 싸
둠 둠 두두두 둠 둠 두두두 둠 둠 두두두 둠 둠 두두두
5
G
Esus4
E7
오, 예
둠 1.식성만
둠 둠 두두두 둠 둠 두두두 둠 둠 두두 둠 아ー!
9
Am
Fmaj7
맞 으면 만사 제끼고 꼬셔내서얼러주고 ー손 잡고
제 끼 고 ー 손 잡
13
G
Esus4
팔짱 끼고끌어안고 입 맞추고 또 핥 고빨고흔들어대고 날샐때까 지
고 입 맞 주 고 ー 나
17
E7(#9)
Am
Fmaj7
하지만 사 랑이어 쩌구 시작되면 그 땐모 든즐 거움은
르샐때까지 시작되 며 ー ㄴ

21
G
Esus⁴
사라지고 스트레쓴 쌓 이지 재미도 하나없지 그럴땐 내 빼 아님넌
사 라지 고 그럴땐 내 빼 아님넌
25
E⁷⁽♯⁹⁾
Am
끝장 야 − 2.또 순 정같은 잠꼬대나
끝 장 야 −
29
D
외고 있네 수천명의딴여자는 어 쩔 래? 그 여잔너를거들떠도
33
B
F♯
F♯⁷
tr
안 보고 또 신경 질만내고바가진 긁어대고 오 −!
37
Bm
Gmaj⁷
둠 둠 두두두 둠 둠 두두두 둠 둠 두두두
그러니까 사 랑이어 쩌 구 시작되면 이제는 산 다는매운맛을

둠 둠 두두두 둠 둠 두두두 둠 둠 이것도 사고 또사고
보게되지 적금도 붓고 집 도 사 야지 이것도 사고 또사고
사고사고 사랑이 어 쩌구저 쩌구 시작되면 좋았던 시 절은벌 써끄
사고사고 -
어 쩌구저 쩌구 -
트 난거야 머 리엔 똥 덩 어리 두리둥실 떠 다니고 테 레 비
끝 난 거 지
테 레 비
채 널 마 ㄴ 이리저리 돌 려 대지 -
둠 둠 두 두두
채 널 마 ㄴ 이리저리 돌 려 대지 -
둠 둠 두 두두 둠 둠 두두두 둠 둠 두두두

둠 둠 두 두 두 둠 둠 테 레 비 채 널 마 ㄴ 이 리 저 리
테 레 비 채 널 마 ㄴ 이 리 저 리
돌 려 대 지 자 가 자 ㅡ!
돌 려 대 지 자 가 자 ㅡ!

싸구려 (Rap)

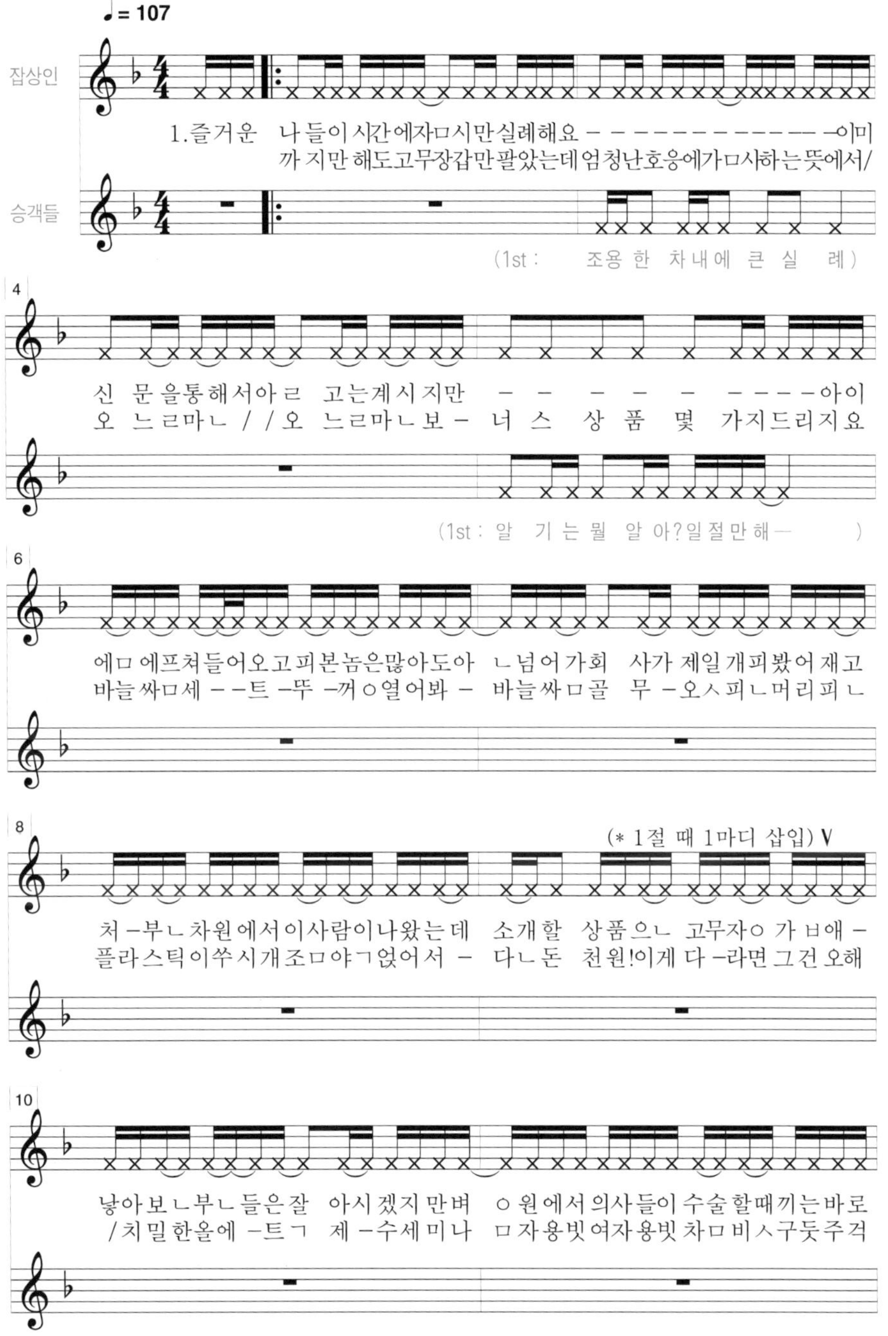
♩ = 107
잡상인
승객들
1.즐거운 나들이 시간에자ㅁ시만실례해요 － － － － － － － － － －이미
까지만 해도고무장갑만팔았는데엄청난호응에가ㅁ사하는뜻에서/
(1st: 조용한 차내에큰실례)
신문을통해서아ㄹ 고는계시지만 － － － － － － － －아이
오 느르마ㄴ // 오 느르마ㄴ보－너스 상품 몇 가지드리지요
(1st: 알 기는 뭘 알아?일절만해－)
에ㅁ 에프쳐들어오고피본놈은많아도아 ㄴ넘어가회 사가 제일개피봤어 재고
바늘싸ㅁ세－－트－뚜－꺼ㅇ열어봐－ 바늘싸ㅁ골 무－오ㅅ피ㄴ머리피ㄴ
(* 1절 때 1마디 삽입) V
처－부ㄴ차원에서이사람이나왔는데 소개할 상품으ㄴ 고무자ㅇ가ㅂ애－
플라스틱이쑤시개조ㅁ야ㄱ었어서－ 다ㄴ돈 천원!이게 다－라면 그건 오해
낳아보ㄴ부ㄴ들은잘 아시겠지만벼 ㅇ원에서의사들이 수술할때끼는바로
/치밀한올에－트ㄱ 제－수세미나 ㅁ자용빗여자용빗차ㅁ비ㅅ구둣주걱

/ 그 장갑 만든 고무 절 대 로 안 찢 어 져 '애 - 낳 아 봤죠?/ / 애 - 낳 아 봤죠?과연
귀 후 비 개 벼 ○ 따 개 압 피 ㄴ 쪽 집 게 - 일 회 요 ○ 휴 지 하 나 - 더 얹 어 천 워 - ㄴ

저 ○ 말 그 럴 까 그 - 렇 게 도 좋 을 까 모 ㅅ 믿 겠 다 찢 어 봐 라 시 범 으 로 내 가 한 번
오 늘 만 오 늘 마 ㄴ 내 일 이 면 없 어 - / 절 호 의 - 차 ㄴ 스 - 놓 치 지 마 - / 시 내

/ 알 뜰 한 주 부 들 의 - 주 방 의 필 수 품 아 ㄴ 넘 어 가 회 - 사 의 안 찢 어 져 고 무 장
에 - 서 - 사 시 려 면 마 ㄴ 원 도 어 림 없 어 아 이 에 ㅁ 에 프 땜 에 손 님 들 만 땡 잡 어

가 ㅂ!

새 겠 다 그 치?- - 찢 어 지 겠 다 그 치? - -
참 싸 다 그 치?- - 못 쓰 게 쓰 다 그 치? - -

새 겠 다 그 치? - - 찢 어 지 겠 다 그 치? - -
참 싸 다 그 치?- - 못 쓰 게 쓰 다 그 치? - -

2.
2.어 제
밑 져
봐 야 본 전 애 들도안받아 단 돈 천원에 떨 떨 이 밑져
Dm
참 싸 다 그 치?
봐 야 본전 애 들도안받아 단 돈 천원에떨 떨 이
Dm
못 쓰 겠 다 ㄱ 치?
떨 떨 이 떨 떨 이 떨 떨 이떨 떨 이
Dm
참 싸 다 그 치?

이름 모를 연인들

♩ = 124
D   D(♭5)   D6   D+
D   D(♭5)   D6   D+
1.인 생 끝 장 서 울 역 십 년 전 농 사 때 려 치 고 올 라 온 나 르
D   D(♭5)   D6   D+
화 장 실 갔 다 온 그 새 에 두 딸 년 들 쳐 업 고 너 는 내 뺐 지 그 려
G   A
홧 김 에 주 먹 한 번 휘 두 른 게 그 리 도 가 슴 에 맺 혔 냐 이 —런 속 좁 은 예 펜
D   D(♭5)   D6   D+
네 야 —   워 디
G   D   Em   Em7   C
잘 사 나 보 자 이 월 매 나 오 래 사 나 두 고 보 자 이   돈 도
Am   D   G   D7
빽 도 없 는 나 를 홀 애 비 맹 글 고 잘 되 나 보 더 라 고 이   십 년
G   D   Em   Em7   C
살 붙 인 정 이 있 지 — 워 디 그 럴 수 가 있 나 — 오 늘 도
Am   D   D7
지 하 철 만 타 고 천 지 사 방 찾 아 헤 매 다 — 마

네
2.꿈속에서 만났나 오년전 추운겨울어느 날으 즈나ㄱ
시랑이네테은어 터지고 맨발로 헤매던 동대문 지하도 니는
따시 허니내게 다가와 아,라면 하느그릇사주고후 르쩍 떠내가버렸
지
주소나알아둘거르 이름 이라도물어볼거르 아니면
주그자사자한번 매달리기라도 하르걸 그래쓰나 날은
저물어마느가는데 너는왜 아느나 타내고 속절
으빠이쓰레기만 비우느 이아줌마르 울리

73 G A7
나— — —
77 D D(b5) D6 D+
3.상 황 발 생 처 ㅇ량리역 이년전 첫 번 휴가 귀 —댓나 르
81 D D(b5) D6 D+
등 산 복 차림에 스카 프 스쳐 갈 때 나던 비 —누냄새 인자
85 G A
말 년 휴가 귀 —댓 날 나는또 두 리번거리네 여 —기 청 량리역이
89 D D(b5) D6 D+
서
93 G D Em Em7 C
주 소나알아둘거 르 이 름 이 래도물어 볼거 르 아 니면
97 Am D G D7
이 판 사판 타 르 영이래도 헐 걸그려쓰나 — 열 차
101 G D Em Em7 C
떠 나 가 는디 — 너 는왜 안 나 타나 고 — 말 년
105 Am D D7
휴 가귀 대 허는김 병장 맴을 요로코롬 뒤집 어— — 워 디

잘 사 나 보자 이   월매나 오래사나두고보자 이   돈도
주 -소나 알아둘거 -ㄹ   이 -름 이 -라도물어볼거 -ㄹ   아니 면
주 -소나 알아둘거 -ㄹ   이 -름 이 -래도물어볼거 ㄹ   아니면
빽 도 없 는나를홀 애비 맹글고 잘 되나보더라고 이   십 년
주ㄱ자사 -자한번 매 -달리 -기라도 하르걸 그래 써나 -   날 은
이 -판 사판 타 -르영이래도 헐 -걸 그려 써나 - - -   열 차
살 붙인정이있지 -   워 디 그릴수 가 있나 -   오늘도
저물 어마 니가 -는데 - - -   너는왜 아 니나 타내 -고 -   속 절
떠 나 가 는디 - - -   너는왜 아 니나 타나 -고 -   말 년

121
Am   D   D7
지 하철 만타고 천 지사 방찾아 헤매다 ─ 마
으ᄡ이쓰─레기만 비─우느ㄴ 이 아줌마르─ ㄹ 울 리
휴 ─가귀 대하는 김 ─병장 맴을 요로코롬 뒤집 어 ─ ─ 놓
125 rit Db6/9   Cmaj7
네 ─   속 좁 은
나 ─ ─ ─ ─   이 ─ 르 ㅁ 도 ─
나 ─ ─ ─ ─   이 ─ 르 ㅁ 도 ─
128 Cm(maj7)   F9   G
예 ─ 페 ㄴ 네 야   (운다)
모 ─ 르 ㄹ 총각 아 ─   (운다)
모 ─ 르 ㄹ 여인 아 ─ ─   (운다)

서울의 노래
Free tempo
서울 하늘아래 단한곳 사방이
온 통남 쪽뿐인 이 상한 도 시 펼
펼 끓 는가 마솥도 이 보다는 더하지 는못 하
리 견 디기 힘든이열병이끝 나 지않 는한
노래를부르리 서 울 의 노래 불로
소 득 자 들 의 낙 원 이 여!나라의 절 반 이 나 되느 ㄴ
도 시 여! 공 룡 모 양의 커 다 란 풍 선 그 속 엔

23
D
죽음 의 아황 산 가 스뿐 곡식 한 토르 자라 지
26
G
못 하고 강에는 등 굽으ㄴ물고기 뿐인데 거대한
29
C   G   rit. D
자 석에 붙어 떠나 지 못하는 사람 들의 이상
32
B   free tempo D   G
한 도시 -   2.너   청와 대와 총 독부 또
35
A   F#7   Bm 3   E7   A   G
주둔군사 령부   노래를부 르리   서 울 의
38
a tempo D   D
노래   너 투기 꾼 들의 낙원이여
42
G   C
기 생 충 들 의 천국 이여 창녀 들 의 보 금

G D
자 리 외 국 사 람 들 의 파 라 다 이 스
D G
가 지 도 못 하 는 자 동 차 취 직 도 못 하 는
C G
고 학 력 입 시 지 옥 교 통 지 옥 한 옥 은
D rit. Am
달 동 네 에 만 남 았 네 나 뭇 등 걸 도 없 이 육
G F
백 년 을 자 라 온 너! 거대한독버섯 서울특별시여
E free tempo D G A F#7
— 토 해 논 라면을밟고서 배기 가스를마시며 난
Bm E7 A G D
노래를부 르리 서 울 의 노래

산다는 게 참 좋구나, 아가야

slow (♩ = 72)
산다 는 거이참 동구나 - 아 가 야 - 이자
우
새 날 이 시 작 되니 더 더우기동아 내 맥 박 은뛰고 혼
우
백 두 살 아 남 산 엔 단풍잎 이 흐드 러 졌 네
우 우 우 - 우 우
저 한 강 물위로 물 새 가 나르멘 산 다
우 - 우 우 -
는 거이 참 동구나 - 이 서 울 에 -
attacca ♩. = 124
2.말 서 울 에 -

단속반 탱고

단속반/깡상
할매/빨강/문디/선녀
♩ = 128
C+ Fm C7 Fm Cdim B♭m
G♭ Fm G C C+
Fm F B♭m F B♭m
E♭ A♭dim Gdim Fm
군 바리가잡 았을땐 안 그랬었지 고 양이앞 에 쥐들처 럼설 서르기었 지
부수입도그러 저럭 짭 짜 르했었어 어 떨 때ㄴ아줌 마가 — 흠 자,
저 ㅇ 권한 번 바 뀌었다 고이 것들이 아! 열 받어!
도 ㄴ 봉투 는고 사하 고어 따대고 으 이갈 려!

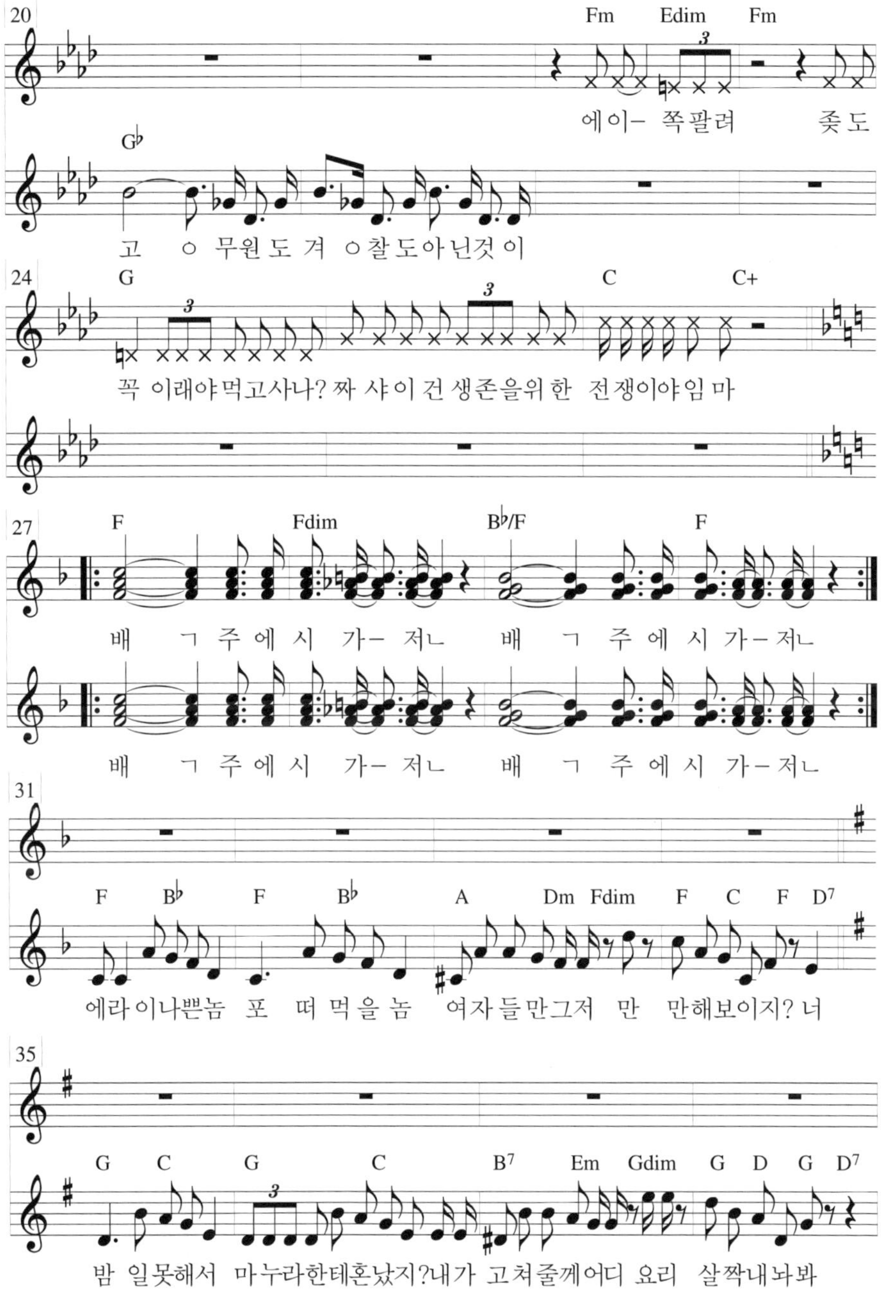

에이– 쪽팔려 좆도
고 ㅇ 무원도 겨 ㅇ찰도아닌것 이
꼭 이래야먹고사나? 짜 샤이 건 생존을위한 전쟁이야임 마
배 ㄱ 주에 시 가ー저ㄴ 배 ㄱ 주에 시 가ー저ㄴ
배 ㄱ 주에 시 가ー저ㄴ 배 ㄱ 주에 시 가ー저ㄴ
에라 이나쁜놈 포 떠 먹을 놈 여자들만그저 만 만해보이지? 너
밤 일못해서 마누라한테혼났지?내가 고쳐줄께어디 요리 살짝내놔봐

배 ㄱ 주에시 가 - 저ㄴ 배 ㄱ 주에시 가 - 저ㄴ
하 ㄹ테면해 봐- 마 ㅁ대로해 봐-
포장마차걷어내고 광주리는쓸어내고 관광호텔편의점만 올나이트냐-
구조조정웃기지 마 없 는놈만더 죽더라 잡 을놈은안잡고 헛 지랄들이야
백 주에시가전 백 주에시가전 백 주에시가전 백 주에시가전
온 죽없으마 맨 질바닥에 나앉았겠노 요 문디가스나야

59 Em Am D G
집 떠 나 와   어 언 삼 년   손 가 락 은   일 곱 개 뿐
63 C F Adim B7 E7
떠 날 날 은   벌 써 지 났 고   돈 도 못 받 고 쫓 기 네
67 Am F G Cmaj7
늙 은 어 머 니   내 아 내 들   스 무 명 도 더 되 는 애 드 르
우   우   우
71 F Dm6 E7 Am D7
나 올 날 만 기 다 리 지   내 고 향 남 쪽 나 라
하!
우   우   우   우
75 G Gdim C/G G
까—라 면 까 는 거 고 뜯 으 라 면 뜯 는 거 고 오 늘 하 루 일 당 만 받 으 면 그 만

79 G   Gdim   C/G   G
까 — 라 면 까 는 거 고 뜬 으라 면뜬 는 거고 오 늘 하루 일 당만 받 으면그만
까 르 테 면 까 봐 —   뜬 — 을 테 면 뜬 어 —
83 A   Adim   D/A
까 — 라 면 까 는거 고 뜬 으라 면뜬 는 거고 오 늘하 루일당 만
까 르 테 면 까 봐 —   뜨 드 을테 면
86 A   A   3   Adim
받 으면 그만   까 — 라 면 까 는거 고 뜬 으라 면뜬 는거 고
적 의 화 력이너 무세 다 오 바
뜬 어 —   까 르 테 면 까 봐 —
89 D/A   A
오 늘하 루일 당만   받 으면 그만
지원요청바란다오바   날 샜 냐 오 바
뜬 — 을테 면 뜬 어 —   백 주 대 낮 에
92   Bdim   Am
시 가 저 —   — 가 저   ㄴ   시 가 전!
시 가 저   ㄴ
백 주 대 낮 에 —   —   시 가 전!

일호선 - Choral (a cappella)

지하철을 타세요

♩. = 128
C
B♭/C
A♭/B♭
Drums
Fmaj7
1.
Fmaj7
2.
C
B♭/C
1.지하철을 타 세－요－
2.지하철을 타 세－요－
3.지하철을 타 세－요－
일 호 서
A♭/B♭
Fmaj7
C
B♭/C
편 안 하 게 모 셔－요－
편 안 하 게 모 셔－요－
사 람 구 경 해 봐－요－
아,지하철을 타 세－요－
아,지하철을 타 세－요－
아,지하철을 타 세－요－
－－ㄴ
일 호 서 －－ㄴ
일 호 서
A♭/B♭
Fmaj7
Am7
G/D
Dm
시 내 에 선 제 일 빨 라－요－
별 별 사 람 구 경 해 봐－요－
정 말 별 별 일 이 다 있－죠－
애 인 만 나－ 데 이 트 할 시 간 도－
방 세 밀 려－ 쫓－－겨 난 사 람－
행 복 번 영－ 장－－밋 빛 미 래－
－－ㄴ

스포츠중계- 보르 시-가ㄴ도- 술마실시가ㄴ도많 아 져- 요- 자,
/ 내달이며ㄴ 시ㄹ 지ㄱ할사라ㅁ 소주나한 벼-ㅇ 나 발 부르고- 자,
/ 고통분다ㅁ 겨ㅇ 제-서ㅇ 자ㅇ / 선진조 구-ㄱ 떠 드느ㄴ 노ㅁ 지

지 하 철 으르 타 --봐요- 2호선 으-ㄴ 순 환 서ㄴ
지 하 철 이나 타 --봐요- 세상만사-- 다 싫 고-
하 철 한 버ㄴ 아 ㄴ타본 노ㅁ 압구정 도ㅇ에 달 동 네-
저 -ㄴ 처 ㄹ 저 -ㄴ 처

팔 호선까-지 뚫 렸 어-요- / 일 호 선 은 인 천 아ㄴ사ㄴ
서 러움마-ㄴ 사 무 쳐- 마 지 막 꿈 은 복 권 하ㄴ자ㅇ
공 항청사-에 난 지 도- / 헷 소 리 는 이 젠 그-마ㄴ
ㄹ 저 -ㄴ 처ㄹ 저 ㄴ 처

수 원 의 정 부 못 가 는데없 죠- 지 하 철 이나타 봐-
그 꿈 마 저 -깨 -지ㄹ때 며ㄴ
ㄹ 못 가 는데없 죠- ㄹ
깨 -지ㄹ때 며ㄴ

헷 소 리 는 그 만 집 어 쳐 —   지 하 철 이 나 타 봐 —
일 호 서
아, 지 하 철 을 타 세 — 요 —   정 말 편 안 하 게 모 셔 — 요 —
아, 지 하 철 을 타 세 — 요 —   시 내 에 선 제 일 빨 라 — 요 —
아, 지 하 철 을 타 세 — 요 —   별 별 사 람 구 경
— — ㄴ   일 호 서 — — ㄴ   일 호 서
해 봐 — 요 —
— — ㄴ

강남 싸모님

♩ = 120
1.우 리 는 서울의 노른자 가 ㅇ나ㅁ의-싸 모
바 깥 양바ㄴ 드르은 다 - 거 - 무르들 이
하 는 놈들은 모 - 두 다 - 빠르개ㅇㅇ이들
들 때 잘키 - 워 - 야 커서사람노릇도하
님 들 제일 비싼 옷을 입고 거 리르르누빈 다 - 아ㅂ
었 지 자ㅇ차 관 재벌 장 성 고 급 공 무원국 회 의 원 그분
이 야 주ㅇ 국 서 나온 약 장 사 도 골 칫 - 덩 어 리 - 바ㅇ
지 구ㄴ 대 는 미리 빼 고 외국 유 하ㄱ보 내 서 - 외국
구 뜻 동 을 휩 쓸 고 또 - 롯 데 에 백 화 점 까 지 바 로
정 을 따 라 우 리 지 그저 화 에 앞 장 선 다 네 바 로
법 놈 은 한 가 들 다 다 - 잡 아 처 넣 는 것 뿐 바 로
뜻 법 은 들 끌 어 들 여 뿐 그저 내 주 는 게 근 대 화 바 로
삼 십 년 전 처 - 러 - ㅁ 사 - 치기사 치 기 사 뽀 뽀 바로
삼 십 년 전 처 - 럼 어디 따 - ㅇ나오 ㄴ 것 없 을 까 바로
삼 십 년 전 처 - 럼 소 ㄴ 뒤로하고대 가 리 처 박 어 바로
삼 십 년 전 처 - 럼 어디 도ㄴ놀이할 데좀 없 을 까 바로
(1.-4.) 삼 십 년 전 처 - 럼 사 치기사 뽀 뽀
- 2.우 리
4.애 -
- 우린 상류층의 과부 서 울을지킨 다 우

29
Dmaj7   B7   Em
리 가아 니 었 으 면 벌 써 빨 갱 이 세 상   요 즘
33
A
젊 은 것 들 은 정 말 아 무 것 도 몰 라 전 혀 우 린
37
A   To Coda   D
최 고 중 의 최 고 바 로 부 자 촌 의 과 부
41
D   E#5+   D.S. al Coda   Coda   D Em7 Fdim D/F# G   Abdim
♩ = 86
12/8
3.데 모   과 부– 우 린 우 면 동 의 비 르 라 촌
44
D/A   B7   E7   A7
금 토 동 의 벼 르 장 촌 땅 나 오 면 다 잡 아 먹 는 강   나 ㅁ 의
47
D Em7 Fdim D/F#   G   Abdim   D/A   B7
싸 모 니 ㅁ   젊 은 애 –들 만 오 렌 지 고 우 리 들 은 귤 껍 데 기 냐
50
E7   A7   D   Ddim
사 채 놀 이 하 는 우 리 는 가 ㅇ   나 ㅁ 의 싸 모 니 ㅁ
53
Em7   D   D#6/9   D6/9

울 때마저도 아름다운 너

Slowly ♩ = 72
F C Bb6/C F/C C F C Bb6/C F/C C F C
8 C F G C F G
1.이봐, 거기, 그래 너,   내 말좀   들어봐 줄래 응? 말
2.날봐 내꼴좀 요 걸레쪽 병 들 고 마약중 독 까 지   다들
12 Dm G C F Dm G C F
꺼내기도 너 무 챙 피해   아직 아무한테도 말 은 안했지만   아마
다니는중 학교도 못나왔고   엄만 술만먹으 면 날 때려댔지 엄마
16 Dm G C F F6
너한 텐도 움 이 될 지도몰라   넌
놈 팽이한 테 당 하 고 끌 려 왔 어   나도
19 Dm G F G
지금 너무슬 퍼 보 여   하지만 너의 슬 품은곧 사라 져 그 건
엄 마 가 너 무 미 워
23 C F Dm G
내 가 약속할수이 써어   니 얼 굴에쓰였어 자 용기를내 행복해
27 C F To Coda C F
지 르수있 다 고   왜 냐 며 ㄴ 넌너무 예 뻐

울 때 조 차
(Sax. ad lib.)
머리
빗 겨줄 할머니도 −개한마리도 친구 한 명 도− 없고 − 앞 날은
끝도없는터널 카 ㅁ캄하고 − 독 사 만 우글대는 저 땅굴처러−
ㅁ 그런 내 게 너 같은 서 ㄴ녀가− 찾아 와
울어주 − 다 니 하 지 만 면 넌 너 무
− −도 예 뻐 − 울 때 마 저 도

가버린 그녀

♩ = 118
D Bm G A
D Bm G A
1.남들에겐다만조금 귀찮은존재였을뿐 세상무엇과도아무 인연 맺지못하고
D Bm F#m
버려졌던그녀삶에 무섭도록소름끼치는우리의이무관 시 - ㅁ   뒹
Em A Em A
구는낙엽처럼천진 난만하기만 했었지 일할줄도모르고오직 사랑타령만하다가
C Am Bsus4 B
사라져간그녀삶에 무섭도록소 름끼치는우리 의이무관 시 - ㅁ   어
D Bm G A
울릴줄도모르고서 춥다고만말했지 그러면서도쓸데없이 남 들걱정하다가
C(add2) G Gm D
떠나버 린그녀삶에 무섭도록소름끼치는 우리의이잘 난무관 시 - ㅁ
D Bm G A
2.말한 마 디 도 - 없 이   멀 리 떠 나 버 - 렸 네
D Bm F#m
딴 세 상 을 사 - 는 듯   가 까 이 할 수 도 어 ㅆ었 어

절망 속에 사 르면 서도 뭔가꿈을 꿔 쓰지만 어디서
그러니 아름다 운 꿈을찾을 수 가 있 었겠 어 –
점점 추워 마 니 지 는 데 더는못견 디 –겠어 하지만
.그냥 그 렇게 잊혀 진 다면 그건너무허무 해 –
3.마 –지막수 ㄴ간 까지– 꾸 ㅁ을꿔야 해
해 ㅇ복을꾸ㅁ꿔 봐 너에게차 ㅈ아 올거 야 그건
어 ㄴ제라도 – 바로오 –늘중에 –도 아주
작게 – 아니면 엄 청난기저ㄱ 처 러 ㅁ
꾸 ㅁ이란소 –중 한것 끄 ㅌ도없는 거 ㅅ 그
리고 – 이 뤄 지 이뤄지느ㄴ 거 ㅡㅅ

Slow ♩ = 78
Drums
1.-3.
4.
Fm
모두 잠 든 바 – ㅁ 별 밭 의 꾸 – ㅁ
소란 스 러 우 – ㄴ 소리 는 멀 고 – –
C7
떠 나 가 버리 – ㄴ 너 의 빈 자리 –
1.
Fm
고 단 했 더 – ㄴ 하 루 의 끄 – – 트
2.
Db
(Sax.)
Gbm
Cb
Emaj7
Dbm
Ebm7
Ab

28
D♭maj7
G♭m
C♭
32
Emaj7
D♭m
E♭
36
A♭
A
40
A♭m
E♭
44
E
D♭m
E♭sus4
E♭
3
48
E/A♭
G♭/A♭
A♭

80년대는 김민기에게 단형 노래의 한계를 뛰어넘는 서사적 음악극 형식을 실험하는 모색기였다. 〈엄마, 우리 엄마〉와 〈아빠 얼굴 예쁘네요〉가 그 모색기의 산물이다. 〈엄마, 우리 엄마〉와 같은 시기에 만든 〈개똥이〉의 경우는 작가 스스로 아직 미완성이라고 말하고 있다. 〈엄마, 우리 엄마〉와 〈아빠 얼굴 예쁘네요〉는 모두 연이라는 아이의 일기 형식을 취하고 있다. 앞의 것이 농촌에 사는 연이의 일기라면 뒤의 것은 탄광촌 아이 연이의 일기인 셈이다.

1987년 6월 항쟁과 함께 찾아온 민주화의 국면에서 김민기는 비로소 자신의 이름을 걸고 음반을 낸다. 〈아빠 얼굴 예쁘네요〉는 그해 9월 카세트테이프와 그림책을 묶은 패키지로 발매되었고, 〈엄마, 우리 엄마〉는 〈개똥이〉의 수록곡들과 함께 그해 12월 음반화되었다.

1_ 엄마, 우리 엄마
2_ 아빠 얼굴 예쁘네요

| 엄마, 우리 엄마 |

이 작품은 1984년에 창작되어 1987년 뮤지컬 〈개똥이〉 수록곡들과 함께 음반화되었다. 김제와 전곡에서 농사를 짓던 김민기가 다시 서울로 올라와 활동을 재개했을 때 그의 관심은 아동용 뮤지컬의 창작에 있었다. 〈엄마, 우리 엄마〉는 그 일환으로 나온 작고 아름다운 소품이다. 노래일기라는 형식을 띤 이 작품에는 네 편의 노래가 담겨 있고, 노래 사이사이에 대사가 삽입되면서 일기 형식의 작은 이야기를 구성한다.

일기 속의 이야기에는 특별한 갈등이나 극적인 긴장이 존재하지 않는다. 엄마 없이 할아버지와 함께 사는 옥이가 일 때문에 학교에 가지 못하다 연이 엄마의 도움으로 다시 학교에 가게 되었다는 단순한 이야기일 뿐이다. 그러나 이 노래일기를 구성하는 네 편의 빼어난 동요는 단순한 이야기를 놀랍도록 아름다운 한 폭의 풍경화로 만들어 준다.

엄마 생일날, 어젯밤 꿈에 엄마가, 엄마 구름 애기 구름, 학교 가는 길

〈공장의 불빛〉이 공연물로 기획되었던 것과는 달리 완전히 오디오용으로 제작된 이 소품은 단형의 서정 양식이 주가 되어왔던 노래의 일반적인 모습과 그 기능에 충실하고 있다. 그러면서도 노래 외의 부분과 네 편의 노래가 함께 묶여(마치 단편소설이 연작 구성을 통해 단편의 한계를 극복하는 것처럼) 단형의 서정 양식이 가지기 쉬운 결함을 극복하고 구체성과 그를 바탕으로 하여 한 걸음 더 나아간 서정성을 획득하고 있는 빼어난 작품이다. 특히 이 작품에 나오는 「학교 가는 길」은 구전가요인 「두껍아 두껍아」를 현대적인 화성으로 재창조한 것인데 구전의 전통적인 선율을 고도로 세련된 서양식 화성과 조화시키는 이런 식의 시도는 참으로 귀한 성과가 아닐 수 없다.

작사 · 작곡 : 김민기

연주 : 조원익, 허성욱, 박미선, 김민기

노래 : 연이　　　김성민

　　　　옥이　　　조경옥

　　　　친구들　　오세인, 임정희, 박미선, 이미영, 박미경, 박유신, 김민기

(1984년 제작, 서울음반)

연이 오늘은 엄마 생일날이다.

   음…… 만둣국을 먹고…… 음…… 그리고…… 음…….

   학교 가는 길 고개 위에

   외따로 떨어진 초가집

   텅 빈 외양간 썩은 지붕

   옥이네 사는 초가집

연이와 아이들 내 짝 옥이는 엄마도 없이

   할아버지하고만 사는데

   설거지도 하고 뽕도 따고

   머리를 못 빗어서 까치집

   옥이 머리에다 까치집 짓고

   까치집 속에다가 알을 낳아서

   나도 하나 너도 하나 놀리지만

   내 짝 옥이가 나는 좋아

   옥아—, 학교 가자—

옥이 안 가—!

연이 왜?

옥이 할아버지 일 도와드려야 돼.

연이 그런다고 학교를 안 가?

옥이 근데 그건 뭐니?

연이 응? 이거? 만둣국, 할아버지 갖다 드리래.

옥이 고마워.

연이 오늘 울 엄마 생일이다.

옥이 ……넌 좋겠다…….

연이   ……너 또 엄마 생각하는구나?

         엄마 생일이라는 말 내가 괜히 했나 봐…….

옥이   아냐, 아냐 괜찮아.

|어젯밤 꿈에 엄마가| ♪ 171쪽

         어젯밤 꿈에 엄마가

         사과랑 과자랑 많이 사갖고

         한 발짝 한 발짝 내게 오셔서

         "할아버지 말씀 잘 듣고

         다시는 울지 말아라"

         엄마—, 가지 마셔요—

         붙잡으려 해도

         움직일 수가 있어야지

         고생만 하시다 돌아가신 엄마……

         엄마는 하늘에 올라가

         초가집 지붕 바로 위에

         은하수가에 제일 밝은 별님

         엄마가 보고 싶어……

연이   옥이는 전에도 결석을 잘했다.

         그런 날은 집안일이 바쁜 날이다.

         누에가 커서 뽕잎을 많이 먹을 때도 그렇고

         밭에 김을 맬 때도 그렇다.

         오늘도 내 옆 자리가 비어 있어서 공부가 잘 안 됐다.

         학교도 못 오고 일하는 옥이가 너무 불쌍했다.

집에 올 때 심심해서 옥이 생각을 했다.

|엄마 구름, 애기 구름| 🎵 **172쪽**

연이와 아이들　음……
　파란 하늘엔 구름, 엄마 구름 따라
　애기 구름도 조올졸
　푸른 산등성이 넘어가요

　옥이는 어떻게 살까 엄마도 없이
　할아버지도 돌아가시면 옥이는 어쩌나
　나도 옥이처럼 엄마가 안 계시면
　나는, 난 어떻게 될까 난 고아가 되는 건가

　음……
　그건 생각할 수도 없네—!

　사람은 나이가 들면 죽게 되는가?
　옥이네 엄마처럼 병들어 죽게도 되나 봐

　음……
　엄마 구름 따라 애기 구름도 조올졸
　푸른 산등성이 넘어가요
　푸른 산등성이 넘어가요
　푸른 산등성이 넘어가요

연이　하지만, 옥이는 돌아오는 월요일부터는 다시 학교에 가게 되었다.
　옥이가 할 일을 우리 엄마가 대신 해주기로 하신 것이다.

　야—! 그러니까, 우리 엄마는 옥이네 엄마도 되는 거야?
　아이 졸려…….

연이, 옥이와 아이들

학교 가는 길 고개 위에

외따로 떨어진 초가집

텅 빈 외양간 썩은 지붕

옥이네 사는 초가집

초가집 지붕 한가운데

지붕 가운데 한 뼘 위에

은하수 옆의 밝은 별은

옥이네 엄마 별, 울 엄마 별

엄마 별 옆에 작은 별

작은 별 위에 파란 별

파란 별은 옥이 별

작은 별은 내 별

내 짝 옥이는 엄미도 없이

할아버지하고만 사는데

설거지도 하고 뽕도 따고

머리를 못 빗어서 까치집

옥이 머리에다 까치집 짓고

까치집 속에다가 알을 낳아서

나도 하나 너도 하나 놀리지만

내 짝 옥이가 나는 좋아

〈끝〉

169

엄마 생일날

어젯밤 꿈에 엄마가

어젯밤꿈에 엄 마 가 사과랑 과자 랑 많이 사갖 고
한 발짝 한 발짝 내 게 오 셔 서
할아버지말씀 잘 듣 고 다 시는 울 지 말 아 라
엄 마 - 가 지 마 셔 요 붙 잡 으려 해도 -
움 직일 수가 있 어 야 지 고 생 만 하 시 다 돌 아 가 신 엄 마……
엄마는하늘 에 올 라 가 초가집지붕바로 위 - 에
은 하 수 가 - 에 제 일 밝 은 별
님 - 엄 마 가 보 고 싶 어

엄마 구름, 애기 구름

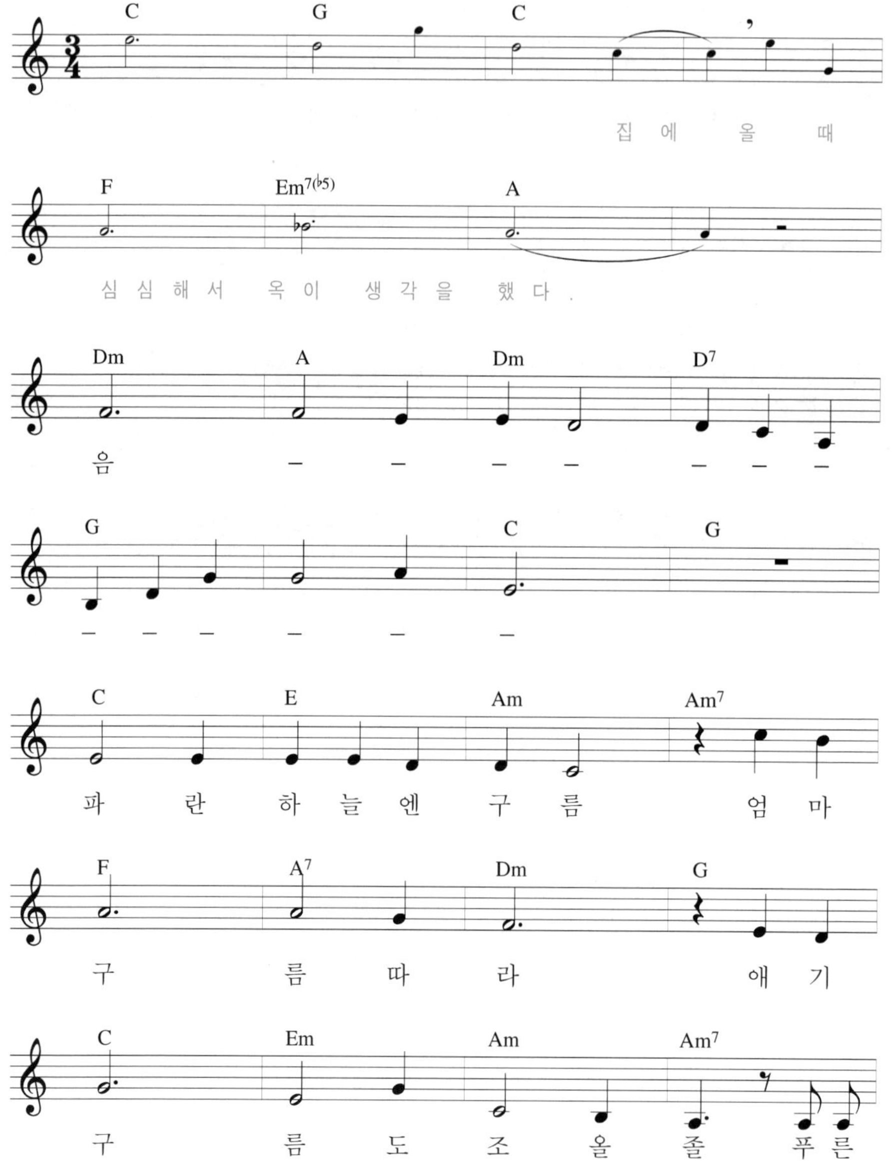

F D7 G G7
산 등 성 이 넘 어 가 요
C G C
옥 이 는 어 떻 게 살 까 엄 마
F Em7(♭5) A
도 없 이
Dm A Dm D7
할 아 버 지 도 돌 아 가 시 면
G C G
옥 이 는 어 쩌 나
C E Am , Am7
나 도 옥 이 처 럼 엄 마 가
F A7 Dm G
안 계 시 면 나 는

C   Em   Am   Am7
난   어떻게 될   까   난
Dm/F   G   C   C/B
고 아 가 되 는 건 가   음 -
Am   Em   Am   Em
음 - -   그 건
Am   D7 rit.   G   G7
생 각 할 수 도 없   네
a tempo   C   G   C
사 람 은 나 이 가 들 면   죽 게
F   Em7(♭5)   A7
되   는   가
Dm   A   Dm   D7
옥 이 네 엄 마 처 럼   병 들 어

G C G
죽 게 도 되 나 봐
C E Am , Am7
음 — — — — 엄 마
F A7 Dm G
구 름 따 라 애 기
C Em Am Am7
구 름 도 조 올 졸 푸 른
Dm/F G C Am
산 등 성 이 넘 어 가 요 푸 른
Dm/F G C Am
산 등 성 이 넘 어 가 요 푸 른
Dm/F G C
산 등 성 이 넘 어 가 요

학교 가는 길

C   C/G   C   C/G E⁷/G♯ Am   E⁷   Am   Am⁷
학 교 가 는 길 고 개 위 에 외 따 로 떨 어 진 초 가 집 —
Fmaj⁷   C   Am   D⁹   Gsus⁴   G⁷
텅 빈 외 양 간 썩 은 지 붕   옥 이 네 사 는 초 가 집
C   C/G   C   C/G E⁷/G♯ Am   E⁷   Am   Am⁷
초 가 집 지 붕 한 가 운 데 지 붕 가 운 데 한 뼘 위 에
음 — — — — — — — —
Fmaj⁷   C   Am   D⁹   G   C
은 하 수 옆 의 밝 은 별 은 옥 이 네 엄 마 별 울 엄 마 별
음 — — — — — — — — 음 — — — — — — — —

Am Em Am Em
엄마별 옆에 작은 별 작은별 위에 파란 별
아 우 아 우 어
Am Em F Gsus4 G7
파 란 별 은 옥 이 별 작은별은 내 - 별 -
아 이 어
C C/G C C/G E7/G# Am E7 Am Am7
내 짝 옥이는 엄마도 없이 할아버지하고만 사 는 데 -
Fmaj7 C Am D9 Gsus4 G7
설거지도하고 뽕 도 따 고 머리를 못빗어서 까 치 집

C   C/G   C   C/G E7/G♯ Am   E7/G♯ Am   Am7
옥 이 머리에다 까치집 짓 고 까치집 속에다가 알 을 낳아서
Fmaj7   C   Am   D9   G   C
나도하나너도하나 놀리지 만   내 짝 옥이가 나 는좋 아

아빠 얼굴 예쁘네요

    1986~1987년에 걸쳐 창작된 이 작품은 〈엄마, 우리 엄마〉에서 선보인 오디오용 노래일기 형식을 다시 한번 확장한 시도라 할 수 있다. 탄광촌 어린이들의 글을 토대로 구성한 이 노래일기에는 탄광촌의 삶과 풍경, 그 속에서 따뜻하게 피어나는 인간애가 진하게 묻어 있다. 이 작품은 멀티 슬라이드 프로젝션(Multi Slide Projection) 방식으로 소극장에서 공연되었고 오디오 테이프와 그림책을 패키지로 묶어 출간되었다. 김민기가 이 작품을 통해 시도한 멀티 슬라이드 프로젝션은 이후 한동안 많은 진보적 문화 공연에서 다양하게 차용되면서 80년대 운동권 문화의 내용과 형식을 진일보시키는 데 기여하였다. 〈아빠 얼굴 예쁘네요〉는 어린이용이었음에도 탄광촌이라는 다소 예민한 소재를 다룬 탓에 심의 과정에서 적지 않은 우여곡절을 겪어야 했다. 민주화의 대세 속에서도 심의 당국의 가위질 콤플렉스는 여전히 집요해서 이 작품에 자주 등장하는 '검다'는 표현까지 문제 삼을 정도였다.

아버지가 집에 오실 때는 쓰껌헌 탄가루로 화장을 하고 오신다.

그러면 우리는 장난말로 "아버지 얼굴 예쁘네요."

아버지께서 하시는 말이 "그럼 예쁘다마다."

우리는 그런 말을 듣고 한바탕 웃는다.

(1981년 사북 국민학교 5학년 하대원)

첫눈, 미술시간, 아버지가 안 계신 순이, 꿈 1, 사고, 기도, 방학, 병원, 빨래, 읍내, 아빠 오실 때, 꿈 2, 에필로그

가사 중 상당 부분을 탄광촌 어린이들의 글짓기 작품에서 원용했고 이를 작자 자신의 광부 생활 체험에 비탕을 두어 구성했다. 탄광촌 어린이들의 시선에 비친 탄광촌의 삶의 애환이 잔잔한 노래와 함께 담긴 가슴 따뜻한 작품이다.

작사·작곡 : 김민기   편곡 : 이병우

연주 : 이병우, 조원익, 조동진, 허성욱, 유영수, 김민기

노래 : 연이 김성민

　　　순이 조경옥

　　　탄이 김병익

　　　석이 김민영

　　　친구 오세인

연이 엄마　이선미

연이 아빠　김기호

탄이 엄마　김혜란

탄이 아빠　강신일

선생님　　박미선

술집 주인　김미경

광부　　　김승옥, 전성일

(1987년 제작, 도서출판 한울/효성음향)

연이	에취, 에—취! 엄마— 추워, 연탄불 꺼졌나 봐—.
연이 엄마	그래 미안하다, 지금 붙인다. 밖에 좀 나와보지 않을래?
연이	싫어, 추워.
연이 엄마	눈이 아주 많이 왔어.
연이	응? 눈이? 와—.

11월 27일 목요일 날씨 눈

오늘의 중요한 일, 시험.

오늘의 착한 일. 아버지 도시락 심부름.

첫눈이 왔다. 아주 많이 왔다.

까만 동네가 온통 새하얀 동네로 바뀌었다.

석이하고 눈을 치우고 학교에 갔다.

선생님	찰흙 빚기 미술시간입니다
아이들	무얼 만들면은 좋을까요 선생님
선생님	네, 이번 시간엔 우리 집 식구
아이들	아, 우리 집 식구!
탄이	에이—, 시시해!
모두 다	우리 집에 같이 사는 식구들을 하나하나

아이들	연이네는 누가 누가 사나
연이	탄광에서 일하시는 아버지
	빨래하시는 우리 어머니
아이들	빨래만 하시는 어머니
연이	개구쟁이 내 동생 석이까지 네 식구
아이들	그리고 또 동생 석이
연이	순이는 어떻게 만드나

아이들	순이는 어떻게 만드나
연이	뭐든지 잘하는 내 짝 순이
아이들	뭐든지 잘하는 우리 반 순이
순이	가엾은 우리 할머니
아이들	꼬부랑 순이 할머니
순이	또, 선탄일 하시는 어머니

| 아이들 | 아버지도 만드네 |
| | 순인 아버지가 안 계시잖아? |

| | 음…… 굴이 무너지던 그 무섭던 밤 |
| | 돌아가셨지 가엾게도 순이 아버지 |

| 순이 | 보고 싶을 땐 어떡해? |
| 아이들 | 그래 그래, 그려도 보고 만들어도 보고 |

모두 다	찰흙 빚기 미술시간 재미있네
	매일같이 이런 공부만 했으면
	시험 없는 세상은 없을까?
	어휴, 내일도 오전에는 또 시험!

순이	얘들아
아이들	왜?
순이	뭔가
아이들	쉬잇!
순이	이상해
아이들	뭐가? 뭐가? 뭐가?

순이	탄이가
아이들	탄이가?
순이	왜 이리

아이들	왜 이리
순이	조용해?
아이들	정말! 정말! 정말!

사고뭉치 탄이는 뭘 할까?

무슨 장난 또 칠려고 조용할까?

어디 좀 볼까? 불안해, 힐끔, 슬쩍,

저런 저런 저런……!

| 탄이 | 음매헤헤헤— |

새끼염소 검둥이님 나가신다

아이들	행여 해가 서쪽에서 뜰라
탄이	안 비켰다 코 찔려도 나는 몰라
아이들	조용하게 지나가면 이상하지
탄이	중학교 가면 요놈 팔아서
아이들	탄이만 세상에서 사라져만 준다면
탄이	자전거를 사실 거다 달려 달려—
아이들	지금 죽어도 한이 없지……
탄이	와이코!
아이들	어? 꽈당—!
아이들	와—

탄아 탄아 석탄아 넌 왜 그리 까맣니?

| 연이 | 굴 속에서 잠자다 세수도 못하고 나왔지 |

| 탄이 | 야—, 너희들 지금 뭐라고 그랬어—? |

| 아이들 | 못 본 척, 못 들은 척, |

아무 말 안 한 척, 척척척척척……

| 탄이 | 홍, 요것들 봐라…… |

좋아! 뿔을 더 크게 만들어 붙이고……

누구 것을 망가뜨린다지?

연이/순이   끝날 시간 다 돼간다 서두르자

아이들   랄랄랄랄

연이/순이   손도 눈도 코도 입도 다듬고

아이들   랄랄랄랄

연이   아빠 얼굴엔 온통 새까맣게

순이   엄마 얼굴엔 온통 새까맣게

아이들   랄랄랄……

연이/순이   탄가루도 살짝살짝 묻혀두고

아이들   랄랄…… 어어— 어어— 어어어어—

탄이   매헤헤헤—

   콰광—!

아이들   어!

순이   어! 아빠—.

| 아 버 지 가 안 계 신 순 이 | ♪ 215쪽

연이   탄이 너 왜 또 순이 못살게 굴어?

탄이   아빠도 없는 게 그런 건 왜 만들어?

순이   그럼 어때……. (운다)

연이   너 지금 뭐라고 그랬어—? 너 아까 순이가

   시험지 안 보여줬다고 그러는 거지—!

탄이   이게 확!

연이   때려봐 때려봐, 너네 엄마한테 다 일러줄 거야.

탄이   맘대로 해.

연이   탄이 너…… 탄이 너, 어? 쟨 또, 순이야— 같이 가,

   순이야— 순이야— 같이 가…….

아이들   음음……

연이   아버지가 안 계신 순이, 공부 잘하는 내 짝 순이

어머니가 선탄일 나가시면 집안일도 잘하지요

아이들 까만 집 까만 길 까만 물 까만 산

온통 새까만 탄광 마을에 우리들은 살아요

연이 학교 갔다 와서 빨래 걷는데 엄마가 아버지 도시락 갖다 드리라고 했다.

꿈자리가 사납다고 일 나가지 말랬는데도 또 나가셨다.

어떤 아저씨가 굴속에서 도시락을 드시다가 "연이야 너도 좀 먹으렴" 했다.

자세히 보니까 탄이 아버지였다.

나는 굴을 나오면서 굴속에 창문이 있으면 굴속도 환해지고 공기도 더 좋아질 텐데……라고 생각했다.

서낭당 앞을 지날 때 돌멩이를 하나 얹어놓으면서 속으로 "아빠, 어두운 굴속에서라도 밝은 마음으로 일하셔요"라고 말했다.

집에 와서 탄이네 것이랑 우리 것이랑 빨래 갖다 주고 돈 받아다 엄마 드렸다.

내일의 할 일, 또 시험!

휴우—, 어른이 빨리 돼야 시험을 안 치는데……

에너지 자원에는 음…… 석탄, 음…… 석유, 그리고 음…… 그리고…….

|꿈 1| ▶ 217쪽

순이 탄아 탄아 석탄아 넌 왜 그리 까맣니?

석탄 굴속에서 3억 년 동안 잠만 늘어지게 잤지

순이 잠꾸러기

연이 시험지가 선생님 품에 안겨 들어온다.

시험지가 나누어진다. 나는 굴속이 어떤 곳인 줄 안다.

좁은 길에다 모두가 컴컴하다. 그리고 온갖 소리가 나는 곳이다.

잘못해서 연필을 떨어뜨렸다!

연필을 주우려다가 나도 모르게 순이 시험지를 보았다! 내가 못

쓴 답을 순이는 썼다. 쓸까 말까 망설이다가 썼다! 가슴이 뛴다!

큰 죄를 지은 것 같다!

지우개로 지우고 다시 비워둔다. 휴우— 마음이 훨씬 가볍다!

순이　　그래 그럼, 탄아 탄아 석탄아 그전에는 무얼 했었니?

석탄　　푸른 강물 푸른 숲 속 밤나무로 서 있었지

연이　　교실 뒤에 늘어붙은 갖가지 표들은 우리의 몸을 대신한다.

네모 칸에 갇혀 있는 동그라미, 세모, 가위 표가 우리들의 몸을

대신한다.

우리의 생활과 모든 일은 갖가지 표들이 확인시켜주고

우리들은 모두 네모 칸에 갇혀서 동그라미표 받기를 원한다.

교실 뒤에 늘어붙은 갖가지 표들을 나는 미워한다.

그 표 안에 갇혀서 빠져나오지 못하는 우리가 원망스럽다.

순이　　그래 알았어 탄아 탄아 석탄아 넌 이제 어디 갈거니?

석탄　　기차 타고 멀리멀리 연탄공장으로 가지

순이　　그래 그럼, 공장에서 연탄 되면 제일 먼저 어디 갈거니?

석탄　　연이네 집 아궁이에 군밤 구워주러 올게, 안녕—

순이　　그래 고마워, 잘 가—

연이　　점수를 매긴다. 동그라미 하나하나, 내 마음 팔딱팔딱…… 찌익—!

어, 줄이 끊어졌어요—, 낭떠러지예요—! 살려주세요— 아빠—!

| 사고 |　🔊 220쪽

탄이 엄마　　연이 엄마—, 연이 엄마—! 굴이 무너졌대요—, 굴이—!

연이 엄마　　뭐요? 굴이요?

연이   엄마, 어디가?

연이 엄마   아이고 하느님, 굴이 무너졌대!

연이   뭐? 굴이? 그럼 아빠는?

연이 엄마   석이…… 석이 잘 보고 있어.

연이   아빠! 석아, 빨리 일어나.

석이   아이, 왜 그래? 졸려죽겠는데.

연이   아빠가 굴속에 갇히셨대, 이 잠보야—!

석이   왜?

연이   빨리 업혀, 내 운동화! 운동화 한 짝이 어디 있지?

            엄마 고무신이라도 신자! 아버지, 돌아가시면 안 돼요—.

            아빠, 다시는 속상하지 않게 해드릴게요. 석이 너도 아빠보고 자

            꾸 돈 달라고 떼쓰지마.

석이   알았어, 누나 추워.

연이   응, 세타 벗어줄게. 아이쿠—!

석이   아야! 왜 넘어지고 그래?

연이   에이, 이놈의 고무신이 왜 자꾸 벗겨지고 난리야? 이거 니가 들어.

석이   응.

연이   다시 업혀, 아빠 제발—! 서낭당이다! 돌, 돌! 석아, 너도 이 돌

            던져, 똑같이—.

연이/석이   하나, 둘, 셋—, 돌아가시면 안 돼요—!

            돌아가시면 안 돼요 아버지—, 돌아가시면 안 돼요 아버지—

            돌아가시면 안 돼요 아버지—, 돌아가시면 안 돼요, 돌아가시면 안 돼요

            돌아가시면 안 돼요 아버지—, 돌아가시면 안 돼요 아버지—

            돌아가시면 안 돼요 아버지—, 돌아가시면 안 돼요, 돌아가시면 안 돼요

연이   아, 자동차다! 세워주세요—, 빨리 가봐야 한단 말이에요—!

            에이 시간만 버렸네, 아빠 제발—!

            한 시간도 더 뛰어온 것 같은데, 괜히 반찬 없다고 투정 부리고

            밥 잘 안 먹어서 힘이 없나 봐요. 엄마, 다시는 안 그럴게요.

석이　　　　　누나, 천천히 좀 가.

연이　　　　　다 왔어, 조금만 참어.

연이 엄마　　여보—!

연이　　　　　아빠—!

사람들　　　　와—, 나왔다—!

광부 1　　　　연이 아버지다—!

연이 엄마　　여보, 괜찮아요?

광부 2　　　　저 뒤에 업힌 게 누고? 탄이 아버지, 탄이 아버지 아이가?

탄이 엄마　　아이고 탄이 아버지—, 탄이 아버지—!

연이 아버지　자 자—, 좀 비키세요, 길 좀 비키세요—.

광부 2　　　　아, 비키소 좀!

탄이　　　　　아빠—, 왜 이래요—?

탄이 엄마　　여보—, 눈 좀 떠봐요—!

탄이　　　　　왜 대답도 안 해요, 네—? 아빠—!

연이 아버지　탄이 어머니, 빨리 타세요. 탄이도 어서—.

연이　　　　　아빠—.

석이　　　　　아빠—.

연이 아버지　이런, 석이까지 나왔어? 걱정들 마시고, 추운데 들이들 가세요—.

아주머니 1　살아날까?

아주머니 2　하이고, 몇 해 전 순이 아버지 짝 날라나 베!

광부 2　　　　재수 없는 소리 좀 하지 마라—!

연이　　　　　엄마…….

석이　　　　　엄마…….

연이 엄마　　그래, 석이는 엄마 주고, 이 세타 입어라…….

　　　　　　　아니 왜 또 한쪽 발은 맨발이야? 이 추운데!

연이　　　　　어? 내 운동화 한 짝 엄마가 신었잖아?

연이 엄마　　응?

석이　　　　　여기 엄마 고무신…….

연이 엄마　　자, 얼른들 가자.

연이　　　　　아이 따뜻하다. 엄마…….

연이 엄마   응?

연이   우리 아빠 최고지?

연이 엄마   왜?

연이   혼자 빠져나오기도 힘드셨을 텐데 탄이 아버지까지 업고 나오셨
잖아요.

연이 엄마   그럴 땐 어떤 아저씨라도 다 그렇게 하신단다. 춥지 않니?

연이   괜찮아요, 그런데 엄마……

연이 엄마   응?

연이   저…… 탄이 아버지가 만약에…….

연이 엄마   그런 생각 하면 못써요!

연이   그래도 자꾸만…….

연이 엄마   돌아가시지 않게 해달라고 기도해…….

연이   기도를 해봤어야지…… 엄마— 우리 저기 서낭당에다 돌 얹어놓
고 가요.

연이 엄마   그러자꾸나.

석이   아이, 무서운데…….

연이   이런 바보!

| 기 도 | ♪ 223쪽

연이   하늘에 계실 하늘님 땅 밑에 계실 땅님.

저는 교회도 못 가봤어요, 절에도 못 가봤어요.

하지만 제 기도를 들어주셔야 해요.

연이와 아이들   하늘에 계실 하늘님…… 땅 밑에 계실 땅님……

두 손 모아서 빌어요

한 사람이 죽어가요…… 돌아가시면 안 될 분이……

제발 살려만 주세요, 오래 사셔야 할 분이에요……

그분이 돌아가시면, 정말로 돌아가신다면—!

탄인 어쩌나 어쩌나…… 어쩌나……

순이처럼 빨래도 못하고, 밥도 지을 줄 모르는 탄이

오, 제발 살려만 주세요―, 두 손 한데 모아 빌어요

광부들과 아이들

하늘에 계실 하늘님, 땅 밑에 계실 땅님, 우리 기도를 들어주세요.

연이 전 우리 아버지만 돌아가시지 않으면 되는 줄 알았어요.

하지만, 탄이 아버지도 돌아가시면 안 돼요.

탄이가 우는 걸 처음 보았어요. 탄이가 불쌍해요.

만일 우리 아버지가 그랬다면?

우리 아버지가 돌아가셨다면―?

아, 무서운 생각!

모두 다 하늘에 계실 하늘님, 땅 밑에 계실 땅님, 우리를 도와주세요

우린 모두 다 한 식구, 더는 헤어질 순 없어

오, 제발 살려만 주세요, 제 모든 정성 바쳐 빌어요

연이 보세요, 이분들이 얼마나 훌륭하신 분들인지.

세상에 필요 없는 사람은 한 사람도 없겠지만,

광부 아저씨들이 안 계신다면 석탄은 누가 캐지요?

석탄이 없다면 이 추운 겨울밤 우리는 어디서 자나요?

순이 아버지도 돌아가셨잖아요, 이제 더는 안 돼요!

탄이 아버지를 살려주셔야 해요, 그리고 우리 모두도 지켜주세요―!

연이와 아이들 가엾은 내 친구, 내 친구 탄일 도와주세요―

연이 꼭이요―, 꼭이요―, 꼭이요―! 도와주세요―!

광부와 아이들 하늘에 계실 하늘님, 땅 밑에 계실 땅님, 도와주세요

아이들　　한동안 헤어졌다 다시 만날 친구들

　　　　다시 만날 땐 얼마나 더 어른 되어 있을까?

　　　　안녕—, 안녕—, 다시 만날 때까지

　　　　잘 가—, 잘 가—, 몸 건강히 안녕—

선생님　　조용히 하세요— 조용히—,

　　　　탄이 아버지께서 일을 하시다가 많이 다치셨어요.

　　　　그래서 탄이가 학교도 못 나온 거예요.

　　　　오늘 선생님하고 탄이 아버지 문병 갈 사람—.

연이　　　손을 들려다가 순이를 보았다.

　　　　순이는 고개를 숙이고 눈을 꼭 감고 있었다.

　　　　탄이가 전에 못살게 굴었던 것을 생각하는 것 같았다.

　　　　다른 아이들은 집에 갈 생각 때문에 정신이 없는 것 같았다.

　　　　그때 순이가 손을 슬그머니 들었다. 그래서 나도,

　　　　"저도요 선생님—!"

아이들　　선생님, 그동안 수고 많으셨어요—

선생님　　여러분들도 공부하느라 고생 많이 했어요—

모두 다　　안녕—, 안녕—, 다시 만날 때까지

　　　　잘 가—, 잘 가—, 몸 건강히 안녕—

　　　　안녕—, 안녕—, 다시 만날 때까지

　　　　잘 가—, 잘 가—, 몸 건강히 안녕—

　　　　와, 방학이다—.

연이　　　선생님께서 귤을 한 봉지 사셨다.

새하얀 옷을 입은 간호원 언니가 우리를 병실까지 데려다 주었다. 탄이 아버지는 온몸을 붕대로 감고 다리는 공중에 매달아 놓으셨다. 텔레비전에 나오는 괴물 같았다.

순이가 병원 냄새가 싫은지 얼굴을 찡그렸다. 탄이 어머니께서 귤을 하나씩 주셨다. 우리는 복도로 나와서 귤을 먹었다. 탄이는 귤도 안 먹고 다른 데만 쳐다보고 있었다.

그때 안에서 큰소리가 들려왔다!

탄이 아버지   아 글쎄 중학교 얘기는 집어치워—! 빌어먹었으면 빌어먹었지, 내 다시는 이놈의 탄광일 안 해—! 아이고 쑤셔, 내 다리······ 내 다리—!

탄이   에이 씨!

연이/순이   *중학교도 못 가는 탄이, 말썽꾸러기 우리 반 탄이*
아버지는 병원에 누우셨고, 엄마 혼자서 어떡하나

연이   탄아······, 중학교 가면 흑염소 팔아서 자전거 살 거라고 좋아했는데······, 탄아······.

연이/순이   *힘을 내— 탄아—, 무슨 수가 생기겠지*
늘 우리가 옆에 있어줄게, 기운 내 탄아—

| 빨래 | ♪ 234쪽

연이   순이야— 순이야—,

순이   왜 이렇게 호들갑이야?

연이   탄이가

순이   탄이가 왜?

연이   우리 엄마가

순이   무슨 얘기야?

연이   우리 엄마가 빨래 가는데

순이   응.

연이	탄이가 빨래를 잔뜩 안고,
순이	탄이가 빨래를?
연이	일루 와봐.
순이	그래, 넘어지겠어…….
연이 엄마	어휴—, 다 왔다. 자— 내려놓고, 넌 가서 숙제를 하든지 썰매를 타든지 맘대로 해라. 아니 왜 안 가고 서 있어?
탄이	저도 할래요.
연이 엄마	사내 녀석이 무슨 빨래를 하겠다고 그래? 걱정 말아요, 글쎄.
연이/순이	킥킥…….
탄이	에이, 창피하게—!
연이 엄마	아니, 너희들 혼나 볼 테야?
연이/순이	잘못했어요.
연이	근데 탄이 엄마는 왜 오늘 빨래 안 해?
연이 엄마	탄이 어머니는 오늘부터 선탄일 나가신다.
연이	그럼 탄이네 것까지 엄마가 다 해주는 거야?
연이 엄마	그래, 이나마 한 달 해주면 얼만데 일감을 놓치면 되겠어? 탄이 어머니가 아침반 일 나가시는 날만 내가 대신 해주기로 했다.
연이	음…… 우리도 같이 하면 안 돼?
연이 엄마	감기 걸려요, 얼른들 들어가 숙제나 해!
연이	……알았어요…….
순이	……네…….
연이	어휴—, 저 많은 빨래를 언제 다하지?
순이	연이야,
연이	응?
순이	우리가 더운물 데워다 드리자.
연이	좋았어!

순이	*탄아 탄아 석탄아 넌 뭐하러 왔니*
연이	*순이네 집 아궁이에서 더운물 데워주러 왔지*
순이	*그래, 고마워……*

순이   다 됐다.

연이   엄마.

연이 엄마   아, 왜 또 나왔어?

순이   더운물 가져왔어요.

연이 엄마   원 녀석들, 시키지 않은 짓은…….

연이   우리가 좀 헹궈도 돼?

연이 엄마   그래 어디 해봐라. 아이고 아이고 아이고 허리야…….

연이   히히 신난다. 엄마는 왜 더운물로 안 해?

연이 엄마   엄마는 찬물이 더 좋아.

순이   손 안 시려우세요?

연이 엄마   시원한데?

연이   거짓말!

연이   울 엄마 팔뚝엔 김이 무럭 무럭 무럭

             더운 것도 찬 것도 모르시나 봐

탄이 아버지   탄아―, 탄아―, 탄이 이놈 어디 갔어―? 술 받아 오라는데.

연이   엄마, 탄이 아버지 또 술 취하셨나 봐.

연이 엄마   쯧쯧…… 다리도 성치 않은 양반이 허구헌 날 술타령이니…….

탄이 아버지   탄아―! 음…… 이놈이 이제 애비 말도 안 들어?

연이 엄마   그만 좀 들어가 쉬세요―. 그러시다가 도지기라도 하면 어쩌실
             라구 그래요―?

탄이 아버지   탄아―, 탄아―, 뭐? 선탄장엘 나가? 선탄부 노릇해서 잘 먹고
             잘살아라―, 쳇!
             탄아―!

연이 엄마   자식 가르치겠다고 기를 쓰고 다니는 걸 가지고 저렇게 야속하
             기는…….

연이   방학 내내 순이하고 탄이네 빨래해주는 게 일이다.
             요새는 탄이가 뭘 하는지 통 볼 수가 없다.
             탄이 아버지는 여전히 밤낮 술타령이다. 사람들은 왜 술을 마실

순이 　냇물에 주름이 껴있네

연이 　쭈글쭈글

순이 　우리 할머니 이마의 주름살처럼

연이 　물소리 내면서 떠내려 가네

순이 　조올 조올 조올 조올졸……

연이 　꼬불 꼬불 꼬불탕거리며 가네

순이 　꼬불 꼬불 꼬불 꼬불 꼬불 꼬불탕 꼬불탕

내가, 아무리 내가 할머니 허리를 펴줄라고 해도……

연이 엄마 　자—, 이제 그만들 하고 읍내 가서 목욕들이나 해라. 장도 좀 봐

오고.

연이/순이 　와—신난다.

연이 　내일이 무슨 날인지나 알어?

순이 　무슨 날인데?

연이 　설날이다, 요 맹추야!

순이 　어? 정말!

순이 　할머니 이마의 주름살 쪼글쪼글

내가 아무리 펴줄라고 해도 아무리……

| 읍내 |　　239쪽

술집 주인 　아니 이 양반이 어디 와서 행패야—?

탄이 아버지 　술 내놔 술—.

술집 주인 　술 못 줘!

탄이 아버지 　왜 못 줘—?

술집 주인 　밀린 외상값이나 갚어—.

탄이 아버지 　갚으면 될 것 아냐—!

술집 주인	집도 쫓겨나게 된 판에 무슨 큰소리야—?
탄이 아버지	뭐가 어째—?
광부 2	와이라노— 와이라노—, 하이고 탄이 아버지 또 술 취했네. 자, 갑시다, 갑시다…….
광부 1	혀도 너무 허는구만!
탄이 아버지	넌 뭐야?
광부 2	내요, 내!
탄이 아버지	비켜 비켜—, 술 내놔 술—!
광부 1	아 그만 좀 혀—! 어이—, 여그 대포 석 잔만 후딱 주쇼이.
광부 2	술 먹는다고 뭐가 해결이 되긴 되나…….
광부 1	딱 고놈만 하고 들어가서 좀 쉬드라고, 몸 생각도 좀 혀야지!
광부 2	그렇게 하소. 자, 듭시다 듭시다…….
술집 주인	아이고…… 마누라 일 나가지 말라고 들고팰 때는 언제고, 월급 받아 오니까 노름해서 몽땅 날려?
광부 1	그라믄 쓰간디—?
탄이 아버지	다 갚아준다, 다 갚아줘—! 보상금 타면 다 갚아준다고—.
술집 주인	보상금? 정작 뛰어다녀야 할 사람은 술이나 퍼마시고, 애꿎은 연이 아버지만 이리 뛰고 저리 뛰고 난리니 원 참…….
탄이	신문요—, 신문요—.
연이	어? 탄이다!
탄이	어? 아버지, 왜 또 이러세요…….
광부 2	탄이 아이가?
순이	쟤 신문배달 하네…….
탄이 아버지	누구냐?
탄이	저요, 탄이요.
탄이 아버지	아니 너 이놈, 누가 신문배달 하랬어—!
탄이	나보다 어린애들도 잘한단 말이에요, 내가 왜 못해요? 아버지, 그러지 마시고 집으로 가세요 네? 오늘 엄마가 검둥이도 잡아놓으신댔어요.
탄이 아버지	그건 또 왜?
탄이	아버지 잡수시라고요. 제가 그러자고 했어요.

탄이 아버지   쓸데없는 짓들은…….

탄이   저…… 신문 마저 돌려야 돼요. 얼른 돌리고 술 받아가지고 갈게

            요. 오늘 월급날이에요. 목발 잘 짚으시고 조심해서 가 계세요.

            금방 갈게요. 신문요—, 신문—.

광부 1   애가 되었구만!

광부 2   허허 그 자슥 그거…… 아 하나는 잘 키아났네!

| 아 빠 오 실 때 |

연이   순이야 늦었다, 빨리 가자. 오늘 아빠 일찍 오신댔어.

순이   응 그래, 우리는 오늘 연탄 들여온댔어. 빨리 가자.

연이/석이   *울 아빠 집에 오실 때 까맣게 화장하고 오셔*

            우리들이 달려가 장난말로

            아빠 얼굴 예쁘네요—.

연이 아버지   아암— 예쁘다마다, 하하하…….

연이/석이   우헤헤헤헤…….

연이   *검은 옷, 검은 손, 검은 얼굴, 검은 대답!*

            우리 엄마는 더운물 데워놓고 아빠 기다리시죠

연이   아빠,

연이 아버지   음?

연이   탄이 정말로 중학교 못 가요?

연이 아버지   누가 그래?

연이   탄이 아버지가요.

연이 아버지   그럼 쓰나? 아빠가 오늘 탄이 아버지 보상금도 타오고, 일자리도

            새로 마련해놨으니까 걱정하지 마라.

연이   탄이 아버지 다시는 굴속에 안 들어가신댔어요.

연이 아버지   굴속에 들어가는 일이 아니고 굴 밖에서 갱목을 자르는 일이지.

연이   그 일이라도 하셨으면 좋겠는데…….

모두 다   *까만 집, 까만 길, 까만 물, 까만 산,*

             온통 새까만 탄광 마을에 우리들은 살아요

연이 아버지   연이야,

연이   네?

연이 아버지   아빠 씻고 나서 탄이네 집에 저녁 먹으러 갈 텐데 같이 가지 않

             을래?

연이   어떻게 가요?

연이 아버지   탄이 어머니가 오늘 흑염소 잡는다고 다들 오라고 그랬어요.

연이   에이, 그래도 남자애네 집인데요?

석이   그럼 내가 갈래.

연이   쪼그만 게 어딜 따라가?

석이   난 남자잖아!

연이   요럴 때만?

연이 아버지   허허, 요녀석들…….

연이/석이   *술을 많이 드시고 오면 나리 주물러달라시며*

             "사과 밭에 예쁜 집 짓고 살자", 자꾸자꾸 말하셔요

연이 아버지   연이야, 우리 이담에 사과 밭에 예쁜 집 짓고 살자. 아빠가 약속

             할게!

모두 다   *까만 집, 까만 길, 까만 물, 까만 산,*

             온통 새까만 탄광 마을에 우리들은 살아요

│ 잔 치 │

연이   저녁 먹으러 아빠랑 탄이네 집에 갔다. 순이 어머니랑 순이도 와

             있었다.

흑염소탕을 했다고 큰 잔치를 벌인 것이다.

순이 할머니는 오늘 연탄 들여온 것 혼자서 다 나르시고 허리가 아파서 못 오셨다.

아빠가 탄이 아버지 보상금 드리고 잘 말씀하셔서 탄이 아버지가 다시 탄광에 나가시겠다고 하셨다. 그래서 내가

그럼 탄이 중학교 보내주실 거예요?

탄이 아버지　우리 탄이는 대학교도 보내줄 거다─!

연이　광부 아저씨들이랑 선탄부 아줌마들이랑 우리들 공부하라고 광차 한 대마다 250원씩 저축을 하신단다. 탄이가 소리를 꽥꽥 지르면서 눈 위에 막 뒹굴었다. 나도 기분이 좋았다.
탄이 어머니한테 엄마가 보내신 거라고 빨래 품삯을 드렸더니 안 받으시겠다고 했다.
순이하고 나하고 해준 거니까 그 돈으로 탄이 자전거 사주라고 했더니 탄이가 또 화를 내면서 싫다고 했다. 그래서 순이 할머니랑 우리 엄마랑 갖다 드릴 것 한 냄비씩 받아가지고 얼른 나오려는데 탄이가 뒤에서

탄이　야,

연이　왜 또 그래?

탄이　느네 집하고,

연이　응,

탄이　순이네 집하고,

연이　응,

탄이　신문 넣어줄게.

연이　응, 알았어.

탄이　돈은 안 내도 돼.

연이　고마워.

남자애들 속은 정말 모르겠다.

집에 올 때 아빠가 업어주셨다. 중학교 들어가면 안 업어주신다
고 했다. 내일은 전부 다 순이 할머니한테 세배 가기로 했다. 탄
이도 간다고 했다. 내일의 중요한 일. 탄이 아버지한테 갱목 자르
실 때 똑바로 잘라주시라고 부탁하는 일.

오늘의 반성…… 반…….

| 꿈 2 |　♪ 250쪽

연이/순이　학교 길에 사과 밭, 사과꽃이 폈어요
　　　　　사과꽃 사이로 예쁜 집이 세 집
　　　　　순이하고 나하고 나물 캐러 가는데
　　　　　저편 고갯길 자전거가 가요

　　　　　누가 누가 탔을까? 잘도 달리는 자전거
　　　　　우리 반 탄이가 신문배달 가요

　　　　　탄아 탄아 석탄아 넌 왜 이리 까맣니?
　　　　　굴속에서 잠자다 세수도 못하고 나왔지

탄이　　　야—, 너희들 지금 뭐라고 그랬어—!
연이/순이　탄이다—, 도망 가자—.
탄이　　　거기 안 서—.

| 에 필 로 그 |　♪ 252쪽

〈끝〉

첫눈

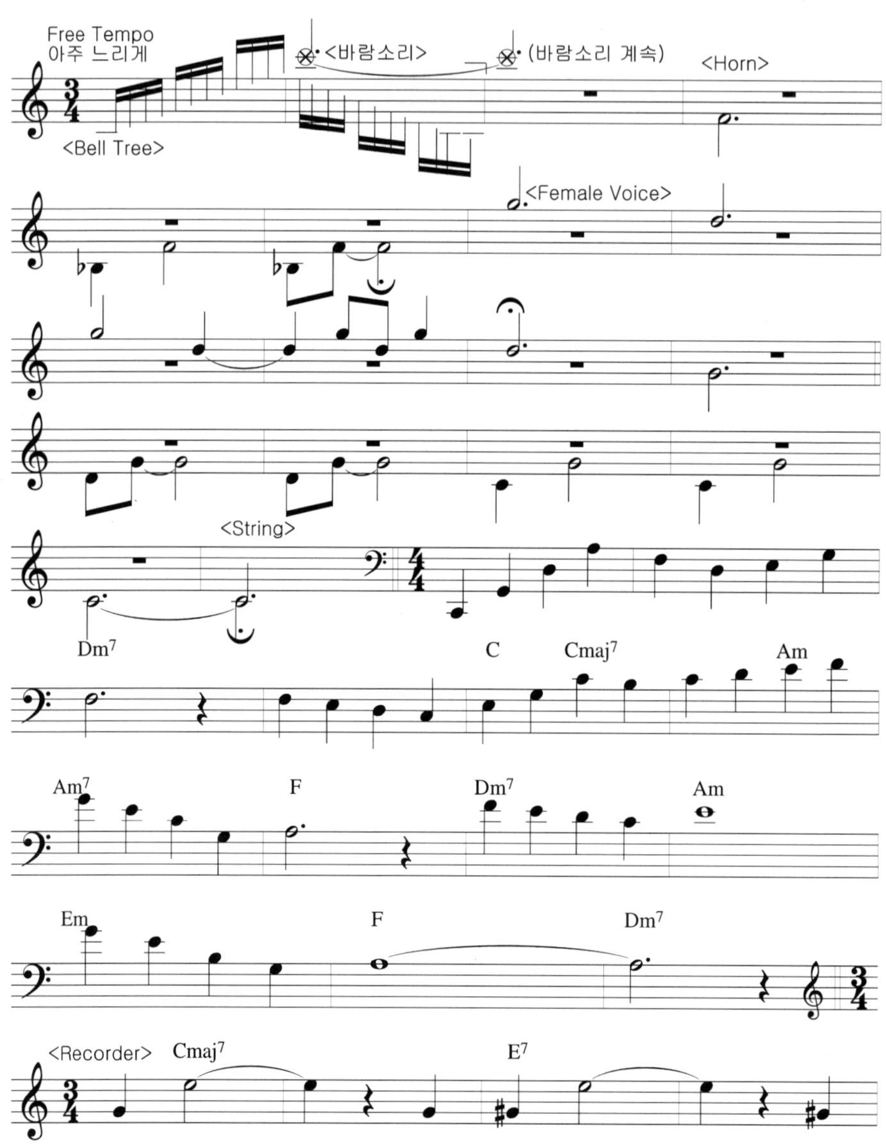

연이 : 11월 27일 목요일 날씨, 눈, 오늘의 중요한 일, 시험.

A
Bᵇdim
오늘의 착한 일. 아버지 도시락 심부름.
F
Fm
C
A
첫눈이 왔다. 아주 많이 왔다. 까만 동네가 온통 새하얀 동네로 바뀌었다.
Dm
G⁷
F
C
석이하고 눈을 치우고 학교에 갔다.

미술시간

연이 : 탄광에서 일하시는 아 버 지
연이네는 누가 누가 사 — 나?
빨래 하시는 우리 어머니 개구장이 내—동생 석이까지 네—식구
빨래 만 하시 는 어머 그리 고 또 동생 석 이
순 이 는 어 떻 게 만 드 나?
순 이 는 어 떻 게 만 드 나?

C   Em   Dm   G   C
뭐 든 지 잘 하 는 내 짝 순 이
뭐 든 지 잘 하 는 우 리 반 순 이
C   Em   F   C   G⁷   Fdim
순이 : 가 엾 은 우 리할머 니 또
꼬 부 랑 순 이할머 니 —
꼬 부 랑 순 이할머 니 —
Am   Am⁷   Dm⁷   G
선 탄 일 하 시 는 어 머 니
음
음

G   Cm   Fm   G
아 버 지 도 만 드 네
아 버 지 도 만 드 네
Cm   Fm   A♭7   G
순 인 아 버 지 가 안 계 시 잖 아?
순 인 아 버 지 가 안 계 시 잖 아?
G7   C   Am
음
음
굴 이 무 너 지 던 그

Dm   G   C   Am7   Em   F   G
무 섭 던 밤   돌아가 셨지 가엾 게 도 순이 아 버
돌아가 셨지 가엾 게 도 순이 아 버
C   Em   F
보   고   싶 을 땐 어 떡
지
지
Fm   G   G7   C
해?
음—
그 래 그 래 그 려 도
음—
그 래 그 래 그 려 도

Am   Dm   G   C   <Recorder>
보 고 만 들 어 도 보 고
보 고 만 들 어 도 보 고
C   Am   Dm   G   C
찰 흙 빚 기 미 술 시 간 재 미 있 네
찰 흙 빚 기 미 술 시 간 재 미 있 네
찰 흙 빚 기 미 술 시 간 재 미 있 네
C   Em   Dm   G   C
매 일 같 이 이 런 공 부 만 했 으 면
매 일 같 이 이 런 공 부 만 했 으 면
매 일 같 이 이 런 공 부 만 했 으 면

C   Em   F   C G7
우 ─ 우 ─ ─ ─
시 험 없 는 세 상 은 없 ─ 을 ─ 까? ─ 어 휴,
우 ─ 우 ─ ─ ─ ─ 어 휴,
C C/B Am Am/G F G C A♭ G A♭ G A♭ G   A♭
애 들 아 뭔 가 이 상
내 일 도 오 전 에 는 또 시 ─ 험! 왜 ─? 쉬 잇!
내 일 도 오 전 에 는 또 시 험! 왜 ─? 쉬 잇!
G A♭ G A♭ G A♭ G A♭ G A♭ G A♭ G A♭ G A♭
해 탄 이 가 왜 이 리 조 용
뭐 가? 뭐 가? 뭐 가? 탄 이 가 왜 이 리
뭐 가? 뭐 가? 탄 이 가 왜 이 리

해?
사고뭉치탄－이는 뭘 할 까?
정 말, 정 말, 정 말, 사고뭉치탄－이는 뭘 할 까?
정 말, 정 말, 정 말, 사고뭉치탄－이는 뭘 할 까?
무슨장난또칠려고 조용할 까? 어디 좀 볼 까? 불안
무슨장난또칠려고 조용할 까? 어디 좀 볼 까? 불안
무슨장난또칠려고 조용할 까? 어디 좀 볼 까? 불안
수이/연이 :
탄이 :
해, 힐 끔, 슬 쩍, 저런저런저런, 행여해가서쪽에서 뜰 － 라
해, 힐 끔, 슬 쩍, 저런 저런저런, 새끼염소검둥이님 나 가신 다
해, 힐 끔, 슬 쩍, 저런저런저런, 행여해가서쪽에서 뜰 － 라

Fm   C   Fm   C   Fm   G
조용하게지나가면 이상하 지   탄이만   세상 에 서   사 라
안비켰다코찔려도 나 는몰 라   중학교   가 면   요 놈
조용하게지나가면 이상하 지   탄이만   세상 에 서   사 라
G   Ab7   G
져만준 –다면지금 죽어도한 이 없 지,어?   꽈 당 —   와—
팔 아서 자전 거를 사실 거 다 달려 달려   와이코!
져 만준–다면지금 죽어도한이없 지,어?   꽈 당 —   와—
C   G   C   C   G   C
탄 아 탄 아 석 탄 –아   넌 왜그리 까 많 –니?
탄 아 탄 아 석 탄 –아   넌 왜그리 까 많 –니?

굴 속에서 잠 자 - 다 세 수도 못 하고 나 왔 - 지
아 - !
랄 라라라라라라 라 라 랄 라
못 본 척 못 들은 척 아 무
너희들 지금 뭐라고 그랬어 - ?
흥, 요것들 봐라 좋아, 뿔을 더 크게
못 본 척 못 들은 척 아 무
말 안 한 척 척 척 척 척 척 끝날 시간 다 돼 간다 서두르 자
순이 :
만들어 붙이고 누구 것을 망가뜨린다지? 끝날 시간 다 돼 간다 서두르 자
연이 :
말 안 한 척 척 척 척 척 척 라라라라라라라라 라 랄 랄 라

손도 눈도코도입도 다 듬 고 엄 —마 얼굴 엔 온통
손도눈도코도입도 다 듬 고 아—빠 얼굴 엔 온통
라라라라라라라라라랄 랄 라 라라 랄 랄 랄 라라
새카맣게 탄가루도 살짝살짝 묻혀 두고 아빠—
탄이 : 매헤헤헤 헤헤헤헤
새카맣게 탄가루도 살짝살짝 묻혀 두고 콰광—!
랄 라라랄 라라 어————————— 어?

아버지가 안 계신 순이

연이 : 탄이 너 왜 또 순이 못살게 굴어?

탄이 : 아빠도 없는 게 그런 건 왜 만들어?

순이 : 그럼 어때……

연이 : 너 지금 뭐라고 그랬어—? 너 아까 순이가 시험지 안 보여줬다고 그러는 거지?

탄이 : 이게 확!

연이 : 때려봐 때려봐, 너네 엄마한테 다 일러줄 거야.

탄이 : 맘대로 해.

연이: 학교 갔다 와서 빨래 걷는데 엄마가 아버지 도시락 갖다 드리라고 했다.
꿈자리가 사납다고 일 나가지 말랬는데도 또 나가셨다.

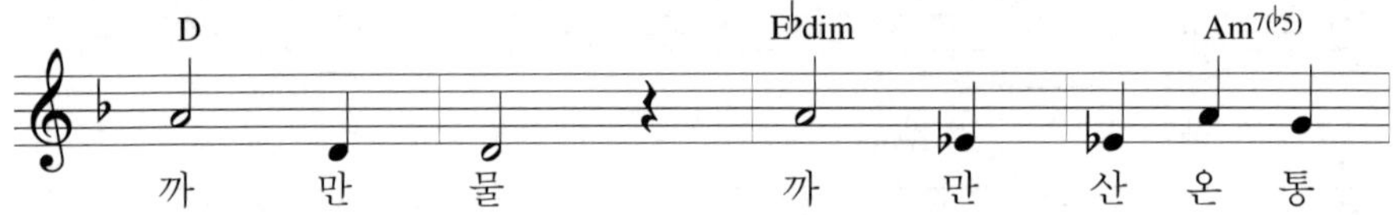

어떤 아저씨가 굴속에서 도시락을 드시다가 "연이야 너도 좀 먹으렴" 했다.
자세히 보니까 탄이 아버지였다.
나는 굴을 나오면서 굴속에 창문이 있으면 굴속도 환해지고 공기도 더 좋아질 텐데……라고 생각했다.

서낭당 앞을 지날 때 돌멩이를 하나 얹어놓으면서 속으로
"아빠, 어두운 굴속에서라도 밝은 마음으로 일하셔요"라고 말했다.

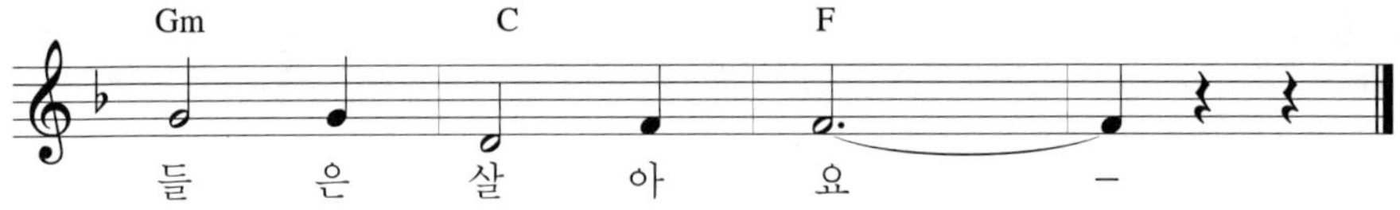

집에 와서 탄이네 것이랑 우리 것이랑 빨래 갖다 주고 돈 받아다 엄마 드렸다.
내일의 할 일, 또 시험! 휴우— 어른이 빨리 돼야 시험을 안 치는데…….

순이
석탄
연이 : 시험지가 선생님 품에 안겨 들어온다.
탄 아 탄 아 석 탄 아 넌 왜 그 리 까 맣 니?
시험지가 나누어진다. 나는 굴속이 어떤 곳인 줄 안다.
좁은 길에다 모두가 컴컴하다. 그리고 온갖 소리가 나는 곳이다.
잘못해서 연필을 떨어뜨렸다!
잠 꾸 러 기
굴 속 에 서 3 억 년 동 안 잠 만 늘 어 지 게 잤 지
연필을 주우려다가 나도 모르게 순이 시험지를 보았다! 내가 못 쓴 답을 순이는 썼다.
쓸까 말까 망설이다가 썼다!
가슴이 뛴다! 큰 죄를 지은 것 같다!
지우개로 지우고 다시 비워둔다. 휴우— 마음이 훨씬 가볍다!
그 래 그 럼

Em F#7 B7 Em F#7 B7 Em Edim Em
탄 아 탄 아 석 탄 아 그 전 에 는 무 얼 했 었 니?

F#7 B7 Em F#7 B7 Em F#7 B7 C7 B7
그 래 알 았 어
푸 른 강 물 푸 른 숲 - 속 밤 나 무 로 서 있 었 지

Em F#7 B7 Em F#7 B7 Em Edim Em
탄 아 탄 아 석 탄 아 넌 이 제 어 디 갈 거 니?
교실 뒤에 늘어붙은 갖가지 표들은 우리의 몸을 대신한다.
네모 칸에 갇혀 있는 동그라미, 세모, 가위 표가 우리들의 몸을 대신한다.

F#7 B7 Em F#7 B7 Em F#7 B7 C7 B7
우리의 생활과 모든 일은 갖가지 표들이 확인시켜주고
우리들은 모두 네모 칸에 갇혀서 동그라미표 받기를 원한다.
그 래 그 럼
기 차 타 고 멀 리 멀 - 리 연 탄 공 장 으 로 가 지

Em F#7 B7 Em F#7 B7 Em Edim Em
공 장 에 서 연 탄 되 면 제 일 먼 저 어 디 갈 거 니?
교실 뒤에 늘어붙은 갖가지 표들을 나는 미워한다.
그 표 안에 갇혀서 빠져나오지 못하는 우리가 원망스럽다.
F#7 B7 Em F#7 B7 Em F#7 B7 Edim B7
그 래 고 마 워
연 이 네 집 아 궁 이 - 에 군 밤 구 워 주 러 올 게
E
잘 가
점수를 매긴다. 동그라미 하나하나, 내 마음 팔딱팔딱……
찌익—! 어, 줄이 끊어졌어요—, 낭떠러지예요—! 살려주세요— 아빠—!
안 녕

사고 (1)

연이/석이
연이 : 엄마, 어디가?
엄마 : 아이고 하느님, 굴이 무너졌대!
연이 : 뭐? 굴이? 그럼 아빠는?
엄마 : 석이…… 석이 잘 보고 있어.
연이 : 아빠! 석아, 빨리 일어나.
석이 : 아이, 왜 그래? 졸려죽겠는데.
연이 : 아빠가 굴속에 갇히셨대, 이 잠보야―!
석이 : 왜?
연이 : 빨리 업혀, 내 운동화! 운동화 한 짝이 어디 있지?
엄마 고무신이라도 신자! 아버지, 돌아가시면 안 돼요―.
아빠, 다시는 속상하지 않게 해드릴게요. 석이 너도 아빠보고 자꾸 돈 달라고 떼쓰지마.
Em
G
석이 : 알았어, 누나 추워.
연이 : 응, 세타 벗어줄게. 아이쿠!
석이 : 아야! 왜 넘어지고 그래?
연이 : 에이, 이놈의 고무신이 왜 자꾸 벗겨지고 난리야? 이거 니가 들어.
석이 : 응.
연이 : 다시 업혀, 아빠 제발! 서낭당이다! 돌, 돌! 석아, 너도 이 돌 던져, 똑같이.
연이/석이 : 하나, 둘, 셋, 돌아가시면 안 돼요!
A
F#
B+
B⁷ x 3
Em
G
돌아가시면안돼 요 아버 지―   돌아 가시면안돼 요 아버 지―
연이 : 아, 자동차다! 세워주세요―, 빨리 가봐야 한단 말이에요!
A
F#
B+
B⁷
돌아 가시면안돼 요 아버 지―   돌아가시면안돼 요 돌아가시면안돼 요
에이 시간만 버렸네, 아빠 제발! 한 시간도 더 뛰어온 것 같은데.

괜히 반찬 없다고 투정 부리고 밥 잘 안 먹어서 힘이 없나 봐요. 엄마, 다시는 안 그럴게요.

석이 : 누나, 천천히 좀 가.
연이 : 다 왔어, 조금만 참어.

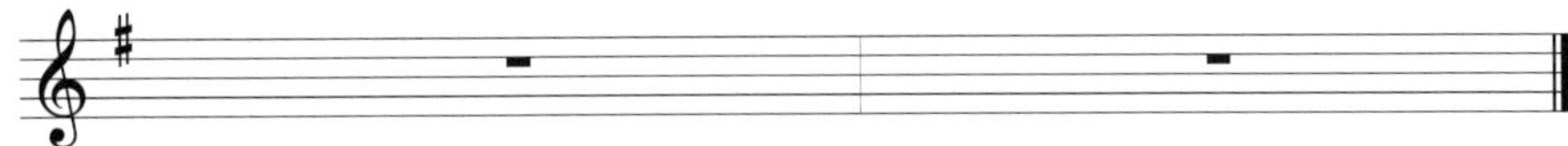

사고 ⑵

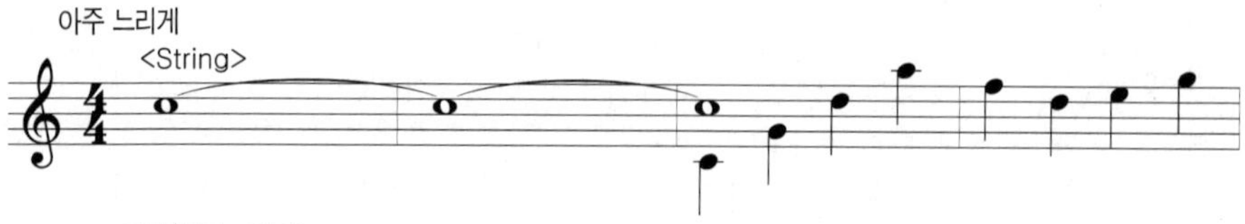

연이/석이 : 엄마!
엄마 : 그래, 석이는 엄마 주고, 이 세타 입어라. 아니 왜 또 한쪽 발은 맨발이야? 이 추운데!
연이 : 어? 내 운동화 한 짝 엄마가 신었잖아?
엄마 : 응?
석이 : 여기 엄마 고무신.

엄마 : 자, 얼른들 가자.
연이 : 아이 따뜻하다. 엄마……
엄마 : 응?
연이 : 우리 아빠 최고지?
엄마 : 왜?
연이 : 혼자 빠져나오기도 힘드셨을 텐데 탄이 아버지까지 업고 나오셨잖아요.

엄마 : 그럴 땐 어떤 아저씨라도 다 그렇게 하신단다. 춥지 않니?
연이 : 괜찮아요, 그런데 엄마……
엄마 : 응?
연이 : 저…… 탄이 아버지가 만약에……
엄마 : 그런 생각 하면 못써요!
연이 : 그래도 자꾸만……

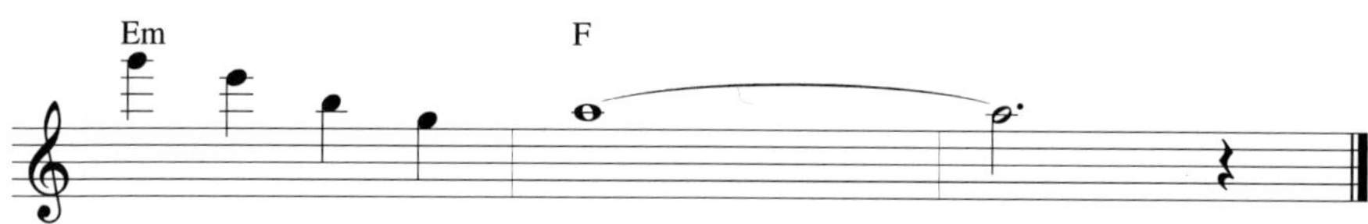

엄마 : 돌아가시지 않게 해달라고 기도해……
연이 : 기도를 해봤어야지…… 엄마, 우리 저기 서낭당에다 돌 얹어놓고 가요.
엄마 : 그러자꾸나.
석이 : 아이, 무서운데……
연이 : 이런 바보!

기도

연이
아이들
광부들
연이 : 하지만 제 기도를 들어주셔야 해요.
하 늘 에 계 실 하 늘 님   땅 밑 에 계 실 땅 님
하 늘 에 계 실 하 늘 님   땅 밑 에 계 실 땅 님
두 손 모 아 서 빌 어 요
두 손 모 아 서 빌 어 요
한 사 람 이 죽 어 가 요   돌 아 가 시 면 안 될 분 이
돌 아 가 시 면 안 될 분 이

제 발 살 려 만 주 세 요
제 발 살 려 만 주 세 요 -
오 래 사 셔 야 할 분 예 요
오 래 사 셔 야 할 분 예 요
Em
그 분 이 돌 아 가 시 면 - 정 말 로 돌 아 가 신 다 면
정 말 로 돌 아 가 신 다 면
Em B7 Em7 D7
탄 인 어 쩌 나 어 쩌 나 어 쩌 나 순 이 처 럼 빨 래 도
어 쩌 나 어 쩌 나

못하고 밥도 지을줄모르는탄 이 오 제 발
밥도 지을줄모르는탄 이 ─ 제 발
살 려 만 주 세 요 두 손
살 려 만 주 세 요 ─ 두 손
한 데 모 아 빌 어 요
전 우리 아버지만 돌아가시지 않으면
한 데 모 아 빌 어 요
하 늘에계실 하 늘 님

되는 줄 알았어요. 하지만, 탄이 아버지도 돌아가시면 안 돼요. 탄이가 우는 걸 처음 보았어요.
땅 밑에 계실 땅 님 우 리 기 도 를
땅 밑에 계실 땅 님 우 리 기 도 를
탄이가 불쌍해요.
만 일 우리 아버지가 그랬 다 면 우 리
들 어 주 세 요 우 리
들 어 주 세 요 아
아 버지 가 돌아가셨 다 면
아, 무서운 생각!
아 버지 가 돌아가셨 다 면

하늘에 계 실 하늘님 — 땅 밑에 계 실 땅 님 —
하늘에 계 실 하늘님 — 땅 밑에 계 실 땅 님 —
— — 하늘에 계 실 하늘님 — 땅 밑에 계 실 땅 님 —
B/B B/A B/G# B/F# E F#m
우리를 도와 주 세 요 — 우린 모두 다 한
우리를 도와 주 세 요 — 우린 모두 다 한
우리를 도와 주 세 요 — 우린 모두 다 한
B E F#m B E E+
식 구 더 는 헤어 질 순 없 어
보세요, 이분들이 얼마나 훌륭하신 분들인지. 세상에 필요 없는 사람은 한 사람도 없겠지만,
광부 아저씨들이 안 계신다면 석탄은 누가 캐지요?
식 구 더 는 헤어 질 순 없 어 오 제 발
식 구 더 는 헤어 질 순 없 어 오 제 — 발

석탄이 없다면 이 추운 겨울밤 우리는 어디서 자나요? 순이 아버지도 돌아가셨잖아요,
이제 더는 안 돼요! 탄이 아버지를 살려주셔야 해요, 그리고 우리 모두도 지켜주세요—!
살 — 려 만 주 세 요 제 모 든
살 려 만 주 세 요 — 제 모 — 든
가 엾
정 성 바 쳐 빌 어 요 아
정 성 바 쳐 빌 어 요 —
은 내 친 구 내 친 구
우 아 — 내 친 구

탄－일－도 와 주 세 요 꼭
탄－일－도 와 주 세 하 늘 에 게 실
하 늘 에 게 실
요 꼭 요 꼭 요 도 와 주
하 늘 님 － 땅 밑 에 게 실 땅 님 도 와 주
하 늘 님 － 땅 밑 에 게 실 땅 님 도 와 주
세 － 요
세 － 요
세 － 요

방학

Am D G
G Gmaj7 C Am A7 D D7
아이들 : 1.한 동안 헤어졌다 다시만날친구들
G Am D D7 G
다시만날땐 얼마나더 어른되어있을까
G C Am A7 D D7
안녕 안녕 다시만날때까지
G Am D D7 G
잘가 잘가 몸건강히안 — 녕
G Gmaj7 C Am A7 D D7
아이들 : 2.음 — — — — — — — — — —
선생님 : 조용히 하세요— 조용히—, 탄이 아버지께서 일을 하시다가 많이 다치셨어요.
G Am D D7 G
그래서 탄이가 학교도 못 나온 거예요. 오늘 선생님하고 탄이 아버지 문병 갈 사람—?
G C Am A7 D D7
연이 : 손을 들려다가 순이를 보았다. 순이는 고개를 숙이고 눈을 꼭 감고 있었다.
탄이가 전에 못살게 굴었던 것을 생각하는 것 같았다.

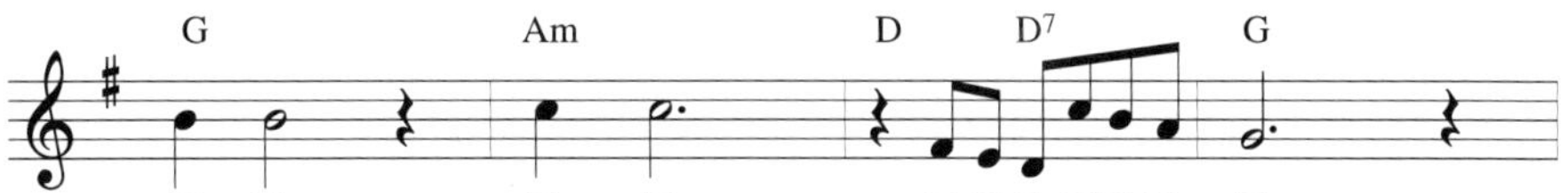

다른 아이들은 집에 갈 생각 때문에 정신이 없는 것 같았다. 그때 순이가 손을 슬그머니 들었다.
그래서 나도, "저도요 선생님—!"

병원

연이
Gm
F
A
D
Gm
C7
F
중학
Bb
Bbm
F
교 도 못 가 는 탄 이 말 썽
Bb
Bbm
F
꾸 러 기 우 리 반 탄 이 — 아 버
Cm
D
Gm
Bm7(b5)
지 는 병 원 에 누 우 셨 고 엄 마
Gm
G7
Csus4
C7
혼 자 서 어 떡 하 나 —
Gm
A
D
탄아—
Bm
Am
Edim
중학교 가면 흑염소 팔아서 자전거 살 거라고 좋아했는데—.

Am7 A7 Dsus4 D7
탄아—
힘을
G B
내 — 탄 아 — 무슨
E Fdim
수 가 생 기 겠 지 — 늘 —
C Cm G E
우 리 가 옆 에 있 어 줄 게 기 운
A D G
내 탄 — 아 —

빨래 [1]

연이 : 엄마는 왜 더운물로 안 해?
연이 엄마 : 엄마는 찬물이 더 좋아.
순이 : 손 안 시려우세요?
연이 엄마 : 시원한데?
연이 : 거짓말!
울 엄 마 팔 뚝 엔 김 이 무 럭 무 럭 무 럭 더 운
무 럭 무 럭 무 럭 -
것 도 찬 것 도 - 모 르 시 나 봐 -
음
- - - - - - -

빨래 (3)

꼬 불 - 꼬 불 탕 - 거 리 며 가 - 네
꼬 불 꼬 불 꼬 불 꼬 불 꼬 불 꼬 불 탕 꼬 불 탕
내 - - 가 아 - 무 리 내 가
할 머 니 허 리 를 - 펴 - 줄 라 고 해 도
연이 엄마 : 자, 이제 그만들 하고 읍내 가서 목욕들이나 해라. 장도 좀 봐 오고.
연이/순이 : 와— 신난다.
연이 : 내일이 무슨 날인지나 알어?

순이 : 무슨 날인데?
연이 : 설날이다, 요 맹추야!
순이 : 어? 정말!
할 머 니 이 마 의 주 름 살 쪼 글 쪼 글 —
할 머 니 이 마 의 — 주 름 살 쪼 글 쪼 글 — 내 가
흠 — — — — 아 무 리
아 무 리 펴 줄 라 고 해 도 아 무 리

읍내 / 아빠 오실 때

연이/석이
아이들/아빠
탄이 : 신문요ㅡ, 신문요ㅡ.
연이 : 어? 탄이다!
탄이 : 어? 아버지, 왜 또 이러세요……
광부 2 : 탄이 아이가?
순이 : 쟤 신문배달 하네……
탄이 아버지 : 누구냐?
탄이 : 저요, 탄이요.
탄이 아버지 : 아니 너 이놈, 누가 신문배달 하랬어!
탄이 : 나보다 어린애들도 잘한단 말이에요, 내가 왜 못해요? 아버지, 그러지 마시고 집으로 가세요 네?
    오늘 엄마가 검둥이도 잡아놓으신댔어요.
탄이 아버지 : 그건 또 왜?
탄이 : 아버지 잡수시라고요. 제가 그러자고 했어요.
탄이 아버지 : 쓸데없는 짓들은……
탄이 : 저, 신문 마저 돌려야 돼요. 얼른 돌리고 술 받아가지고 갈게요. 오늘 월급날이에요.
    목발 잘 짚으시고 조심해서 가 계세요. 금방 갈게요. 신문요ㅡ, 신문ㅡ.
광부 1 : 애가 되았구만!
광부 2 : 혀혀 그 자슥 그거…… 아 하나는 잘 키아놨네!
아이들 : 음ㅡ
B♭
F
D
연이 : 순이야 늦었다, 빨리 가자. 오늘 아빠 일찍 오신댔어.
순이 : 응 그래, 우리는 오늘 연탄 들여온댔어. 빨리 가자.

Gm
C7
F
F
A
연이/석이: 울 아 빠 집 에 오 실 때
Bb
F
까 맣 게 화 장 하 고 오 셔 우 리
Bb
F
D7
들 이 달 려 가 장 난 말 로 아 빠
G
Csus4
C
얼 굴 예 쁘 네 요 하 하 하 하 하 하
3
3
아빠: 암 예 쁘 다 마 다 하 하 하 하

F
A
검 은 옷 검 은 손
아이들 : 음 음 음 음
D7
Adim7
Am7(♭5)
검 은 얼 굴 검 은 대 답 우 리
음 음
B♭
F
D
엄 마 는 더 운 물 데 워 놓 고 아 빠
음
Gm
C7
F
기 다 리 시 죠
<Oboe>
B♭
F
연이 : 아빠,
연이 아버지 : 응?

연이 : 탄이 정말로 중학교 못 가요?
연이 아버지 : 누가 그래?
연이 : 탄이 아버지가요.
연이 아버지 : 그럼 쓰나? 아빠가 오늘 탄이 아버지 보상금도 타오고,
일자리도 새로 마련해놨으니까 걱정하지 마라.
연이 : 탄이 아버지 다시는 굴속에 안 들어가신댔어요.
연이 아버지 : 굴속에 들어가는 일이 아니고 굴 밖에서 갱목을 자르는 일이지.
연이 : 그 일이라도 하셨으면 좋겠는데……

모두 다 : 까 만 집 까 만 길
아이들 : 랄 랄 랄 랄

까 만 물 까 만 산 온 통
랄 랄
새 까 만 탄 ― 광 마 을 에 우 리
음
들 은 살 아 요 ―
우 ― ― 아 ― ― 음
연이 아버지 : 연이야,
연이 : 네?
연이 아버지 : 아빠 씻고 나서 탄이네 집에 저녁 먹으러 갈 텐데 같이 가지 않을래?

D7
Adim7
Am7(♭5)
연이 : 어떻게 가요?
연이 아버지 : 탄이 어머니가 오늘 흑염소 잡는다고 다들 오라고 그랬어.
B♭
F
D7
연이 : 에이, 그래도 남자애네 집인데요?
석이 : 그럼 내가 갈래.
연이 : 쪼그만 게 어딜 따라가?
Gm
C7
F
석이 : 난 남자잖아!
연이 : 요럴 때만?
연이 아버지 : 허허, 요녀석들……
술 을
B♭
F
많 이 드 시 고 오 면 다 리
B♭
B♭m
F
주 물 러 달 라 시 며 — 사 과

Cm D7 Gm Bm7(b5)
밭 에 예쁜 집 짓 고 살 자 자 꾸
연이 아버지 : 연이야, 우리 이담에 사과 밭에 예쁜 집 짓고 살자. 아빠가 약속할게!
Gm G Csus4 C
자 꾸 말 하 셔 요 –
랄 랄 랄 랄 랄 랄
F A
모두 다 : 까 만 집 까 만 길
랄 랄 랄 랄
D7 Adim7 Am7(b5)
까 만 물 까 만 산 온 통
랄 랄

새 까 만 탄 ─ 광 마 을 에 우 리
음 ─ ─ ─ ─
들 은 살 아 요 ─
우 ─ ─ 아 ─ ─
연이 : 저녁 먹으러 아빠랑 탄이네 집에 갔다. 순이 어머니랑 순이도 와 있었다.
흑염소탕을 했다고 큰 잔치를 벌인 것이다.
음 ─ ─ 음 음 ─ ─ 음
순이 할머니는 오늘 연탄 들여온 것 혼자서 다 나르시고 허리가 아파서 못 오셨다.
음 ─ ─ 음 음 ─ 음 ─

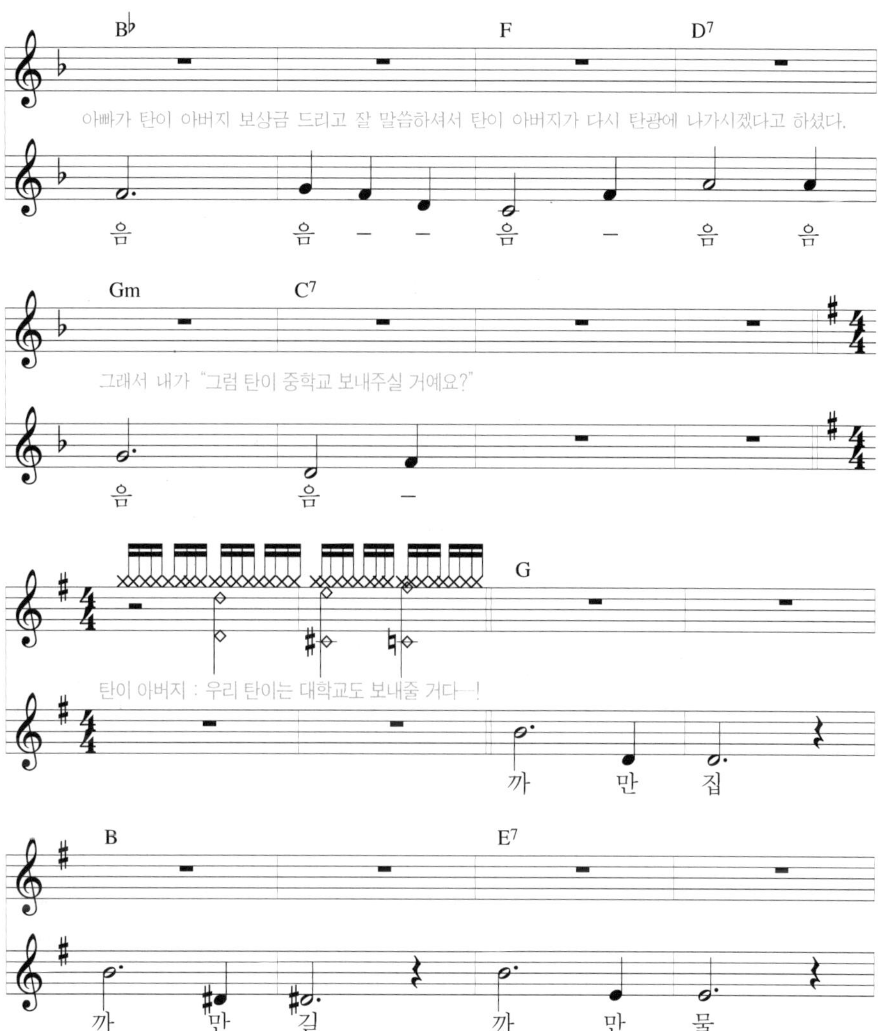
Bb
F
D7
아빠가 탄이 아버지 보상금 드리고 잘 말씀하셔서 탄이 아버지가 다시 탄광에 나가시겠다고 하셨다.
음 음 — — 음 — 음 음
Gm
C7
그래서 내가 "그럼 탄이 중학교 보내주실 거예요?"
음 음 —
G
탄이 아버지 : 우리 탄이는 대학교도 보내줄 거다—!
까 만 집
B
E7
까 만 길 까 만 물

Bdim7   Bm7(b5)   C
연이 : 광부 아저씨들이랑 선탄부 아줌마들이랑 우리들 공부하라고 광차 한 대마다
250원씩 저축을 하신단다.
까 만 산 온 통 새 까 만 탄 - 광

G   E7   Am   D7
탄이가 소리를 꽥꽥 지르면서 눈 위에 막 뒹굴었다. 나도 기분이 좋았다.
마 을 에 우 리 들 은 살 아

G   G
요 뺌 빠 - 뺌

B   E7
탄이 어머니한테 엄마가 보내신 거라고 빨래 품삯을 드렸더니 안 받으시겠다고 했다.
뺌 빠 - 뺌 뺌 빠 - 뺌

Bdim7
Bm7(♭5)
C
순이하고 나하고 해준 거니까 그 돈으로 탄이 자전거 사주라고 했더니
탄이가 또 화를 내면서 싫다고 했다.
빰 빠 ― 온 통 새 까 만 탄 ― 광
G
E7
Am
D7
그래서 순이 할머니랑 우리 엄마랑 갖다 드릴 것 한 냄비씩 받아가지고
얼른 나오려는데 탄이가 뒤에서
마 을 에 우 리 들 은 살 아 요
탄이 : 야,
연이 : 왜 또 그래?

꿈 2

Cmaj7 E7 A7 Edim7 Em7(b5)
연이 : 집에 올 때 아빠가 업어주셨다. 중학교 들어가면 안 업어주신다고 했다.
F Fm C A7
내일은 전부 다 순이 할머니한테 세배 가기로 했다. 탄이도 간다고 했다.
내일의 중요한 일, 탄이 아버지한테 갱목 자르실 때 똑바로 잘라주시라고 부탁하는 일.
Dm G7 C
오늘의 반성...... 반.......
Am7 Bb C G C
학 교 길 에 사 과 밭
C Dm G7 C C Cmaj7 F Em
사 과 꽃 이 폈 어 요 사 과 꽃 사 이 — 로
F Am7 Am/F# E7/G# Am7 Bbmaj7
예 쁜 집 이 세 집 순 이 하 고 나 하 고
Am7 Dm G7 C C F Em
나 물 캐 러 가 는 데 저 편 고 갯 — 길

탄이 : 야—, 너희들 지금 뭐라고 그랬어—!
연이/순이 : 탄이다—, 도망 가자—.
탄이 : 거기 안 서—.

에필로그

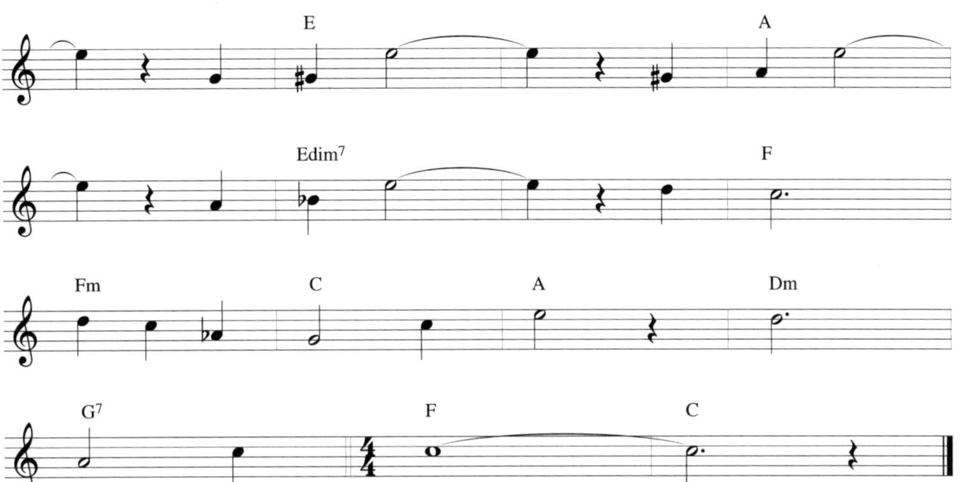

E
A
Edim⁷
F
Fm
C
A
Dm
G⁷
F
C

03 | 노래굿_공장의 불빛

〈공장의 불빛〉은 1970년대 노조탄압을 소재로 노래굿이라는 새로운 양식을 창안하여 카세트테이프로 담아낸 것이다. 이는 문화운동의 또 다른 전파매체를 개발한 점도 그렇거니와 노래라는 일상적이고 보편적인 전달매체를 통해 비극적인 사건의 내용을 객관화함으로써 노동문제를 널리 사회화한 점에 더욱 깊은 의미가 있다.

일회성과 반복성과 창조성을 맞물리게 하면서 '듣고 있는 것'과 '만들고 있는 것'을 일치시키고자 한 이 노래굿은 넓은 의미의 마당굿의 한 양태이다.

서정적 노래나 브리지 음악, 극적 효과음악 등이 극의 내용을 이끌어내기도 하지만, 여기서 시도하고 있는 서사적인 노래야말로 상황묘사나 인물성격의 창조에 크게 기여하고 있다. 이는 정서적 함몰이 아니라 음악을 사태인식의 수단으로 활용함으로써 비판적 거리를 획득한 데서 비롯된 것이다. 흑인영가, 왈츠, 트위스트, 성가(聖歌), 판소리, 남도소리, 풍물 등 다양한 음악풍이 극적 상황에 맞게 효과적으로 동원된다. 그러나 특기할 것은 흘러다니는 구전가요를 골라 마치 오브제나 몽타주 수법처럼 이를 변용하여 성격화함으로써 통속적인 상투성을 뛰어넘어 친숙하면서도 전혀 새로운 대중적 음악성을 창출해낸 점이다.

극의 흐름 속에 자칫 파묻히기 쉬운 사건 전개상의 숨은 계기를 명확히 드러내기 위해 실제로 공연할 때에는 각 장면의 앞머리마다 벌어질 사건의 내용을 암시·예견케 하는 삽입장면이 들어 있다. 이를테면 작업 중 사고 장면, 사용자의 훈화 장면, 선거대책 장면, 깡패 훈련 장면 등이 그것이다.

〔채희완·임진택 엮음, 『한국의 민중극』 마당굿 연희본 14편(1985) 중에서〕

교대 – 사고 – 작업장, 야근, 공장의 불빛, 음모, 돈만 벌어라, 노조설립, 두어라 가자, 이 세상 어딘가에 1, 아침 바람, 이 세상 어딘가에 2

한국교회사회선교협의회가 후원한 형식으로 제작된 이 작품은 70년대 후반의 공연 작품들이 대개 과거의 역사적 사건이나 알레고리적인 상황 설정으로 현실을 이야기하고 있는 데 비해, 동일방직 사건이라는 70년대 후반 노동운동에서의 중요한 한 사례에 입각하여 본격적으로 노동문제를 다루고 있다. 애초부터 공연물로 구상되었던 이 작품은 구전가요, 흑인영가, 남도소리, 풍물 등 다양한 음악 양식과 전자 악기에서부터 국악기에 이르는 다양한 악기 사용, 파격적인 내용의 가사, 가사의 연극성 등으로 서정적이라고만 생각했던 노래가 얼마나 다양한 표현 가능성을 가지고 있는가를 실증하였다. 특히 카세트테이프라는 대중 확산력이 강한 매체를 이용하고 뒷면에 반주 음악을 실음으로써 대중적 확산의 새로운 가능성을 보여주었고 그 후의 여러 작업에 많은 영향을 미쳤다.

작사 · 작곡 : 김민기

때 : 1970년대 중반 어느 겨울

곳 : 서울 근교에 위치한 어느 봉제 수출업체

(1978년 작)

| 나오는 사람들 |

언니 (여 1) : 고참 조장, 미싱사

영자 (여 2) : 고참 조원, 미싱사

순이 (여 3) : 시다, 미싱사 보조

서무 (여 4) : 작업장의 서무

여공들 : 미싱사

이범 : 언니의 남편

사장

공장장

비서들

남공들 : 재단사

구사대 : 깡패들

|서곡(OVERTURE)|

|#1. 편지|

합숙소(벌집), 늦은 밤.
창틈으로 몰아치는 찬바람에 곱은 손을 불어가며 언니가 방바닥에 엎드려 친정어머니에게 편지를 쓰고 있다. 옆에는 나이 어린 동료들이 곤한 잠에 빠져 있다.

〈음향〉   바람 소리, 개 짖는 소리, 메밀묵 찹쌀떡 장수 소리 등

언니   (종이에 글씨 쓰는 소리와 함께 속으로 따라 읽는다)
       미…영…이…가…방…학…을…했…겠…군…요…
       공…연…히…딴…마…음…먹…지…말…고… (기침)
       꼭… 고… 등… 학… 교… 에… 갈… 생… 각… 하… 라… 고…
       그…러…세…요…
       뒤…는…언…니…가…책…임…지…고… (심한 기침)
       책… 임… 지… 고… (더욱 심한 기침과 함께 편지지 위에 선혈 덩
       어리가 떨어진다)

〈음향〉   괘종시계 소리

|#2. 교대| ♪ 271쪽

언니가 야간 교대를 위해 어린 동료들을 깨워서 어두운 골목길을 지나 공장으로 향한다.

언니   모두들 자니?
       일 나갈 시간

얼른얼른

교대할 시간

순이   달도 없고

　　　　파리한 별빛

영자   밤바람 차네

언니   옷들 껴입고

다음 골목에서 남공들과 합류한다.

남공들   캄캄한 골목

　　　　아무도 없다

　　　　하기야 한밤중에

　　　　다들 잘 테지

수위실 앞에서 카드를 찍으며 정문을 통과한다.

순이   *수위실!*

남공들   경비원 둘이

영자   뱁새눈 하고

모두 다   노려다 보네

남공 1   세파트 한 놈

남공들   난로에 졸고

여공들   수은등도 추워

순이   파랗게 떠네

남공들   시커먼 굴뚝

　　　　버티고 섰고

여공들   앙상한 가지

순이   *무서워!*

|#3. 사고 - Insert|

언니와 동거 중인 남편(아범, 서방님)이 일하는 철공소.
피곤에 지쳐 선반 작업을 하던 아범의 손가락이 깜빡 조는 순간 기계에 잘려
나간다.

〈음향〉 요란한 기계음, 외마디 소리와 비상 부저 소리, 급히 작동을 멈추는
육중한 금속성 소리, 앰뷸런스 소리 등등…….

언니　　아범이 일을 하다가 손을 다쳤어요—!

|#4. 작업장|

언니의 편지(이 편지는 시부모에게 쓰는 편지다)와 함께 끝까지 동시 진행된다.

편지가 진행되는 동안,
아범은 보상금만 타고 회사에서 쫓겨나자 홧김에 몽땅 술로 날려버리고, 자
포자기하는 심정으로 불량배들과 휩쓸린다.

영자		**언니**	
싸늘한 계단		회사에	
새하얀 회벽		다니다 보면 (기침)	
형광등 소리		아주 흔히들 (기침)	
진저리 친다		있는 일이에요 (기침)	
남공들	기계 소리도		아무 (기침)
	잠시만 쉬고		아무 걱정 마세요 (기침)
	오늘 밤도 하루		기술은 더 써먹을 수 (기침)
	일터로 가네		없게 되었지만 (기침)
모두 다	일터로 가네		좀 편한 자리라도 (기침)

일터로 가네　　　　　　　　좀 수월한 자리라도 해줄지 (기침)

일터로 가네　　　　　　　　몰라요 (기침)

아범이 불량배들과 어울려 밤거리를 배회한다.

아범의 휘파람(「돈만 벌어라」 구전 테마) 소리.

| #5. 야근 |　♪ 273쪽

〈음향〉　　야간작업 시작 벨소리와 함께 미싱들이 돌아가기 시작한다.

여공들　　서방님의 손가락은 여섯 개래요

　　　　　　시퍼런 절단기에 뚝뚝 잘려서

　　　　　　한 개에 오만 원씩 이십만 원을

　　　　　　술 퍼먹고 돌아오니 빈털터리래

모두 다　　야 — 야 — 야 — 야 —

　　　　　　야 — 야 — 야 — 야 —

여공들　　울고 짜고 해봐야 소용 있나요?

남공들　　막노동판에라도 나가봐야죠

여공들　　불쌍한 언니는 어떡하나요?

남공들　　오늘도 철야 명단 올렸겠지요

모두 다　　야 — 야 — 야 — 야 —

　　　　　　야 — 야 — 야 — 야 —

남공들　　돈 벌어대는 것도 좋긴 하지만

　　　　　　무슨 통뼈 강다구로 맨날 철야유?

여공들　　'누구는 하고 싶어 하느냐'면서

　　　　　　힘없이 하는 말이 폐병 삼 기래

모두 다　　남 좋은 일 해봐야 헛거지

　　　　　　고생하는 사람들만 손해야

서무　　　그거야 특별한 경우겠죠

　　　　　　병 걸려 있으니까 그런 거죠

영자　　　삼 년만 지내보면 알게 될 거다

　　　　　　귀머거리 폐병쟁이 누구 누군지

여공들　　야 — 야 — 야 — 야 —

　　　　　　야 — 야 — 야 — 야 —

서무　　　일하기 싫으면 관두래지

　　　　　　뭣하러 공순이는 되었담?

여공들　　누구는 좋아서 되었나?

　　　　　　가난한 집에서 난 죄지

모두 다　　우 — 우 — 우 — 우 —

　　　　　　우 — 우 — 우 — 우 —

서무　　　그거야 순전히 댁 사정이죠

　　　　　　공연히 남들 핑계 대지 말아요

　　　　　　묵묵히 참으면서 일만 하세요

　　　　　　윗분들이 잘 알아서 해줄 거예요

모두 다　　야— !

여공들　　세상 물정 하나도 모르네

　　　　　　시골에서 갓 올라온 촌뜨기

남공들   사장님네 강아지는 감기 걸려서

　　　포니 타고 병원까지 가신다는데

여공들   우리들은 타이밍 약 사다 먹고요

　　　시다 신세 면할 날만 기다리누나

모두 다   월급 봉투 누런 봉투 빈 봉투

　　　구멍가게 지나갈 땐 돌아가지

작업 중이던 천, 옷가지들을 집어던지며 작업장은 놀이판으로 변한다.

모두 다   내일이면 선거날 노동조합 만드는 날

　　　날만 새봐라 선거날 조합 조합 만드는 날

　　　우쭐우쭐 들먹들먹 신바람 나네

　　　날만 새봐라 선거날 노동조합 만드는 날

　　　세워 세워 세워 세워

　　　세워—!

서무   야—이 불평밖에 할 줄 모르는 천치들아—.

　　　너희들이 뭘 안다고 그래?

　　　시키는 대로만 하면 될 것 아냐?

　　　노조는 무슨 놈의 얼어 죽을 노조야—?

'서무'는 문을 쾅 닫고 나가버리고, 모두들 맥이 빠져 그 자리에 주저앉는다.

여공들   지가 무슨 여대생이나 된 것 같네

　　　바보가 아니면은 돌은 애야

모두 다   이 옷을 만들면은 누가 입나요?

　　　사장님 사모님이 사서 입나요?

코쟁이 노랑머리 사서 입나요?

우리들은 작업복만 어울린대요

여공들   만들어도 입어봐도 못 입네

빛깔 좋은 개살구 개살구

|＃6. 공장의 불빛| ♪ 277쪽

모두들 작업할 생각을 잊고 있을 때,

갓 입사한 제일 어린 '순이'가 지친 몸에 고향 집을 그리워한다.

순이   예쁘게 빛나던 불빛

공장의 불빛

온데 간데도 없고

희뿌연 작업등만

모두 다   이대론 못 돌아가지

그리운 고향 마을

춥고 지친 밤

여기는 또 다른 고향

여기는 또 다른 고향

울먹이는 '순이'를 언니와 다른 동료들이 위로한다.

|＃7. 음모| ♪ 278쪽

사장과 공장장, 비서들이 노조 결성을 와해시킬 대책을 숙의하고 있다.

공장장   요번 달 목표액은?   **비서들**   목표, 목표

사장	백만 불 더 잡았지	백만 불, 백만 불
	선적일 맞추겠나?	선적일, 선적일
공장장	조지면 될 테지요?	조져, 조져
사장	조지면 된단 말인가?	조져, 조져
공장장	조지면 될 테지요	조져, 조져
사장	조지면 된단 말이지?	조져, 조져
공장장	야, 조지면 된다니까요	조져 —

사장	노조가 결성되면?	노조? 노조?
공장장	그 짓도 끝장이죠	안 되지, 안 되지
사장	우리가 세운 애는?	세워, 세워
공장장	가망이 없소이다	왜 없어? 왜 없어?
	가망이 없는데요	왜 없어? 왜 없어?
사장	안 하면 될 것 아닌가?	하지 마, 하지 마
공장장	통고도 받았는데	통고? 통고?
사장	없었던 일로 해!	웃기지 마 —

공장장	막 밀고 나온다면?	
사장	강제로 해산시켜	
	질서는 그 애들이	
	애당초 흐렸으니	
	회사가 살아야지	회사, 회사
공장장	갸들도 살게 되죠	갸들, 갸들
	갸들이 살아야지	갸들, 갸들
사장	우리는 더 잘살지	우리, 우리
공장장	애들을 모을까요?	애들, 애들
	깡패를 부를까요?	깡패, 깡패
사장	돈 줘서 싫다는 놈	돈? 왜 싫어?
공장장	아직은 못 보았죠	돈? 왜 싫어?

비서들이 아범이 포함된 깡패들을 불러들인다.

<table>
<tr><td>사장/공장장 돈 줘서 싫다는 놈</td><td>돈? 왜 싫어?</td></tr>
<tr><td>아직은 못 보았지(죠)</td><td>돈? 왜 싫어?</td></tr>
</table>

사장　　엣다!

깡패들　　허이구…….

남녀 공원들 저 저 저 저 저 더러운 돈―!

| #8. 구사대 ― 돈만 벌어라 | ♪ 282쪽

아범이 포함된 깡패들(구사대)이 돈을 나누어 받고 각목, 쇠파이프 등으로 무장을 하고, 더러는 바케쓰에 인분을 퍼담는 등 노조설립 대회장을 유린할 준비를 한다.

깡패들　　개같이 벌으랬다 돈만 벌어라

　　　　더러운 돈 좋아하네 돈만 벌어라

　　　　새 돈 헌 돈 따로 있나 돈만 벌어라

　　　　아무거나 시키세요 돈만 벌어라

　　　　인정 찾고 양심 찾고 개소리들 허덜 마라

　　　　정승처럼 쓰면 됐지 돈 벌어 돈만 벌어

　　　　(반복)

　　　　돈 ―

| #9. 전야(前夜) |

구사대가 동원됐다는 소식을 알리며 전의를 다지는 공원들.

여공들	뼈 빠지게 벌어준 돈
모두 다	돈 돈 돈 돈
여공들	우리한테는 못 오는 돈
모두 다	돈 돈 돈 돈

여공들	깡패 사는 데 쓰는 돈
모두 다	돈 돈 더러운 돈
여공들	우리를 마구 해칠(짓밟아 죽일) 돈
모두 다	더러운 돈 돈 돈

여공들	힘들 내여 힘들 내여
모두 다	불끈불끈 힘내
여공들	기죽지 말고 기죽지 말고
모두 다	불끈불끈 힘내

|#10. 노조설립| ▶ 284쪽

구사대가 포위하고 있는 가운데 공원들이 노조 설립대회 개최를 알린다.

모두 다	미싱사 재단사 모여라 조합 만들어 세우자
	우리도 이제는 안 속아 똘똘 뭉쳐서 해보자

여공들	우쭐우쭐 들먹들먹 신바람 나네 (남공들: 우— 와— 우— 와—)
모두 다	공돌이 공순이 모여라 노동조합 만들자

여공들	꽝꽝 만들어 높이 세워서 (남공들: 꽝! 꽝! 세워 세워 세워 세워)
	큰소리도 쳐보면 (남공들: 세워— 큰소리 큰소리 큰소리 큰소리)

모두 다	사장님도 전무님도 인상 폭— 쓰시고
	작업장에는 웃음꽃이 활짝활짝 피네

딴따다다다 단따다……

딴따다다다 단따다……

우— 와— 우— 와—

딴따다다다 단따다……

여공들　　꽝꽝 만들어 높이 세워서 (남공들: 꽝! 꽝! 세워 세워 세워 세워)

큰소리도 쳐보면 (남공들: 세워— 큰소리 큰소리 큰소리 큰소리)

모두 다　　딴따다다다 단따다……

딴따다다다 단따다……

세워 세워 세워 세워

세워 세워 세워 세워

세 ——— ———

| # 1 1 . 난 입 |

구사대가 노조설립 대회장에 난입한다.

구사대　　개같이 벌으랬다 돈만 벌어라

더러운 돈 좋아하네 돈만 벌어라

새 돈 헌 돈 따로 있나 돈만 벌어라

아무거나 시키세요 돈만 벌어라

인정 찾고 양심 찾고 개소리를 허덜 마라

정승처럼 쓰면 됐지 돈 벌어 돈만 벌어

| #12. 유린 |

구사대가 여공들의 젓가슴을 주무르고, 옷 속에 인분을 쏟아 붓고, 각목과 쇠
파이프 등으로 무자비하게 폭력을 휘두른다.

언니　　당신들이 뭔데 남의 일에 끼어들어서 난리야 난리가

　　　　할 일 없으면 집에 가서 발이나 닦고 자라구ㅡ.

| #13. 두어라 가자 |　♪ 286쪽

폭력 현장에서 아범을 발견한 언니가 유린당하고 널브러진 동료들 틈에서
처연하게 노래 부른다.

언니　　두어라 가자

　　　　몹쓸 세상 설운 거리여

　　　　두어라 가자

　　　　언 땅에 움터 모질게 돋아

　　　　봄은 아직도 아련하게 멀은데

　　　　객지에 나와 한 세월도 길어

　　　　몸은 병들고 갈갈이 찢겼네

　　　　고향 집 사립문 늙은 오매

　　　　이제 내 가도 받아줄랑가……

줄랑가……

|#14. 재기|

쓰러져 있던 동료들이 조금씩 꿈틀거리며 일어나 재기를 도모한다.

여공들　　힘들 내여 힘들 내

남공들　　힘내여 힘내

여공들　　기죽지 말고 힘내

남공들　　힘내여 힘내

영자　　요대로 샤느니 뒈져야지

남공들　　힘들 내여 힘내

여공들　　죽지는 말고 힘내

남공들　　힘들 내여 힘들 내

여공들　　이래 죽으나 저래 죽으나

남공들　　불끈불끈 힘내

모두 다　　불끈불끈 힘내

　　　　　　…… (반복)

　　　　　　힘내 힘내……

|#15. 결의―이 세상 어딘가에 1|　♪ 288쪽

전열을 가다듬은 공원들이 최후의 결의를 다진다.

모두 다　　이 세상 어딘가에 있을까? 있을까?

　　　　　　평등과 평화 넘치는 자유의 바닷가

　　　　　　큰 물결 몰아쳐 온다 너무도 가련한 우리

　　　　　　손에 손 놓치지 말고 파도와 맞서 보아요

| #16. 연행|

회사 간부들과 구사대의 조롱 속에 경찰에게 강제 연행되는 공원들.

구사대　　돈 벌어 돈만 벌어…… (반복)

영자　　반반하게 생긴 년은 화냥질 가서

몸 망치고 쫓겨나면 어디로 가고

무식한 년 공장 와서 노조 만들다

쫓겨나면 어디메로 흘러간다냐

〈음향〉　　철창 닫히는 소리

| #17. 해고|

모두 다 유치장에 수감된 채 회사 정문 앞에는 해고 공고가 나붙는다.

〈음향〉　　타자기 치는 소리

공장장　　공고,

아래 사람들은 무단 결근자로서

사칙을 위반하였기에 퇴사조치 함.

아래,

가, 나, 다, 라, 마, 바, 사, 아, 자, 차, 카, 타, 파, 하!

| #18. 아침 바람|　♪ 289쪽

〈음향〉　　철창 닫히는 소리에 이어 빗소리

유치장 창문 밖으로부터 빗방울이 들이친다.

순이　　아침 바람 찬바람에

　　　　　울고 가는 저 기러기

　　　　　우리 엄마 살아생전

　　　　　엽서 한 장 써주세요

|#19. 에필로그-이 세상 어딘가에2| 🔊 290쪽

서무　　이 세상 어딘가에 있어요 있어요

　　　　　분홍빛 고운 꿈나라 행복만 가득한 나라

　　　　　하늘빛 자동차 타고 나는 화사한 옷 입고

　　　　　잘생긴 머슴애가 손짓하는 꿈의 나라

언니　　이 세상 아무 데도 없어요 정말 없어요

　　　　　살며시 두 눈 떠봐요 밤하늘 바라봐요

　　　　　어두운 넓은 세상 반짝이는 작은 별

　　　　　이 밤을 지키는 우리 힘겨운 공장의 밤

모두 다　고운 꿈 깨어나면 아쉬운 마음뿐

　　　　　하지만 이젠 깨어요 온 세상이 파도와 같이

　　　　　큰 물결 몰아쳐 온다 너무도 가련한 우리

　　　　　손에 손 놓치지 말고 파도와 맞서 보아요

〈끝〉

교대 - 사고 - 작업장

모 두들 자 니? 일나 갈 시 간
얼른 얼른 - - 교대할 시 간
달 도 없 고 파 리-한 별빛
밤 바람 차네 옷들 껴입 고
캄캄한 골 목 아무 도 없 다
하 기야 한 밤 중 -에 다들 잘 테 지
수위실 경 비-원 둘이
뱁 새 눈하고 노려 다 보 네
세 파 트한 놈 난로 에 졸 고

수은 등도 추워
파 랗—게 떠 네
시 커 먼 굴 뚝
버 티—고 섰고
(부저 소리)
앙 상 한 가 지
무 서 워!
언니 : 아범이
일 을 하 다 가 손 을 다 쳤 어 요—!
싸 늘 한 계 단
새 하—얀 회 벽
언니 : 회사에 다니다 보면 (기침) 아주 흔히들 (기침) 있는 일이에요 (기침)
형 광 등 소 리
진 저—리 친 다
아무 (기침) 아무 걱정 마세요 (기침) 기술은 더 써먹을 수 (기침) 없게 되었지만 (기침)
기 계 소 리 도 —
잠 시—만 쉬고
좀 편한 자리라도 (기침) 좀 수월한 자리라도 해줄지 (기침) 몰라요 (기침)
(3번 반복)
오 늘 밤 도 하 루
일 터—로 가 네
일 터 로 가 네

야근

폴카
Cm
여공들: 서방님의손가락은 여섯개래요 시 - 퍼 런 절단기에 뚝뚝잘려서 한
울고짜고해 - 봐야 소용있나요 막 - 노 동판에라도 나가봐야죠 불
돈 - 벌어대는것도 좋긴하지만 무슨 통 뼈깡다구로 맨날철야유 누
Fm   Cm   G   Cm
개 에오만원씩 이십만원을 술퍼 먹 고돌아오니 빈털터리래
쌍 한언 - 니는 어떡하나요 오 - 늘 도철야명단 올렸겠지요
구 는하고싶어 하느냐면서 힘 - 없 이하는말이 폐병삼기래
1.2 Cm B♭ A♭ G Cm B♭ A♭ G
모두다: 야 야 야 야 야 야 야 야
3 Cm B♭ A♭ G Cm B♭ A♭ G
남좋은일해 봐야 헛 거지 고생 하는사람 들만 손 해야
왈츠
C   G   C   G   C   G
서무: 그 거 야 특별 한 경 우겠 죠 병
C   G   C   F   C
영자:
걸 려 있 으니까 그 런거 죠 삼
폴카
Fm   Cm   G   Cm
년 만지내보면 알게될거다 귀머 거 리폐병쟁이 누구누군지

여공들 : 야 야 야 야 야 야 야 야
왈츠
서무 : 일 하 기 싫 으 면 관 두 래 지 뭣
여공들 :
하 러 공 순 이 는 되 ― 었 담 누
구 는 좋 아 서 되 었 나 가
난 한 집 에 서 난 죄 지
모두다 : 우 우 우 우
우 우 우 우

느리게
빠르게
Cm
서무 : 그 거야순 전히 댁사정이죠 공 연 히남들핑계 대지말아요 묵
Fm   Cm   G   Cm
모두 다 :
묵 히참으면서 일만하세요 윗분 들 이잘알아서 해줄거예요 야!
Cm   B♭   A♭   G   Cm   B♭   A♭   G
여공들 : 세상물정하 나도 모 르네   시골에서갓올라온 촌 뜨기
C
남공들 :
사장님네강아지는 감기걸려서 포니 타 고병원까지 가신다는데 우리
F   C   G   C
들 은나이밍약 사다믹고요 시다 신 세면힐날민 기다리누니
C   F   C   G   C   F   C   G
모두 다 :
월급봉투누런봉투 빈 봉투   구멍가게지나 갈땐 돌아가지
자진모리
Cm   F   Cm   F   Cm
내 일이면선거날 노동조합만드는날 날 만새봐라선거날 노동조합만드는날

우쭐우쭐들먹들먹 신바람—나네   날 만새봐라선거날 노동조합만드는날
세 워 세 워 세 워 세 워 세 워!
서무 : 야— 이 불평밖에 모르는 천치들아— 너희들이 뭘 안다고 그래—?
시키는대로만 하면 될 것 아냐— 노조는 무슨 놈의 얼어죽을 노조야—!
여공들 : 지가무슨여대생이나 된것같네   바 보가아니 면은 돌은애야
이 옷을만들면은 누가 입나요 사   장 님사모님이 사서입나요 코
쟁 이노랑머리 사서입나요 우리 들 은작업복만 어울린대요
만 들어도입 어 봐도 못 입네   빛 깔좋은개 살구 개 살구
남공들 : 우   —   —   —   —   우   —   —   —   —

공장의 불빛

순이 : 예

쁘 게 - 빛 나 던 - 불 - 빛 -
공 장 의 불 빛 - - -
온 데 간 데 도 없 - - 고 희
뿌 연 작 업 등 만 - 이
모두 다 : 이
대 론 - 못 돌 아 가 - 지 -
그 리 운 고 향 마 을 -
춥 고 지 친 밤 - 여
기 는 - 또 다 른 고 - 향 -

음모

자진모리
F9 G7 Cm
공장장 : 요번 달 목표액은?
사장 : 백만 불 더 잡았지 선적일
비서 : 목표   목표   백만 불   백만 불
F9 G7 Cm F9
조지 면 될 테지요 ―   조지 면
맞 추겠 나?   조지 면 된 단말인가?
선적일   선적일   조져   조져   조져   조져
G7 Cm F D 5 G
될 테지 요 ―   아조 지면 된다니까요!
조지 면 된 단말이지 ―   노조 가
조져   조져   조져   조져   조져 ― ―

F9 G7 Cm F9 G7
그짓 도 끝 장이 죠 — 가 망 이
결 성 되면? 우리 가 세 운애는?
노 조? 노 조? 안 되지 안 되지 세 워 세 워
Cm F9 G7
없 소이 다 가망이 없 는데 요 — 통고 도
G
안 하 면 될 것아닌가?
왜 없어 왜 없어 왜 없어 왜 없어 하지 마 하지 마
Cm F D G CIII
받 았는 데 — 막밀 고 나 온다 면 —
없었던 일로해 — ! 강제 로
통 고? 통 고? 웃 기지 마 —

해 산 시 켜! 질서 는 그 애들 이 애당 초 흐 렸으니 회사 가
갸들 도 살 게 되죠 갸들 이 살 아 야 지 -
살 아 야 지 -
우 리 는
회 사 회 사 갸 들 갸 들 갸 들 갸 들
애들 을 모 을 까요? 깡패 를 부 를 까 요?
더 잘살 지 -
돈 줘 서
우 리 우 리 애 들 애 들 깡 패 깡 패

Cm   F   D   G   Cm   F
아직은 못 보았죠 돈 줘서 싫다는 놈 아직은
싫다는 놈 돈 줘서 싫다는 놈 아직은
깡패들 : 돈?   왜 싫어?   돈?   왜 싫어?   돈?   왜 싫어?
D   G
못 보았죠 - 돈 줘서 싫다는 놈 아직은
못 보았지 - 돈 줘서 싫다는 놈 아직은
돈? -   왜 싫어?   돈? -   왜 싫어?
못 보았죠 -
후 후 후 후
못 보았지 -
후 후 후 후 후 옜 다!
3
돈? -   왜 싫어?   후 후 후 후 후

돈만 벌어라

개 같이벌으랬다 돈만벌어라   더러운돈좋아 하네 돈만벌어라
돈 벌어   돈 만 벌어   돈 벌어   돈 만 벌어
새돈헌돈따로있나 돈 만 벌어라   아 무거 나 시키 세요 돈만벌어라
돈 벌어   돈 만 벌어   돈 벌어   돈 만 벌어
인정찾고양심찾고 개소리들허덜마라 정승처럼쓰면됐지   돈 벌어돈만 벌어
우   우   우   돈벌어돈 만벌어
자진모리
돈 —   뼈 빠지 게 벌어 준 돈
돈 돈 돈 돈

우 리 한테는 못오는 돈
깡 패사 는데 쓰는 - 돈
돈 돈 돈 돈
우 리를 마 구 해칠 돈
돈 돈 더 러 운 돈
더 러 운 돈 돈 돈
힘 들 내 여 힘 들 내 여
불 끈 불 끈 힘 내
기 죽 지 말 고 기 죽 지 말 고
불 끈 불 끈 힘 내

노조설립

휘모리
미 싱 사 재 단 사 모 여라 조 합 만 들 어 세 우자
우 리 도 이 제 는 안 속 아 똘 똘 뭉 쳐 서 해 보자
여공들: 우 쭐 우 쭐 들 먹 들 먹 신 바 람 −나네 −
남공들: 우 − −아 − 우 − −아 −
공 돌 이 공 순 이 모 여라 노 동 조 합 만 들 자
꽝 꽝 만 들 어 높 이 세 −워 서 −
꽝! 꽝! 세 워 세 워 세 워 세 워
큰 소 리 도 쳐 보 − −면 −
세 워 − − 큰 소 리 큰 소 리 큰 소 리 큰 소 리

Cm   Gm   F G Cm
사 장님 도전무님 도 인 상푹 － 쓰시 고
Cm   Gm   F G Cm
작 업장에 는웃 음꽃 이활 짝활 짝피 － 네
Cm   F   Cm   F   Cm
세 워 세 워 세 워 세 워 세   －

두어라 가자

느린 중모리
두어라 가자 - 몹쓸 세--상 설
운 거 리--여 두어라 - 가자 -
언 땅 -에 움 터 모 질 -게 돋--아 봄
은 아 직 도 아 련 하 게 - 멀은 - 데
객 지 -에 나 와 하 세 월 도 길 어 - -
몸은--병-들 - - 고 갈 갈 이 - 찢 겼 네
고 향 - 집 사 립 문 늙 은 오 - - 매 이
제 내 가 - - 도 받 아 줄 랑 가 줄 랑 가 - -

굿거리
힘들 내여 힘들 내-
힘 내 여 힘 내
기죽지말고 힘 내
힘 내 여 힘 내 -
요대로사느니돼져야지
힘들 내여 힘 내
죽지는말고 힘 - 내
힘들 내여 힘들 - - 내
이래 죽으나 저래 죽으나
자진모리
불끈 불끈힘 내
불끈 불 끈힘 내
불끈불끈힘 내
휘모리
불 끈불 끈힘 내 불 끈불 끈힘 내 불 끈불 끈힘 내
단모리
힘 내 힘 내 힘 내 힘 내 힘 내 힘 내 힘 내 힘 내

이 세상 어딘가에 1

C G7 C F C
이 세 상어 — 딘가 에 있을 까 있을 까 평등
G C D G
과 평화 넘치 는 자 유 의바 — 닷 — 가 큰
C G C F B7 E G7
물 결몰아 쳐온 다 너무 도 가련 한우 리 손
C F F#dim C/G G C
에 손놓치지말 고 파도 와 맞서 보아 요

아침 바람

C   G   C   F   C   G   Am   D   G
아 침 바 람 찬 - 바 람 에 울 고 가 는 저 기 러 - - 기
C   G   E   Am   F   C   G   C   Fm
우 리 엄 마 살 - 아 생 전 엽 서 한 장 써 - 주 세 요

이 세상 어딘가에 2

C G7 C F C
이 세 상어-딘가 에   있어 요   있 어 요   분홍
G C F Dm G
빛 고운 꿈나 라   행 복 만가득한나 라   하늘
C G C F B7 E G7
빛 자동차타 고   나 는 화 사한 옷입 고   잘
C F F#dim C/G G C G7
생 긴머-습애 가   손 짓 하 는꿈-의나 라   이
C G7 C F C
세 상아-무데 도   없 어 요 정말없 어- 요   살 며
G C D G
시 두눈 떠봐 요   밤 하 늘바-라봐 요   어

두 운넓-은세 상   반짝 이 는작-은- 별   이
밤 을지키 는우 리   힘겨 운 공장-의- 밤   고
운 꿈깨-어나 면   아쉬 운   마음뿐   하 지
만 이제 깨어 요   온세 상 이파도 와같 이   큰
물 결몰아쳐온 다   너무 도 가련 한우 리   손
에 손놓치지말 고   파도 와 맞서 보아 요   -

소리굿 〈아구〉는 '남사당 덧뵈기' 중의 '먹중마당'(탈춤의 '노장과장')의 기본 골격을 그대로 원용하여 한일 간의 문제를 담아내고 있다.

60년대 초 대일 굴욕외교 이후 일본 자본이 한반도에 재진출함에 따라 정치·경제적 침투가 노골화되고 사회·문화적으로도 예속화되어가는 현실을 특히 기생관광에 초점을 맞추어 폭로해 보인다.

'먹중(노장)'은 '마라데쓰 사장'으로, '피조리(소무)'는 '여공'과 '여대생'으로, '취발이'는 한국 청년 '아구'로 대치된다. 여자들을 사이에 두고 '아구'와 '마라데쓰 사장'이 벌이는 싸움판은 공연 현장에 따라 '아구'의 승리인 때도 있었고 패배인 때도 있었다. 해피엔딩인가, 아니면 비극적 결말인가. 이 결말 처리는 극적 환상을 통한 내면적 리얼리즘과 비판적 신명을 통한 마당굿적 리얼리즘 사이에서 민중적 표현이란 어떠해야 하는가의 문제를 대두시킨다. 뿐만 아니라 이는 현실 상황 인식을 토대로 민족적 신명을 확보해야 하는 민중극 일반의 과제이기도 하다.

이 작품은 1974년 3월 이종구 작곡발표무대에서 공연된 이래 80년대 이후 대학의 마당이나 소극장 등에서 마당놀이 양식으로 모양을 바꾸어 되풀이 연행되었다. 전통 탈춤 양식이 오늘의 문제를 담는 데 얼마나 유효할 것인가. 탈춤의 그러한 창조적 계승 문제도 문제려니와 한일 간의 바람직한 관계 설정이 민족의 지속적인 과제로 있는 한 과도기적 신작 탈춤으로서의 소리굿 〈아구〉는 끊임없이 재해석될 수 있을 것이다.

〔채희완·임진택 엮음, 『한국의 민중극』 마당굿 연희본 14편(1985) 중에서〕

극본 : 김민기

음악 : 이종구

(1974년 작)

아구	마라데쓰
사장	여공
여대생	잽이들

풍악에 맞추어 여공과 여대생이 춤을 추는 가운데 마라데쓰 사장이 돈 꾸러미를 둘러메고 들어오면 요사스런 가락으로 바뀌며 사장이 두 여자를 데리고 한판 질탕하게 춤을 춘다.

춤이 무르익어 갈 무렵 아구가 뛰어나오면 사장과 여자들 멈칫한다.

아구 얼럴럴럴럴러— 쉬이—, 아— 쉬이—, 어 취한다.

(한바퀴 둘러보고는) 원 이런 빌어먹을 것들, 아 지금 시국이 어느 때인데 이 따위가 무슨 좋은 구경거리라고 높은 놈 낮은 년 남녀노소 가릴 것 없이 아가리 헤 벌리고 자빠졌어 자빠졌기를, 꼴 좋다.

늙은 놈 집안에 젊은 놈 없어도 못살고, 젊은 놈 집안에 늙은 놈 없어도 못살고. 내 집안 잠시 비웠더니 아 이것들이 저희들끼리 말 잡아먹고 다릿심 올리고 소 잡아먹고 뱃심 올리고 개 잡아먹고 양기 돋우고 닭 잡아먹고 주둥잇심 올려, 물 건너 쪽발이 바다 건너 코쟁이 산 넘어 똥뙈놈 재 넘어 마우제 그 건너 딴따라 죄 불러다가 직신작신 박죽뒤죽 우당탕 쿵쾅 와장창 잘들 놀아 처먹는구나—.

내 오늘 듣자 허니 ○○에 좋은 구경거리가 있다고 해서 ○○동 바닥을 덜렁덜렁 지나오는데 왼갖 시라이, 양아치, 펨푸, 포주, 갈보 년 할 것 없이 "노부라, 노팬티, 노팁이요— 노부라, 노팬티, 노팁이요—" 하고 악을 바락바락 쓰길래 어디 요지경 속이나 한번 구경해보자 하고는 쓰윽 들어가서 노부라, 노팬티, 노팁 요렇게 노가 년 세 년을 끼고 한 잔 잡수 쪼르륵, 두 잔 잡수 쪼르륵, 아 그런데 고 노팬티란 년 팬티에 ○○대학 배지가 단단히 박혔더라…….

잽이 예끼 이놈아 그런 흉한 소리 말어!

아구 와하하하하— 하여튼 내 이리 술을 석 잔을 먹어 얼굴이 지지벌개지니까 아 발칙 무쌍한 요년들이 나를 돈 많은 쪽발이 사장으로 잘못 알고는 "사요나라 사요나라 빠이빠이 데쓰네—" 사요, 나라, 사요, 나라, 이빠이, 이빠이……. 뭘 콱콱 사긴 사라는 말인가 본데, "나를 사요, 나라를 사요" 하는 게 돈만 내놓으면 영락없이 다 내놓겠다는 뜻이렷다? 이런 삼살을 해서 사참을 하고 오살을 하면 육시럴 년들 같으니라고! 하지만 그게 어디 불쌍한 고년들 잘못뿐이겠느냐—.

좌우당간에 그리 술을 잔뜩 퍼먹어 놨더니 이리로 가도 훨훨, 저리로 가도 훨훨 절쑤, 절쑤, 절쑤, 절쑤—.

사장과 여자들은 아구의 눈치만 보고 있고, 제 흥에 겨운 아구가 춤을 한 상 추는데 장단이 꼬인다.

쉬이— 쉬이—. (잽이에게) 야 이 망할 자식아, 거 무슨 놈의 장단이 길었다 짧았다 니 멋대로 지랄 발광이냐?

잽이 이게 바로 엿가락 장단이라는 거다 이놈아.

아구 옛다 엿이나 먹어라 이놈아.

잽이 예끼 이 후레아들놈!

그런데 넌 대관절 뭘 해 처먹고 사는 놈인데 괜시리 남의 놀음판에는 끼어들어서 훼방이냐 훼방이?

아구 오—, 내가 뭘 해 잡수시느냐고?

잽이 잡수시는 거 좋아하네, 뭘 해 처먹느냐고 이놈아.

아구 마—, 해 처먹긴 뭘 해 처먹어? 내가 공무원인 줄 아냐?

잽이 어? 너 여기 공무원들 잔뜩 와 있다 너—.

아구 뭐? 공무원들? 마, 여기 오신 공무원들은 빌 공 자, 없을 무 자, 그런 공무원들이셔 임마!

잽이 고놈 보기보다는 아주 유식허네. 그럼 원 자는 무슨 원 자냐?

아구 원 자? 원 자라…… 원 자라…… 이런 병신아, 그거야 공무원 원 자지 무슨 원 자야?

잽이 야 야 야, 이리저리 둘러대지만 말고 니 본색이나 밝히란 말이야 이놈아!

아구 내 본색! ……내 본색은 원색으로서 빨주노초파남보 연분홍 치마가 봄바람에…….

잽이 야 야, 너하고는 얘기 더 못하겠다, 그만두자.

아구 야 야 미안하다. 그건 괜한 농담이었고, 내가 누구시며 뭐하는 분이신지 자서히 밝힐 터이니 어디 자서히 한번 들어보거라. 내가 누구신고 하니…… 대한민국 백성, 김아구다!

잽이 그런데?

아구 내가 어떤 분이신고 하니, 저기여기 이리저리 조선팔도 방방곡곡을 싸

돌아댕기면서 볼 것 못 볼 것 다 보고, 들을 것 못 들을 것 다 듣고, 할
말 못할 말 다 하고, 쌀 것 못 쌀 것 다 싸지르시는 그런 분이셔 임마.

잽이 오 그러셔?

아구 내가 뭘 해 잡수시는고 하니, 저 경상 충청 전라도 망막골에서 다랑논
한 배미, 자갈밭 한 뙈기, 남의 집에 머슴살이, 길 내는 데 날품팔이, 다
집어치우고, 너 저—기 ○○시장 알지?

잽이 그럼.

아구 거기 생선 도매전 알지?

잽이 알어.

아구 그 옆에 튀김집 알지?

잽이 알지.

잽이 그럼 그 옆에 쬐끄만 아구찜 파는 데도 알겠네?

잽이 거긴 몰라.

아구 하이고 답답해라, 왜 하필이면 거기만 또 몰라?

잽이 그건 알아 뭐해?

아구 좌우지간 내 거기서 아구찜 장사 해갖고선 저금을 해볼까? 헛지랄이
지. 주택복권을 사둘까? 개지랄이지. 한푼 두푼 모은 돈은 몽땅 다 쐬
주 사 잡수시는 그런 분이셔 이놈아.

잽이 삼삼한데.

아구 아 남남하지.

잽이 남남이라고?

아구 그래, 왜 남남이 아니니?

잽이 왜 남남이니?

아구 임마, 나는 너한테 남이고, 너는 나한테 남이니까 우리는 남남이지 이
놈아.

잽이 남남은 따로 있는 거다.

아구 어디?

잽이 저—기. (사장과 여자들을 가리킨다)

아구 (힐끗 쳐다보고) 마—, 저건 남남이 아니라 남녀야 남녀, 남과 여!

잽이 남녀만 되어도 좋게?

아구 그럼 남과 여도 아니야?

쟵이 쪽발이라네—.

아구 어, 쐬주 안주에 좋은 돼지 족발?

쟵이 쪽발이!

아구 오라, 쪽쪽 빨아 먹어야 몸에 좋다고? 에이, 난 저건 못 먹겠다 애…….

쟵이 야 이놈아, 왜놈 쪽발이 사장이 물 건너와서 조선 처녀를 하나도 무엇
한데 둘씩이나 데리고 농탕을 치는 거여—.

아구 (깜짝 놀라며) 뭐? 아니, 내 나이 오백 살에 계집이라고는 절반도 없는
데, 그래 쪽발이 놈이 계집을? 아니 그것도 조선 계집을? 게다가 둘씩
이나? 와하하하하…… 안됐구나 안됐어, 니가 오늘 날을 잘못 받았구
나. 안도둑 바깥도둑 샅샅이 골라내서 급살탕 국 멕이기로 유명하신 요
술주정뱅이를 몰라봤구나. 안됐다 안됐어 와하하하하…….

쟵이 그럼 어디 한번 멕여봐.

아구 정말?

쟵이 곱빼기로.

아구 그럼 계집들을 우선 불러들이고…… 애 애 아가야, 사탕 줄게 이리 온?

여자들이 사장 뒤로 숨으면 사장이 막아서며 고개를 내젓는다.

야—, 저놈이 간뎅이가 부었어도 단단히 부었네? 아, 내 지놈을 어떻게
녹여야 잘 녹였다고 소문이 날까?

쟵이 니깟놈한테 껌뻑 죽었을 놈이면 벌써 저 대마도 앞바다에서 개헤엄 치
고 있을 거다 이놈아.

아구 그렇게 단단해?

쟵이 짱짱해.

아구 그럼 어쩐다…… 옳지 저놈이 물 건너와서 계집을 둘씩이나 데리고 농
탕을 칠 때는 쐿가루 꽤나 묻혀왔겠지? 그러니 나도 저 쪽발이 놈을
돈으로 한번 녹여보는데—, (돈을 찾아도 없다) 여보게…….

쟵이 왜 그러시나?

아구 나 돈 좀 주시게…….

쟵이 장사해서 번 돈은 다 어쩌고?

아구 노가 년들한테 다 털렸지.

잽이   나도 없어.

아구   줘!

잽이   못 줘!

아구   줘!

잽이   못 준대도!

아구   이런 빌어먹을 놈. 야—, 돈 좀 내—. 거 부잣집 자식들 뭐해—? 돈들 좀 내, 돈, 돈—.

|노래 1| 돈 타령

돈 돈 돈 돈

돈 내놔라 돈 돈

있는 놈은 다 내놓고

없는 놈은 안 내도 좋다

돈 돈 돈 돈

돈 내놔라 돈 돈

장롱 속에 감춰둔 돈

지갑 속에 꼬불쳐둔 돈

나쁜 돈은 다 내놔라

몽땅 내놔라 돈 돈

돈 ——

엠병할 것들 돈 하나도 안 주는구나.

잽이   엤다. (동전 하나를 던져준다)

아구   헤헤—, 겨우 동전 한 닢?

잽이   그래도 그게 충무공 이순신 장군 거북선 새긴 동전이여—.

아구   좋다. 그럼 내 충무공 이순신 장군 거북선 새긴 동전으로 한번 녹여보는데—, 너 이놈 쪽발아—, 계집 몽땅 내놔라—.

사장   (여자들에게 돈 꾸러미를 걸어주며) 마라 마라 마라.

마라데쓰 마라데쓰 웃기지 좀 마라데쓰
산 넘어노 물 건너노 조쎈 땅에노 들어노 올 때노
와따꾸씨가 골이노 비어노 알몸으로노 왔겠데쓰까
쐬전, 지전, 어음, 수표, 딸라, 엔화, 루부르, 마르크
온갖 술수 갖은 흉계 다 가지고노 들어노 올 때노
굽실굽실 절한 놈이노 너희들 말고노 누구데쓰까
땅 내주고노, 집 내주고노, 몸 내주고노, 맘 내주고노
국물 쬐끔 얻어먹고노 "가무사 가무사 가무사하무니다……"
요로콤이노 빌붙은 놈이노 너희들 말고노 누구데쓰까
배고픈 놈이노 살게노 해주신 너희노 은인이노 일보노 사람이노
가무사 가무사 가무사해라! 천 번이 만 번이 가무사해라!
"빠가야로 조센징—, 덴노헤이까 반자이—!"
마라데쓰 마라데쓰 웃기지 좀 마라데쓰

(돈 꾸러미를 아구에게도 걸어준다)

아구 잘헌다, 한 번 더 해라.

사장 맛대.

아구 뭘 맛대?

사장 좃도.

아구 저런 개자식.

사장 센세이노 기분이노 자루자루 아루겠스무니다……마는,
안 돼데쓰 안 돼데쓰 앙꼬루는 안 돼데쓰—.

아구 안 되겠다 안 되겠어. 저 육시럴 놈이 돈을 나보다 열 배 백 배는 더 가
졌구나. 야, 이 박사 때 50환짜리 동전으로는 어림도 없으니 무슨 다른
좋은 수가 없을까?

잽이 있지.

아구 그게 뭔데?

잽이 맨입으로?

아구 아 그럼 날입으로 하지.

잽이 안 해.

아구 애 애, 내 이따가 술 사줄게.

잽이 얼마나?

아구 니가 제일 좋아하는 쐬주로 너 깰 때까지 사주마.

잽이 겨우?

아구 아니 그럼 뭘 더 달래?

잽이 (여자들을 가리킨다)

아구 오라, 아하하하 알겠다 알겠어. 이 흉물스런 놈아, 그래 너하고 나하고
는 남남지간이 아니니 저 계집들 뺏어서 잘생긴 것은 다 내 꺼고 못생
긴 것도 다 내 꺼고 남는 것은 다 니 꺼다.

잽이 …….

아구 허허 이놈이 맹물은 아니구나. 그럼, 고운 것은 내 꺼고 까칠한 것은 니
꺼다.

잽이 …….

아구 이런 날강도 같은 놈, 맨주둥이로 한몫 볼려고? 니깟 놈이 뭔데 그것도
싫대?

잽이 싫으면 관둬라.

아구 허허 이놈이 그래도 뜬구름은 아니로구나. 그러면 이쁜 것은 봄바람에
손 탈까 무섭고, 미운 것은 오밤중에 꿈자리 사나울까 무서우니 몽땅
내 꺼도 하고 니 꺼도 할까?

잽이 복채로 놓고 비나리부터 외워보시게—.

아구 야, 거 굿판 한번 벌이는 데 되게 비싸구나. 가물기는 가물었으니 거북
선 동전은 아껴두고 막바로 고사판으로 들어가 보는데, 살살 풀어라 살
살—.

잽이 (꽹과리를 치며) 유세차 ○○년 ○월 ○○날, 해동 잡으면 조선국, 가
운데 잡아라 서울 장안에 조선 장사 김아구가 쪽발이놈들 몰아내려고
여러 수호 귀신님들께 비옵나니, 부디 강성한 힘을 내려주시어 다시는
탈 없이 잘들 살게 도와주시옵소서, 도와주시옵소서…….

아구 쳐라—!

한자 닷치 납짝키에 오리발 안짱다리

쥐눙깔 들창코에 쪽발이들 들어온다

따각따각 따각따각 딱따다가닥 따각따각

이 거리 저 거리 삼거리 사거리 오거리

동서남북 왼바닥을 누비더니

마산 땅 낼름 먹고 제주 땅 날름 먹고

속창 없는 늙은 엽전 안도둑과 합세하야

해동 조선을 꿀꺽 먹네

잽이　늙은 놈들은 그렇다 치고,

아구　홍학 백학 학순이 공산명월 공순이

삐쭉빼쭉 새침이 일도 잘헌다 억순이

애 깨나 낳는 년은 모조리 왕창 후려내니

요놈의 나라 요놈의 꼴이 망할 망 짜 망쪼로구나―

어쩔거나 어쩔거나 요놈의 나라를 어쩔거나

단군 이래 나라 선 뒤 착하고 어진 조선 사람이

무슨 놈의 천벌받을 죄를 그리도 졌다고

요놈이 와서 낼름 꿀꺽 소놈이 와서 닐름 꼴깍

그것도 모자라서 이제는 허리 뎅겅 잘라내고

따로따로 처먹는구나―

장군― 장군― 녹두 장군 최영 장군 이순신 장군 강감찬 장군

서산대사 사명대사 인제 더는 못 참겠소―

내 계집 도로 뺏어서 잘 데리고 살 터이니

장군― 대사― 힘 좀 빌려주시오 네―?

쳐라 쳐라 철 철 저리절쑤―

여자들과 함께 돈 꾸러미로 후려치며 추는 아구의 춤에 이기지 못하여 사장
이 아구의 코를 때리고 나간다.

쉬이―, 야 춤을 추다가 내 코를 탁 치고 가는 게 뭐냐?

잽이 뭔지 몰라? 쪽발이 놈이 니 춤을 이기지 못해서 코를 때리고 도망쳤어.

아구 뭐 코를 때리고 도망가? 아이쿠 내 코, 허연 피가 백두산에서 한라산까지 하염없이 흘러내리는구나.

잽이 여보게, 맞은 지가 언젠데 이제서 코가 아퍼?

아구 아 그렇지, 어쩐지 좀 싱겁더라. 아 여보게, 그러나저러나 쪽발이 놈은 나한테 쫓겨났네만 고놈이 데리고 놀던 계집이 안 보인다.

잽이 어허, 뒤로 홱.

아구 (여공 앞에 다가서며) 그러면 그렇지, 잘생겼구나 잘생겼다. 니가 요리 잘생겼으면 널 난 니 에미는 얼마나 이뻤겠느냐. 내가 너 잘생긴 근본을 일러줄 것이니 들어보거라 어흠. 이마는 됫박이마요, 눈썹은 실붓으로 그린 듯하고, 입은 당사실로 쪼르르 엮은 듯하고, 목고개는 홈싹 패고, 아랫배는 맬록하고, 엉뎅이는 팡파짐하고, 모가지는 실래끼 모가지, 절구통 배지, 새다리 정강이에 마당발이라, 한 번에 새끼 열다섯씩은 족히 낳겠다—.

잽이 여보게, 그건 다 뭘 하게?

아구 그건 다 뭘 하느냐고? 한 놈은 논 갈리고, 한 놈은 공장 보내고, 한 놈은 공부시키고, 또 한 놈은 쌈 가르치고, 남는 건 다 아구 자식이다, 엑헤! 쪽발이 놈이 데리고 놀 때는 둘이더니 한 년은 못 보겠다.

잽이 뒤로 홱.

아구 히야, 요것은 더 이쁘구나. 너희 둘을 보니 쪽발이 놈이 안달나게도 생겼지. 너희들 이만큼 오너라. 네 이년들—! 농사꾼 공돌이 학사 석사가 수두룩한데 하필 쪽발이 놈이 멋이더냐? (툭 때리자 샐쭉 돌아선다) 요것들이 삐쳤구나. 야 야 돌아서라. (돌아선다) 너희들이 미워서 그런 게 아니다. 그러나저러나 쪽발이 놈은 나한테 쫓겨났고, 너희들만 남았으니 춤이나 한상 추어보자. (잽이에게) 쪽발이 놈이 농탕치던 계집들 데리고 춤이나 한상 추고 들어가겠다—.

잽이 좋은 말씀—.

장단이 울리며 세 사람 대무하다가 아구가 두 여자를 얼싸안고 퇴장한다.

〈끝〉

이 글은 계간지 《리뷰》 1998년 여름호에 음악평론가 강헌이
정리해 수록한 내용을 토대로 김창남이 일부 수정하고 보완한 것이다.

도전적인 패기와 환원할 수 없는
젊음의 상징

　한국 모던 포크는 명백히 서구의 번안에서 출발했다. 첫 페이지를 장식한 1969년 트윈 폴리오의 「하얀 손수건」과 「웨딩케익」, 1971년 서유석의 「파란 많은 세상」, 그리고 우디 거스리와 밥 딜런을 번안했던 양병집이 그랬다. 혼돈과 열망, 좌절과 분노가 어지러이 뒤엉켰던 1971년, 그야말로 혜성과 같이 등장한 양희은의 데뷔 앨범은 「Puff」를 위시하여 뒷면을 가득 채우고 있는 번안곡 행진의 갈피에 「아침 이슬」과 「그날」을 품고 있다. 그리고 이 두 '창작곡'이 한국 모던 포크뿐만 아니라 순응주의로 점철된 대중음악사 전체를 뒤집는 청년세대 혁명의 진원지가 되었다. 그 전복의 키워드는 양희은의 가히 혁명적인 보컬과 김민기의 오선지 텍스트. 김민기는 이 두 노래의 작곡자로서, 그리고 이 앨범의 리드 기타리스트이자 디렉터로서 처음으로 공식적인 면모를 드러낸다. 그는 파트너 기타리스트인 이용복(곧 시각장애인 가수로서 성공하게 되는 바로 그)과 더불어 단 두 대의 통기타로 아름답고 섬세하며 황홀한 젊음을 올올히 토해낸다. 같은 해 바로 뒤이어 녹음된 김민기의 데뷔 앨범 속의 목소리가 침잠과 고뇌의 무늬를 자아낸다면 거칠 것 없는 양희은의 목소리는 도전적인 패기와 환원할 수 없는 젊음의 상징이다. 이보다 완벽한 결합의 애증을 또 어디에서 찾을 수 있을까? 그러나 가혹한 1970년대의 정치사는 이들의 이인삼각 경주가 순탄하게 수행되는 것을 용납하지 않는다. "「아침 이슬」을 처음 접하자마자 반했고 꼭 부르고 싶었다. 노래를 못 부른다고 그때부터 지금까지 타박도 많이 받았지만……"(양희은). 이 노래의 무엇이 재수생활을 갓 끝내고 대학의 새내기가 된 어린 여학생을 매료시켰을까? 도대체 왜 당시의 청년 지식인은 물론이고 그로부터 16년 뒤 1987년 유월의 거리를 메운 수십 수백만 명의 시민들이 애국가 다음으로 이 노래를 몇 번이고 부르며 미래에 대한 희망의 일체감을 단련시켰을까? 유월의 군중 속에 그저 한 명의 시민으로 서 있었던 김민기는 아직도 그 까닭을 모르겠다고 한다. 양희

은은 노래는 불려지는 순간 이미 그것을 받아들이는 이들의 것이므로 그들이 이 노래의 역사적인 힘을 만든 장본인이라고 생각한다. 김지하는 말한다. "그의 노랫말에는 죽음이 배어 있다. 그러나 그의 음악을 들으면 부활의 기쁨이 느껴진다. 밑을 흐르는 세계와 삶에 대한 짙은 사랑과 잃어버린 유년의 고향으로 이끌어주는 듯한 강렬한 종교성은 죽음과 고문의 시대를 사는 우리에게 그 자체로서 하나의 저항이었고 대안이었다. 그 절정이 「아침 이슬」이다. 미지의 삶의 광야에로 무한히 열리는 「아침 이슬」의 마지막 소절은 약속과 창조의 땅으로 나아가는 고달픈 유랑민의 복음이었다."「아침 이슬」에는 서구 모던 포크의 기수들의 노래에는 없는 영웅적인 비극성이 녹아 있다. 그것을 통기타의 신세대와 그 후계 세대가 자기 세대의 성가(anthem)로 재해석하고 창조해낸 것이다.

김민기 데뷔 앨범_1971

한국 대중음악사와 건강하고 섬세한
젊은 도깨비의 대면식

신중현과 엽전들의 1집(1974), 조용필의 4집(1982)과 더불어 한국 대중음악의 기념비를 구성하는 이 역사적인 앨범은 김민기의 유일한 정규 앨범이다. 그리고 그는 곧 연행과 감시, 금지와 검열로 얼룩진 숙명의 그물망 속으로 굴러 떨어진다. 3공과 4공의 파시스트들은 연약한 그에게 가혹한 굴레를 씌웠지만 역사는 그것을 청년 예수의 가시면류관으로 승화시켰다. 채 몇 달이 되지 않는 합법 상품 시절, 그리 많이 팔리지 못했던 이 앨범은 그 후로 오랫동안 수십 배의 고가로 암거래되었으며, 노래는 입에서 입으로, 투박한 등사기법으로 복제된 가사 모음을 통해 요원의 불길처럼 사람들의 가슴을 울리고 지나갔다. 그것의 원동력은 탄압이 분만한 단순한 반작용 때문이 아니라 그의 노래 자체가 품고 있는 젊은 한국어와 그것의 음악적 울림 때문이다. "김민기는 확실히 들은 대로 부르려 하지는 않았다고 생각된다. 그는 우리나라의 노래 상황을, 그리고 그 상황이 갖고 있는 문제를 인식하였다. 그리고 이를 거부하고 새로운 들음의 환경을 만들기 위하여 스스로 노래를 만들었다. 그의 노래가 전파됨에 의하여 그의 환경에 동참하는 소집단이 생겼고, 이는 대중문화를 움직이는 힘과 대립되었다." 이건용의 이 짧은 진술만큼 김민기와 그의 노래가 우리 대중음악사에 끼친 영향을 강렬하게 요약하는 말은 없다. 전쟁에 유복자로 태어난 그가 1966년 고등학교 입학 선물로 받은 기타를 손에 잡았을 때, 그리고 박 대통령의 삼선 개헌안이 밀어붙여지던 1969년 미대에 입학한 그가 '도비두(도깨비 두 마리라는 뜻)'라는 이름의 듀오로 아르바이트를 시작했을 때, 나아가 「오적(五賊)」 필화 사건과 평화시장의 노동자 전태일이 죽음으로 진실을 알리던 1970년의 어느 날 양희은을 만나 그의 음악적 동반자가 되었을 때, 그리하여 이듬해 마침내 그 자신이 데뷔 앨범을 발표하고 1972년 봄 서울대학교 문리대 신입생 환영회에 초대되어 노래부르기를 지도하다 이튿날 새벽 동대문서로 연행되고 시중의 그의 음반이 전량 압수되었을 때, 이 모든 순간은 1926년 윤심덕의 「사의 찬미」와 더불어 열린 한국의 대중음악사가 건강하고 섬세한 감수성을 지닌 한 젊은 '도깨비'와 대면하는 자리가 되었다. 이 역사적인 앨범을 관통하는 하나의 정신은 노래에 대한 반성적 사유이다. 그의 노래들이 해방 직후의 조선음악동맹 작곡가들의 노력처럼 명백한 정치적 슬로건과 민족음악 언어의 수립이라는 대의명분을 표방한 것은 아니었지만, 식민지의 가슴 아픈 유산인 트로트와 전쟁 이후 범람한 미국의 대중음악에 대한, 그리고 우리 대중음악의 정치적·사회적 무관심주의에 대한 전면적인 반격의 예광탄이 되었다. 이 반박의 대상에는 트윈 폴리오로 대표되는, 1960년대 후반부터 대학가에서 유행병처럼 일기 시작한 통기타 신드롬과 서구의 비판적 대중음악을 일차적으로 본뜨던 사조까지 포함된다. 이 앨범과 그가 음악적 내용을 제공한 같은 해에 나온 양희은의 데뷔 앨범이 있음으로써 나훈아의 「물레방아 도는데」와 남진의 「님과 함께」로 이어지던 한국 대중음악계는 또 하나의 문제의식을 포섭할 수 있었다. 이 앨범은 두 곡(「바람과 나」와 「저 부는 바람」)을 제외하고는 모두 그의 작품이다. 그는 또한 단 한 장의 앨범으로 록 음악의 신중현과 함께 본격적인 대중음악가, 곧 싱어 송라이터(Singer-songwriter)의 시대를 열어젖힌 것이다. 이 앨범이 발표된 지 16년 뒤인 1987년 민주항쟁 직후에 이 앨범은 비로소 복권되었고, 저작권자의 허락을 얻지 않은 복원반

이 잠깐 나왔다가 곧 사라졌다. 「아! 대한민국」이라는 제5공화국의 '건전가요' 가 꼬리에 묻은 채.

역사에 걸터앉아 미래를 향해 외치는
젊은 세대의 요약

　수난으로 접어들던 1972년. 김민기는 유신이 선포되기 직전 자신의 데뷔 앨범과 유일하게 견줄 만한 한국 통기타 음악의 영원한 걸작을 양희은과 함께 남긴다. 그리고 그것은 동시에 양희은의 오랜 디스코그래피 중 가장 빛나는 작품이기도 하다. 「그 사이」와 「인형」, 「서울로 가는 길」 같은 초기 김민기의 가작들이 숨 돌릴 틈 없이 제시되는 LP의 앞면과 「백구」와 「새벽길」, 그리고 「아침 이슬」에 견줄 만한 문제작 「작은 연못」으로 마감하는 뒷면은 도저한 영감의 도도한 행진이다. 특히 「인형」에는 고영수와 김광희, 조영남, 그리고 지금은 HOT와 SES의 기획자로 더 널리 알려진 이수만이 코러스와 효과를 담당하고 있어 미소를 머금게 한다. 「아침 이슬」과 함께 양희은이 등장했을 때, 이미 한국의 대중음악사는 이 젊고 당돌한 보컬리스트를 경의의 눈으로 바라보았다. 예술에 대한 허위의식과 대중에 대한 아부를 원천적으로 봉쇄해버린 듯한 이 어린 대학생의 생목소리는 바로 혁명적 낭만주의로 불타오른 신세대의 표상으로 추인되었다. 양희은의 당당하고 또렷한 발성은 대중음악에 있어서 가사의 의미 전달을 확장시켰을 뿐만 아니라 '사랑'으로 범벅된, 한국 대중음악의 과잉된 습기를 단숨에 제거시켰다. 그는 이 앨범에서 강력한 보컬 카리스마를 발현했던 전작을 한꺼번에 뛰어넘는 위대함을 보여준다. 깔끔함에 단호함을 새겨 넣은 그의 보컬 톤은, 이후 많은 여성 보컬리스트들의 과제가 되었으며 수많은 추종자들이 그 뒤를 잇는다. 그의 목소리가 1970년대 젊은 지식인들의 열광을 불러왔던 것은 어쩌면 당연한 일이다. 사실 1970년대 한국의 인텔리겐치아 문화만큼 혼란스러운 것도 없다. 4·19와 전태일로 요약되는 혁명적 열기가 재정렬되는 한편으로 세련된 서구 문화에 대한 추종이 가속되었고, 또 다른 축에서 탈춤이나 민요부흥운동 같은 민족문화에 대한 복원 열정이 복합적으로 착종되어 있던 이들 세대는 그들의 목소리를 대변해줄 그 어떤 새로움을 갈구하고 있었다. 이난영에서 이미자로 이어지던 주류 여성 보컬은 이들에게 더 이상 관심의 대상이 될 수 없었으며, 한명숙이나 현미 혹은 패티 김같이 서구 대중음악적 경도가 짙은 음색 또한 그들을 만족시킬 수 없었다. '혁명적 낭만주의'란 말에서 감지할 수 있듯이, 이 인텔리겐치아 세대는 열정뿐만이 아니라 세련됨도 동시에 요구했던 것이다. 이 2집 앨범 사진은 이와 같은 섬세한 반항의 이미지를 단적으로 보여주고 있다. 커다란 나뭇등걸에 통기타를 끼고 걸터앉은, 쇼트 머리에 맨발의, 허름한 남방에 옷단이 너덜너덜한 청바지, 그의 모습은 역사에 걸터앉아 미래의 하늘을 향해 외치는 이 젊고 새로운 세대의 요약이었던 것이다.

뒤바뀐 이름, 어긋난 예수의 재림

　　1975년 긴급조치 9호의 서슬 아래 이루어진 '가요규제' 조치는 모든 예술 분야에서 청년문화의 기수들을 무장 해제시켰다. 한국의 문화계는 군홧발 아래 짓밟혔으며, 이 땅은 김민기가 김지하와 공동으로 작업한 1973년 〈금관의 예수〉에서 이미 묘사한 바 있는 "태양도 빛을 잃어 아 캄캄한 저 곤욕의 거리"로 추락했다. 김민기와 양대 산맥을 이룬 '태평양의 자유주의자' 한대수는 '외로운 자유의 길에 지쳐' 미국으로 다시 떠나버렸고, 포크와 로큰롤을 절묘하게 혼합하여 대중적 선봉이 되었던 이장희 역시 이민의 길을 택했다. 어떤 죄목으로든 검거당하지 않았던 남은 동료들은 긴급조치 9호 이후 어정 쩡한 위치에서 새로운 장을 모색해야 했다. 모던 포크는 이때부터 직설적이고 풍자적인 공격성을 구금 당한 채 서정의 세계로 빠져든다. 양희은은 새로운 파트너를 모색해야 했다. 김민기와 보냈던 시대, 다 시 말해 1970년대 전반기의 음악이 성가(anthem)적인 원심력을 가지고 있었다면 이주원과 보낸 1970 년대 후반은 가곡(lied)적인 구심력으로 내면화되는 시대였다. 1977년의 「들길 따라서」는 바로 이러한 특성을 유감없이 내보인 이주원과 양희은의 대표적인 합작이다. 김민기와 떨어진 양희은은 「내 님의 사랑은」을 비롯하여 「그리운 내 님네는」, 「한 사람」과 같은, 아직도 많은 사람의 뇌리에 똬리 틀고 있는 걸작 러브 발라드를 잇달아 내놓으며 이 침묵의 암흑기에 홀로 살아남는다. 이때의 그에게 '사랑'은 지 나간 시절에 대한 묵직한 통증 같은 것이었으며 그것이 곡 해석에 있어서 짙은 음영으로 표출된다. 제 대한 김민기와 다시 조우한 양희은은 당국의 탄압을 편법으로 비켜가며(작사·작곡란에 김민기라는 이름 대신 음반사 직원들의 이름을 넣어) 그의 새로운 노래들을 음반에 담는다. 「상록수」, 「밤뱃놀이」, 「천리 길」, 「늙은 군인의 노래」 같은 곡들을 수록한 1978년 앨범이 그것이다. 그러나 「늙은 군인의 노래」를 두고 국방부에서 문제 삼았고, 곧 이 곡이 금지되고 음반은 회수된다. 이에 양희은은 암담한 조국의 현실과 구원을 묘사했던 「주여, 이제는 여기에」(《금관의 예수》 삽입곡)를 「주여 이제는 그곳(곧 북한을 지칭하는)에」라는 이상한 '반공가요'로 만들어서 빈자리에 삽입하여 재발매한다. "그렇게 억지를 부 려서라도 그 노래는 꼭 음반에 담고 싶었다. 사람들이 언젠가는 알아주겠지 하는 심정으로"(양희은).

가장 어두운 곳에서 타올랐던,
가장 명징한 불꽃

　최초의 언더그라운드의 불법 인디 앨범, '3분짜리 유행가'라는 대중음악에 대한 질시를 서사를 통해 분쇄한 최초의 실험, 그리고 카세트테이프 뒷면에 동일한 러닝타임으로 녹음된 반주 테이프에서 드러나는 최초의 '가라오케' 앨범?

　"이 테이프는 한국교회사회선교협의회가 제작한 노래굿 〈공장의 불빛〉 테이프입니다. 뒷면의 반주 테이프를 틀어놓고 그것에 맞추어 몇 사람의 근로자들이 노래와 춤으로 재미있게 꾸밀 수 있을 것입니다." 유신과 함께 기약 없는 정치적 요시찰 대상자가 된 김민기의 사뭇 긴장된 목소리가 흘러나온 뒤 사십 분 남짓 이어지는 이 조악한 음질의 '노래굿' 테이프는 한국 대중음악 사상 가장 깊은 지하에서 제작되었으면서도 가장 높이 불타오른 비판 정신의 극점이 되었고 아직껏 그 자신을 넘어설 후임자를 찾지 못했다. 문학에 김지하의 「오적」이 있었다면 음악엔 이 〈공장의 불빛〉이 있었다. 대학 초년생 시절 복사본으로 「오적」을 돌려 읽었던 김민기가 십 년 뒤 바로 자신의 손으로 그에 필적하는 저항의 오선지를 분만할 줄을 예상이나 했을까? 서두의 짧은 편지 내레이션을 제외하면 음악적 연관성으로만 긴밀하게 엮인 이 믿을 수 없는 작품을 단순히 1970년대의 대표적인 노조탄압 사태의 하나인 동일방직 사건을 소재로 한 '선전극'의 형태로 한정하는 것은 가장 결정적인 오판이 될 것이다. 이 작품의 진정한 속살은 다시 트로트와 영합한 주류 대중음악의 매너리즘과 대학가요제라는 '관제' 딱지가 붙은 대학의 노래 문화의 지형도를 근본적으로 전복하는 음악 질서 그 자체의 '얼터너티브'한 문제의식에 있다. 그리고 이 문제제기는 바로 1980년대의 진실을 운반하고자 했던 모든 전투적인 가객들이 극복하지 않으면 안 되는 이정표가 된다. 어둡고 초라한 악절의 집요한 반복으로 구성된 「교대」, 주로 군대 사회에서 구전되는 선율을 차용하여 노동자 간의 미묘한 대립점을 탁월하게 형상화한 「야근」(이것과 동일한 모티브를 차용하여 1980년대 말에 전영록이 만들고 김지애가 불러 성공한 「얄미운 사람」과 비교해보라),
동요적인 순결성과 세련된 언어 감각이 결합된 「공장의 불빛」, 레치타티브 스타일을 말 그대로 한국적
으로 풀어낸 「음모」, 진양조의 민요적 감수성을 현대적으로 재창출해낸 「두어라 가자」, 그리고 익히 알
려진 「이 세상 어딘가에」. 이 다양한 스타일을 한 줄로 꿰뚫는 핵심은 우리말에 내재한 선율과 리듬의
법칙이다. 김민기의 노래가 서정적이거나 골계적일 때조차도 부르는 입에 착착 감겨드는 것은 바로 그
와 같은 이 작곡가의 유일무이한 원칙 때문이다. 이것은 그럴듯한 선율을 만들어놓고 역시 그럴듯한
노랫말을 붙여 해결하려는 안이한 작곡 기법으로는 도달할 수 없는 세계이며, 또한 그것은 우리가 중
심지 대중음악의 무의식적 지배 사슬로부터 독립하기 위한 첫 번째 필요충분조건이기도 한 것이다. 이
작품이 태어난 지 이십 년이 흘렀건만 공식적으로는 아직 '리바이벌'도 '리메이크'도 되지 못했다(이
작품은 2004년 10월에 새롭게 편곡·녹음되어 '공식적으로' 세상에 나왔다—엮은이). 1993년 네 장의 음반으
로 그의 노래들이 묶일 때도 이 역사적인 '노래굿'은 제외되었다. 다만 이 노래굿의 맨 마지막을 장식
하는 「이 세상 어딘가에」가 1990년 김민기가 주관한 〈겨레의 노래〉에 송창식과 조경옥, 그리고 노찾사
의 목소리로 담겨 있을 뿐이다. 이 작품의 후속 사건은 1984년 아동용 뮤지컬 〈사랑의 빛〉이라는 제목
으로 착수되었다가 1995년 가을에 이르러서야 록 오페라 〈개똥이〉로 마침내 모습을 드러냈다. 그는
그의 뒤에 오는 이들에게 가장 많은 숙제를 남긴, 그러나 여전히 그 숙제를 지치지 않고 풀고 있는 우
리 대중음악사의 '반디'인 것이다.

1980년대 청년문화,
그 전투적 전환의 결절점

<공장의 불빛> 이후 글자 그대로 오갈 데가 없어진 김민기는 아버지가 묻혀 있는 전북으로 내려가 익산에서 농사를 배우고 김제에서 소작농으로 생활한다. 그러나 그가 뿌린 씨앗은 각 대학의 노래 동아리에서 하나씩 움트고 있었고 이 싹들은 1980년 광주의 비극 이후 서서히 현실의 지평 위로 부상한다. 1980년대 민중가요의 대표적 작곡가로 남는 문승현을 위시하여 진보적인 음악의 대변자 격이었던 무크지 《노래》의 편집자였던 김창남, 그리고 1990년대 통기타의 기수가 되는 김광석, 그리고 나중에 노찾사의 주축이 되는 김보성을 위시한 대학 노래패 출신의 인물들이 김민기를 정점으로 모여들어 합법적인 음반을 제작한다. 그나마 이 기획이 가능했던 것은 1984년 가을 학원 자율화 조치라는, 제한적이긴 하지만 정치적 유화 국면이 조성된 탓이다. 하지만 손톱만큼이라도 진보적 내용이 포함된 것은 여지없이 공윤의 검열에 걸렸고, 그 가위손을 간신히 통과한 것은 한돌의 「갈 수 없는 고향」, 한동헌의 「그루터기」, 문승현의 「내 눈길 닿는 곳 어디나」, 변규백의 「빼앗긴 들에도 봄은 오는가」, 김기수의 「일요일이 다 가는 소리」 정도에 불과했다. 상처투성이의 앨범이었지만 이 한 장의 음반이 불러일으킨 파장은 컸다. 대학의 노래운동권은 아연한 활기를 띠기 시작했으며 이 앨범의 타이틀인 <노래를 찾는 사람들>은 바로 1987년 6월 시민항쟁 이후에 합법적인 공간의 진보적인 노래 집단으로 발전하였다. 여기를 통하여 앞서 말한 김광석은 물론, 안치환과 권진원 같은 인물들이 배출된 것은 이미 알려진 사실이다. 이 음반은 1970년대의 통기타에 의한 청년문화가 1980년대 광주를 거치면서 더욱 전투적으로 진화하는 그 전환의 결절점을 생생하게 보여준다. 그리하여 이 '낮은 목소리'들은 1980년대 후반에 이르러 대학과 노조뿐만 아니라 일반 시민들에게까지 광범한 영향력을 행사하는 수준으로 급격히 성장한다. 이 앨범에 이어 나온 1989년 2집은 안치환의 「솔아 솔아 푸르른 솔아」의 대중적인 전파에 힘입

어 약 70만 장을 소화함으로써 대학에서 발아한 노래운동의 극점을 형성한다.

김민기 노래일기 아빠 얼굴 예쁘네요_1987

환경과 휴머니즘 회복에 대한 모색

　드디어 16년간의 족쇄가 풀렸다. 파시즘에 의해 구금되었던 김민기에게 실질적인 복권을 안겨다 준 것은 바로 거리로 뛰쳐나온 시민들의 승리였다. 「아침 이슬」을 위시한 김민기의 노래들은 1987년 6월 항쟁 이후 비로소 빛을 되찾았다. 그보다 3년 전인 1984년, 경기도 전곡에서 농사를 짓던 김민기는 미국 유학을 마치고 돌아온 연극연출가 김석만의 권유로 서울로 올라와 아동용 뮤지컬을 계획하여 음반사와 계약하고 작업을 시작했지만 공윤은 심의 접수 자체를 거부하여 기획은 무산되고 말았다. 3년 뒤인 1987년, 대학 노래패 출신들과 극단 연우무대, 그리고 조동진과 조원익, 이병우, 허성욱(들국화) 같은 뮤지션의 도움으로 '노래일기' 형식의 아동용 소품 뮤지컬 〈아빠 얼굴 예쁘네요〉를 제작하고 음반을 발표한다. 탄광촌 어린이들의 순수한 시선을 통해 삶의 일상적인 진실을 형상화하려 했던 이 작은 작품은 멀티 슬라이드 프로젝션을 이용한 소극장용 뮤지컬인데, 이 영상기법은 이후 수많은 공연과 지회에서 서사적 기법으로 즐겨 채용되었다. 그러나 음반은 공윤의 집요한 수정 지시 아래 많은 대목을 바꾸어야 했다. 정권이 바뀌어도 그의 작품은 여전히 요시찰 대상이었던 셈이다. 이 앨범의 음악적 형식은 대단히 소박하고 김민기 음악의 본령이라고 규정하기에는 상당한 무리가 있다. 그러나 미완성 단계에 있던 〈개똥이〉와 더불어 이 작품은 정치적 변혁의 열망으로 불탔던 1980년대의 한복판에서 김민기의 예술적 전략이 어디로 이동할 것인지를 알려주는 하나의 지표가 될 것이다. 그는 정치 투쟁 대신,

당시에는 한가한 소리로 여겨졌던 환경문제나 근원적인 휴머니즘의 회복을 자신의 예술적 과제로 삼았다. 그의 젊은 후예들은 그런 방향 전환을 두고 소시민적이라고 비판했지만 그 비판 자체가 지금의 관점에서 재평가할 때 너무나 조급한 좌편향이었음을 알아차리기는 어렵지 않다. 그는 관점이 이동한 것이 아니었다. 다만 관심이 이동했을 뿐이다. 그것은 뮤지컬이라는 복합 장르의 처녀림이었고, 그 고통스러운 모색은 1990년대가 저물고 21세기를 훌쩍 넘어선 지금도 현재진행형이다.

김민기—노래일기 엄마, 우리 엄마 / 노래극 개똥이 중에서_1987

서구가 낳은 최후의 종합예술,
뮤지컬에 대한 독자적 상상력의 중간 결산

김민기의 작품 연보에서 가장 가슴 아픈 좌절은 아마도 십여 년에 걸쳐 도전한, 초기의 아동용 뮤지컬에서 록 오페라로 확대된 〈개똥이〉의 연이은 흥행 실패일 것이다. 좌절의 단초는 이미 1987년 음반에서 드러난다. 1987년 소품 〈엄마, 우리 엄마〉와 같이 실린 〈개똥이〉는 공연 심의에서 몇 곡이 불허됨으로써 불완전한 모음곡집 이상이 되지 못했다. 이 작품이 무대에 등장한 것은 그로부터 팔 년이 지난 뒤, 번안극 〈지하철 1호선〉을 개막한 후이다.

그와 그의 1990년대의 터전인 학전이 총력을 경주한 이 대작은, 서정적인 친밀함 아래 복류하는 명확한 주제의식, 간결하지만 이 작품의 컨셉트와 부응하는 효율적인 무대와 적절한 의상 설정, 윤도현과 이정열 같은 보컬리스트와 오지혜 같은 실력파 배우를 포함하여 이미옥을 위시한 학전의 고정 뮤지컬 배우들의 열연에도 불구하고 1990년대 관객들의 기호를 장악하는 데 실패한다. 세계 시장에 진출했다고 연일 언론이 허풍을 떨어 그 허풍으로 강남의 중산층을 현혹시킨 〈명성황후〉나 브라운관의 스타들을 총동원하여 바람몰이식 흥행을 거듭한 〈홍도야 우지마라〉 유의 속류적인 악극의 성공과 〈개똥이〉의 실패 사이엔 도대체 어떤 심연이 놓여 있는 것일까? 한 번의 개작에도 불구하고 〈개똥이〉는 아직 미완성이다. 내러티브는 너무 방만하여 무대 집중력의 약화를 초래하고, '바퀴여왕' 같은 개성적인 조연군에 비해서 상대적으로 주연의 카리스마는 빛을 잃음으로써(이것이 김민기의 드라마투르기이긴 하지만) 캐릭터에 대한 매력을 확산시키지 못한다. 그럼에도 불구하고 〈개똥이〉의 의의는 결코 과소평가될 수 없다. 마치 서구의 모던 포크를 수용하면서도 자신과 이 변방의 주체성을 잃지 않았던 것처럼 이 작품은 서구가 낳은 최후의 종합예술 장르라고 일컫는 뮤지컬에 대해 소리굿 〈아구〉 이후 끊임없이 몸부림쳐 온 독자적인 상상력의 중간 결산인 것이다.

한국 음악의 민족적 정체성 확립을 위한 첫 시도

　한겨레신문사와 공동으로 추진한 '겨레의 노래' 사업은 공연과 음반, 노래모음집 발간을 한데 묶는 종합 이벤트였다. 그리고 그것은 1980년대 노래운동의 계급적 한계를 민족적 지평으로 확대하려는 하나의 전환이며, 동시에 대중음악과 노래운동, 강단의 고급 음악, 그리고 민요 진영으로 분화한 한국 음악의 정체성을 통합하려는 하나의 시도였다. 이 사업을 진두지휘한 김민기는 기존의 민족음악과 운동권 노래, 그리고 대중음악의 고정관념 속에 묻힌 레퍼토리를 수집하고 중국 조선족의 노래를 발굴하였으며 새로운 노래를 공모했다. 북미에 거주하는 로광욱이 지은 「고려산천 내 사랑」을 성악가 김학남이 불렀고, 근대음악의 여명기의 작곡가 정사인의 명작 「내 고향」을 노영심이 편곡하고 김소정 할머니(바로 김민기의 어머니)와 서유석이 같이 부른다. 해방 공간의 천재 작곡가 김순남의 「자장가」를 장필순이 부르고, 나중에 김광석이 불러 널리 알려진 김현성의 작품 「이등병의 편지」를 들국화의 전인권이 불렀으며, 부산 미문화원 방화사건의 주역인 문부식의 시에 임준철이 곡을 붙인 「꽃들」과 함영국의 「이 세상에」(최진영 노래)가 수록되어 있는 이 앨범은, 송창식과 조경옥이 듀오를 이룬 〈공장의 불빛〉의 삽입곡 「이 세상 어딘가에」로 마감한다. 전국 순회 공연을 성황리에 마친 '겨레의 노래' 사업은 이 음반 하나를 끝으로 더 이상 이어지지는 못했다. 그리고 풍요의 거품과 절망의 비명으로 얼룩진 1990년대가 본격적으로 질주하기 시작한다.

민족의 동질성과 공통분모를 찾는 작업

　소극장 학전 개관 첫해인 1991년 김민기는 「어데로 가나 그리워 나의 장백산」, 「장백의 미인송」, 「어머니」, 「반갑구나」, 「선생님의 들창가 지날 때마다」 등 창작 가곡 8곡과 「하얀 백두산」, 「풀피리」, 「살림이 늘어간다 기뻐해요」 등 동요 6곡을 묶은 중국 조선족 창작 가곡·동요 모음 음반을 학전에서 제작한다. 당시 한국에서 한약 보따리장수의 이미지로 일반화되어 있던 중국 교포들의 당당한 모습과 다양한 예술 세계를 선보이고 이를 통해 민족 정서의 공통분모를 찾고자 기획된 이 음반에는 학전에서 기획한 동명의 공연 〈북방의 선율—중국의 우리 노래〉를 위해 초청된 조선족 음악가들이 참여했다. 하얼빈 오페라단의 주역 최철호(바리톤)와 장금화(소프라노), 연변예술가무단의 일급예술인 임성호, 소프라노 임경진 부녀의 목소리가 담긴 음반 〈북방의 선율〉은 중국 조선족 노래를 조선족 성악가들의 목소리로 한국에서 녹음한 최초의 음반으로 기록된다. 1990년 제1회 중국창작오페라경연대회에서 최우수상을 받은 가극 〈아리랑〉 중 「원님과 아영의 노래」는 당시 중국 조선족 음악의 현주소를 가늠하게 한다. 이지윤이 노래한 조선족 동요들의 밝고 깨끗한 우리말 가사가 인상적이다.

김민기 1_1993

불혹의 목소리로 다시 부른
70년대 청년문화의 풍경

해금되고 난 후에도 많은 작업을 진행하였지만 정작 김민기의 목소리는 들을 수 없었다. 고작해야 〈겨레의 노래〉 순회 공연에서 부른 「아침 이슬」 정도였을까? 김민기는 네 장으로 이루어진 전집을 통해 기나긴 노래의 연대기를 일차적으로 정리한다. 아마도 우리는 동숭동 골목의 작은 소극장에 대해 고마워해야 할 것이다. 왜냐하면 노래 부르는 것을 극히 꺼렸던 그가 이렇게 음반을 발표하게 된 것은 바로 1991년에 동숭동에 연 소극장 학전의 설립 및 운영 자금 때문이었다. 그는 〈아구〉와 〈공장의 불빛〉, 그리고 1980년대의 노래극 속의 노래를 제외한 대부분의 곡을 조동익을 위시한 숱한 뮤지션들의 지원을 받으며 이미 불혹을 넘긴 떨리는 목소리로 다시 불렀다. 어쩌면 저 1971년의 단아한 청년의 자취는 이 전집에서 발견할 수 없을 것이다. 하지만 이 전집은 그의 소중한 시편들을 불멸의 기록으로 남겨놓았다. 전집 1권은 1960년대에 상송을 즐겨 불렀던 최양숙에게 준 「가을 편지」(고은 작시)의 더할 나위 없이 고즈넉한 이병우의 통기타 서주로 문을 연다. 「내 나라 내 겨레」, 「두리번거린다」, 「아름다운 사람」, 「친구」, 「그날」 같은 1970년대 전반의 초기 노래를 담고 있는 1권은 주로 김민기 자신에 의한 통기타의 여음으로 매듭지어져 있어 1970년대 캠퍼스 청년문화의 풍경을 우리에게 펼쳐 보인다. 주목할 만한 트랙은 송창식의 데뷔 앨범에 실렸다가 삭제되었던 「내 나라 내 겨레」의 오리지널 낭송 대목이다.

수난의 '길'에서 얻은 통찰력의 발원

양희은이 더 바랄 것 없는 절창을 보여주었던 「새벽길」의 역동적인 리듬으로 시작하는 전집 2권은 1권을 주도했던 정적감이 서서히 걷히고 아연 역동감을 분만하기 시작한다. 김광석의 하모니카 연주를 지원받으며 직접 기타를 치며 부르는 그의 고전 「길」에서 김민기는 1971년 녹음과는 다른 기백을 표명한다. 그가 걸어온 수많은 수난의 '길'에 대한 통찰력에서 발원하는 것이 아니었을까? 「종이연」은 비로소 「혼혈아」라는 원래 제목을 되찾았고, 어느 누구에 의해서도 불려지지 않았던 「눈산」이 처음으로 녹음되었다. 4권의 전집 중에서 이 두 번째 권을 가장 빛나는 백미로 만들어주는 트랙은, 단일 노래로서는 그의 유일한 1990년대 작품이자 한국 포크 록의 최대 걸작인 「철망 앞에서」이다. 분단의 모순과 고통을 자연과 인간의 친화력으로 풀어낸 탁월한 주제의식, 그리고 「아침 이슬」을 떠올리게 하는 세 개의 서정적이고 극적인 선율 주제, 그리고 김민기-장필순-한동준으로 이어지는 트리오 보컬과 조동익, 손진태, 박용준이 펼치는 단정한 세션은 1990년대 한국 대중음악의 알려지지 않은 위대한 성과 중의 하나일 것이다. 이 외에도 1970년대 투코리언즈가 터프하게 해석했던 「고향 가는 길」의 민요적 5음계와 포크의 반복적이고 흥겨운 패시지를 만끽하게 하는 「차돌 이내 몸」, 그리고 상승과 하강의 선율 교차를 통해 1970년대의 어두운 시대상을 우울하게 은유하는 「나비」 역시 주목된다.

현실주의적 미의식으로 아롱진
우리 대중음악의 걸작

　사진작가 김수남이 찍은, 동해의 겨울 바다를 배경으로 무표정하게 선 세 번째 권의 모노크롬 재킷은 어딘가 을씨년스러워 보인다. 그러나 이 을씨년스러운 아우라야말로 군사정권 이십 년 동안 이 땅의 청춘들의 자화상이 아니었을까? 이 3권은 유신정권의 폭정이 극점을 형성했던 1970년대 중반의 김민기의 변모한 현실주의적 미의식이 아롱져 있다. 공장 생활 때 동료들의 합동 결혼식에 축가로 불러준 「상록수」는 김광민의 정결한 피아노로 다시 태어나고, 거의 유일무이하게 사용했던 블루 노트의 적막함이 전편을 감도는 「기지촌」은 한영애의 스캣으로 더욱 열기를 불러일으킨다. 다양하게 노랫말이 바뀌어 1980년대의 거리와 농성장을 뒤흔들었던 「늙은 군인의 노래」와 제대로 된 제목과 가사를 비로소 되찾은 「주여, 이제는 여기에」가 사색적인 톤으로 불리고, 조동익의 베이스 기타 음색이 아름다운 「강변에서」 역시 놓칠 수 없는 트랙이다. 우리 전통음악의 내음이 통기타에 스며들어 간 「가뭄」과 「식구 생각」은 1980년대 초반 대학에 다닌 세대에겐 위안의 방언이었다. 마지막에 자리한 〈개똥이〉의 삽입곡 「소금땀 흘리흘리」는 장고의 명인 김덕수와 듀오를 이루었다. 이 세 번째 권은 선율을 빚어내는 작곡가로서의 김민기가 우리의 대중음악을 풍요롭게 만드는 데 얼마나 기여했는지를 단적으로 알려주는 텍스트이다. 다만 정당함을 상실한 권력만이 그것을 승인하지 않았을 뿐이다.

시인 김민기가 부르는 인간주의적 아포리즘

　마지막을 장식하는 4권은 1980년대의 작업과 1970년대 초반의 작품들이 엇갈려 배치되어 있다. 그 서장을 열어젖히는 노래는 1985년 양희은의 컴백 앨범에 실리기도 했던, 시인으로서의 김민기의 인간주의적인 아포리즘이 비등점을 이루는 「봉우리」이다. 1984년 LA올림픽 초반 탈락자들의 모습을 담은 다큐멘터리의 주제곡으로도 사용되었던 이 노래는 고난 속에서도 좌절하거나 소리 높여 과장되게 몸부림치지 않고 묵묵히 자신의 역사적 임무를 감내한 그의 생애의 초상이나 진배없다. "하여 친구여 우리가 오를 봉우리는 지금 여긴지도 몰라／우리 땀 흘리며 가는 여기 숲 속의 좁게 난 길／높은 곳엔 봉우리는 없는지도 몰라……." 이 앨범엔 어린이와 같이 듀오를 이룬 곡이 네 곡 있다. 바로 1972년 양희은이 불렀던 「백구」와 「인형」, 그리고 〈개똥이〉의 주제곡 「날개만 있다면」과 대미를 장식하는 「천리길」. 그의 예술의 궁극은 바로 가장 고귀한 순수로서의 어린이의 투명한 눈이라는 것일까? 그래서 '늙은' 그가 부르는 자신의 동요 「고무줄 놀이」는 더욱 아련하게 우리의 가슴을 파고들어 온다.

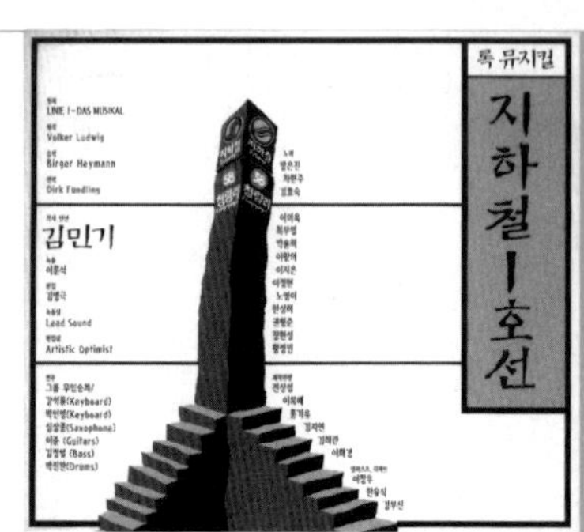

연출가 김민기와 학전 사단이 펼치는
예술적 실험 무대

이 작품은 폴커 루트비히(대본)와 비르거 하이만(작곡)이 만든 〈리니에 아인스(*Linie 1-Musikalische Revue*)〉를 원작으로 한, 독일에서 수입된 작품이지만, 연출가로서의 김민기는 이것을 번안하고 개작하여 1990년대 한국의 것으로 만들었다. 이것이 그의 또 하나의 비범함일 것이다. 1980년대의 한국 사회를 뒤흔들었던 모든 진보의 깃발이 어느 틈엔가 증발해버린 1990년대의 양은 냄비 속에서 그는 1960년대 말 트윈 폴리오가 걸었던 길을 다시 걸으며 가장 낮은 곳에서부터 자신을 재교육하고 재무장시킨다. 그것도 새로운 '꿈의 공장'으로 거품이 뒤덮이기 시작한 뮤지컬이라는 새로운 공간에서. 이 작품의 초연은 그리 성공적이지는 못했지만 그를 정점으로 하는 '학전 사단'의 공동체적인 일체감을 원동력으로 이후 이 작품은 11년째 2,300회를 넘기며 가장 성공적으로 장기 공연되고 있는 한국 뮤지컬의 대표작으로 자리 잡는다.

하지만 1996년 상반기에 나온 오리지널 캐스트 앨범은, 헌법재판소의 위헌 판정으로 존립 근거가 없어진 공윤의 최후 발악에 의해 수록곡 중의 거의 절반이 가위질당하여 걸레가 됨으로써 그에 대한 권력의 끈질긴 적의를 다시 한번 확인하게 해주는, 1990년대 한국 문화의 상처로 남게 되었다. 2001년에야 이 음반은 해외 투어 참가자들의 목소리로 다시 제작되어 전 곡의 가사가 온전히 담겨 세상에 선보인다.

해학의 백미인 「싸구려」와 「강남 싸모님」 같은 대목에서 우리는 통기타와 서양의 고전음악, 전통연회, 민요를 아우르며 걸어온 그의 예술 이력의 다양한 원심력을 엿볼 수 있다. 그리고 그는 〈개똥이〉의 실패를 딛고 다시 주체적인 번안 작품에 도전한다. 그리고 그것을 완벽하게 극복할 때만이 자신의 칼을 뽑아 들 것이 틀림없다.

Kim Min-gi

　김민기의 음악은 클래식 연주로도 여러 차례 공연되었다. 이 음반은 김동성의 편곡과 지휘로 러시아 필하모니 오케스트라가 김민기의 대표곡들을 연주한 연주 음반이다. 「아침 이슬」에서 「상록수」와 「봉우리」에 이르는 그의 대표작들이 이국의 클래식 연주자들에 의해 완벽한 연주곡으로 재창조되어 있다. 이 음반을 들으면 김민기의 음악이 얼마나 다양하고 깊이 있는 세계를 창조하고 있는지, 이른바 대중음악과 고급 음악을 구분하는 구태의연한 기준이라는 것이 한 뛰어난 예술가의 음악적 성취 앞에서 얼마나 무력한 것인지를 십분 느끼게 된다. 이 음반을 디렉팅한 김동성은 독일의 쾰른 음악대학과 미국의 버클리 음악대학에서 공부하고 세계 유수의 교향악단과 연주 및 레코딩 작업을 해온 음악인이다. 러시아 국립교향악단의 섬세하고 정교한 연주로 녹음된 이 앨범은 김민기의 음악이 단지 1970년대의 청년문화, 혹은 통기타 대중음악의 좁은 범주에 국한되지 않는, 한국 현대 문화사의 가장 풍성한 자원이자 유산 가운데 하나임을 잘 보여준다.

가뭄_1973 가을 편지_1970 강변에서_1973 검은 차_1970 고무줄 놀이_1978 고향 가는 길_1973 귀하_1970 그날_1969 그 사이_1971 기지촌_1973 길_1970 꽃 피우는 아이_1970 나비_1971 날개만 있다면_1984 내 나라 내 겨레_1971 눈 길_1973 눈 산_1969 늙은 군인의 노래_1976 도대체 사람들은_1984 두리번거린다_1972 땀 흘려 거둔 음식_1980 바다_1972 밤뱃놀이_1978 백구_1971 봉우리_1984 상록수_1977 새벽길_1971 서울로 가는 길_1971 소금땀 흘리흘리_1978 식구 생각_1975 아름다운 사람_1972 아무도 아무 데도_1971 아침 이슬_1970 아하 누가 그렇게_1970 어찌 갈거나_1974 인형_1971 잃어버린 말_1972 작은 연못_1971 잘 가오_1970 제발 제발_1984 주여, 이제는 여기에_1973 차돌 이내 몸_1972 천리길_1975 철망 앞에서_1992 친구_1968 혼혈아_1970

_김민기가 작사 · 작곡한 노래는 작사 · 작곡자를 별도로 표기하지 않았다.
_영문 가사는 대부분 카터 J. 에커트가 번역하였으며, 다음의 곡들은 박유신이 번역하였다.
  귀하, 검은 차, 도대체 사람들은, 밤뱃놀이, 소금땀 흘리흘리, 어찌 갈거나, 제발제발
_카터 J. 에커트가 번역한 가사를 박유신이 추가 번역한 곡은 다음과 같다.
  땀 흘려 거둔 음식, 차돌 이내 몸

가뭄 | DROUGHT

갈 숲 – 지 나–서– 산 길 로–접 어 들–어 와
오 랜– 가 뭄–에– 논 도 밭–도다 갈 라 지 고
이 가 뭄 언 제 나 끝 나 무 슨 장–마또 지–려 나

몇 구 비 넘 으–니– 넓 은 곳–이– 열–린 다
메 마 른 논 두 렁 엔– 들 쥐 들–만– 기 어 간 다
해야 해 야 무 정 한 놈 아 잦 을 줄–을– 모 르 는 가

길 섶 에 피 인–꽃 어 찌 이–리 도 고 우 냐
죽 죽– 대 나 무 야 어 찌 이–리 도 죽 었 나
걸 걸– 걸 음–아 무 심 한–이내 걸 음 아

허 공 에 맴 도 는 소 리 는 잠–잘–줄–을– 모 르 는– 가
옛 집– 추 녀–엔–– 이–끼–마–저– 말 라 버 렸 네
흥 흥– 흥 타 령 일–세 시 름–도겨–우면 흥 이 나– 나

에 헤 야 얼 라 리 야 얼 라 리 난–다– 에 헤 야

텅 빈 지 게–에 갈 잎 물–고– 나 는 간 다

1 갈숲 지나서 산길로 접어들어 와
몇 구비 넘으니 넓은 곳이 열린다
길섶에 피인 꽃 어찌 이리도 고우냐
허공에 맴도는 소리는 잠잘 줄을 모르는가

에헤야 얼라리야 얼라리난다 에헤야
텅 빈 지게에 갈잎 물고 나는 간다

2 오랜 가뭄에 논도 밭도 다 갈라지고
메마른 논두렁엔 들쥐들만 기어간다
죽죽 대나무야 어찌 이리도 죽었나
옛집 추녀엔 이끼마저 말라 버렸네

에헤야 얼라리야 얼라리난다 에헤야
텅 빈 지게에 갈잎 물고 나는 간다

3 이 가뭄 언제나 끝나 무슨 장마 또 지려나
해야 해야 무정한 놈아 잦을 줄을 모르는가
걸걸 걸음아 무심한 이내 걸음아
흥흥 흥타령일세 시름도 겨우면 흥이 나나

에헤야 얼라리야 얼라리난다 에헤야
텅 빈 지게에 갈잎 물고 나는 간다

1　I pass a thicket of reeds
And turn onto a mountain path;
After a few turns
A wide space opens up;
How is it the flowers by the path are so lovely?
Dose the sound whirling round in the empty
air never stop?

E-ha-ya, ol-la-ri-ya
Ol-la-ri-nan-da, e-he-ya
With an empty pack
And a reed in my mouth
I am leaving.

2　Paddies and fields all cracking up
From the long drought;
Only field mice crawl
On the arid ridges;
Bamboo, bamboo, bamboo tree,
How did you come to die like this!
On the eaves of the old house
Even the moss has dried up.

E-ha-ya, ol-la-ri-ya
Ol-la-ri-nan-da, e-he-ya
With an empty pack
And a reed in my mouth
I am leaving.

3　This drought,
Will it ever end?
And then the rains,
What will they be like?
O Sun, O Sun,
You thoughtless bastard!
Do you not know how to stop?
Steps, steps, my heartless steps,
You make a song of joy;
Does joy appear
When sorrow's too great?

E-ha-ya, ol-la-ri-ya
Ol-la-ri-nan-da, e-he-ya
With an empty pack
And a reed in my mouth
I am going.

10월 유신을 전후하여 어수선하던 대학 시절, 단신으로 도보 여행을 다니다가 동학군의 전적지였던 완산봉 근처에서 일대의 대밭
이 가뭄으로 말라 죽은 것을 보고 지었다.

가을 편지 | AUTUM LETTER 작사 : 고은, 작곡 : 김민기   1970

1   가을엔 편지를 하겠어요
    누구라도 그대가 되어 받아주세요
    낙엽이 쌓이는 날
    외로운 여자가 아름다워요

2   가을엔 편지를 하겠어요
    누구라도 그대가 되어 받아주세요
    낙엽이 흩어진 날
    헤매인 여자가 아름다워요

3   가을엔 편지를 하겠어요
    모든 것을 헤매인 마음 보내드려요
    낙엽이 사라진 날
    모르는 여자가 아름다워요

1   Come autumn
    I shall write a letter;
    Please, anyone,
    Be my love and take it;
    On the day
    When the fallen leaves
    Are piling up,
    A lonely girl
    Is beautiful.

2   Come autumn
    I shall write a letter;
    Please, anyone,
    Be my love and take it;
    On the day
    When the fallen leaves
    Have scattered,
    A wandering girl
    Is beautiful.

3   Come autumn
    I shall write a letter;
    I shall send
    My heart so utterly lost;
    On the day
    When the fallen leaves
    Have vanished,
    An unfamiliar girl
    Is beautiful.

김민기의 첫 음반을 주선했던 경음악 평론가 최경식 씨의 동생인 가수 최양숙의 노래로 1970년대 초반에 널리 알려졌다. 노랫말
은 시인 고은이 썼다. 시적인 노랫말과 유려한 선율은 한국 대중가요사의 걸작으로 꼽아도 손색이 없는 작품이다.

강변에서 | AT THE RIVERSIDE

B♭   F   Fmaj7   3
쾡별 — —한은 두춤 눈추 마는 다데 — 빨 —너—
별벳 — 들에 불불 밝밝 혀혀 라라 — 건 저—
벳 — 전에 불 밝 혀 라 — 저 —

Dm   3   Am   D   3
간 — —노 을 이 물 들 면 왠 지
공 — 장에 을나 간순 이따 는 왜 리
강 — 건너 오 솔 길 따 라 우 리

G⁷   3   B♭m   C
맘 — —이 설 레 인 다
안순 — 돌이 오돌 는아 결온 까다
순 — 이가 돌 아 온 다

1 서산에 붉은 해 걸리고 강변에 앉아서 쉬노라면
  낯익은 얼굴이 하나 둘 집으로 돌아온다
  늘어진 어깨마다 퀭한 두 눈마다
  빨간 노을이 물들면 왠지 맘이 설레인다

2 강 건너 공장의 굴뚝엔 시커먼 연기가 펴오르고
  순이네 뎅그런 굴뚝엔 파란 실오라기 펴오른다
  바람은 어두워 가고 별들은 춤추는데
  건너 공장에 나간 순이는 왜 안 돌아오는 걸까

3 높다란 철교 위로 호사한 기차가 지나가면
  강물은 일고 일어나 작은 나룻배 흔들린다
  아이야 불 밝혀라 뱃전에 불 밝혀라
  저 강 건너 오솔길 따라 우리 순이가 돌아온다

4 라라라 라라라 노 저어라 열여섯 살 순이가 돌아온다
  라라라 라라라 노 저어라 우리 순이가 돌아온다
  아이야 불 밝혀라 뱃전에 불 밝혀라
  저 강 건너 오솔길 따라 우리 순이가 돌아온다

1　As I sit and rest
　By the riverside,
　The crimson sun hanging
　On the western mountains,
　I see familiar faces
　Returning home one by one;
　As each sagging shoulder
　And each hollow eye
　Is dyed in the red glow,
　For some reason
　My heart trembles.

2　Across the river
　Black smoke rises
　From the factory's chimneys;
　From the solitary chimney
　Of Sun-i's house,
　Bits of blue thread drift up;
　The wind grows darker
　And the stars are dancing;
　Why is Sun-i not returning
　From the factory over there?

3　When a luxury train crosses
　The high iron bridge,
　The river rises up
　And shakes the small ferry;
　Hey Boy! Turn on the light!
　Turn on the light
　In front of the ferry!
　On that lonely path
　Across the river,
　Our Sun-i is returning.

4　Ra Ra Ra Ra Ra Ra
　Row on!
　Sixteen-year old Sun-i
　Is returning;
　Ra Ra Ra Ra Ra Ra
　Row on!
　Our Sun-i is returning;
　Hey Boy! Turn on the light!
　Turn on the light
　In front of the ferry!
　On that lonely path
　Across the river,
　Our Sun-i is returning.

김민기가 군 생활 중일 때 가수 송창식에 의해 처음 발표된 이 노래는 발표 당시 가사 중 '16살 순이' 가 '19살 순이' 로 둔갑해 있었다. 16살로는 근로기준법상 취업을 할 수 없다는 것이 공윤의 개작 지시 이유였다.

검은 차 | BLACK CAR

파란 하늘 밑 누런 논밭에
가운데로 곧게 난 길
어디까지 뻗쳤는지
검은 차가 누굴 싣고 가나
먼지만 자욱하네

____

Under the blue sky,
On the yellowish rice paddies and dry fields,
A road runs straight in the middle,
Where it could reach?
Who the black car is taking?
Only hazy with dust…

김민기가 대학 시절에 작곡한 초기 작품 가운데 하나이다. 심의를 통과하지 못한 탓에 음반에 수록되지는 못했다. 강제 입영과 월
남전을 테마로 한 2절과 3절의 가사는 남아 있지 않다.

고무줄 놀이 |

1 하나 둘 셋 넷
살찐 송아지 한 마리 어- 철둑길로 뛰어가요
새끼 염소도 한 마리 어- 송아지만 쫓아가요
얘야 얘야 누렁아 기차 오면 다친다
얘야 얘야 할배야 누렁이한테 깔릴라
꽃 따줄게 이리 와

2 하나 둘 셋 넷
내 말 안 듣고 가더니 흐응 기차한테 받혔지
촐랑거리고 가더니 흐응 누렁이한테 깔렸지
그러길래 뭐래든 글루 가면 안 됐댔지
어떡할래 어떡해 나도 인젠 모르겠다
아이구 아이구 속상해

3 하나 둘 셋 넷
살찐 송아지 한 마리 어- 철둑길로 뛰어가요
새끼 염소도 한 마리 어- 송아지만 쫓아가요
그러길래 뭐래든 글루 가면 안 됐댔지
어떡할래 어떡해 나도 인젠 모르겠다
속상해서 죽겠네

1　See the fat calf running along the railroad
tracks,
And following right after is a little baby goat;
Hey, Hey, Yellow Calf,
If a train comes by, you' re sure to be hurt;
Hey, Hey, Grandpa Goat,
You' ll get squashed by Yellow Calf;
I' ll pick you some flowers, so come over here.

2　Ignoring what I said, he went on his way,
And sure enough, he was hit by a train;
Without a thought, he went on his way,
And sure enough, he was squashed by Yellow
Calf;
If you did that, what did I say?
Not to go there, didn' t I tell you?
What shall I do? What shall I do?
Now even I don' t know;
Oh, oh, what a mess!

3　See the fat calf running along the railroad
tracks,
And following right after is a little baby goat,
If you did that, what did I say?
Not to go there, didn' t I tell you?
What shall I do? What shall I do?
Now even I don' t know;
Such a mess, I could die!

소녀들이 고무줄 놀이를 하며 부르는 구전동요의 분위기를 살린 이 노래는 양희은의 음반에 처음 소개될 당시의 집권당이었던 민
주공화당의 상징 동물이 '소'였기 때문에 가사 중 '살찐 송아지'가 '살찐 강아지'로 바뀌어 취입되었다.
구전되어오는 동요나 놀이요들은 현대적 의미의 민요를 창조할 때 대단히 중요한 자료가 된다. 이런 노래는 그 시도만으로도 값진
것이다.

고향 가는 길 | THE ROAD HOME

1 내 고향 가는 길 뜨거운 남도 길
   저편 둑 위로 기차는 가고
   노중에 만난 사람 날 보더니만
   나 걸어 내려온 길 되걸어가네
   에라! 낯선 꽃 화사하게 피어 있건만
   칡뿌리 여기저리 널리어 있어
   화사한 꽃들일랑 뽑아버리고
   칡뿌리 질겅질겅 씹어나 뱉어보세

2 내 고향 가는 길 매서운 북녘 길
   찬바람 마른 가지에 윙윙거리고
   길가에 푹 패인 구덩이 속엔
   낙엽이 엉긴 채 살얼음 얼었네
   에라! 눈보라 내 눈 위에 녹아 흐르니
   내 더운 가슴에 안아볼거나
   뿌리째 뽑혀버린 나뭇등걸에
   내 더운 눈물 뿌려 잎이나 내어보세

1 The road to my hometown,
   The hot road south;
   A train passes by on the far embankment
   And a person encountered along the way
   Looks up
   And keeps walking
   Down the road I have come.
   Ei-ra !
   Unfamiliar flowers flourish,
   But arrowroot spreads here and there;
   Shall I pull out the lush flowers,
   Chew and spit out the arrowroot?

2 The road to my hometown,
   The hard road north;
   The cold wind howls
   Through withered branches;
   And on the roadside,
   In a deep hollow,
   A thin sheet of ice
   Covers tangled dead leaves;
   Ei-ra !
   A melting snowstorm runs down over my
   eyes;
   Shall I embrace it?
   On the stump of a tree completely uprooted
   Shall I sprinkle hot tears
   To bring forth a leaf?

지식인적인 자의식의 세계에서 민중적 지평으로 향하기 시작하는 과정이 느껴지는 작품이다. 내적 갈등 속에 황폐해진 심리를 느
끼게 한다.

귀하 | MISTER

귀하! 도둑촌 걸어 나오세
예전에 무슨 공이 그리 컸다고
귀하! 귀하! 귀하!
빛 좋은 개살구 귀하!
이제는 모두가 귀하!
빛 좋은 개살구 귀하!

Mister! Walk out from the thieves' village.
Which one of your contributions is that huge?
Mister! Mister! Mister!
Mister glossy pinchbecks!
Now, all of you are called Mister
Mister glossy pinchbecks!

김지하의 시 「오적」을 연상시키는 이 노래의 가사는 다음과 같다. "귀하 도둑촌 걸어 나오세 / 예전에 무슨 공이 그리 컸다고 / 귀하! 귀하! 귀하! / 빛 좋은 개살구 귀하! / 이제는 모두가 귀하! / 빛 좋은 개살구 귀하!" 거의 알려지지 않은 이 노래를 계기로 김민기는 시인 김지하를 만난다.

그날

C   Em   Am   Am/G
꽃 밭 속 에 꽃 들 이이
싸 움 터 엔 죄 인 이이
마 음 속 에 그 님 이이
Dm/F   Dm⁷   G   G⁷
한 송 이 도 없 네네
한 사 아 도 없 네네
돌 아 오 질 않 네네
F   G   Am   Am/G
오 늘 이 그 날 일 까
Dm/F   F   G   G⁷
그 날 이 언 제 일 까
C   Em   Am   Am/G
해 가 지 는 날 —
F   Dm   Gsus⁴   G⁷
별 이 지 는 날 —
C   Gm⁶   F   Dm
지 고 다 시 오 르 지
Gsus⁴   G⁷   C   Am   Dm/F   G
않 는 날 이 — — —

1 꽃밭 속에 꽃들이 한 송이도 없네
　 오늘이 그날일까
　 그날이 언제일까
　 해가 지는 날 별이 지는 날
　 지고 다시 오르지 않는 날이

2 싸움터엔 죄인이 한 사람도 없네
　 오늘이 그날일까
　 그날이 언제일까
　 해가 지는 날 별이 지는 날
　 지고 다시 오르지 않는 날이

3 마음속에 그 님이 돌아오질 않네
　 오늘이 그날일까
　 그날이 언제일까
　 해가 지는 날 별이 지는 날
　 지고 다시 오르지 않는 날이

1 In the garden
　 Not a single flower;
　 Is today that day?
　 That day,
　 When will it be?
　 The day the sun sets,
　 The day the stars set,
　 And do not rise again.

2 On the battleground
　 Not a single sinner;
　 Is today that day?
　 That day,
　 When will it be?
　 The day the sun sets,
　 The day the stars set,
　 And do not rise again.

3 Into one' s heart
　 The beloved does not return;
　 Is today that day?
　 That day,
　 When will it be?
　 The day the sun sets,
　 The day the stars set,
　 And do not rise again.

김민기의 유일한 정규 앨범에 실려 있는 이 노래는 양희은의 목소리로도 잘 알려져 있다. 다양한 해석이 가능한 은유적인 노랫말 속에 반전의식을 우회적으로 표현하고 있다.

그 사이 | THAT PLACE IN BETWEEN

1 해 저무는 들녘 밤과 낮 그 사이로
하늘은 하늘 따라 펼쳐 널리고
이만치 떨어져 바라볼 그 사이로
바람은 갈댓잎을 살 불어가는데

이리로 또 저리로 비켜가는 그 사이에
열릴 듯 스쳐가는 그 사이 따라

2 해 저무는 들녘 하늘가 외딴곳에
호롱불 밝히어둔 오두막 있어
노을 저 건너의 별들의 노랫소리
밤새도록 들리는 그곳에 가려네

이리로 또 저리로 비켜가는 그 사이에
열릴 듯 스쳐가는 그 사이 따라

노을 저 건너에 별들의 노랫소리
밤새도록 들리는 그곳에 가려네

이리로 또 저리로 비켜가는 그 사이에
열릴 듯 스쳐가는 그 사이 따라

해 저무는 들녘 밤과 낮 그 사이에
이리로 또 저리로 비켜가는 사이에
비켜가는 그 사이에 비켜가는 사이에
비켜가는 그 사이에

---

1   On a sunset plain
Toward that place in between,
Neither night nor day,
The sky spreads out
In pursuit of itself;
To that place in between
That I shall watch
From this distance,
The wind blows gently
Through the reeds.

To that elusive place in between,
Now here, now there;
Following that place in between
That brushes past
As if about to open.

2   On a sunset plain,
At the lonely edge
Of the sky,
A lighted hut stands;
I will go beyond the dusk
To that place where the sound of the singing stars
Can be heard through the night.

To that elusive place in between,
Now here, now there;
Following that place in between
That brushes past
As if about to open.

－－－－－
－－－－－

I will go beyond the dusk
To that place where the sound of the singing stars
Can be heard through the night.

To that elusive place in between,
Now here, now there;
Following that place in between
That brushes past
As if about to open.

On a sunset plain
Toward that place in between,
Neither night nor day;
To that elusive place in between
Now here, now there;
To that elusive place in between;
To that elusive place in between;
To that elusive place in between.

그의 노래에서 자주 보이는 자연의 아름다움을 담은 노래 가운데 하나. 하늘과 땅이 맞닿은 저녁 들녘의 풍경이 묘사되어 있다.

기지촌 | FOREIGN BASE TOWN

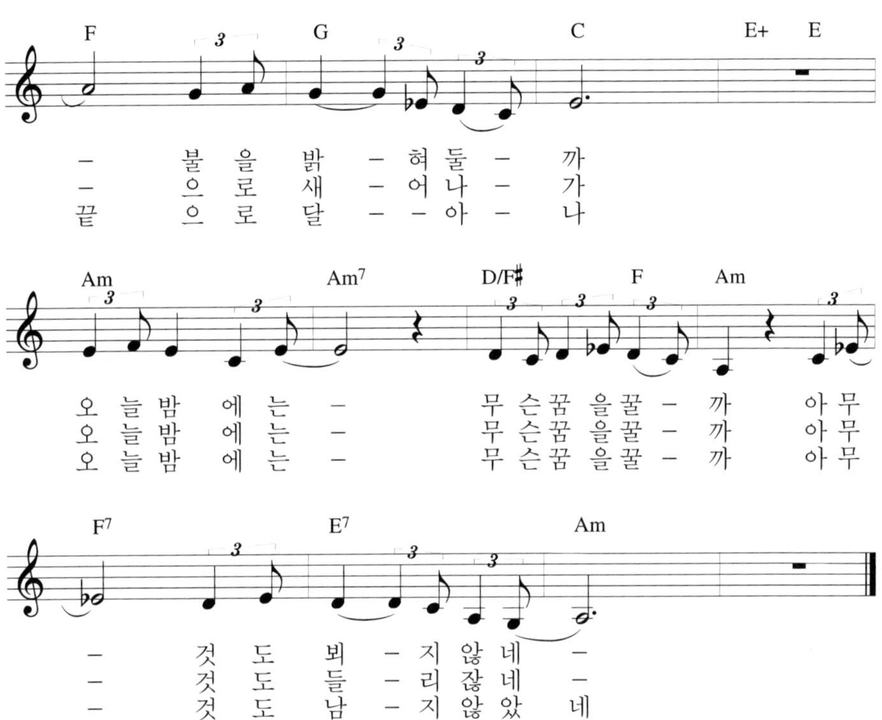

F G C E+ E
불 을 밝 혀 둘 까
으 로 새 어 나 가
끝 으 로 달 아 나

Am Am7 D/F# F Am
오 늘 밤 에 는 무 슨 꿈 을 꿀 까 아 무
오 늘 밤 에 는 무 슨 꿈 을 꿀 까 아 무
오 늘 밤 에 는 무 슨 꿈 을 꿀 까 아 무

F7 E7 Am
것 도 뵈 지 않 네
것 도 들 리 잖 네
것 도 남 지 않 았 네

1 서산 마루에 시들어지는 지쳐버린 황혼이
  창에 드리운 낡은 커튼 위에 희미하게 넘실거리네
  어두움에 취해버린 작은 방 안에 무슨 불을 밝혀둘까
  오늘 밤에는 무슨 꿈을 꿀까 아무것도 뵈지 않네

2 가로등 아래 장님의 노래는 아무한테도 들리잖고
  자동차 소리 개 짖는 소리에 뒤섞여서 흩어지네
  시계 소리 내 귓전을 스치더니만 창밖으로 새어나가
  오늘 밤에는 무슨 꿈을 꿀까 아무것도 들리잖네

3 밤거리에는 낯선 사람들 떠들면서 지나가고
  짙은 화장의 젊은 여인네들이 길가에 서성대네
  작은 별들이 하나 둘 떨어지더니 하늘 끝으로 달아나
  오늘 밤에는 무슨 꿈을 꿀까 아무것도 남지 않았네
  아무것도 남지 않았네

1 Tired twilight withering
  On the west mountain ridge
  Pushes in faintly
  Through old curtains
  Hung on a window;
  Inside a little room
  Drunk with darkness
  What kind of lamp
  Shall I light?
  What kind of dream
  Shall I dream tonight?
  Nothing can be seen.

2 Under the street lights
  The song of a blind man
  Is heard by no one;
  Car sounds mix with a dog's bark
  And fade;
  The sound of a clock
  Brushes past my ears
  And seeps out the window;
  What kind of dream
  Shall I dream tonight?
  Nothing can be heard.

3 On the night streets
  Foreigners pass noisily by;
  Off to the side
  Young women thickly made up
  Walk restlessly back and forth;
  Little stars fall, one, two,
  And then flee into the heavens;
  What kind of dream
  Shall I dream tonight?
  Nothing remains.
  Nothing remains.

이태원 근처의 풍경이 담겨 있다. 이 노래는 가수 윤지영(「내 노래에 날개가 있다면」 의 작곡자)의 음반에 수록될 예정이었으나 물론 심의를 통과할 수 없었고 1970년대 후반부터 대학가에 조금씩 알려지기 시작했다. 블루스풍의 멜로디가 기지촌의 퇴폐적인 분위기를 풍긴다.

C F C F G C F
여 러 갈 래 길 — 누 가 말 하 나 —
여 러 갈 래 길 — 가 다 못 갈 길 —
여 러 갈 래 길 — 다 시 만 날 길 —

E Am Dm7 G
이 길 뿐 이 라 고 — — — —
뒤 돌 아 바 라 볼 길 — — — —
죽 기 전 에 라 도 — — — —

C F C F G C F
여 러 갈 래 길 — 누 가 말 하 나 —
여 러 갈 래 길 — 다 시 걸 어 갈 —
여 러 갈 래 길 — 다 시 만 날 길 —

Em Am Dm7 G C
저 길 뿐 이 라 고 — — — —
한 없 이 머 나 먼 길 — — — —
죽 은 후 에 라 도 — — — —

1 At a crossroads
With many forks,
Who is to say
That this road
Is the one?
At a crossroads
Of many forks,
Who is to say
That that road
Is the one?

2 At a crossroads
With many forks,
A road I try
But can not follow;
A road I will turn
And look back upon;
At a crossroads
With many forks,
An endless road
That I will walk again.

3 At a crossroads
With many forks,
A road I will meet again,
If only before I die;
At a crossroads
Of many forks,
A road I will meet again,
Even after I am dead.

1 여러 갈래 길 누가 말하나
이 길뿐이라고
여러 갈래 길 누가 말하나
저 길뿐이라고

2 여러 갈래 길 가다 못 갈 길
뒤돌아 바라볼 길
여러 갈래 길 다시 걸어갈
한없이 머나먼 길

3 여러 갈래 길 다시 만날 길
죽기 전에라도
여러 갈래 길 다시 만날 길
죽은 후에라도

1969년 미대에 입학한 김민기는 법대와 문리대의 선배들과 접촉하면서 차츰 구체적인 사회의식에 눈뜬다. 이 노래에는 이 시기에 작곡자가 경험한 인식의 혼란과 함께 줏대 있는 삶에 대한 희망도 담겨 있다. 1970년대의 대학생들이 이 노래를 애창했던 것도 혼란 속에서 희망을 찾으려는 이 노래의 메시지가 당대의 젊은이들의 내면을 그대로 보여주었기 때문일 터이다.

꽃 피우는 아이 | A CHILD GROWING FLOWERS

1 무궁화꽃을 피우는 아이
  이른 아침 꽃밭에 물도 주었네
  날이 갈수록 꽃은 시들어
  꽃밭에 울먹인 아이 있었네

  무궁화꽃 피워 꽃밭 가득히
  가난한 아이의 손길처럼

2 꽃은 시들어 땅에 떨어져
  꽃 피우던 아이도 앓아누웠네
  누가 망쳤을까 아가의 꽃밭
  그 누가 다시 또 꽃 피우겠나

  무궁화꽃 피워 꽃밭 가득히
  가난한 아이의 손길처럼

1 A child growing the Rose of Sharon
  Watered the garden in early morning;
  As days went by, the flowers withered,
  And in the garden a child wept.

  Grow the Rose of Sharon,
  Filling up the garden,
  Like the loving hands
  Of the needy child.

2 The flowers withered and dropped to the
  earth;
  And the child who grew them also lay ill;
  Who wrought such ruin?
  Who again will grow flowers
  In the child's garden?

  Grow the Rose of Sharon,
  Filling up the garden,
  Like the loving hands
  Of the needy child.

김민기의 노래 중에 최초로 방송 금지된 곡이며, 이로 인해 그의 첫 음반이 전량 압수된다. 한때 그의 음반에서 이 노래가 삭제되고 「세노야」가 대신 수록된 음반이 나돌기도 했다.

Em   B7   Em   Am
봄 나 들 이 노 랑 나 비　개 나 리 밭 에
얼 룩 무 늬 호 랑 나 비　포 도 넝 쿨 에
F#7   B   B7   Em   B7   Em
날 아 든 다　눈 꽃 송 이 하 얀 나 비
날 아 든 다　먹 구 름 빛 굴 뚝 나 비
Am   B7   Em   E7   Am
배 추 꽃 잎 에 날 아 든 다　아 왜 날 아
백 합 꽃 잎 에 날 아 든 다　음 왜 날 아
F#   B   B7   Em   Am
가 는 걸 까　메 마 른 들 판 을 지
오 는 걸 까　눅 눅 한 이 처 마 밑
Bsus4   B7   Em   B7   Em
나　꽃 샘 바 람 무 － 서 워
에　저 산 넘 어 먹 구 름 이
Am   B7   Em
개 인 하 늘 을 날 아 간 다
소 나 기 몰 고 온 － 단 다

1   A yellow butterfly
On a spring outing
Flies into the forsythia;
A white butterfly
Pure-white as a snowflake
Files into the cabbage;
Ah! Why do they fly away
Across the arid plain?
Frightened
By a chilling wind,
They fly to the clear sky.

2   A large dappled butterfly
Flies into the grapevines;
A buckeye butterfly
Dark as black clouds
Flies into a lily;
Mm?
Why do they fly here
Below these dampened eaves?
Black clouds, they say,
Beyond the far mountains,
Will bring in a shower;
Mm--
They fly to the clear sky.

1   봄나들이 노랑나비 개나리밭에 날아든다
눈꽃송이 하얀나비 배추꽃잎에 날아든다
아 왜 날아가는 걸까 메마른 들판을 지나
꽃샘바람 무서워 개인 하늘을 날아간다

2   얼룩무늬 호랑나비 포도넝쿨에 날아든다
머구름빛 굴뚝나비 백합꽃잎에 날아든다
음 왜 날아오는 걸까 눅눅한 이 처마 밑에
저 산 넘어 머구름이 소나기 몰고 온단다
음 개인 하늘을 날아간다

대학생 김민기는 주변의 선배, 친구 들이 하나 둘 연행되고 투옥되는 모습을 자주 보게 된다. 이 노래는 그런 가운데 그가 겪은 착잡한 심경과 고민을 상징적으로 표현하고 있다. 1993년의 전집 음반에서 이 노래는 기타리스트 이병우의 편곡과 기타 반주로 수록되어 있는데 노래의 처연한 서정이 아름다운 기타와 어울려 깊은 울림을 자아낸다.

날개만 있다면 〈노래극 〈개똥이〉 중에서〉

IF ONLY I HAD WINGS
(From the musical Gaettongi)

나 -뭇가지 위 떠가는 흰 구 름 구
름 저편에 눈부신 해 님 은 왜
저 -위에서 만 외롭게 떠 --계실 까
파 -란하늘 은 얼마나 먼 곳일 까
오 ---르고 싶 -어 오 ---르고 싶 -어
날 -아가고 싶 -어 오 ---르고 싶 -어
나 -뭇가지 위 -로 해 -님계신 곳까지 날
시 -냇물을 건 -너 해 -님계신 곳까지 날
개 -만있다 면 가 -보고싶 어 넓
개 -만있다 면 가 -보고싶 어 넓
고 높 -고 또 먼 저 곳 에 - -
고 높 -고 또 먼 저 곳 에 - -

1 저 산 너머엔 무엇이 있을까
   난 왜 여기에 이렇게 있는 것일까
   왜 저 시냇물은 저리로 흘러만 갈까
   왜 이 세상은 넓기만 할까
   날아가고 싶어 날아가고 싶어
   시냇물을 건너 푸른 들판 지나
   날개만 있다면 가보고 싶어
   잣나무 수풀 저 산 너머로

2 저 나뭇가지 위 떠가는 흰 구름
   구름 저편에 눈부신 해님은
   왜 저 위에서만 외롭게 떠 계실까
   파란 하늘은 얼마나 먼 곳일까
   오르고 싶어 오르고 싶어
   나뭇가지 위로 해님 계신 곳까지
   날개만 있다면 가보고 싶어
   넓고 높고 또 먼 저곳에

   날아가고 싶어 오르고 싶어
   시냇물을 건너 해님 계신 곳까지
   날개만 있다면 가보고 싶어
   넓고 높고 또 먼 저곳에
   넓고 높고 또 먼 저곳에

1 I wonder what is there
  Beyond those distant mountains?
  Why I am here like this?
  Why that stream of water
  Just flows along like that?
  Why this world must be so wide?
  I want to fly
  I want to fly
  Across the stream,
  Past the green plain;
  If only I had wings,
  I would like to go
  Beyond the white pine forest,
  Beyond those distant mountains.

2 A white could floating by
  Above that branch;
  Beyond the cloud
  The blazing lord, the Sun;
  Why do you drift alone
  Only there up high above?
  How far a place
  Is the sky of blue?
  I want to go up
  I want to go up
  Above the branches
  To the court of the sun;
  If only I had wings,
  I would like to go
  To that wide, high,
  And faraway place.

  I want to fly
  I want to go up
  Across the stream
  To the court of the Sun;
  If only I had wings,
  I would like to go
  To that wide, high,
  And faraway place;
  To that wide, high,
  And faraway place.

노래극 〈개똥이〉는 1984년에 농사를 그만두고 서울로 올라와 처음으로 시도한 어린이 뮤지컬 작품이다. 공윤의 심의 거부로 당시
의 시도는 무산되었고, 이후 1987년에야 일부 노래가 삭제된 채로 음반화되었다. 1995년에 예술의 전당과 1997년 문예회관에
서 공연되기도 했지만 작가 스스로에게는 언젠가 완성시켜야 하는 미완성 작품으로 남아 있다.

내 나라 내 겨레

작사 : 김민기, 작곡 : 송창식

보라 동해에 떠오르는 태양
누구의 머리 위에 이글거리나
피어린 항쟁의 세월 속에
고귀한 순결함을 얻은 우리 위에

보라 동해에 떠오르는 태양
누구의 앞길에서 환히 비취나
눈부신 선조의 얼 속에
고요히 기다려온 우리 민족 앞에

숨소리 점점 커져 맥박이 힘차게 뛴다
이 땅에 순결하게 얽힌 겨레여

보라 동해에 떠오르는 태양
우리가 간직함이 옳지 않겠나

나의 조국은
허공에 맴도는 아우성만 가득한 이 척박한 땅
내 아버지가 태어난 이곳만은 아니다
북녘 땅 시린 바람에 장승으로 굳어버린
거대한 바위 덩어리 내 어머니가 태어난 땅
나의 조국은 그곳만도 아니다

나의 조국은
찢긴 철조망 사이로 스스럼없이 흘러내리는 저 물결
바로 저기 눈부신 아침 햇살을 받아
김으로 서려 피어오르는 꿈속 그곳
바로 그곳

숨소리 점점 커져 맥박이 힘차게 뛴다
이 땅에 순결하게 얽힌 겨레여

보라 동해에 떠오르는 태양
우리가 간직함이 옳지 않겠나
우리가 간직함이 옳지 않겠나

---

1 Look! The sun rising
On the East Sea!
Upon whom does it shine?
Upon us who have won
A noble purity
Through blood-drenched struggles.

Look! The sun rising
On the East Sea!
Whose future path is brightly lit?
The path of our nation
Which has waited quietly
In the souls

Of our glorious ancestors.

The sound of breathing
Grows louder and louder,
The pulse races with force;
O people of this nation,
One with this land!

Look! The sun rising
On the East Sea!
Are we not right
To treasure it?

2 *The land of my ancestors*
Is not only this place
Where my father was born—
This sterile land
Filled only with empty shouting;
Neither is it
Only that place, that land
Where my mother was born—
Great rock masses
Hardened into totems
By the cold wind
Of the north.

The land of my ancestors
Is that dreamed of place,
That very place
Where those rippling waters
Freely flow down
Through the torn wire mesh,
Absorbing those rays
Of the brilliant morning sun
And diffusing as steam
Into the air.

The sound of breathing
Grows louder and louder,
The pulse races with force;
O people of this nation,
One with this land!

Look! The sun rising
Over the East Sea!
Are we not right
To treasure it?
Are we not right
To treasure it?

김민기 작사, 송창식 작곡의 이 노래는 1970년대 초 경음악 평론가 이백천 씨가 주도했던 Campus-Crusader(통기타 그룹들의 대학순회공연)의 팀 송으로 불렸다. 이 노래에는 원래 간주 부분에 낭송이 들어 있었는데 그동안 알려지지 않았다. 1993년의 전집 음반에는 이 낭송 부분을 되살려 집어넣었다.

눈 길

SNOWY ROAD 연주곡

C   Am   Dm   G   F   G   C   G
C   Am   Dm   G   F   G   C
E⁷/E /F♯ /G♯   /E   Am   Dm⁷   D⁷   G
E⁷/E /F♯ /G♯   /E   Am   Dm⁷   D⁷   G
C   Am   Dm   G   F   G   C   G
C   Am   Dm   G   F   G   C
C   Am   Dm   G   C   Am   Dm   G
C   Am   Dm   G   C   F   C G C

눈산 | SNOW MOUNTAIN

1969

Kim Min-gi

1 하얀 눈 내려와 온 땅 위를 뒤덮어다오
  내 갈 길 어딘지 알아나 보자
  별빛도 사라져 좁은 길을 어둡혀도
  내 갈 길 어딘지 살펴나 보자
  밝음이여
  어둠이여

2 한없는 넓음도 높고 깊고 쭉 뻗음도
  내린 눈 속에 사라졌구려
  환하던 모습도 일그러진 얼굴도
  깔린 어둠 속에 사라졌구려
  어둠이여
  밝음이여

1 White snow has fallen
  Covering the whole land;
  Let me ask where it is,
  The path I should follow;
  The starlight is gone
  And the narrow path dark,
  But let me look around
  For the path I should follow;
  O Brightness!
  O Darkness!

2 Vast spaces,
  Expanses high and deep,
  All have vanished under fallen snow!
  Clear faces,
  Anxious faces,
  All have vanished under cover of darkness;
  O Darkness!
  O Brightness!

김민기는 오래전에 작곡한 이 노래를 전혀 기억하지 못하고 있었다. 이 노래는 가수 겸 작곡가 한돌이 기억하고 있다가 그에게 전
해줌으로써 1993년판 전집 음반에 실리게 되었다. 한돌은 김민기의 스카우트 2년 후배로 대학 시절 한때 함께 자취 생활을 한 적
도 있을 만큼 가까운 사이이다.

늙은 군인의 노래 | SONG OF AN OLD SOLDIER

1 나 태어난 이 강산에 군인이 되어
꽃 피고 눈 내리기 어언 삼십 년
무엇을 하였느냐 무엇을 바라느냐
나 죽어 이 흙 속에 묻히면 그만이지

아 다시 못 올 흘러간 내 청춘
푸른 옷에 실려간 꽃다운 이내 청춘

2 아들아 내 딸들아 서러워 마라
너희들은 자랑스런 군인의 자식이다
좋은 옷 입고프냐 맛난 것 먹고프냐
아서라 말아라 군인 아들 너로다

아 다시 못 올 흘러간 내 청춘
푸른 옷에 실려간 꽃다운 이내 청춘

3 내 평생 소원이 무엇이더냐
우리 손주 손목 잡고 금강산 구경일세
꽃 피어 만발하고 활짝 개인 그날을
기다리고 기다리다 이내 청춘 다 갔네

아 다시 못 올 흘러간 내 청춘
푸른 옷에 실려간 꽃다운 이내 청춘

4 푸른 하늘 푸른 산 푸른 강물에
검은 얼굴 흰 머리에 푸른 모자 걸어가네
무엇을 하였느냐 무엇을 바라느냐
우리 손주 손목 잡고 금강산 구경 가세

아 다시 못 올 흘러간 내 청춘
푸른 옷에 실려간 꽃다운 이내 청춘
푸른 옷에 실려간 꽃다운 이내 청춘

1 Since I became a soldier
In this land where I was born,
Flowers bloomed and snow came down,
And thirty years passed
In no time at all;
What did I do?
What do I want?
Just to be buried
In this earth when I die.

Ah, spent youth,
Never to return!
My glowing youth lost
In a green uniform!

2 My son, my daughters,
Do not be sad;
You are the children
Of a proud soldier;
Want to wear fine clothes?
Eat wonderful food?
Now, now!
You are the son
Of a soldier.

Ah, spent youth,
Never to return!
My glowing youth lost
In a green uniform!

3 My life's desire,
What has it been?
To take my grandson
To the Diamond Mountains;
As I waited and waited
For that cloudless day
Of flowers in full bloom,
My youth all slipped away.

Ah, spent youth,
Never to return!
My glowing youth lost
In a green uniform!

4 Under a blue-green sky
On a mountain green
In a green river stream
I will go walking,
A swarthy man
With a green cap
On a head of white hair;
What did I do?
What do I want?
I will take my grandson
To the Diamond Mountains.

Ah, spent youth,
Never to return!
My glowing youth lost
In a green uniform!
My glowing youth lost
In a green uniform.

군대 시절, 정년퇴직하는 선임하사의 술자리 푸념을 듣고 그 자리에서 작곡하여 선물했다는 노래이다. 이 노래는 음반 〈거치른 들판에 푸르른 솔잎처럼〉에 수록되었으나 곧 방송 금지되었다. 1980년 이후 이 노래 속의 '군인' 대신 부르는 사람에 따라 '투사' 혹은 '교사', '농민', '노동자' 등으로 다양하게 바뀌어 불렸다.

도대체 사람들은

(노래극 〈개똥이〉 중에서) CAN'T UNDERSTAND PEOPLE (From the musical Gaettongi)

그 놈의술 이 대체뭔데 술먹고 울다가웃 — — 다가
휘까닥 — 꼭지가 돌 — 았네 —
술 술 술 술 술 술 술 술 술 술 술
— 술 이술 이술이 잘도넘어간다 이리비틀
저리로비틀 어 — 취한다 꺽
으 취 — 해버렸 — 네 — —

도대체 사람들은 정말 알 수가 없네
그까짓 돈이 대체 뭔데
돈 땜에 죽느니 사느니
어허허- 돈 땜에 돌았네
돈돈돈 돈돈돈 돈돈돈 돈돈
빙글빙글 도는 돈만 따라가다
돈처럼 돌아가네
뱅글뱅글뱅글 페그르르르 홱홱
휘이잉 돌아버렸네

하여튼 사람들은 정말 되게도 웃기네
그놈의 술이 대체 뭔데
술 먹고 울다가 웃다가
휘까닥- 꼭지가 돌았네
술술술 술술술 술술술 술술
술이 술이 술이 잘도 넘어간다
이리 비틀 저리로 비틀
어- 취한다 꺽
으, 취해버렸네

1 Can't understand people indeed;
    What the trifling money is for?
    Crying money saves them or kills them;
    Uh huh huh - Gone crazy,
    Because of money;
    Money, Money, Money, Money,
    Round and round
    Following the rolling money;
    Running mad like money;
    Whirling, twirling,
    Wheeling, whoosh;
    Whish, gone crazy.

2 People are truly genuinely so silly;
    What on earth the bloody liquor is about?
    Drink and cry,
    Drink and laugh;
    Swish - Dead drunk;
    Liquor, Liquor, Liquor, Liquor,
    Streaming, streaming, streaming
    Down the throat;
    Staggering here and
    Staggering there;
    Uh - Getting high, burp;
    Uh - Got boozy.

노래극 〈개똥이〉는 1984년에 농사를 그만두고 서울로 올라와 처음으로 시도한 어린이 뮤지컬 작품이다. 공윤의 심의 거부로 당시
의 시도는 무산되었고, 이후 1987년에야 일부 노래가 삭제된 채로 음반화되었다. 1995년에 예술의 전당과 1997년 문예회관에
서 공연되기도 했지만 작가 스스로에게는 언젠가 완성시켜야 하는 미완성 작품으로 남아 있다.

두리번거린다 | LOOKING NERVOUSLY AROUND
1972

C Cmaj7 Am Am7 F C Gsus4 G

헐벗은내−몸 이 뒤안 에 서 떠는 것 은
무너진내−몸 이 놀−리 어 우는 것은은
텅−빈내마음 이 굶−주 려 외−침 은

Dm Em F C F

사랑−과 미움과 배움의 참을− 너로부 터 가 르 쳐
눈−물 과 땀−과 싸움의 참이− 너로부 터 가 리 어
꿈−과−노 래 와 죽음의 참이− 너로부 터 사 라 져

Am Dm G

받 지 못 한 탓 이나− 하 여
아 지 못 한 탓 이나−
잃 어 버 린 탓 이나−

C Cmaj7 Am Am7 F C Gsus4 G

나 는 바 람 부 는 − 처 음 을 알 고 파 서

Dm Em F Dm G Gsus4 G7

두 리 번 −거 린 다 −

Dm Em F Am Dm7 G

말 없 이 찾 아 온 친 구 곁 − 에 서

C G F G C

교 정 뒤 안 의 황 무 지 에 서

Kim Min-gi

1 헐벗은 내 몸이 뒤안에서 떠는 것은
사랑과 미움과 배움의 참을
너로부터 가르쳐 받지 못한 탓이나

하여 나는 바람 부는 처음을 알고파서 두리번거린다
말없이 찾아온 친구 곁에서
교정 뒤안의 황무지에서

2 무너진 내 몸이 눌리어 우는 것은
눈물과 땀과 싸움의 참이
너로부터 가리어 아지 못한 탓이나

하여 나는 바람 부는 처음을 알고파서 두리번거린다
말없이 찾아온 친구 곁에서
교정 뒤안의 황무지에서

3 텅 빈 내 마음이 굶주려 외침은
꿈과 노래와 죽음의 참이
너로부터 사라져 잃어버린 탓이나

하여 나는 바람 부는 처음을 알고파서 두리번거린다
말없이 찾아온 친구 곁에서
교정 뒤안의 황무지에서

---

1 My shabbily clothed body
Trembling in the back campus;
Is it because
I lacked your instruction
In the truths of love, hatred,
And learning?

And so,
Wanting to know
When first the wind blew,
I look nervously around,
At the side of a friend
Who has silently joined me
In the back campus wasteland.

2 My fallen body,
Trampled and crying;
Is it because you hid from me
The truths of tears, sweat,
And struggle?

And so,
Wanting to know
When first the wind blew,
I look nervously around,
At the side of a friend
Who has silently joined me
In the back campus wasteland.

3 My empty heart
Screaming with hunger;
Is it because
The truths of dreams, songs,
And death
Have disappeared within you?

And so,
Wanting to know
When first the window blew,
I look nervously around,
At the side of a friend
Who has silently joined me
In the back campus wasteland.

이 노래의 화자는 대학생이다. 교정 뒤안의 황무지에서 두리번거리며 무엇이 진실이고 거짓인지를 찾으며 고민하는 대학생의 모습이 떠오른다. 이 노래가 만들어진 1972년은 유신이 선포되고 대학에 군대가 진주하는 등의 사태가 꼬리를 문 해였다. 군화에 유린되는 대학의 참담한 모습을 지켜보며 고뇌하는 심정이 담긴 노래이다.

땀 흘려 거둔 음식 (노래극 〈개똥이〉 중에서) | THE FOOD OF LABOR (From the musical Gaettongi)

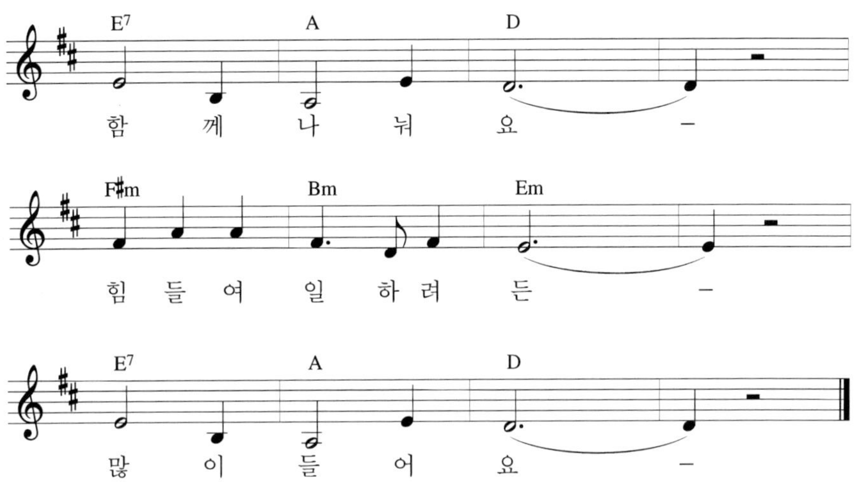

땀 흘려 거둔 음식 함께 나눠요
힘들여 일하려든 많이 들어요
풀잎도 나무도 모여 앉아 함께 들어요
떠가는 구름도 잠시만 쉬고 함께 들어요
땀 흘려 거둔 음식 함께 나눠요
힘들여 일하려든 많이 들어요

Let us share
The food of labor;
You have to eat a lot
To work hard;
Leaves and trees also sit down
To share the food;
Even a passing cloud stops for a while
To share the food;
Let us share
The food of labor;
You have to eat a lot
To work hard.

노래극 〈개똥이〉는 1984년에 농사를 그만두고 서울로 올라와 처음으로 시도한 어린이 뮤지컬 작품이다. 공윤의 심의 거부로 당시의 시도는 무산되었고, 이후 1987년에야 일부 노래가 삭제된 채로 음반화되었다. 1995년에 예술의 전당과 1997년 문예회관에서 공연되기도 했지만 작가 스스로에게는 언젠가 완성시켜야 하는 미완성 작품으로 남아 있다.

바다 | THE SEA

어두운 밤 바다에 — 바람이 불 면
누 - 가 탄 배일까 — 외 로 운 저 배
저 멀 리 한 바 다 에 불빛 가물 거린 다
그 누 굴 기 다 리 는 여윈 - 손 길 인 가
아 무 도 없 - 어 라 텅 빈 이 바 - 닷가 물
아 무 도 없 - 어 라 텅 빈 이 바 - 닷가 불
결 - 은 사 - 납 게 출 렁 거 리 는 데
빛 - 은 아 - 련 히 가 물 거 리 는 데
바 람 아 쳐 라 물 결 아 일 어 라
내 작 은 조 각 - - 배 띄 워 볼 란 다
바 람 아 쳐 라 물 결 아 일 어 라
내 작 은 조 각 - - 배 띄 워 볼 - 란 다

1 어두운 밤바다에 바람이 불면
저 멀리 한 바다에 불빛 가물거린다
아무도 없어라 텅 빈 이 바닷가
물결은 사납게 출렁거리는데

바람아 쳐라 물결아 일어라
내 작은 조각배 띄워 볼란다

2 누가 탄 배일까 외로운 저 배
그 누굴 기다리는 여윈 손길인가
아무도 없어라 텅 빈 이 바닷가
불빛은 아련히 가물거리는데

바람아 쳐라 물결아 일어라
내 작은 조각배 띄워 볼란다
바람아 쳐라 물결아 일어라
내 작은 조각배 띄워 볼란다

1 As the wind blows
On the dark night-sea,
Light glimmers
On the great distant ocean;
No one is here;
On this deserted shore
The waves are crashing.

Wind, strike! Waves, rise!
I will launch my little boat.

2 Who is on the ship,
That lonely, distant ship?
Those thin outstretched hands,
For whom are they waiting?
No one is here;
On this deserted shore
A faint light glimmers.

Wind, strike! Waves, rise!
I will launch my little boat;
Wind, strike! Waves, rise!
I will launch my little boat.

물결 출렁이는 바다를 통해 자신의 삶을 바라보는 비장함 같은 느낌이 표현되어 있다. 양희은의 음반에 실렸던 이 노래는 1970년대 후반 대학가 노래패들의 인기 레퍼토리가 되면서 대학생들의 사랑을 받았다.

밤뱃놀이 | NIGHTTIME BOATING

1   검은 산만 떠가네 검은 물에 떠가네
    하늘도 바람도 아득한데 오는지 가는지 우리 밸세
    이고 지고 떠가네 메고 보듬고 떠가네
    우리네 인생 한밤중에 뱃놀이만 같으네

2   형님 아우님 어디 갔소 고운 님도 어디 갔소
    만나 보면 간데없고 헤어지면 만나는가
    뱃머리에 부서지네 뱃미에 매달리네
    우리네 사랑 뱃놀이에 노젓기만 같으네

3   하늘 아래 큰 것 없네 땅 위에 새것 없네
    거슬러가는 우리 배냐 흘러가는 우리 배냐
    이리 가자 조르네 저리 가자 성화로세
    이리로 갔다 저리로 가니 하릴없이 고달프네

4   꽃은 져도 또 피고 비 개이면 개운허고
    우리도 갔다 다시 오면 속상할 것 없겠네
    서 있자니 물 고이네 노 젓자니 힘만 드네
    얼기덩 삐꺽 처절썩 꿀걱 적적하기 짝이 없네

5   어디메까지 떠왔나 예가 대체 어디멘고
    아이고 이내 정신 보소 날은 벌써 밝아오네
    얼기덩 삐꺽 처절썩 꿀걱 신도 나고 힘도 나네
    우리네 인생 한밤중에 뱃놀이만 같으네

---

1   Only black mountains
    Flow down the black water;
    Skies and winds are all afar;
    Whether it comes or goes,
    It's our boat;
    Floating away
    On its head and shoulder,
    Flowing down
    In its arms and heart,
    Our life,
    Like in a nighttime boating.

2   Where are you, my brothers?
    Where have you gone, my honey?
    A moment together,
    Disappeared the next moment without a trace;
    A moment apart

Turned to a moment together;
Breaking against the bow,
Holding onto the stern,
Our love,
As if to paddle for boating.

3   There is nothing big under the sky,
    Nothing new on the earth;
    Our boat, floating against the flow,
    Our boat, floating with the flow;
    Pressing to head this way and
    Urging to head that way;
    Going this way and
    Going that way;
    Inevitable fatigue sets in.

4   Flowers fallen and then again blossoming;
    Rains cleared, freshening up the air;
    If we go and then come back,
    We wouldn't feel distressed;
    In the boat standing still,
    Water gathers;
    Paddling is nothing but taxing;
    Heave-ho, squeak, splash and gulp,
    Can't help but feeling solitary.

5   How far has it floated?
    Where in the world is it?
    Oh, my, what has happened to me!
    The day is already breaking;
    Heave-ho, squeak, splash, gulp,
    High in spirits and high in strength,
    Our life,
    Like in a nighttime boating.

양희은의 음반 〈거치른 들판에 푸르른 솔잎처럼〉에 수록된 곡. 구속된 친구들을 기리는 한 모임에서 직접 만들어 불러준 이 노래는
대금, 태평소, 북, 장고, 징, 꽹과리 등 국악기로만 반주가 이루어져 있다. 명창 김소희 씨의 딸 김소연과 양희은이 함께 부르는 후
반부는 서양 창법과 전통 창법이 어우러져 독특한 효과를 내고 있다.

D Em A D F#m Bm E A
1. 내가아주어 릴 때였나 서 우 리 집에 살 던 백구 — 구고 가
2. 나 — 하고아 빠 둘이서 나 서 백 — 구를품 에 놓 으려 안시달 았 고한
3. 하얀옷의의사 선생님 큰 — 주사놓 으 테지 뵈지 달려 앉 이가
4. 학교문을지켜 주시는 할 아버지한 테지 뵈지 않 았 분이
5. 토끼장이있 는 뒤뜰엔 아 무것도 뵈 지니 달 았 고이
6. 학교문을나 서 려는데 어 느아주머 이 매 이 분이다
7. 백 — 구를안 고 돌아와 뒷 동산을헤 매 이 가

G A D Dmaj7 D7 G E Asus4 A,
해 — 마 다 봄 가 을 — 이 — 면 귀 여 — 운 — 강아 지 낳 았 지 —
학 교 앞 의 동 물 리 병 — 원 — 에 조 심 — 스 레 찾 — 아 갔 었 지 —
가 — 없 은 우 리 백 — 구 — 는 너 무 너 무 아 — 팠 었 나 봐 —
우 리 백 구 못 봤 느 — 냐 — 고 다 급 — 하 게 물 — 어 봤 더 니 —
운 동 장 에 노 는 아 — 이 — 들 뭐 가 그 리 재 — 미 있 는 지 —
내 — 앞 을 지 나 가 — 면 — 서 혼 잣 — 말 로 하 시 는 말 씀 이 —
빨 — 갛 게 피 인 맨 드 라 미 꽃 그 곁 — 에 — 묻 — 어 주 었 지 —

D Em A D F#m Bm E A
어 느 해 의 가 을 엔 가 강 아 지 를 낳 — 다 가 채 나
무 — 서 운 가 죽 끈 에 가 입 을 꽁 꽁 묶 — 인 래 아
주 — 사 를 채 다 맞 기 전 문 밖 으 로 달 — 아 길 들 다 을
웬 — 하 얀 개 가 서 쓰 다 듬 어 달 — 라 이 려 는
줄 넘 기 를 하 는 한 팔 방 하 는 아 — 이 가 — 는
그 날 밤 엔 꿈 을 꿨 길 을 건 너 는 — 꿈
8. 내 가 아 주 어 릴 때 에 같 이 살 던 백 — 구 는

D   Dmaj7 D7   G   (,)   ,   E7   A   D 1.2.4.5.
가 – 없은우리 – 백 – – – 구 는 – 앓아누워버 – 렸 – 지
멍 – 하니나 만 – 빤히쳐다봐 울음이 – 터질것 – 같았 지
어디가는거 니 – 백 – – – 구 는 – 가는길도모 – 르잖
머리털을쓸 어 – 줬 – – – 더 니 – 저 – 리로가 – 더구 나
우리백구어 디 – 있 – – – 는 지 – 알면가르쳐 – 주려 마
커 – 다란차 에 – 치 – – – 여 서 – 그만 –
철 – 이른흰 눈이 뒷 – – – 산 에 – 소복소복쌓이던꿈
나만보면괜 히 – 으르릉 – 하 고 – 심 – 술을부 – 렸 –

D 3.6.7.8.   Em   A   F#m   Bm
3. 아   긴 – 다 리 에   새 하 얀 백   구
6. –   긴 – 다 리 에   새 하 얀 백   구
7. 을   긴 – 다 리 에   새 하 얀 백   구
8. 지   라 라 라 라 라   라 라 라 라 라

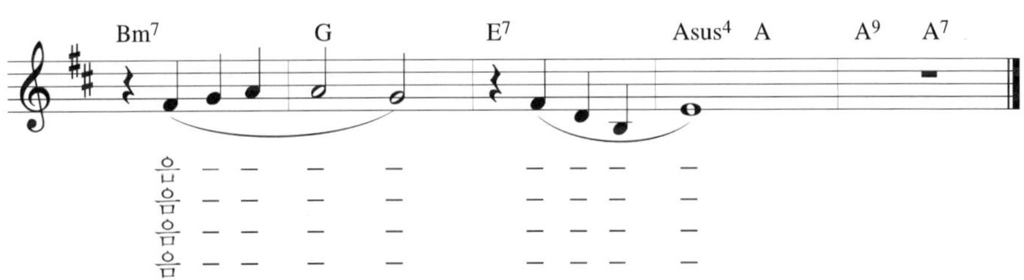

Bm7   G   E7   Asus4 A   A9   A7
음
음
음
음
음

1 내가 아주 어릴 때였나 우리 집에 살던 백구
   해마다 봄 가을이면 귀여운 강아지 낳았지
   어느 해의 가을엔가 강아지를 낳다가
   가엾은 우리 백구는 앓아누워 버렸지

2 나하고 아빠 둘이서 백구를 품에 안고
   학교 앞의 동물병원에 조심스레 찾아갔었지
   무서운 가죽끈에 입을 꽁꽁 묶인 채
   멍하니 나만 빤히 쳐다봐 울음이 터질 것 같았지

3 하얀 옷의 의사 선생님 큰 주사 놓으시는데
   가엾은 우리 백구는 너무너무 아팠었나봐
   주사를 채 다 맞기 전 문밖으로 달아나
   어디 가는 거니 백구는 가는 길도 모르잖아
   긴 다리에 새하얀 백구 음 음

4 학교 문을 지켜주시는 할아버지한테 달려가
   우리 백구 못 봤느냐고 다급하게 물어봤더니
   웬 하얀 개가 와서 쓰다듬어 달라길래
   머리털을 쓸어줬더니 저리로 가더구나

5 토끼장이 있는 뒤뜰엔 아무것도 뵈지 않았고
   운동장에 노는 아이들 뭐가 그리 재미있는지
   줄넘기를 하는 아이 팔방하는 아이들아
   우리 백구 어디 있는지 알면 가르쳐주려마

6 학교 문을 나서려는데 어느 아주머니 한 분이
   내 앞을 지나가면서 혼잣말로 하시는 말씀이
   웬 하얀 개 한 마리 길을 건너가려다
   커다란 차에 치여서 그만……
   긴 다리에 새하얀 백구 음 음

7 백구를 안고 돌아와 뒷동산을 헤매이다가
   빨갛게 피인 맨드라미꽃 그 곁에 묻어 주었지
   그날 밤엔 꿈을 꿨어 눈이 내리는 꿈을
   철 이른 흰 눈이 뒷산에 소복소복 쌓이던 꿈을
   긴 다리에 새하얀 백구 음 음

8 내가 아주 어릴 때에 같이 살던 백구는
   나만 보면 괜히 으르릉 하고 심술을 부렸지
   라라라라 라 라라라라라 음 음

1 It must have been when I was very young;
Every year in the spring and fall
Our white dog Paekku had cute little puppies;
One yer, I think in the fall,
After giving birth,
Our poor Paekku got sick and lay down.

2 Daddy and I, the two of us,
With Paekku in our arms,
Carefully made our way to the animal hospital
In front of the school;
Her mouth fastened tight with a scary leather cord,
She stared, stunned, fixing only on me,
And I felt as if I would burst out in tears.

3 The doctors in white clothes
Was giving her a big shot;
Our poor Paekku must have really been in pain;
In the middle of the shot she took off out the door;
Where are you going, Paekku? You don't know the way;
Pure-white Paekku with the long legs; Mm-- Mm--

4 I ran to the old man who guards the school gate
And pressed him to tell me
If he'd seen our Paekku;
A white dog came, he said,
Asking to be petted,
I stroked the fur on her head
And off she went over there.

5 In the back of the school where the rabbit hutch stands,
Nothing could be seen;
What on earth
Is so interesting to the kids on the school field?
You there,
The one jumping rope,
And you there,
The ones playing hopscotch,
Please tell me if you know
Where our Paekku is.

6 As I was leaving the school
A woman walked past;
She was talking to herself;
Some white dog, she said, was crossing the road;
It was hit by a big car, nothing could be done.
Pure-white Paekku with the long legs; Mm-- Mm--

7 Paekku in my arms, I went back home;
After walking here and there on the hill behind,
I buried her beside a cockscomb flower;
That night I dreamed of falling snow,
Early white snow piled high on the hill;
Pure-white Paekku with the long legs; Mm-- Mm--

8 The white dog Paekku
Who lived with us when I was very young,
Only at me, for no good reason,
Always growled and got cross;
Ra Ra Ra Ra Ra Ra Ra Ra Ra Ra Mm--

이 노래의 가사는 양희은의 동생 양희정(당시 국민학생)의 글짓기 작품을 모티브로 해서 만든 것이다. 한편의 동화를 아름다운 선율에 자연스럽게 담아내고 있다. 그의 노래에는 차 혹은 기차라는 메타포가 여러 번 등장하는데, 이는 모두 우리의 작은 삶을 억압하는 거대한 힘을 상징한다. 「백구」의 커다란 차가 그렇고 「강변에서」의 기차, 「고무줄 놀이」의 기차도 그렇다.

C Cmaj7 F A7
사람들은 손을 들어 가리키지 높고 뾰족한 봉우리만을 골라서

Dm7 G C Cmaj7
내가 전에 올라가 보았던 작은 봉우리 얘기해줄까? 봉우리……

C#dim A Dm Dm7 Bdim G7 C
지금은 그냥 아주 작은 동산일 뿐이지만 그래도 그때 난 그보다 더 큰 다른 산이 있다고는 생각지를 않았어

A Edim Dm7 G7
나한테는 그게 전부였거든……

C Cmaj7 F A+/E A7/E
혼자였지 난 내가 아는 제일 높은 봉우리를 향해 오르고 있었던 거야

Dm7 G C C/B
너무 높이 올라온 것일까? 너무 멀리 떠나온 것일까? 얼마 남지는 않았는데……

A C#dim Dm A+ A
잊어버려! 일단 무조건 올라보는 거야 봉우리에 올라서서 손을 흔드는 거야 고함도 치면서……

지금 힘든 것은 아무것도 아냐 저 위 제일 높은 봉우리에서 늘어지게 한숨 잘 텐데 뭐……
허
나 내가오른곳은 그저 고갯마루 였 을 — 뿐
길
은 다시 — 다른봉우리 로 — 거 기
부 러진 나무 등 걸에 걸터앉 아서 나는 봤 지 낮은
데 로 만 흘 — 러 고 인 바
다 작 은 배 들 이 연기 뿜 으 며 가
고 —

이봐 고갯마루에 먼저 오르더라도 뒤돌아서서 고함치거나 손을 흔들어댈 필요는 없어
난 바람에 나부끼는 자네 옷자락을 이 아래에서도 똑똑히 알아볼 수 있을 테니까 말야
또 그렇다고 괜히 허전해하면서 주저앉아 땀이나 닦고 그러지는 마
땀이야 지나가는 바람이 식혀주겠지 뭐
혹시라도 어쩌다가 아픔 같은 것이 저며올 때는 그럴 땐 바다를 생각해.   바다……
봉우리란 그저 넘어가는 고갯마루일 뿐이라구……   하 여
친구여   우리가 오를 봉-우- 리 는   바
로 지금   여긴지도몰 라   우 리
땀 흘리며 가는   여기 숲 속의 좁게 난 길   높은

곳 엔 봉 우 리 는 없 는 지 도 몰
라 그 래 친 구 여 바 로 여 긴 지 도 몰
라 － 우 리 가 오 를 봉 우 리
는

1 사람들은 손을 들어 가리키지 높고 뾰족한 봉우리만을 골라서
내가 전에 올라가 보았던 작은 봉우리 얘기해줄까?
봉우리…… 지금은 그냥 아주 작은 동산일 뿐이지만 그래도
그때 난 그보다 더 큰 다른 산이 있다고는 생각지를 않았어
나한테는 그게 전부였거든……
혼자였지
난 내가 아는 제일 높은 봉우리를 향해 오르고 있었던거야
너무 높이 올라온 것일까? 너무 멀리 떠나온 것일까?
얼마 남지는 않았는데……
잊어버려! 일단 무조건 올라보는 거야
봉우리에 올라서서 손을 흔드는 거야 고함도 치면서
지금 힘든 것은 아무것도 아냐
저 위 제일 높은 봉우리에서 늘어지게 한숨 잘 텐데 뭐……

허나 내가 오른 곳은 그저 고갯마루였을 뿐
길은 다시 다른 봉우리로
거기 부러진 나뭇등걸에 걸터앉아서 나는 봤지
낮은 데로만 흘러 고인 바다
작은 배들이 연기 뿜으며 가고

2 이봐 고갯마루에 먼저 오르더라도 뒤돌아서서 고함치거나
손을 흔들어댈 필요는 없어
난 바람에 나부끼는 자네 옷자락을 이 아래에서도 똑똑히
알아볼 수 있을 테니까 말야
또 그렇다고 괜히 허전해하면서 주저앉아 땀이나 닦고
그러지는 마
땀이야 지나가는 바람이 식혀주겠지 뭐
혹시라도 어쩌다가 아픔 같은 것이 저며올 때는 그럴 땐
바다를 생각해 바다……
봉우리란 그저 넘어가는 고갯마루일 뿐이라구……

하여 친구여 우리가 오를 봉우리는
바로 지금 여긴지도 몰라
우리 땀 흘리며 가는 여기 숲 속의 좁게 난 길
높은 곳엔 봉우리는 없는지도 몰라
그래 친구여 바로 여긴지도 몰라
우리가 오를 봉우리는

1 *People always raise their hands and point*
Only at the high, pointed peaks;
Shall I tell you about the little peak that I once
climbed?
The peak⋯
Now it is no more than a very little hill,
But then,
For me,
There was no bigger mountain;
For me,
It was everything⋯
I was alone of course;
I was climbing the biggest peak I knew!
Have I climbed too high?
Have I come too far?
Not much further to go⋯
Stop it! Just keep climbing;
When I get to the top,
I will wave; I will shout too;
The difficulties are nothing now.
On the highest peak above
I will rest as much as I please⋯

But the place I climbed was only a ridge;
The path led again to another peak;
But sitting there straddling a broken tree
stump,
I saw it:
The ocean gathered at the lowlands,
With little ships belching smoke as they
moved.

2 *Hey! Even if you reach the ridge first,*
No need to turn around and shout or wave;
Even down here
I can clearly make out your clothes
Flapping in the wind;
And do not sit down and wipe off your sweat,
Feeling empty for no reason;
As for the sweat,
The wind will cool you off;
If for some reason,
Something like pain
Slices into you,
When that happens,
Think of the ocean,
The ocean;
As for the peak,
It is just a ridge
To go beyond.

But my friend,
The peak to be climbed
May be right here and now,
This narrow path here in the forest
On which we are struggling;
There may be no peaks on the heights above;
Yes, my friend,
It may be right here,
The peak to be climbed.

1984년 LA올림픽이 열렸을 때 MBC TV에서는 초반에 메달권에서 탈락해 귀국한 운동선수들의 모습을 담은 프로그램을 방영했는데, 여기서 주제곡으로 만들어져 양희은이 불렀다. 물론 브라운관의 자막에 작사 · 작곡자의 이름은 빠진 채로 방영되었다. 보기에 따라서는 작곡자 자신이 스스로에게 하는 이야기를 담은 것으로 느껴지기도 한다.

상록수 | EVERGREEN TREE

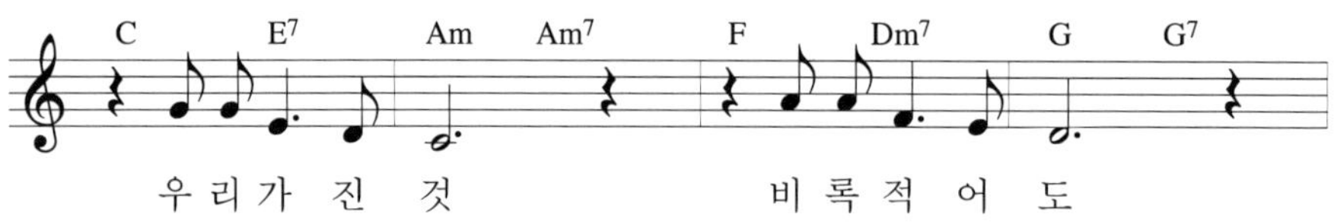

Em   Am   F   D   G
손 에 손 맞 잡 고   눈 물 흘 리   니

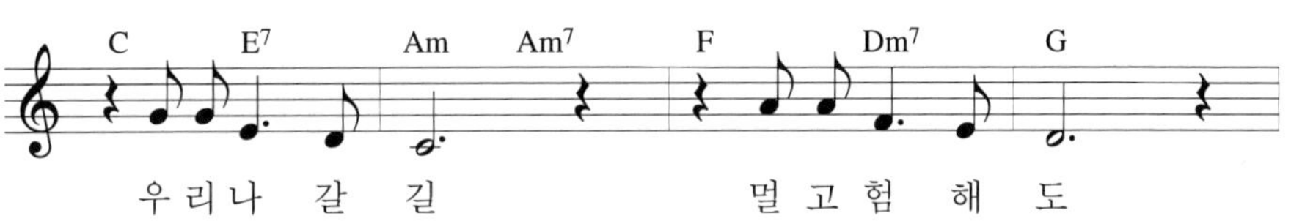

C   E7   Am   Am7   F   Dm7   G
우 리 나 갈 길   멀 고 힘 해 도

Dm   Edim Dm7 Em7   Am   Dm   G   Am Am7
깨 치 고 나 아 가   끝 내 이 기 리 라

Dm   Edim Dm7 Em7   Am   Dm   G   C
rit.
깨 치 고 나 아 가   끝 내 이 기 리 라

1 저들에 푸르른 솔잎을 보라
  돌보는 사람도 하나 없는데
  비바람 맞고 눈보라 쳐도
  온누리 끝까지 맘껏 푸르다

2 서럽고 쓰리던 지난날들도
  다시는 다시는 오지 말라고
  땀 흘리리라 깨우치리라
  거치른 들판에 솔잎 되리라

3 우리들 가진 것 비록 적어도
  손에 손 맞잡고 눈물 흘리니
  우리 나갈 길 멀고 험해도
  깨치고 나아가 끝내 이기리라

4 우리 가진 것 비록 적어도
  손에 손 맞잡고 눈물 흘리니
  우리 나갈 길 멀고 험해도
  깨치고 나아가 끝내 이기리라
  깨치고 나아가 끝내 이기리라

---

1 See the green needles
  Of the pine on that plain;
  Not a single person tends them;
  Though pounded by rain and snow,
  They are green as they wish
  To the end of the world.

2 Sad and painful days gone by,
  Never, never come again;
  We will toil, awaken,
  Become pine needles
  On the wild plain.

3 Though our possessions are few,
  We will shed tears hand in hand,
  Though our road is long and steep,
  We will break through and advance
  To triumph in the end.

4 Though our possessions are few,
  We will shed tears hand in hand,
  Though our road is long and steep,
  We will break through and advance
  To triumph in the end;
  We will break through and advance
  To triumph in the end.

Kim Min-gi

공장 생활 시절 동료들의 합동 결혼식에서 조학(朝學) 학생들과 함께 축가로 불러준 노래이다. 이 노래는 양희은의 음반에 「거치른 들판에 푸르른 솔잎처럼」이라는 제목으로 실려 있다. 김대중 정부 때는 IMF 환란을 함께 헤쳐가자는 메시지를 담은 정부의 공익광고 캠페인 송으로 TV 방송을 타기도 했고, 2002년 대통령 선거에서는 노무현 후보가 기타를 치며 이 노래를 부르는 선거 홍보 영상이 제작되기도 했다. 한 시대의 금지곡이 느닷없이 국가적 캠페인 송으로 변신하는 놀라운 신분상승의 드라마는 그대로 한국 현대사의 굴곡을 대변한다.

E
A7
새 벽 에 일 어 나   어 두 컴 컴 한 길 을걸 어 가보
해 말 간 새 벽 길   맨 ─ 발 로걸 어 가봐 도좋겠
C
D
E
B7
세
네
흠 ─ ─ ─
흠 ─ ─ ─
E
A7
구 둣 방 할 아 범   벌 써일 어 나 일 판벌 여놓았
두 부 장 수 종 소 리   깔 린어 둠을 몰 아가 듯울리
C
D
E
E7
네
네
흠 ─ ─ ─
흠 ─ ─ ─
A7
C
D
E
밤 새 하 늘 에선 별들이 잔 치 벌 였 나 ─
A7
C
F#m
B7
어 느초 라 한 길 목엔 버 려진 달 빛 고였 나 ─
E
A7
희 뿌 연 바 람 이   해 진옷 새 로 스 며들 어오는
C
D
E
B7
데
흠 ─ ─ ─

1 새벽에 일어나 어두컴컴한 길을 걸어가보세 흠-
구둣방 할아범 벌써 일어나 일판 벌여놓았네 흠-

밤새 하늘에선 별들이 잔치 벌였나
어느 초라한 길목엔 버려진 달빛 고였나
희뿌연 바람이 해진 옷 새로 스며들어 오는데 흠-

2 해맑간 새벽길 맨발로 걸어가 봐도 좋겠네 흠-
두부장수 종소리 깔린 어둠을 몰아가듯 울리네 흠-

밤새 하늘에선 별들이 잔치 벌였나
어느 초라한 길목엔 버려진 달빛 고였나
희뿌연 바람이 해진 옷 새로 스며들어 오는데 흠-

---

1 Let us rise at dawn,
Go into the deep dark streets;
Mm--
The old man who repairs shoes
Is already up and at work;
Mm--

Did the stars have a party
In the nighttime sky?
Did the moonlight, discarded,
Fill some dingy nook?
A white hazy wind
Slips through threadbare clothes;
Mm--

2 It would even be nice
To walk with bare feet
Through the crisp dawn streets;
Mm--
The bell of a beancurd man
Rings out,
As if to drive away
The blanket of darkness;
Mm--

Did the stars have a party
In the nighttime sky?
Did the moonlight, discarded,
Fill some dingy nook?
A white hazy wind
Slips through threadbare clothes;
Mm--

당시 김민기가 다니던 미대 정문 옆에는 조그만 구두 수선방이 있었다. 새벽에 학교에 올 때나 밤늦게 귀가 할 때 구둣방 주인이
일하는 모습은 몹시도 인상적이었다. 열심히 일하고 생활하는 사람들의 모습은 아름답다. 이 노래는 바로 그런 느낌을 담고 있다.

서울로 가는 길 | THE ROAD TO SEOUL

1971

1   우리 부모 병들어 누우신 지 삼 년에
    뒷산의 약초뿌리 모두 캐어 드렸지
    나 떠나면 누가 할까 병드신 부모 모실까
    서울로 가는 길이 왜 이리도 멀으냐

2   아침이면 찾아와 울고 가던 까치야
    나 떠나도 찾아와서 우리 부모 위로하렴
    나 떠나면 누가 할까 늙으신 부모 모실까
    서울로 가는 길이 왜 이리도 멀으냐

3   앞서가는 누렁아 왜 따라나서는 거냐
    돌아가 우리 부모 보살펴 드리렴
    나 떠나면 누가 할까 병드신 부모 모실까
    서울로 가는 길이 왜 이리도 멀으냐

4   좋은 약 구해갖고 내 다시 올 때까지
    집 앞의 느티나무 네 빛을 변치 마라
    나 떠나면 누가 할까 늙으신 부모 모실까
    서울로 가는 길이 왜 이리도 멀으냐

1   In the three years
    Since my parents took ill,
    I dug up for them all the wild herbs
    On the hill behind our house;
    If I leave,
    Who will do it?
    Tend my sick parents?
    The road to Seoul,
    Why is it so far?

2   You magpies
    Who come in the morning,
    Then chatter and go!
    Even if I leave,
    Come comfort my parents;
    If I leave,
    Who will do it?
    Tend my aged parents?
    The road to Seoul,
    Why is it so far?

3   Yellow pup,
    Running up ahead!
    Why come along with me?
    Go back and watch over my parents;
    If I leave,
    Who will do it?
    Tend my sick parents?
    The road to Seoul,
    Why is it so far?

4   Zelkova tree
    In front of our house!
    Until I return
    Good medicine in hand,
    Do not change your color;
    If I leave,
    Who will do it?
    Tend my aged parents?
    The road to Seoul,
    Why is it so far?

토속적인 분위기의 멜로디와 서구적인 웨스턴 리듬이 묘하게 어울리는 이 노래는 서구적인 포크 양식을 한국적인 현실에 절묘하게 접합시킨 사례라 할 수 있다. 이 노래에서 김지하의 「서울길」을 연상하게 되는 것은 자연스럽다. 김지하 시인의 영향 속에서 점차 민중 현실의 구체성에 접근하는 과정을 보여주는 작품이다.

소금땀 흘리흘리 |

굴 - 뚝에 - 빗 대 - 면 졸 음 이 올 - 까봐 -
한 - 밤에 - 켜 진 - 불 열 심 도 열심이지 -
한 - 살이 - 지 나 - 면 미 운 님 떠 나 가고 -

온 - 몸 - - 흔 들 - 고 밤 바 람 쐬 - 는 - 데
두 - 밤에 - 뜬 눈 - 은 힘 에 도 겨 - 웁 - 지
두 - 살이 - 지 나 - 면 고 운 님 떠 나 가 - 고

오 늘 하 루 - 흘 - 린 땀 쉴 만 한 - 가
소 골 소 골 - 시 - 냇 물 시 원 한 - 데
세 - 살 - 이 네 - 살 이 다 - 가 - 도

큰 - 숨 - - 들 이 쉬 고 - 두 팔 도 치 켜 들 고
내 - 일 도 - 흘 - 릴 - 땀 무 슨 땀 흘 리 흘 리
남 아 - 서 - 살 을 사 람 - 소 금 땀 흘 - 릴 - 리

흘 - 리 땀 흘 - 리 소 금 땀 흘 리 흘 리

행 － 여　죽 어 － 도　행 여 나　살 － 아 － 도
흘 리　　소 － 금 땀 흘 릴 － － 리
행 여 － － 살 아 도 －　　행 여 나　죽 － 어 도 －

1 굴뚝에 빗대면 졸음이 올까봐
  온몸 흔들고 밤바람 쐬는데
  오늘 하루 흘린 땀 쉴 만한가
  큰숨 들이쉬고 두 팔도 치켜들고

  흘리 땀 흘리 소금땀 흘리흘리
  행여 죽어도 행여나 살아도
  흘리 소금땀 흘릴리
  행여 살아도 행여나 죽어도

2 한밤에 켜진 불 열심도 열심이지
  두 밤에 뜬 눈은 힘에도 겨웁지
  소골소골 시냇물 시원한데
  내일도 흘릴 땀 무슨 땀 흘리흘리

  흘리 땀 흘리 소금땀 흘리흘리
  행여 죽어도 행여나 살아도
  흘리 소금땀 흘릴리
  행여 살아도 행여나 죽어도

3 한 살이 지나면 미운 님 떠나가고
  두 살이 지나면 고운 님 떠나가고
  세 살이 네 살이 다 가도
  남아서 살을 사람 소금땀 흘릴리

  흘리 땀 흘리 소금땀 흘리흘리
  행여 죽어도 행여나 살아도
  흘리 소금땀 흘릴리
  행여 살아도 행여나 죽어도

1 Lest he fall asleep
Leaning against the chimney,
He shakes his whole body
And bares himself
To the night wind;
Has he worked enough today
To deserve a rest?
He takes a deep breath
And stretches his arms.

Toiling, toiling in salt and sweat,
Whether he lives or whether he dies,
The worker toils in salt and sweat,
Whether he lives or whether he dies.

2 One whole night he works with zeal
But two nights awake are too much to take;
How refreshing the thought
Of a bubbling stream!
But tomorrow too
Will bring some kind of toil.

Toiling, toiling in salt and sweat,
Whether he lives or whether he dies,
The worker toils in salt and sweat,
Whether he lives or whether he dies.

3 After one year the hateful one leaves;
After two years the good one leaves;
Even after three years and four years
The survivor will toil in salt and sweat.

Toiling, toiling in salt and sweat,
Whether he lives or whether he dies.
The worker toils in salt and sweat,
Whether he lives or whether he dies.

공장 생활의 체험을 바탕으로 만든 노래. 야근을 하다가 졸음을 쫓기 위해 밖으로 나와 찬바람을 쐬며 기지개를 켜는 노동자의 모습이 느껴진다. 야학을 하던 후배 하나가 술자리에서 어떻게 부르는 노래냐고 묻자 "어떻게 부르긴? 개판으로 제치는 거지 뭘"이라고 대답한 게 인연이 되어 한때 이 노래는 「개판으로 제치는 거지 뭘」이라는 제목으로 알려지기도 했다. 가사 중 '흘릴리'라는 대목은 '흘리겠다'는 의미를 담은 표현이다. '흘리흘리'라는 표현은 '흘리다'의 어간을 활용해 민요의 구음과도 같은 효과를 내고 있다.

식구 생각 | THOUGHTS OF FAMILY

Fm   A♭   3   B♭
읍 내 나 가 신 아 - - 빠 는
군 인 가 - 신 오 - - 빠 는
돈 벌 러 - 간 울 - 언 니 들
들 - 판 - 엔 꼬 - 마 애 들

Cm   F   3   B♭
왜 - 안 오 - - 실 까   - 엄
몸 - 얼 성 하 - - 신 지   - 아
무 - 고 하 있 - - 는 지   - 엄
놀   있 - - 는 데   - 나

A♭   Gm   Fm   3   B♭
마 는 문 만 빼 - 꿈 열 고
빠 는 씻 다 말 - - - 고
마 는 괜 히 눈 - 물 바 람
노 나 가 서 뛰 - 어 놀 까

E♭   Fm 3 B♭   A♭ 3 B♭   E♭
밥 지을 - 라 내 - - 다 보 - - 실 라
먼 - 산 - 만 내 - - 라 보 - - 시 네
아 - 빠 - 는 바 - - 히 헛 - 기 침 만
구 구 단 이 나 외 - 울 까 말 - - - 까

1 분홍빛 새털구름 하하 고운데
  학교 나간 울 오빠 송아지 타고 저기 오네
  읍내 나가신 아빠는 왜 안 오실까
  엄마는 문만 빼꼼 열고 밥 지을라 내다보실라 음- 음

2 미루나무 따라서 곧게 난 신작로 길
  시커먼 자동차가 흙먼지 날리고 달려가네
  군인 가신 오빠는 몸 성하신지
  아빠는 씻다 말고 먼 산만 바라보시네 음- 음

3 이웃집 분이네는 무슨 잔치 벌였나
  서울서 학교 댕긴다던 큰언니 오면 단가 뭐
  돈 벌러 간 울 언니는 무얼 하는지
  엄마는 괜히 눈물 바람 아빠는 괜히 헛기침만 음- 음

4 겨울 가고 봄 오면 학교도 다시 간다는데
  송아지는 왜 판담 그까짓 학교 대순가 뭐
  들판엔 꼬마애들 놀고 있는데
  나도 나가서 뛰어놀까 구구단이나 외울까 말까 음- 음

1 Ah so lovely,
   The pink, feathery clouds;
   There's Big Brother
   Home from school on a calf;
   Why doesn't Daddy
   Come back from town?
   With the door open a teeny bit,
   Mommy moves about
   Making rice, looking out.

2 Down a straight new road
   That follows the poplars
   Speeds a pitch-black car,
   Whipping up the dust;
   I wonder if Big Brother
   Is well in the army?
   Daddy stops washing
   And stares out at the mountain
   Far in the distance.

3 What kind of party was that next door?
   Just because Big Sister there
   Came home from school in Seoul?
   I wonder what our Big Sister
   Who left home to make money
   Is doing?
   Mommy always cries
   For no reason;
   Daddy just clears his throat
   For no reason.

4 Back to school again,
   They say, in the spring;
   In school such a big thing
   That a calf must be sold?
   The little kids
   Are playing in the field;
   Should I too
   Go out and play?
   Should I memorize my math tables or not?

최전방에서 군 생활 중이던 어느 날, 김민기는 보안대로 소환되었다. 중앙정보부로부터 나온 수사관에게 끌려간 그는 엉뚱하게도 작곡을 할 것을 종용받았다. 당시 가요 재심사와 함께 많은 노래가 무더기로 금지곡이 된 직후였는데 대중이 좋아할 건전가요를 만들라는 것이 그들의 주문이었다. 물론 나머지 군 생활을 편하게 해준다는 회유와 함께였다. 이때 만들어준 노래가 「식구 생각」이 었지만 이 노래를 본 담당자의 대답은 "안 되겠군"이었다.

아름다운 사람 | A BEAUTIFUL HUMAN BEING

1   어두운 비 내려오면
     처마 밑에 하나이 울고 서 있네
     그 맑은 두 눈에 빗물 고이면
     음 — 아름다운 그이는 사람이어라

2   세찬 바람 불어오면
     벌판에 하나이 달려가네
     그 더운 가슴에 바람 안으면
     음 — 아름다운 그이는 사람이어라

3   새하얀 눈 내려오면
     산 위에 하나이 우뚝 서 있네
     그 고운 마음에 노래 울리면
     음 — 아름다운 그이는 사람이어라
     그이는 아름다운 사람이어라

1   In a dreary rain,
     Standing in tears
     Alone under the eaves;
     When raindrops collect
     In those two limpid eyes;
     Mm⋯
     That beautiful one
     Is a human being.

2   In a furious storm,
     Dashing alone through a plain;
     With the wind is held
     To that fiery breast
     Mm⋯
     That beautiful one
     Is a human being.

3   In a dazzling white snowfall
     Standing tall and alone on a mountain;
     When a song sounds
     In that gentle soul
     Mm⋯
     That beautiful one
     Is a human being;
     A beautiful human being.

'현경과 영애'의 노래로 처음 발표되었다. 다소 추상적이기는 하지만 1절의 울고 서 있는 사람, 2절의 들판을 달리는 사람, 3절의 산 위에 서 있는 사람은 각기 인식과 행동, 그리고 그것의 총합으로서의 실천적인 인간형을 상징한다. 가사에 등장하는 '하나이'라는 대목은 흔히 '한 아이'로 오해되곤 하는데, 작가 자신은 '한 사람'이라는 의미로 쓴 표현이다.

희 – 미 한 – – – – 가 로 등 아 래 –
인 적 드 문 – – – – 시 골 길 을 –
해 저 무 는 – – – – 부 둣 가 에 –

나 혼 자 서 – 서 있 는 데 –
나 혼 자 서 – 걸 었 는 데 –
나 혼 자 서 – 서 있 는 데 –

웬 사 람 이 – – – – 다 – 가 와 –
웬 사 람 이 – – – – 다 – 가 와 –
웬 사 람 이 – – – – 다 – 가 와 –

눈 짓 으 로 – 내 게 묻 – 기 를 –
눈 짓 으 로 – 내 게 묻 – 기 를 –
눈 짓 으 로 – 내 게 묻 – 기 를 –

오 고 가 는 – 사 람 중 에 –
그 대 피 곤 한 몸 – 쉬 – 일 곳 –
저 – 바 다 건 너 – 찾 – 아 올 –

A   Dm   F   3   G   Gsus⁴
누 구 인 가 　 — 　 　 찾 으 려 는 거 　 요 　 —
이 길 따 라 　 — 　 　 그 어 드 — 메 　 요 　 —
누 구 인 가 　 — 　 　 기 다 리 는 거 　 요 　 —

G   C   3   F   C
아 — 니 오 　 — 　 — — — 　 아 — 무 　 도 　 —
아 — 니 오 　 — 　 — — — 　 아 무 데 　 도 　 —
아 — 니 오 　 — 　 — — — 　 아 — 무 　 도 　 —

A   Dm   Fm   C   F
찾 아 볼 　 이 　 — 　 　 하 나 없 　 소 　 —
찾 아 갈 　 곳 　 — 　 　 하 나 없 　 소 　 —
기 다 릴 　 이 　 — 　 　 하 나 없 　 소 　 —

1 Beneath a dim streetlight
   I was standing alone;
   Someone approached
   And asked with his eyes,
   Are you looking for someone
   Among those who pass by?
   No, I answered,
   No one to look for.

2 On a lonely country road
   I was walking alone;
   Someone approached
   And asked with his eyes,
   Is there a place down the road
   To rest your tired body?
   No, I answered,
   Nowhere to go.

3 On a pier at sunset
   I was standing alone;
   Someone approached
   And asked with his eyes,
   Are you waiting for someone
   Across the sea?
   No, I answered,
   No one to wait for.

1 희미한 가로등 아래 나 혼자서 서 있는데
   웬 사람이 다가와 눈짓으로 내게 묻기를
   오고 가는 사람 중에 누구인가 찾으려는 거요
   아니오 아무도 찾아볼 이 하나 없소

2 인적 드문 시골길을 나 혼자서 걸었는데
   웬 사람이 다가와 눈짓으로 내게 묻기를
   그대 피곤한 몸 쉬일 곳 이 길 따라 그 어드메요
   아니오 아무 데도 찾아갈 곳 하나 없소

3 해 저무는 부둣가에 나 혼자서 서 있는데
   웬 사람이 다가와 눈짓으로 내게 묻기를
   저 바다 건너 찾아올 누구인가 기다리는 거요
   아니오 아무도 기다릴 이 하나 없소

아무런 출구도 희망도 찾을 수 없는 절망적인 심경을 담고 있다.

아침 이슬 | MORNING DEW

긴 밤 지새우고 풀잎마다 맺힌
진주보다 더 고운 아침 이슬처럼
내 맘에 설움이 알알이 맺힐 때
아침 동산에 올라 작은 미소를 배운다

태양은 묘지 위에 붉게 떠오르고
한낮에 찌는 더위는 나의 시련일지라
나 이제 가노라 저 거친 광야에
서러움 모두 버리고 나 이제 가노라

After a long night without sleep
When sorrows cling to my heart
One by one
Like drops of morning dew
More beautiful than pearls
On every blade of grass,
I climb the hill behind my house
And study how to smile a little.

When the sun floats crimson
Over the graveyard,
The steaming heat of midday
Will be my trial.
I am going now
To that distant wild plain;
Leaving all sorrows behind,
Now I go.

1970년대 학생운동의 정신을 상징하는 노래이며 금지곡의 대명사. 작곡자인 김민기보다 더 유명한 「아침 이슬」은 1970년대 포크 음악은 물론이고 한국 대중가요사 전체를 통틀어 가장 많은 사람들에게 가장 오래 사랑받는 명곡 가운데 하나이다. 처음 발표된 당시에는 '한국 가요를 세계 수준으로 높여 놓은 곡'이라는 찬사를 받기도 했고, 한때 '건전가요' 목록에 오르내리기도 했으나, 1975년 가요 재심사 당시 다른 많은 가요들과 함께 금지되었다. 다른 금지곡들과 달리 아무런 금지 사유도 명시되어 있지 않은 채 금지되었다고 하여 화제가 되기도 했다. 이 노래가 다시 방송을 통해 흘러나올 수 있게 된 것은 1987년 시민항쟁이 있고 난 후였다. 이 노래는 북한에도 널리 알려져 있다.

아하 누가 그렇게 AH, IF ONLY SOMEONE WOULD DO SO

1 아하 누가 푸른 하늘 보여주면 좋겠네
   아하 누가 은하수도 보여주면 좋겠네
   구름 속에 가리운 듯 애당초 없는 듯
   아하 누가 그렇게 보여주면 좋겠네

2 아하 누가 나의 손을 잡아주면 좋겠네
   아하 내가 너의 손을 잡았으면 좋겠네
   높이높이 두터운 벽 가로놓여 있으니
   아하 누가 그렇게 잡았으면 좋겠네

3 아하 내가 저 들판의 풀잎이면 좋겠네
   아하 내가 시냇가의 돌멩이면 좋겠네
   하늘 아래 저 들판에 부는 바람 속에
   아하 내가 그렇게 되었으면 좋겠네

1 Ah, if only someone would show me the blue
   sky;
   Ah, if only someone would show me the
   Milky Way;
   As if hidden in the clouds, as if never there,
   Ah, if only someone would show it to me like
   that.

2 Ah, if only someone would grab my hand;
   Ah, if only I would grab your hand;
   Since high between us a thick wall stands,
   Ah, if only someone would reach out like that.

3 Ah, if only I were a blade of grass on that dis-
   tant plain;
   Ah, if only I were a pebble in the stream;
   In the wind blowing on that distant plain
   beneath the sky,
   If only I could be like that.

사회의식에 눈뜨는 것과 함께 그의 노래에서는 막연하나마 '자연'적인 것에 대한 동경, 그리고 소외된 존재에 대한 따뜻한 시선 같
은 것이 나타나기 시작한다. '풀잎'과 '돌멩이'이고 싶다는 표현 속에 저 낮은 곳으로 가고자 하는 작자의 의식을 엿볼 수 있다.

어찌 갈거나 | HOW CAN I GO

1 어찌 갈거나 바람 부는데
어찌 갈거나 길은 험한데
불비 내리는 모래 바람 속
내 집에 어찌 갈거나
바람 불어도 길은 멀어도
두려울 것 하나 없음은
고갯마루에 올라서 보니
내 형제 손짓하는 모습 보이네

2 어찌 갈거나 밤은 깊은데
어찌 갈거나 길은 험한데
눈보라 치는 얼음산 위에
내 집에 어찌 갈거나
밤은 깊어도 길은 험해도
두려울 것 하나 없음은
들판에 서서 귀 기울이니
날 불러 외쳐대는 소리 들려오네

3 어찌 갈거나 바람 부는데
어찌 갈거나 길은 멀은데
어찌 갈거나 밤은 깊은데
밤길은 더욱 험한데
바람 불어도 길은 멀어도
밤은 깊어도 밤길은 험해도
우리 친구들 날 기다리니
조금도 두려울 것 없네
조금도 두려울 것 없네

---

1 How can I go?
It's windy;
How can I go?
The road is perilous;
In the middle of fire rains and sandy wind,
How can I go home, huh!
Wind is blowing and it is a long way to go,
But I fear nothing;
On top of the hill,
I can see my brother waving his hands at me.

2 How can I go?
It's dark;
How can I go?
The road is perilous;
To my home on top of the icy mountain in the snowstorm,
How can I go home, huh!
The night is deep and the road is perilous,
But I fear nothing;
Listening hard on the field,
I can hear the cries calling my name.

3 How can I go?
It's windy;
How can I go?
It is a long way to go;
How can I go, huh!
The night is deep, and the nighttime road is more perilous;
Despite the blowing wind, despite the long way,
Despite the deep night, and despite the perilous nighttime road;
I fear nothing because
Our friends are waiting for me.
I fear nothing at all.

군 입대 직전 크리스챤 아카데미의 요청으로 만든 노래이다.

인형 | A DOLL

C Dm7 C Dm7 C Dm7 C Dm7 C
아 가 옷 을 입 힐 까 — 색 동 저 고 리 입 히 지 —
아 가 신 을 만 들 까 — 뾰 족 구 두 만 들 지 —
아 가 입 을 그 릴 까 — 웃 는 입 — 을 그 리 지 —
C Dm7 C Dm7 C Dm7 C Dm7 C E7
치 만 뭘 로 할 — 까 — 청 바 지 로 하 — — 지 —
모 잔 뭘 로 할 — 까 — 예 쁜 고 깔 씌 — 우 지 —
그 럼 눈 도 그 려 봐 — 우 는 눈 은 어 — 떨 까 —
Am E7 Am A7
청 바 지 에 색 — 동 옷 입 고 — — — —
뾰 족 구 두 에 고 — 깔 을 쓰 고 — — — —
Dm Dm7 Gsus4 G7
하 하 하 하 바 — 보 인 형 아 — — — —
C Dm7 C Dm7 C Dm7 C Dm7 C
색 종 이 를 오 려 서 — 예 쁜 인 형 만 들 어 —
C Dm7 C Dm7 C Dm7 C Dm7 C
선 생 님 께 보 이 고 — 엄 마 한 테 드 려 야 지 —

1 아가 옷을 입힐까 색동저고리 입히지
   치마 뭘로 할까 청바지로 하지
   청바지에 색동옷 입고

   하하하하 바보 인형아
   색종이를 오려서 예쁜 인형 만들어
   선생님께 보이고 엄마한테 드려야지

2 아가 신을 만들까 뾰족구두 만들지
   모잔 뭘로 할까 예쁜 고깔 씌우지
   뾰족구두에 고깔을 쓰고

   하하하하 바보 인형아
   색종이를 오려서 예쁜 인형 만들어
   선생님께 보이고 엄마한테 드려야지

3 아가 입을 그릴까 웃는 입을 그리지
   그럼 눈도 그려봐 우는 눈은 어떨까

   하하하하 바보 인형아
   색종이를 오려서 예쁜 인형 만들어
   선생님께 보이고 엄마한테 드려야지

1 Shall I dress her up in baby's clothes?
   Give her a little jacket with rainbow stripes!
   And what about a skirt?
   Put her in blue jeans!
   In rainbow clothes and a pair of blue jeans,
   Ha ha ha ha
   Such a silly doll!

   With colored paper cutouts
   Make a pretty doll,
   Show her to the teacher
   And present her to Mom.

2 Shall I make some baby's shoes?
   Make some shoes with pointed heels!
   And what about a hat?
   A pretty peaked hat for Buddhist nuns!
   In pointed shoes and a nun's peaked hat,
   Ha ha ha ha
   Such a silly doll!

   With colored paper cutouts
   Make a pretty doll,
   Show her to the teacher
   And present her to Mom.

3 Shall I draw a baby's mouth?
   Why not draw a mouth that smiles!
   And eyes then too, go ahead!
   How about some eyes that cry?

   Ha ha ha ha
   Such a silly doll!

   With colored paper cutouts
   Make a pretty doll,
   Show her to the teacher
   And present her to Mom.

인형을 만드는 동심의 세계가 그려져 있지만, 생각하기 따라서는 많은 내용을 읽을 수 있는 가사이다. 어째서 우리는 제대로 된 인형을 만들어볼 수 없는 것일까?

잃어버린 말 | LOST WORDS

1   간밤에 바람은 말을 하였고
    고궁의 탑도 말을 하였고
    할미의 패인 눈도 말을 했으나

    말 같지 않은 말에 지친 내 귀가
    말들을 모두 잊어 듣지 못했네

2   여인의 손길은 말을 하였고
    거리의 거지도 말을 하였고
    죄수의 푸른 옷도 말을 했으나

    말 같지 않은 말에 지친 내 귀가
    말들을 모두 잊어 듣지 못했네

3   잘리운 가로수는 말을 하였고
    무너진 돌담도 말을 하였고
    빼앗긴 시인도 말을 했으나

    말 같지 않은 말에 지친 내 귀가
    말들을 모두 잊어 듣지 못했네
    말들을 모두 잊어 듣지 못했네

1   Last night the wind spoke;
    And the old palace towers spoke too;
    And even the sunken eyes
    Of an old woman.

    But exhausted by words
    That do not seem like words,
    My ears forgot all
    And heard nothing.

2   The loving hands of a woman spoke;
    And a beggar on the street spoke too;
    And even the blue uniform
    Of a prisoner.

    But exhausted by words
    That do not seem like words,
    My ears forgot all
    And heard nothing.

3   The clipped trees on the street spoke;
    And a fallen stone wall spoke too;
    And even a poet
    Who was dispossessed.

    But exhausted by words
    That do not seem like words,
    My ears forgot all
    And heard nothing;
    My ears forgot all
    And heard nothing.

김민기는 당대의 지식인들이 모여 토론을 벌이던 PONTRA(Poem on trash)라는 모임에 참여하고 있었는데, 그때의 대화의 주제 가운데에는 '말의 오염' 과 '오염되지 않은 말의 회복' 이라는 것도 있었다. 이 노래는 그런 주제를 표현한 것이다.

작은 연못 THE LITTLE POND

Cm G Cm B♭
맑 은여름 날 연 못 속 의붕어두마 리 서 로
서 산에 지 고 저 녁 산 은고 - 요한 데 산 허
E♭ Fm A♭ A♭7 G7
싸 워한 - 마 리 는 물 위 에 떠 오 르 고 여 린
리 로무당벌레 하 나 휘 익 지 나 간 후 에 검 은
Cm G Cm B♭
살 이썩어 들어 가 물 도 따 라썩어들어 가 연 못
물 만고 - 인 - 채 한 없 는 세 월 - 속 - 을 말 없
E♭ Fm A♭ A♭7 G
속 에선 - 아무 것 도 살 수 없 - 게되 었 죠 깊 은
이 몸짓으로헤 매 다 수 많 은 계절을 맞 죠
C G C D G
산 오솔길 옆 자 그 마 한연 못 엔 지 금
Dm G C G/A Am Dm/F G C
은 더 러운물만 고 이 고 아무 것 도살 지않 죠
Dm G C G/B Am Dm/F G C

06 | 노래 _ 음지와 우표

1 깊은 산 오솔길 옆 자그마한 연못엔
지금은 더러운 물만 고이고 아무것도 살지 않지만
먼 옛날 이 연못엔 예쁜 붕어 두 마리
살고 있었다고 전해지지요 깊은 산 작은 연못
어느 맑은 여름날 연못 속에 붕어 두 마리
서로 싸워 한 마리는 물 위에 떠오르고
여린 살이 썩어들어 가 물도 따라 썩어들어 가
연못 속에선 아무것도 살 수 없게 되었죠

깊은 산 오솔길 옆 자그마한 연못엔
지금은 더러운 물만 고이고 아무것도 살지 않죠

2 푸르던 나뭇잎이 한 잎 두 잎 떨어져
연못 위에 작은 배 띄우다가 물속 깊이 가라앉으면
집 잃은 꽃사슴이 산속을 헤매다가
연못을 찾아와 물을 마시고 살며시 잠들게 되죠
해는 서산에 지고 저녁 산은 고요한데
산허리로 무당벌레 하나 휘익 지나간 후에
검은 물만 고인 채 한없는 세월 속을
말없이 몸짓으로 헤매다 수많은 계절을 맞죠

깊은 산 오솔길 옆 자그마한 연못엔
지금은 더러운 물만 고이고 아무것도 살지 않죠

1　In a little pond by a deep mountain path
　　Now only dirty water gathers and not a thing
　　is living,
　　But once, very long ago, so the story goes,
　　Two lovely carp were living in this pond,
　　This little pond, deep in the mountain;
　　On one clear summer day they fought with
　　each other,
　　And one floated up to the surface of the water;
　　Its soft flesh rotted, and the water spoiled too,
　　And so it came about that in the pond
　　There was nothing that could live.

　　In a little pond by a deep mountain path,
　　Now only dirty water gathers and not a thing
　　is living.

2　When leaf by leaf the once green leaves
　　Fall and set sail on the pond like tiny boats,
　　And then sink down deep into the water,
　　A spotted deer
　　That's lost its home and wanders on the
　　mountain,
　　Comes across the pond, drinks the water,
　　And slowly falls asleep;
　　The sun sets on the western hills,
　　And the evening mountains are calm;
　　After a ladybug whirs off to the mountainside,
　　The little pond, its water all black,
　　Moves restlessly in silence
　　Through the endless flow of time,
　　Greeting the myriad seasons.

　　In a little pond by a deep mountain path,
　　Now only dirty water gathers and not a thing
　　is living.

1970년대 초반의 포크송 선풍 속에서 널리 알려진 김민기의 대표곡 가운데 하나이다. 장조에서 단조로 바뀌는 멜로디의 진행이
나 반전의식을 상징적으로 담은 시적인 가사 모두 우리 대중가요에서 보기 힘든 높은 수준을 보여준다.

잘 가오 | FAREWELL

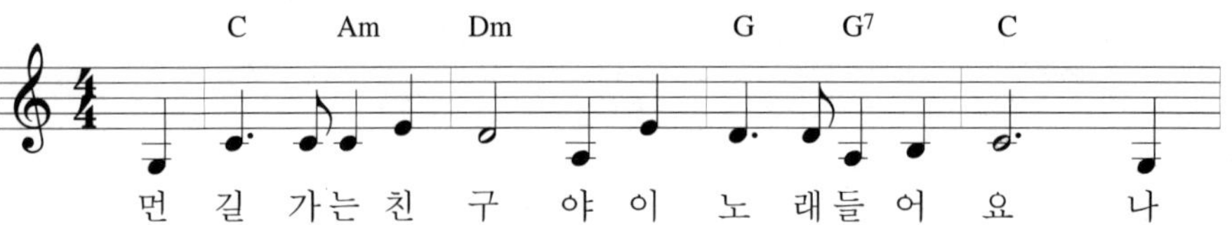

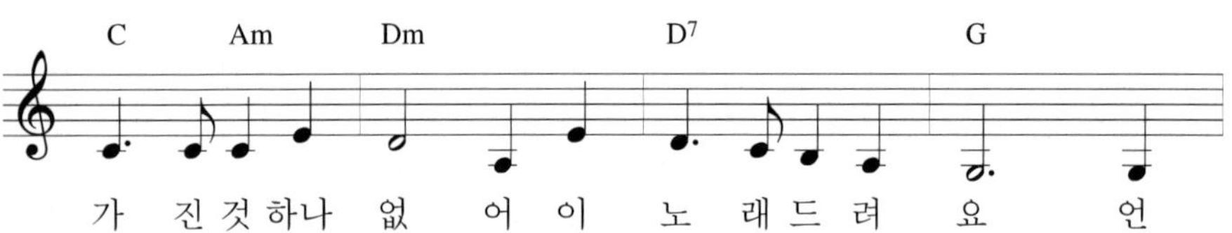

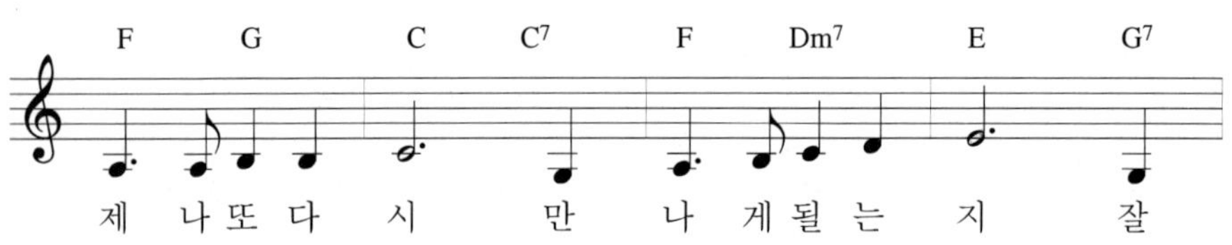

있다.

먼 길 가는 친구야 이 노래 들어요
나 가진 것 하나 없어 이 노래 드려요

언제나 또다시 만나게 될는지
잘 가시오 친구여 부디 안녕히

———————————

Listen to this song, my friend,
Who are going far away;
I have no possessions
So I offer this song;
Will we ever meet again?
Goodbye, my friend,
And hearty farewell!

———————————

이민 가는 친구의 환송회 자리에서 선물 대신 만들어 불러주었다는 노래이다. 「올드 랭 자인」의 도입부를 이용한 아이디어가 재미
있다.

제발 제발 (노래극 〈개똥이〉 중에서) | PLEASE, PLEASE
(From the musical Gaettongi)

428

G   C   G   C
하 나 요 참 내 들 들 볶 아 대 지 마 세 요   제 발
F   E F E7   F   F#dim
가 만 히 좀 놔 둬 봐 요 － 네? －   어 렸 을 때 생 각 을
C/G   A7   Dm   G   C   G
조 금 만 해 보 시 면 우 리 심 정 알 잖 아 요
느리게
C   G   C   C   F
캄 캄 한 굴 － 속 에 들 어 가 는 － － － 기 분 을 아 － 세 요
C   A7   Dm   G   C   Am
－ 네?   그 캄 캄 한 굴 속 에 들 어 가 기 보 다 도
D   G   a tempo C   G
더 싫 은 시 험 은 왜 있 을 까 － 시 험 보 고 매 － 맞 고
C   F   E F E7
통 지 표 받 고 통 지 표 받 고 또 매 맞 고 － － －
F   F#dim   C/G   A7   Dm   G   C
어 떻 게 해 야 만 이 어 른 이 빨 리 돼 서 회 초 리 를 안 맞 을 까

제발 제발 제발 툭툭 때리지 좀 마세요
무슨 칠판지우갠가 뭐-
이건 하면 안 돼 저것도 하면 안 돼
그저 뭐든지 안 돼밖에 모르시나 봐

주물럭주물럭대지도 마세요
내가 빨랫감인가요 뭐-
축 처진 빨랫줄에 널린 내 모양이
불쌍하지도 않으세요

으- 아침마다 골병제조기를 타고서
학교에 가보세요
조금만 늦었다간 벌로 변소 청소
누군 지각을 하고 싶어 하나요 참내

들들 볶아대지 마세요
제발 가만히 좀 놔둬봐요 네?
어렸을 때 생각을 조금만 해보시면
우리 심정 알잖아요

캄캄한 굴속에 들어가는
기분을 아세요 네?
그 캄캄한 굴속에 들어가기보다도
더 싫은 시험은 왜 있을까
시험 보고 매 맞고 통지표 받고
통지표 받고 또 매 맞고
어떻게 해야만이 어른이 빨리 돼서
회초리를 안 맞을까

Please, please, please,
Stop hitting me;
Am I a blackboard wiper or what?
Don't do this, don't do that;
You say nothing but no for everything.
Stop kneading me, too;
Am I a piece of laundry or what?
Don't you feel sorry about me
Drooping like laundry from the clothesline?

Grrrrrr, riding the bone breaker every morning
To go to school;
A minute late, you get punished by toilette cleaning;
Who in the world wants to be late for school, huh?

Stop pestering me;
Please leave me alone, will you?
If you think of your own childhood just for a
moment,
You would understand.

Can you understand the feelings
Like crawling into a pitch-dark cave, huh?
What for is the test
More detestable than getting into the pitch-dark
cave?
Lashed after the test,
Slashed after the result,
How can we grow up fast and become an adult
So that we don't get whipped any more?

노래극 〈개똥이〉는 1984년에 농사를 그만두고 서울로 올라와 처음으로 시도한 어린이 뮤지컬 작품이다. 공윤의 심의 거부로 당시의 시도는 무산되었고, 이후 1987년에야 일부 노래가 삭제된 채로 음반화되었다. 1995년에 예술의 전당과 1977년 문예회관에서 공연되기도 했지만 작가 스스로에게는 언젠가 완성시켜야 하는 미완성 작품으로 남아 있다.

주여, 이제는 여기에 | O LORD, HERE AND NOW
[FROM the play Jesus of the Golden Crown]

작사 : 김지하, 작곡 : 김민기

(연극 〈금관의 예수〉 중에서)

1   고향도 없다네 지쳐 몸 눕힐 무덤도 없이
2   가리라 죽어 그리로 가리라 고된 삶을 버리고 죽어 그리 가리라

겨울 한복판 버림받았네…… 버림받았네……
끝없는 겨울, 밑 모를 어둠. 못 견디겠네 , 이 서러운 세월.

못 견디겠네, 이 기나긴 가난. 못 견디겠네, 차디찬 이 세상 더는 못 견디겠네.

어디 계실까 주님은 어디? 우리 구원하실 그분 어디 계실까? 어디 계실까?

1　얼어붙은 저 하늘 얼어붙은 저 벌판
　　태양도 빛을 잃어 아 캄캄한 저 가난의 거리
　　어디에서 왔나 얼굴 여윈 사람들
　　무얼 찾아 헤매이나 저 눈 저 메마른 손길

　　오 주여 이제는 여기에 오 주여 이제는 여기에
　　오 주여 이제는 여기에 우리와 함께 하소서

　　고향도 없다네 지쳐 몸 누일 무덤도 없이
　　겨울 한복판 버림받았네 버림받았네

2　아 거리여 외로운 거리여
　　거절당한 손길들의 아 캄캄한 저 곤욕의 거리
　　어디에 있을까 천국은 어디에
　　죽음 저편 푸른 숲에 아 거기에 있을까

　　오 주여 이제는 여기에 오 주여 이제는 여기에
　　오 주여 이제는 여기에 여기에 우리와 함께
　　오 주여 이제는 여기에 오 주여 이제는 여기에
　　오 주여 이제는 여기에 우리와 함께하소서

　　가리라 죽어 그리로 가리라
　　고된 삶을 버리고 죽어 그리 가리라
　　끝없는 겨울 밑 모를 어둠
　　못 견디겠네 이 서러운 세월
　　못 견디겠네 이 기나긴 가난
　　못 견디겠네 차디찬 이 세상
　　더는 못 견디겠네
　　어디 계실까 주님은 어디
　　우리 구원하실 그분
　　어디 계실까 어디 계실까

김지하의 희곡 「금관의 예수」 도입부에 나오는 시를 토대로 작곡한 노래이다. 「금관의 예수」는 가진 자들에 의해 왜곡된 예수상을
비판하고 민중적 의미의 예수상을 구현한 작품으로, 이 노래는 1973년 원주 가톨릭회관에서의 초연 당시에 만들어졌다. 1978년
「오, 주여 이제는 그곳(북한을 지칭함)」에라는 제목으로, 가사를 바꾸어 양희은이 취입했다. '여기'에서 '그곳'으로 이르는 여정에
한국 대중가요의 초라한 현실이 자리하고 있었다.

1   That icy sky
That frozen plain
Ah, that dark street
Of poverty
Where even the sun
Has lost its light;
From whence did they come,
Those wasted faces?
What do they seek,
Those eyes,
Those shriveled hands?

O, Lord, here and now
O, Lord, here and now
O, Lord, here and now
Be with us together.

Without a place
To call hometown,
Without even a grave
To lay our tired bodies,
In the dead of winter
We were forsaken;
We were forsaken.

2   Ah, street, lonely street
Ah, dark street of scorn
Of outstretched hands
Refused;
Where will I find it?
Heaven--where is it?
Ah, is it there?
In a green grove
On the other side of death?

O, Lord, here and now
O, Lord, here and now
O, Lord, here and now
With us together;
O, Lord, here and now
O, Lord, here and now
O, Lord, here and now
Be with us together.

We will go,
Die and go there;
Casting aside
This hard life,
We will die and go there;
Winter without end,
Darkness without bottom,
We cannot bear it;
This sorrow-filled life,
We cannot bear it;
Poverty unending,
A world so cold,
No more can we bear;
Where are you,
O, Lord, where?
He who shall save us
Where is he?
Where is he?

차돌 이내 몸 |

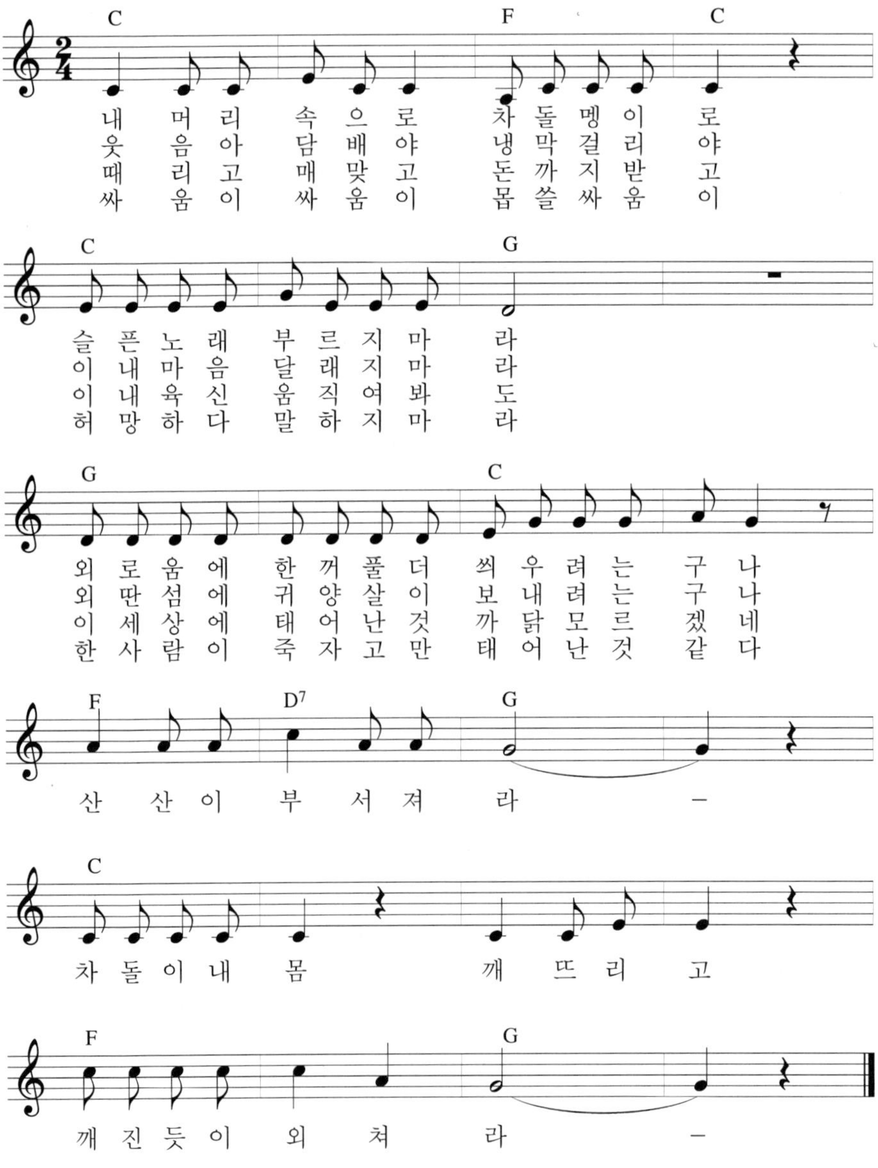

1 내 머리 속으로 차돌멩이로
  슬픈 노래 부르지 마라
  외로움에 한꺼풀 더 씌우려는구나
  산산이 부서져라
  차돌 이내 몸 깨뜨리고
  깨진 듯이 외쳐라

2 웃음아 담배야 냉막걸리야
  이내 마음 달래지 마라
  외딴섬에 귀양살이 보내려는구나
  산산이 부서져라
  차돌 이내 몸 깨뜨리고
  깨진 듯이 외쳐라

3 때리고 매 맞고 돈까지 받고
  이내 육신 움직여봐도
  이 세상에 태어난 것 까닭 모르겠네
  산산이 부서져라
  차돌 이내 몸 깨뜨리고
  깨진 듯이 외쳐라

4 싸움이 싸움이 몹쓸 싸움이
  허망하다 말하지 마라
  한 사람이 죽자고만 태어난 것 같다
  산산이 부서져라
  차돌 이내 몸 깨뜨리고
  깨진 듯이 외쳐라
  차돌 이내 몸 깨뜨리고
  깨진 듯이 외쳐라

---

1 Into my mind, into rock,
  Do not sing sad songs;
  To the loneliness
  It only adds
  Yet another layer.

  Be smashed into pieces!
  Break my rock body
  And scream as it breaks!

2 Laughs, cigarettes, and cold liquors
  Don't console my heart
  To be sent to exile to an isolated island

  Be smashed into pieces!
  Break my rock body
  And scream as it breaks!

3 Beat and be beaten,
  Even accept money;
  Though this flesh of mine moves,
  I do not know why
  We are born into this world.

  Be smashed into pieces!
  Break my rock body
  And scream as it breaks!

4 Struggle and struggle,
  Terrible struggle;
  Do not say in vain!
  It seems that one is born
  Only to die.

  Be smashed into pieces!
  Break my rock body
  And scream as it breaks!
  Break my rock body
  And scream as it breaks!

엄혹한 상황 속에서 답답한 심경을 다소 자학적인 공격성으로 표현하고 있다. "웃음아 담배야 냉막걸리야 이내 마음 달래지 마라.
외딴섬에 귀양살이 보내려는구나 산산이 부서져라"라는 2절 가사도 있었으나 작자가 나중에야 기억을 해내 1993년 전집 음반에
서는 누락되었다.

천리길 | THE THOUSAND-LEAGUE ROAD

흙 먼지 모두 마시 면서 내 땅에 내가 간 다
동 산 에 무 지 개 떴 - 다
고 운 노 을 물 들 고
하 늘 가 저 - 멀 리
엔 초 저 녁 별 빛 나 - 네
집 집 마 다 흰 - 연 - 기
자 욱 하 게 덮 이 - 니

밥 냄 새 구 - 수 하 고
아 이 들 을 부 르 는 엄 마 소 리
가 자 - 천 리 길
굽 이 굽 이 쳐 - 가 - 자
흙 먼 지 모 두 마 시 면
서 내 땅 에 내 가 간 다 출 렁
이 는밤-하- 늘 구 름 엔달가 고
아주 느리게
Kim Min-gi

귓 가에 시냇 물 소리 소골 소 골 얘 기하 네 졸지
말 고깨-어-라 쉬 지 말 고흘러-라 새아
침 이올-때까 지 어 두운 이 밤을지 켜 라 가
자 천 리 길 굽이굽 이쳐-가-자
흙 먼지 모두 마시 면서 내 땅에내가간 다

1　동산에 아침 햇살 구름 뚫고 솟아와
　새하얀 접시꽃잎 위에 눈부시게 빛나고
　발 아래는 구름바다 천 길을 뻗었나
　산 아래 마을들아 밤새 잘들 잤느냐

2　나뭇잎이 스쳐가네 물방울이 날으네
　발목에 엉킨 칡넝쿨 우리 갈 길 막아도
　노루 사슴 뛰어간다 머리 위엔 종달새
　수풀 저편 논두렁엔 아기 염소가 노닌다

　가자 천리길 굽이굽이쳐 가자
　흙먼지 모두 마시면서 내 땅에 내가 간다

3　쏟아지는 불햇살 몰아치는 흙먼지
　이마에 맺힌 땀방울 눈가에 쓰려도
　우물가의 새색시 물동이 이고 오네
　호랑나비 날으고 아이들은 촐랑거린다

4　먹구름이 몰려온다 빗방울도 떨어진다
　등 뒤로 흘러내린 물이 속옷까지 적셔도
　소나기를 피하랴 천둥인들 무서우랴
　겁쟁이 강아지는 이리저리 뛰어다니다

　가자 천리길 굽이굽이쳐 가자
　흙먼지 모두 마시면서 내 땅에 내가 간다

5　동산에 무지개 떴다 고운 노을 물들고
　하늘가 저 멀리엔 초저녁 별 빛나네
　집집마다 흰 연기 자욱하게 덮이니
　밥 냄새 구수하고 아이들을 부르는 엄마 소리

　가자 천리길 굽이굽이쳐 가자
　흙먼지 모두 마시면서 내 땅에 내가 간다

6　출렁이는 밤하늘 구름엔 달 가고
　귓가에 시냇물 소리 소골소골 얘기하네
　졸지 말고 깨어라 쉬지 말고 흘러라
　새 아침이 올 때까지 어두운 이 밤을 지켜라

　가자 천리길 굽이굽이쳐 가자
　흙먼지 모두 마시면서 내 땅에 내가 간다

역시 강원도 산골에서 군 생활 중에 작곡한 노래이다. 어린 시절의 캠핑 경험, 청년 시절의 여행 경험이 녹아들어 있다. 순수하고
맑은 마음으로 들과 산을 뛰노는 어린이들의 모습을 담았다.

1   On the mountain
    Morning rays pierce the clouds,
    And come pouring through,
    Lighting up the petals of the white hollyhocks;
    Below our feet,
    An ocean of clouds stretches on
    For a thousand leagues;
    O little villages below the mountain,
    Did you sleep well during the night?

2   Leaves brush by and raindrops fly,
    And round our ankles
    The arrowroot vines obstruct our path,
    But a roe deer darts ahead;
    Above our heads is a lark;
    And on a paddy ridge beyond the trees
    A baby goat is roaming.

    Let us be off down the thousand-league road,
    Winding our way, let us go;
    Swallowing all the dirt and the dust,
    To the land that is mine I will go.

3   Fiery rays shooting down,
    Dirt and dust whirling round,
    Beads of sweat from our brows,
    All burn the eyes;
    But a young woman,
    Water jar on her head,
    Comes to the edge of a well,
    A large spotted butterfly takes to the air,
    And the children frolic.

4   Dark clouds gather and raindrops fall;
    Water rolls down our backs
    Soaking even our underclothes,
    But should we flee the shower?
    Be scared of the lightning?
    A cowardly puppy dashes this way and that.

    Let us be off down the thousand-league road,
    Winding our way, let us go;
    Swallowing all the dirt and the dust,
    To the land that is mine I will go.

5   Above the mountain a rainbow has risen,
    A lovely twilight sets in;
    And over there, far in the sky,
    The early evening stars are shining;
    With every house enveloped in thick white smoke,
    The aroma of cooked rice whets the appetite,
    And the voices of mothers call to their children.

    Let us be off down the thousand-league road,
    Winding our way, let us go;
    Swallowing all the dirt and the dust,
    To the land that is mine I will go.

6   The moon slips into the swelling night sky clouds;
    The sound of a stream whispers at my ear,
    Fall not asleep, wake up!
    Do not rest, go on!
    Till the new morning breaks,
    On this dark night keep watch!

    Let us be off down the thousand-league road,
    Winding our way, let us go;
    Swallowing all the dirt and the dust,
    To the land that is mine I will go.

철망 앞에서 | FACING THE BARBED WIRE FENCE

444

G A D G A D
이렇게가 까이 -에- 이렇게나 뉘어 -서-
G A D F# Bm Bm⁷ E A D
힘없이서있는녹 -슨 철 조망을 쳐 다 만 보네 -
C G D A
빗방울이떨어 지 려나 들어봐 저 소리 - -
Bm F#m G E A
아이 들이울고 서있어 먹구름 도 몰려 와 -
G A D G A D
자 총 을내 -리고 두 손 마주잡 고 -
(려 -)
G A D F# Bm Bm⁷ E A D A
힘없이서있는녹 -슨 철조망을 걷 어 버 려요 - 저

D   A   Bm   A   D   A
위를좀봐 하늘을 나는 새 철 조 망 너 머 로 -
D   A   Bm   A   D
꿈지끝을 따 라 무 지 개 네 마음이 오는 길 -
G A   D   G A   D
새 들 은날 -으게 냇 물 도흐 -르게
G   A   D   F# Bm Bm7   E   A
풀벌레오가고바 -람 은 흐르고 마음도 흐-르게 -
G   A   D   G   A   D
자 총 을내 -려 - 두 손 마주 잡 고 -
G   A   D F# Bm Bm7 E   A   D
힘없이서있는녹 -슨 철 조 망을 걷 어 버 려요 -
느리게 G   A   D F# Bm Bm7   E   A   G   D
녹슬은철망을거 -두 고 마음껏 흘 러 서 가 게

446

내 마음에 흐르는 시냇물 미움의 골짜기로
물살을 가르는 물고기 떼 물 위로 차오르네
냇물은 흐르네 철망을 헤집고
싱그런 꿈들을 품에 안고 흘러 굽이쳐 가네

저 건너 들에 핀 풀꽃들 꽃내음도 향긋해
거기 서 있는 그대 숨소리 들리는 듯도 해
이렇게 가까이에 이렇게 나뉘어서
힘없이 서 있는 녹슨 철조망을 쳐다만 보네
이렇게 가까이에 이렇게 나뉘어서
힘없이 서 있는 녹슨 철조망을 쳐다만 보네

빗방울이 떨어지려나 들어봐 저 소리
아이들이 울고 서 있어 먹구름도 몰려와
자 총을 내리고 두 손 마주 잡고
힘없이 서 있는 녹슨 철조망을 걷어버려요
자 총을 내려 두 손 마주 잡고
힘없이 서 있는 녹슨 철조망을 걷어버려요

저 위를 좀 봐 하늘을 나는 새 철조망 너머로
꽁지 끝을 따라 무지개 네 마음이 오는 길
새들은 날으게 냇물도 흐르게
풀벌레 오가고 바람은 흐르고 마음도 흐르게
자 총을 내려 두 손 마주 잡고
힘없이 서 있는 녹슨 철조망을 걷어버려요
자 총을 내려 두 손 마주 잡고
힘없이 서 있는 녹슨 철조망을 걷어버려요
녹슬은 철망을 거두고 마음껏 흘러서 가게

____

In my heart a stream flows
Into a valley of hatred;
Splitting the current
The school of fish
Leaps above the water;
The stream flows;
Surging through the wire fence,
It winds along embracing fresh dreams.

From the plain across the way
There wafts a gentle fragrance
From the blooming wild flowers;
I also seem to hear your breathing,

Who are standing over there;
In this way so close,
In this way so divided,
I just stare up
At the weak and rusted barbed wire fence;
In this way so close,
In this way so divided,
I just stare up
At the weak and rusted wire fence.

Is it trying to rain?
Listen! That sound!
Children stand crying,
As dark clouds gather;
Come lay down your guns,
And with both hands
Roll up the weak and rusted barbed wire
fence;
Come lay down your guns,
And with both hands
Roll up the weak and rusted wire fence.

Look there up above!
From out of the sky a bird swoops down
Over the wire fence,
And tracing the arc of its flight
Is the rainbow road of your heart.
Fly, birds! Flow like a stream!
Insects in the grass, crawl back and forth!
Flow, wind! And hearts flow too!
Come lay down your guns,
And with both hands,
Roll up the weak and rusted barbed wire
fence;
Come lay down your guns,
And with both hands,
Roll up the weak and rusted barbed wire
fence;
Roll up the rusted barbed wire fence;
And come and go as freely as you wish!

1992년 남북 이산가족 고향방문계획 중에는 남북예술단 교환공연계획도 포함되어 있었다. 남측 예술단의 공연작품 구성이 처음
에는 김민기에게 의뢰되었고, 이 작품은 이 공연의 피날레에 사용하기 위해 작곡되었다. 그러나 이 계획은 구성 단계에서 제작진
이 바뀌었고 끝내 계획 자체가 무산되었다.

친구 | A FRIEND

C   Cmaj7   C7   F
검 푸 른 바 닷 가 에 — 비 가 내 리 면   어
눈 앞 에 보 이 는 — 수 많 은 모 습 들   그
C   Am   Dm   G
디 가 하 늘 이 고 어 디 가 물 이 요   그
모 두 진 정 이 라 — 우 겨 말 하 면   어
C   Cmaj7   C7   F
깊 은 바 다 속 에 고 요 히 잠 기 면   무
느 누 구 하 나 가 — 홀 로 일 어 나   아
Fm   C   Am   Dm   G   C
엇 이 산 것 이 고 무 엇 이 죽 었 소   눈
니 라 고 말 할 사 람 어 디 있 겠 소
C   Gm6/B♭   A   Dm   G
앞 에 떠 오 는 친 구 의 모 습   흩
C   Gm6/B♭   A   Dm   G
날 리 는 꽃 잎 위 에 어 른 거 리 오   저
C   Gm6/B♭   A   Dm   G
멀 리 들 리 는 친 구 의 음 성   달
C   Gm6/B♭   F   A   Dm   G   C
리 는 기 차 바 퀴 가 대 답 하 려 나

1 검푸른 바닷가에 비가 내리면
어디가 하늘이고 어디가 물이요
그 깊은 바다 속에 고요히 잠기면
무엇이 산 것이고 무엇이 죽었소

눈앞에 떠오는 친구의 모습
흩날리는 꽃잎 위에 어른거리오
저 멀리 들리는 친구의 음성
달리는 기차 바퀴가 대답하려나

2 눈앞에 보이는 수많은 모습들
그 모두 진정이라 우겨 말하면
어느 누구 하나가 홀로 일어나
아니라고 말할 사람 어디 있겠소

눈앞에 떠오는 친구의 모습
흩날리는 꽃잎 위에 어른거리오
저 멀리 들리는 친구의 음성
달리는 기차 바퀴가 대답하려나

1   When rain falls
    On the dark-blue sea,
    Which is the sky
    And which is the water?
    If one sinks quietly
    To the ocean's depths,
    What is living
    And what has died?

    Floating before my eyes
    The image of my friend
    Flickers
    Over the scattering petals;
    His voice coming
    From out of the distance,
    Will the wheels of the rushing train
    Respond?

2   The many images before my eyes;
    If someone insists that all are real,
    Who among them
    Would rise up alone
    And say it is not so?

    Floating before my eyes
    The image of my friend
    Flickers
    Over the scattering petals;
    His voice coming
    From out of the distance,
    Will the wheels of the rushing train
    Respond?

이 노래는 김민기의 고교 시절 작품이다. 고교 시절 보이 스카우트 대원들과 함께 동해안에 여름 야영을 갔다가 동료 중 한 사람이 익사를 하는 사고가 났고 선임자였던 김민기는 익사한 동료의 부모에게 이 사실을 알리기 위해 서울로 돌아와야 했다. 이 노래는 돌아오던 야간 열차에서의 참혹한 심경을 그린 것이다. 김민기의 최초 앨범에 실린 이 노래는 그의 대표작으로 알려졌으며 1970 년대와 1980년대에는 학원사태로 대학을 떠난 동료들을 생각하며 부르는 노래로 대학생들의 사랑을 받았다. 고등학생이 작곡한 노래라고는 믿기 어려울 만큼 세련된 화음 진행과 상징성 풍부한 노랫말을 가진 이 노래는 한국 모던 포크의 대표적인 걸작 가운데 하나로 꼽힌다.

혼혈아 | MIXED-BLOOD CHILD

라이 라이 라이 라이
라이 라이 라이
라이 라이 라이 라이
라이 라이 라이

1 종이연 날리자 하늘 끝까지
내 손이 안 닿아도 구름 위까지

라이 라이 라이 라이
라이 라이 라이
라이 라이 라이 라이
라이 라이 라이

2 간밤에 어머니 돌아오지 않고
편지만 덩그마니 놓여 있는데
그 편지 들고서 옆집 가보니
아저씨 보시고 한숨만 쉬네

라이 라이 라이 라이
라이 라이 라이
라이 라이 라이 라이
라이 라이 라이

3 아저씨 말씀 못 미더워도
헬로 아저씨 따라갔다는데
친구도 없네 무얼 하고 놀까
철길 따라서 뛰어나 볼까

라이 라이 라이 라이
라이 라이 라이
라이 라이 라이 라이
라이 라이 라이

4 철길 저편에 무슨 소리인가
하늘나라 올라갈 나팔 소리인가
종이연 날리자 하늘 끝까지
내 손이 안 닿아도 구름 위까지

라이 라이 라이 라이
라이 라이 라이
라이 라이 라이 라이
라이 라이 라이

Rai rai rai rai rai rai
Rai rai rai rai
Rai rai rai rai rai rai rai
Rai rai rai rai rai

1 Let us fly a paper kite
To the limits of the sky
Beyond my reach
Above the clouds.

Rai rai rai rai rai rai
Rai rai rai rai
Rai rai rai rai rai rai rai
Rai rai rai rai rai

2 Last night Mother did not return
Leaving only a solitary letter.
I take it to the house next door
And the man there reads it and sighs.

Rai rai rai rai rai rai
Rai rai rai rai
Rai rai rai rai rai rai rai
Rai rai rai rai rai

3 While I can' t believe
What the man next door says,
That she went off together
With the Hello Man,
Still I have no friends, so how shall I play?
Shall I try skipping along the railroad tracks?

Rai rai rai rai rai rai
Rai rai rai rai
Rai rai rai rai rai rai rai
Rai rai rai rai rai

4 What' s that sound
Far down the tracks?
The sound of a bugle
Drifting up to the sky?
Let us fly a paper kite
To the limits of the sky
Beyond my reach
Above the clouds.

Rai rai rai rai rai rai
Rai rai rai rai
Rai rai rai rai rai rai rai
Rai rai rai rai rai

원제목이 「혼혈아」였던 이 곡은 1971년 김민기의 첫 음반에 「종이연」이라는 제목으로 실렸다. 검열 당국이 「혼혈아」라는 제목을
달가워하지 않았던 까닭이다. 같은 노래도 제목에 따라 심의 결과가 달라지는 것이 대중가요의 현실이었다. 소외된 사람들에 대한
관심을 드러내는 작품 가운데 하나이다.

김민기와 서울 〈지하철 1호선〉

폴커 루드비히 (Volker Ludwig, 독일 그립스 극장 대표·극작가)

정유성 옮김

1호선은 지하철 노선이다. 대도시를 관통하며 갖은 사회문제들을 스쳐간다. 지하철 1호선은 서울에도 있고, 베를린에도 있다. 어디서건 그저 그렇고 그런 보통 사람들이 이용하는 교통수단이다. 그런 만큼 뮤지컬이라는 장르에는 아주 이상적인 장소이다. 여느 뮤지컬이라면 거들떠보지도 않을, 사람들과 지금 여기의 현실을 다루려면 말이다. 사람들의 희망과 바람, 절망과 웃음, 분노와 고통이 거기에 담겨 있다. 뮤지컬 〈지하철 1호선〉의 첫 승객은 베를린 시민이었다. 하지만 다른 도시에서도 공연을 거듭하면서, 사람들이 대도시에 살면서 겪는 어려움과 아픔이란 어디서건 비슷하다는 점이 밝혀졌다. 이 점을 김민기는 일찍이도 간파했다. 1992년 공연 비디오, 그것도 아주 질 나쁜 비디오로 이 작품을 보고 받았던 첫인상을 김민기는 학전 극장 공연 프로그램에 이렇게 털어놓고 있다.

> 1992년에 〈리니에 아인스(*Linie 1*)〉의 비디오테이프를 처음 보았을 때, 물론 대사는 알아들을 수 없었지만 거기에 묘사되는 베를린 시민들의 모습이 서울 시민들의 모습과 겉으로는 무척 많이 달랐지만 어딘가 비슷한 점이 있음을 느낄 수 있었고, 또한 한국과 같이 냉전과 분단의 흔적이 배어 있음을 감지할 수 있었다(내가 보았던 테이프는 독일이 통일되기 이전에 공연된 것이었다). 더욱 흥미로웠던 것은 그 자유분방한 형식이 '브로드웨이'류의 뮤지컬과는 달리 한국의 전통 연희 형식과 많이 닮았다는 점이었다.
>
> 그 당시·뮤지컬 형식에 대해 관심을 가지고 있던 나는 이 작품을 공부해보기로 마음먹었고 '서울 시민들의 모습이 이런 형식으로 보여진다면 어떻게 될까?'라는 즐거운 상상 속으로 빠져들기 시작했다.
>
> 처음에는 서울의 인물들을 모두 원작에 대입해보았으나 그것은 곧 무모한 시도였음이 드러났다. 두 도시는 역사적인 배경과 사회 상황의 차이가 너무도 컸고, 사람들이 사물을 대하는 감각 또한 너무도 달랐던 것이다. 그래서 나는 〈리니에 아인스〉에 나오는 인물들의 겉모습을 잊어버리기로 하고 그들이 처한 상황과 거기서 생겨나는 심성을 이해하려고 노력했다.

원작의 인물들은 하나 둘씩 합성이 되거나 해체가 되면서 서울에 살고 있는 인물들로 변해갔고, 내가 발견하게 된 것은 두 도시 사이에, 또 두 민족 사이에 주어진 커다란 차이에도 불구하고 오늘을 살아가는 대도시 서민들에게 보편적으로 존재하는 인간애였다. 그 발견은 나에게는 커다란 희열이었다. 나는 원작자인 폴커 루드비히 선생에게 원작을 훼손시키고 있는 나의 행위에 대해 커다란 죄책감을 느끼면서도 〈지하철 1호선〉이 서울 시민들에게 자신의 모습을 되돌아보고 또 더 나아가 인류의 보편적인 인간애까지도 느낄 수 있게 해줄 수만 있다면 그와 같은 나의 범죄행위도 불사하겠다는 생각을 감히 하게 되었다.

1995년 서울에서 이 작품이 초연된 지 일 년 만에, 나는 독일 문화원 초청으로 서울을 방문해 서울 〈지하철 1호선〉 공연을 보았다. 결코 잊을 수 없는 날이었다. 무대 위에는 내게 낯선, 그러면서도 친숙한 세계가 펼쳐졌다. 무엇보다도 이 공연은 처음부터 끝까지 내 작품을 그 어떤 다른 공연에서도 찾아볼 수 없었던 전혀 새로운 방식으로 그 정신을 표현하고 있었다. 또 연출자 김민기는 원작에 충실하지 못하고 원작자에 대한 존중을 표하지 않은 것이 아니라, 내가 일찍이 경험해보지 못한 존중감과 충실성으로 작품을 재해석했다. 나는 어떤 다른 연출가에게서도 이렇게 잘 이해되고, 또 인정받았다는 느낌을 가져본 적이 없다. 그는 완벽한 번안을 통해 손쉬운 성공을 기도한 것이 아니라, 작품의 본질적인 의도를 전달하고자 했다. 그것은 유럽이라는, 한국인에게는 낯선 문화적 배경을 넘어서, 한국인들에게 익숙한 등장인물이나 배경, 이야기 구성을 통해 이들의 감수성을 꿰뚫었기 때문일 것이다. 특히 김민기가 대도시의 '상처받은 희생자들'인 등장인물들을 사랑했기에 이들은 진실하고 솔직한 느낌을 주었고, 대사 내용을 한마디도 알아들을 수 없었던 나를 깊이 감동시켰다.

당시 김민기는 이 공연이 행여 (원작자로부터) 금지당하지 않을까 걱정했다고 한다. 그 얘기를 김민기 스스로 내게 여러 차례 했다. 그립스(GRIPS) 극장 공연 프로그램에 보면 그의 이런 이야기가 실려 있다. "내가 만일 그와 같은 상황에 처했다면 내가 과연 그 공연을 용서할 수 있었을까? 작가에겐 작품이 직접 낳은 자식과 같아서 누가 그 아이를 지금 내가 한 정도로 훼손한다면 아마도 참기 어려울 것이다. 그러나 뜻밖에도 선생께서는 우리의 공연을 높이 평가해주셨고 우리의 사기는 충천했다." 내가 대단하다는 반응을 보인 까닭은 이렇다. 그는 내 자식인 작품을 훼손한 것이 아니라 입양해서 한국적인 생활 방식에 맞도록 잘 키운 것이다. 그가 아니었다면 내 작품은 낯선 곳에 버려진 아이처럼 받아들여지지 못한 채 불쌍한 꼴이 되었을 것이다.

서울 〈지하철 1호선〉은 공전의 성공을 거두었다. 원작이 베를린에서 1,000회 공연을 기념했을 때, 서울 공연은 이미 1,300회를 넘어섰다. "민들레 씨앗처럼 멀리 날아와 유라시아 대륙의 반대편 끝에서 다시 피어난 〈지하철 1호선〉이 이제 고향인 베를린의 주인집 1,000회 공연 잔치에 초대되었다"라고 베를린 1,000회 기념공연에 초청받은 김민기는 말했다. 그는 서울 공연 등장인물들이 베를린이나 마찬가지로 상처받은 대도시 서울 사람들이라면서 "그들의 영혼이 베를린에서도 위안받을 수 있기를 기원한다"고 희망을 피력했다. 물론 베를린 관객들은 중국이나 일본, 홍콩에서 그랬듯이 학전 팀 공연에 열광했다. 서울 관객의 변함없는 사랑과 열정은 2,000회 기념공연에 초청받아 서울을 방문해 〈지하철 1호선〉을 공연한 그립스 극장 팀에게 잊을 수 없는 체험을 안겨주었다.

이러한 성공의 비밀은 무엇일까? 아마 여러 가지일 것이다. 연출가 김민기가 완벽하게 구사하는 연출 기법들인 기본 설정이나 음악 등의 효과, 웃음과 슬픔의 적절한 균형? 정작 원작은 세월에 따라 매몰되어가는데, 늘 만족할 줄 모르고, 늘 최신 상황에 맞게 벌써 여섯 번째 뜯어고치는 놀라운 그의 정열? 소극장에 소규모 관객, 그리고 낮은 입장료라는 열악한 상황에도 불구하고 라이브 밴드를 동원해 상업적인 성공은 아예 처음부터 포기하는 그의 무모함? 이 모든 것이 함께 작용했을 것이다. 하지만 정작 그 성공의 열쇠는 다른 데 있다. 그것은 다름 아닌 김민기가 자신의 작업에 대한 열정과 기쁨에도 불구하고 단순한 오락 이상, 아니 훨씬 더 큰 목표를 추구하고 있다는 점이다. 오락성은 목표를 위한 수단일 뿐이다. 그는 이 점을 관객들에게 전달한다. 관객은 뮤지컬 관람 시 흔히 그렇듯이 흥미와 오락만 바라고 오는 것이 아니라, 웃고 울고 즐기는 가운데 자기 자신을 발견한다.

연극계에서 일일이 설명할 필요조차 없을 만큼 자신과 비슷한 영혼을 발견할 수 있다는 것은 드물고 대단한 체험이다. 나는 김민기와 같은 천재가 내 영혼을 받아준 데 대해 너무 행복하고 고맙기 그지없다. 그를 벗이라고 부를 수 있는 일은 더더욱 행복한 일이 아닐 수 없다.

김민기와 학전, 한국 또는 세계 뮤지컬의 대안

김 승 현 (문화일보 기자)

1. 들어가기 앞서

19세기 연극에 본격 도입된 음악은 연극의 타락으로 이해되었다. 리듬 있는 언어인 시로써 의미를 전달하여 관객의 감동을 끌어내는 것이 순수 연극의 애초의 목표였다. 하지만 19세기 낭만연극에서 연극이 속화되며 연극에 음악이 들어갔다. 연극 언어가 시가 아니라 산문으로 변하면서 연극은 언어의 리듬을 잃었다. 이를 보완하여 극 전개에 대해 설명하고 다음 장면을 예시하기 위해 연극은 음악을 끌어들였다. 그래서 만들어진 것이 음악이 있는 드라마, 멜로드라마(melodrama)이다. 그리고 연극에 음악이 보편적으로 사용되면서 멜로드라마는 본래의 음악적 특성마저 잃고 통속극을 지칭하는 보통명사로 전화했다.

20세기 초반 드라마보다 음악이 앞서는 코미디 뮤지컬이 하나의 공연 장르로 자리 잡은 이후 사실상 음악이 연극을 잡아먹었다고 할 수 있다. 음악은 관객들에게 의심을 멈추게 한다. 음악은 공연자와 관객이 현실에 대해 해석할 필요 없이, 그들이 공유하고 있는 사건에 더욱 가깝게 참여할 수 있게 해주기 때문이다. 이와 같은 장점으로 인해 일반 연극에서도 음악의 중요성은 점점 증가하여, 이제 연극과 음악은 서로 뗄래야 뗄 수 없는 존재가 되었다.

〈캣츠〉, 〈레 미제라블〉, 〈미스 사이공〉, 〈오페라의 유령〉 등 1980년대 작곡가 앤드류 로이드 웨버와 클로드-미쉘 쇤베르그, 제작자 카메론 매킨토시가 함께 만든 이른바 영국 런던 웨스트엔드의 뮤지컬 '빅 포(big four)' 이후 세계 공연 시장의 흐름은 단연 뮤지컬이 좌우하게 되었다. 20세기 초 브로드웨이 뮤지컬은 상업적 성공을 거뒀지만 여전히 미국 일부 시장에 국한되었으며, 예술보다는 오락이나 비즈니스로 이해되었다. 그러나 웨스트엔드의 뮤지컬은 상업성에 예술성까지 갖추고 뮤지컬을 전 세계의 공연예술로 시장을 넓혔다. 예를 들어 1995년 전 세계에서 매킨토시가 제작한 6편의 〈캣츠〉, 20편의 〈오페라의 유령〉, 12편의 〈레 미제라블〉, 7편의 〈미스 사이공〉, 4편의 〈모라 불리는 다섯 남자〉, 2편의 〈폴리스〉가 상연되었다. 1996년 〈레 미제라블〉 10주년 기념 콘서트에서 이 작품의 삽입곡 「원 모어 데이」는 14개 언어로 불리며, 19개 나라의 깃발을 앞세운 장 발장들이 무대에 줄줄이 올랐다. 공연예술에서 뮤지컬의 세계화·보편화를 단적으로 보여주는 장면이다. 반면 발생 이후 현재까지 여전히 수공업적인 연극은 산업사회에서 자립의 기반을 상실한 채 공공으로부터 문화재적 보호를 받고 있는 실정이어서 대조를 이룬다. 현재 뮤지컬은 시대와 함께 진화하여 공연예술의 총아로 군림하며 산업사회의 다양한 첨단 엔터테인먼트 산업들과 당당히 경쟁하고 있다.

비록 무대 공연의 역사는 짧지만 한국의 공연 시장 역시 마찬가지의 길을 걷고 있다. 1962년 최초의 근대 한국 뮤지컬로 꼽히는 예그린의 〈살짜기 옵서예〉가 나온 이후 1970년대 현대극단의 〈빠담 빠담 빠담〉을 놓고 상업극 논쟁이 벌어졌을 정도로 한국 공연예술의 중심은 연극이었다. 그러나 1980년대 브로드웨이 황금기에 만들어진 프랭크 뢰서의 뮤지컬 〈아가씨와 건달〉이 선풍적 인기를 끈 다음부터 뮤지컬이 공연 시장의 대세로 자리 잡았고, 2001년 〈오페라의 유령〉 라이센스 공연의 대성공 이후 뮤지컬은 한국 공연 시장의 모든 것이 되어버렸다. 하지만 한국의 뮤지컬은 어딘지 허하다. 한국 뮤지컬에서 한국의 음악을 찾기 힘들기 때문이다. 대부분의 뮤지컬이 외국의 것을 그대로 빌려오거나 모방에 그치고 있는 형편이다. 그래서 김민기에게 거는 기대가 크다.

2. 학전 이전 김민기 뮤지컬, 저항과 참여

김민기 뮤지컬의 시작은 1973년 김지하가 쓴 〈금관의 예수〉라고 할 수 있다. 김민기가 작곡한 이 극의 주제가 「금관의 예수」는 극의 모든 것을 압축하여 불립문자(不立文字)로 객석에 전달한다. 한국 공연 사상 이처럼 치열한 주제를, 이만한 수준의 서정으로 압축하여 표현하는 데 성공한 노래를 찾기란 쉽지 않다. 〈금관의 예수〉의 장르를 뮤지컬로 볼 수는 없지만 부분적으로 음악을 도입했고, 연극보다 음악으로 더 기억에 남는 작품인 만큼 김민기 최초의 극적인 음악, 다시 말하면 뮤지컬의 시도로 봐도 좋을 것 같다.

1974년 소리굿 〈아구〉는 한국 마당극 최초의 시도인 한편, 김민기 뮤지컬의 원형이라고 할 수 있다. 어쩌면 한국적 레뷰 형식의 서사 뮤지컬이라고 해도 무방하지 않을까 싶다.

1978년 만든 노래굿 〈공장의 불빛〉은 김민기 특유의 서정과 치열한 현실적 고민과 투쟁, 그리고 동서양의 다양한 음악적 형식이 어울린 한국적 참여 뮤지컬의 결정판으로 생각된다. 이 작품은

80년대 대학가에서 가장 많이 공연되고 들려진 뮤지컬로 이제는 전설이 되었다. 그 시대에 몇 번을 복사해 잡음이 더 큰 〈공장의 불빛〉 테이프는 늘어나서 소리가 들리지 않을 때까지 돌려졌고, 악보는 철필로 등사되어 손에서 손으로 은밀하고 소중하게 전해졌다.

김민기는 "〈공장의 불빛〉은 내 마음의 빚"이라고 말한다. "내 자식인데 낳아놓기만 하고 마치 고아원에 버린 기분"이라는 것이다. 그는 이 작품을 만들던 과정을 다음과 같이 회상한다.

"그해 겨울 내내 이 작품에 매달렸어. 그리고 봄에 송창식 형의 연습실을 빌려 녹음을 했지. 한밤중에 소리가 새나가지 않도록 창문을 다 담요로 가리고, 환풍기도 옷으로 꼭꼭 틀어막고 작업했어. 마스터 테이프를 두 갠가 만들었던 기억이 나. 그리고 복사를 해서 돌리고는 혼자 경기도 전곡에 내려가 농사를 짓기 시작했어. 모든 책임을 혼자 감당하기 위해서였지."

그는 이 노래굿 테이프와 관련한 모든 책임을 혼자 지려 했다. 박정희 정권 말기의 그 엄혹한 시절, 이 테이프는 김지하의 시 「오적(五賊)」 이상의 충격을 줄 것이 확실했다. 그렇게 되면 여기에 관련된 모든 사람이 어떤 고통을 겪어야 하는지 알고 있기 때문이다. 그는 스스로에게 자기 혼자 모든 것을 했으며, 마스터 테이프는 어디에 숨겨뒀는지 모른다고 마인드 컨트롤을 걸었다. 그래서 지금도 그 마스터 테이프를 어디에다 숨겨뒀는지 모른다.

"마스터 테이프가 있으면 복원 작업을 하기가 조금은 편할 텐데 도대체 기억이 안 나. 내가 스스로에게 얼마나 세게 마인드 컨트롤을 걸었는지 〈공장의 불빛〉에 관련된 기억이 파편으로밖에 남아 있지 않아. 그래서 이 작품에 미안한 감도 가장 많지. 무책임하게 자식을 낳고 그냥 고아원에 내버려둔 기분이거든. 하여튼 이 테이프가 나오는 데 가장 고마운 사람은 송창식 형이지. 자기 작업실에서 만든 것이 밝혀지면 얼마나 큰 고초를 당할지 뻔한데도 빌려줬으니 말이야. 송창식 형이 없었으면 〈공장의 불빛〉은 그나마 햇빛도 보지 못했을지도 몰라."

김민기는 1979년 봄 모든 것을 정리하고 홀로 익산에 내려가 수도승처럼 땅을 갈았다. 곧 겪을 모진 고생을 이기기 위해 마음 밭도 함께 깊이 갈았다. 그러나 그는 잡혀가지 않았다. 박 정권이 무너진 뒤 1980년 초 전두환 정권이 들어섰을 때 〈공장의 불빛〉 테이프가 다시 문제가 되었지만, 당시 실세 중의 하나인 허문도 씨가 "김민기를 잡아들이면 또 하나의 김지하를 만든다"며 "그냥 놔두자"고 강력히 주장하였고 그것이 받아들여졌기 때문으로 알려져 있다.

3. 학전의 〈지하철 1호선〉, 한국 뮤지컬의 '못자리'

김민기가 가장 듣기 싫어하는 것 중의 하나가 자신의 노래가 아닌가 싶다. 취재를 계기로 그를 가깝게 만난 지 10년 가까이 되지만 그가 노래를 부르는 것을 한 번도 들은 적이 없다. 수줍음 때문인지, 아니면 자기 노래에서 자신만이 아는 부족함이 느껴지기 때문인지 그 이유는 모르겠다. 2003년 〈지하철 1호선〉 2,000회 기념공연 때 독일 그립스 극단이 그의 트레이드마크가 된 「아침 이슬」을 독일어로 옮겨 전형적인 독일 합창가곡풍으로 불렀을 때 그는 노래하는 동안 내내 극장 구석에서 쭈그리고 앉아 고개를 숙인 채 얼굴을 들지 못했다. 그런 그가 노래를 불렀다. 네 장짜리 음반을 냈다. 학전을 만들기 위해서다.

극단 학전을 시작한 서울 대학로의 학전 소극장은 당초 연우무대가 자리 잡을 예정이었다. 그러나 연우 측이 돈이 모자라는 바람에 김민기가 얼떨결에 떠맡게 되었다. 그는 음반을 내기로 하고 음반사에서 돈을 당겨 보증금을 냈다. 그렇게 해서 1991년 한국 뮤지컬의 새 장을 여는 학전이 탄생되었다. '좀처럼 노래 부르지 않는 가수' 김민기의 전집 앨범은 2년 뒤인 1993년에 나왔다.

김민기와 학전의 대표작 〈지하철 1호선〉도 연우무대와 관련이 있다면 있을 수 있다. 주한 독일문화원은 당초 폴커 루드비히의 원작 〈리니에 아인스(Linie 1: 지하철 1호선)〉를 민중극단의 정진수에게 소개했다. 그러다가 다시 연우무대 출신의 작가 겸 연출가 김광림에게 돌아갔다. 김광림은 이 작품을 보자마자 "이 작품은 독일의 마당극으로, 이걸 한국에서 가장 잘할 수 있는 사람은 김민기"라고 했다. 돌고 돌아 눈 밝은 이를 통해 드디어 임자를 만난 것이다.

김민기는 먼저 독일 베를린의 〈지하철 1호선〉을 한국의 〈지하철 1호선〉으로 바꾸었다. 마약과 매춘, 빈부격차 등 대도시의 문제를 그대로 바탕에 깔면서 거기에 통일, 민주 등 한국적인 문제를 더했다. 세계적 보편성에 한국적 독창성을 더해 작품의 플롯을 완전 개조하여 새로운 작품을 '창작' 했다. '그들의 연극'이 아니라 '우리의 연극'을 만들어낸 것이다.

형식 면에서도 기존의 뮤지컬과 달랐다. 소극장 뮤지컬에서 라이브 연주를 도입한 것은 학전이 처음이었다. 당시 한국 공연계에서 소극장은 물론, 대극장 뮤지컬도 녹음된 음악을 쓰는 것이 보통이었다. 또 소극장 사상 처음으로 5.1서라운드 입체음향 시스템을 도입하여 뮤지컬의 음악적 완성도를 최고로 끌어올렸다.

이와 함께 과감한 영상의 도입도 앞서가는 무대 기법이었다. 지금은 공연에서 영상을 쓰는 것이 일상화되었지만, 당시 세련된 영상으로 만들어낸 다양한 이미지와 공간의 변화는 참신하고 놀라운 시도였다. 2001년 원작의 고향인 베를린 공연 당시 그립스 극단은 다채로운 영상 변화에 감탄을 금치 못하면서 영상 슬라이드를 달라고 할 정도였다. 주제는 물론이고 음악과 이미지에 강한 김민기가 아니면 만들 수 없는 재창작이었다. 물론 작품이 좋다고 모두 성공하지는 않는다. 첫술에 배부르면 그게 어디 신화겠는가. 이 같은 여러 가지 새로운 시도에도 불구하고 1994년 학전 소극장에서 초연한 〈지하철 1호선〉은 실패는 아니었지만 흑자에 이를 정도의 성공도 아니었다.

그러나 김민기 뮤지컬의 본령은 그 다음의 '뚝심'이었다고 해도 지나치지 않다. 그는 1995년 이 작품을 다시 고쳤다. 1994년판에서 주인공 '안경'은 운동권 학생이었다. 그러나 1995년판에서는 가짜 운동권 학생으로 바뀌었다. 이는 군사정권에서 민간정부로 바뀌는 과정에서 지식인들이 이전까지 가졌던 명확한 공격목표가 사라지면서 겪게 되는 극심한 정신적 공황상태를 반영한다. 이때도 〈지하철 1호선〉은 아직 흑자가 나지 않았다.

1996년 세 번째 수정 공연에서 〈지하철 1호선〉은 현재의 틀거지를 잡고 잭팟을 터뜨렸다. 흥행에서 성공과 함께 그해 서울연극제 극본상, 특별상, 신인연기상을 수상하는 등 재야의 김민기가 한국 공연계의 중심으로 단번에 부상했다. 물론 그는 자신이 중심에 있다는 것을 거부할 것이다. 그는 자기 자신조차 밖에서 바라볼 정도로 항상 모든 것을 한 발 떨어져서 바라본다. 하지만 현실은 현실이다. 그는 분명 한국 뮤지컬 공연의 수준을 한 단계 업그레이드시킨 주인공이다. 원작자인 독일 그립스 극단의 폴커 루드비히는 1996년 이 작품을 보고 "베를린 공연을 서울 공연으로 만들었다"며 "세계에서 공연된 〈지하철 1호선〉 가운데 최고의 작품"이라고 극찬했다.

이제 학전의 〈지하철 1호선〉은 서울을 벗어나 전국을 달리기 시작했다. 1996년 12월부터

1997년 2월까지 대전, 부산, 광주, 울산, 대구 등 5개 도시 순회공연을 통해 한국 뮤지컬의 새로운 성과를 관객들에게 알렸다. 부산 버전의 〈지하철 1호선〉이 만들어지기도 했다. 지방공연이 진행되는 동안에도 〈지하철 1호선〉은 계속 공연되었고 연속 11개월 공연이라는 한국 뮤지컬 공연의 새로운 장을 열었다. 이후 〈지하철 1호선〉의 모든 것은 그대로 한국 뮤지컬사의 새로운 역사가 되었다.

〈지하철 1호선〉은 이후 매년 정기적으로 몇 개월씩 공연되면서 2000년 2월 6일 1,000회 공연을 맞았다. 원작인 독일 그립스 극단도 당시 이루지 못한 성과다. 폴커 루드비히는 1,000회 기념공연을 보고 독일 베를린에서 원작의 1,000회 기념공연 때 초청할 것을 약속했으며, 2000년 1월 1일 이후 저작권료 전액을 면제했다. 이 작품은 더 이상 저작권료를 낼 필요가 없는 김민기의 작품임을 인정하는 파격적인 조치였다. 이것은 폴커 루드비히만 원한다고 해서 될 일이 아니었다. 이것이 선례가 되어 다른 작품에도 영향을 미칠 수 있다고 독일 저작권협회가 반대하였으나 폴커 루드비히는 김민기 작품의 독창성을 설명하며 강력히 주장해 이와 같은 선물을 얻어냈다. 저작권료 면제는 폴커 루드비히뿐 아니라 독일 저작권협회가 학전의 〈지하철 1호선〉이 김민기가 '새로 창작한 작품'임을 인정한 것에 다름 아니다.

2001년 3월 학전 창립 10주년을 맞아 김민기는 질적 변화를 시도했다. 그동안 쌓은 한국형 소극장 뮤지컬의 '내공'을 세계에 선보이면서 대극장으로 진출하여 '외공' 쌓기에 나선 것이다. 소극장 뮤지컬에서 관객과의 호흡이 생명이라면, 대극장 작품에서는 무대의 분할 등 컴포지션이 중요하다. 대극장 공연에서는 무대와 객석의 관계가 중심이 아니라 정밀한 동선과 완벽한 균형과 스케일이 중요하다. 이 때문에 소극장 뮤지컬이 대극장으로 나가면 휑하니 빈틈이 많고, 또 대극장 뮤지컬이 소극장으로 들어오면 제대로 그림이 나오지 않는 법이다. 그러나 그는 10년간 쌓아온 내공을 통해 이를 성공시켰다.

김민기는 학전의 10년을 '못자리 농사'로 설명한다. 한국의 경우 극장 문화의 뿌리가 약한데도 근·현대에 들어 실속 없는 대형 극장과 공연이 유행해온 것이 사실이다. 이와 같은 상황에서 80년대 중반 대학로에 자생적으로 소극장 '집성촌'이 생겨 우리나라 공연예술의 메카로 자리 잡았다. 그러나 90년대 중반 이후 대학로는 복제예술과 소비 문화에 밀리면서 활발했던 소극장 예술의 열기가 다소 수그러들었다. 물론 공연예술 상황이 어려운 것은 어제오늘의 일도, 또 한국만의 문제도 아니다.

학전은 당시 대극장에서도 감히 시도하지 못하는 라이브 밴드를 소극장 무대에 도입함으로써 소극장 무대의 수준을 한 단계 높였다. 지금은 하나의 양식으로 자리 잡은 소극장 라이브 공연도 학전에서부터 비롯된 것이다. 또 병적이라고 할 만큼 완벽을 추구하는 김 대표에게 단련된 배우들이 다른 극단의 연극은 물론 영화로도 활발하게 진출하여 학전은 배우 아카데미라는 별명도 얻었다. 설경구, 황정민, 장현성, 권형준 등이 학전이 배출해낸 대표적인 스타들이다. 이와 함께 학전 그린과 학전 블루(구학전 소극장) 등 대학로를 대표하는 2개의 소극장과 〈지하철 1호선〉을 비롯해 〈모스키토〉, 〈의형제〉 등 인기 있는 고정 레퍼토리도 갖추는 등 하드웨어와 소프트웨어를 겸비한 명실상부한 대학로의 지킴이가 되었다. 김민기는 "학전의 작품 자체가 이제는 중대형 규모를 염두에 두어야 할 시점"이라며 "그동안 키운 싹들을 큰 데로 옮기겠다"고 말했다.

4. 김민기의 〈지하철 1호선〉, 세계를 달리는 한국형 뮤지컬

김민기는 2001년 4월 〈지하철 1호선〉을 몰고 독일 베를린에서 그립스 극단의 원작 1,000회 기념 초청공연을 시작으로 10월 베이징, 상하이, 11월 도쿄, 오사카 등 해외로 떠났다. 이 공연은 독일 문화관계자에 의해 당초 2002년 4월 평양 공연까지 추진되었으나 안타깝게도 평양에 이르지는 못했다. 그러나 남한의 뮤지컬이 북한에 간다면 1호는 아마 〈지하철 1호선〉이 될 것을 의심하는 사람은 별로 없다.

독일 베를린 그립스 극단 1,000회 기념공연의 주인공은 김민기와 학전의 〈지하철 1호선〉이었다. 김민기와 학전의 〈지하철 1호선〉은 공연 기간 내내 독일 언론의 집중 조명을 받는 등 초청 측인 그립스 극단도 예상치 못한 대성공을 거뒀다.

공연이 시작되기 2~3일 전부터 독일 전국에 네트워크를 갖고 있는 ARD 산하 도이체벨레(SFB), 헤시셔 룬트풍크(HR), 남서방송국(SZR), 서독방송국(WDR) 등 독일 유력 방송국들과 프랑크푸르터 알게마이네 차이퉁(FAZ), 쥐트 도이체 차이퉁(SZ), 디 벨트를 비롯한 독일 유력 신문과 AP통신 등 20여 개의 언론사가 김민기를 상대로 귀국 전날까지 릴레이 인터뷰를 벌이는 등 당시 학전의

<지하철 1호선>은 베를린 최고의 공연 가운데 하나로 단연 화제를 모았다.

그립스 극단의 홍보담당자 안야 크라우스는 "그립스 극장에 이같이 많은 신문·방송국·전문잡지 등 언론에서 대거 취재를 온 것은 처음 있는 일"이라며 놀라워했다. 평가도 "원작보다 낫다"고 지적될 만큼 긍정적이었다.

독일 공연전문지 테아터 푸블리치스트의 기자 하르트무트 쿠루크는 "원작보다 스토리가 더 복잡해지고 갈등이 많아졌지만 배우들의 액티브한 춤과 연기, 파워풀한 노래로 인해 충분히 공감할 수 있었다"고 말했다. 그는 특히 베를린 라디오 3방송에 출연하여 "한순간도 이국적으로 보이지 않는 소극장 공연의 기적"이라며 "새로운 리얼리즘의 충격으로 누구나 한 번씩 의무적으로 봐야 한다"고 극찬했다.

베스트도이치 차이퉁 객원기자 잉그리드 구츠코도 "비록 말은 달랐지만 아름다운 춤과 노래에 실은 화해와 평화의 메시지는 분명히 느낄 수 있었다"고 말했다.

발터 몸퍼 전 베를린 시장은 "복잡하기 이를 데 없는 독일의 <지하철 1호선>을 번안한 작품이 한국에서 대성공했다고 하기에 놀라웠는데 공연을 보고 그 이유를 알았다"며 "인류의 화합과 통일을 기원하는 이 작품이 중국, 일본을 거쳐 평양 무대에까지 올라 남북한 화합에 기여하기를 바란다"고 말했다.

물론 비판적 평가도 없지 않았다. 독일의 대표적인 보수지 FAZ는 "외국에서 100번 이상 공연된 그립스의 <지하철 1호선> 중 가장 성공적인 사례가 한국의 작품"이라면서도 "원작이 자유롭고 자율적인 삶을 추구하고 있는 반면, 정치적 경향이 짙은 학전의 작품은 무엇을 추구하는지 모르겠다"고 작품의 참여적 성향을 꼬집었다.

학전의 <지하철 1호선>이 원작의 고향인 베를린 그립스 극장에서 성공을 거둔 것은 원작자 폴커 루드비히가 그린 '자유를 향한 베를린의 꿈'을 김민기가 '통일을 향한 서울의 꿈'으로 여과해 인류 보편의 화해와 평화의 메시지로 바꾸는 데 성공했음을 의미한다.

1986년 초연된 이 작품의 원작자이며 연출가인 폴커 루드비히는 '동독의 섬'으로 갇혀 있는 서베를린의 자유에 대한 꿈을 이 작품에 담았다. 김민기는 서베를린에 온 시골처녀 '메첸'을 옌벤에서 온 조선족 동포 '선녀'로 바꾸었고, 마약중독자 '룸피'와 실직자 '마리아' 등 몇 개의 인물을 합해

'걸레'를 만들었다. 또 혼혈아 '철수', 위선적인 지식인 '안경', 걸인 '땅쇠'와 '문디', 부동산 투기로 돈을 번 빨강바지 등 한국적 현실의 다양한 인물을 작품에 담아냄으로써 베를린의 문제에 서울의 문제를 더해 세계 보편의 문제를 만들어냈다.

그립스와 학전의 〈지하철 1호선〉의 차이는 '룸피'와 '걸레'의 죽음에서 상징적으로 드러난다. 베를린이 지금은 하나로 통일되어 유럽에서 가장 열려 있는 도시의 하나이지만, 그립스의 작품이 초연될 당시에는 동·서로 나뉜 채 서로 갈등하고 있었다. 동베를린은 계획경제의 파산으로 신음하고 있었으며, 서베를린은 냉전의 상징적인 혜택에 따른 물질적 풍요 속에 '닫힌 도시'였다.

이와 같은 상황에 좌절한 '룸피'는 자유를 꿈꾸며 마약 과용으로 숨진다. 그러나 학전의 '걸레'는 한국 사회의 역사적·구조적 모순으로 인해 걸레처럼 찢긴 삶을 살아가면서도 소중한 사랑을 마음속에 가꾸다가 이를 발견하는 순간 그 꿈을 잃지 않기 위해 자살을 선택한다.

베를린 공연을 마치고 돌아온 김민기는 2001년 8월 〈지하철 1호선〉 대극장 버전을 만들어 3주 동안 서울 역삼동 LG아트센터에서 시험 가동한 뒤 여세를 중국으로 몰았다. 대극장 버전 〈지하철 1호선〉은 10월 중국 상하이 난심대회원(蘭心大戱院), 베이징 중국아동극장(中國兒童劇場)에서 각각 5일간 공연하고, 11월 일본 도쿄 분카무라 코쿤 극장, 오오사카 드라마시티홀, 후쿠오카 서시민센터에서 큰 박수를 받았다. 이어 2003년 아시아 최고의 세계적인 공연 축제로 평가되는 제31회 홍콩 아트 페스티벌 폐막작으로 초청되는 등 화제 속에 세계를 질주했다. 세계적인 공연만을 초청하는 것으로 알려진 콧대 높은 분카무라 코쿤 극장에서 한국 작품을 공연하기는 〈지하철 1호선〉이 처음이며, 한국 작품이 홍콩 예술 축제에 초청되어 대미를 장식한 것도 〈지하철 1호선〉이 처음이다.

5. 〈지하철 1호선〉 2,000회와 새로운 대안을 위한 '꾸러미'

2001년 베를린에서 중국 베이징, 상해, 일본 도쿄, 오사카, 후쿠오카 등 세계 순회공연을 거친 〈지하철 1호선〉은 2002년부터 학전그린 극장에서 상시공연 체제에 들어가 2003년 11월 2,000회를 돌파했다.

김민기는 2,000회 공연을 맞아 "극단 학전은 이제 열린 구조로 틀거지를 바꿀 것"이라며 "(대본·작곡·연출 등을) 나 혼자 하는 것이 아니라 여럿이 함께, 여러 가지 꾸러미를 만들어갈 것"이라고 말했다.

그는 "2,000회 공연은 하나의 마침표를 찍는 것"이라며 "그동안 우리는 없던 길을 내면서 여기까지 왔다. 이제 〈지하철 1호선〉은 먹고사는 장사가 아니라 열린 구조로 상상력 있는 사람들을 만나 작품을 만들어내는 실험으로 생각한다"고 말했다.

김민기는 2,000회를 계기로 그동안 자신이 중심이 되어 단선적으로 진행해온 극단과 극장의 운영방식을 대폭 바꿨다. 단순히 뮤지컬을 제작·흥행시키는 것이 아니라 뮤지컬의 문화적·사회적·교육적 의미를 생각해 여러 사람의 협업을 통해 집단으로 운영·창작해나가는 쪽으로 방향을 잡았다.

그는 "어떤 작품을 하는 게 중요한 게 아니라 어떤 그릇에, 틀에 작품을 담느냐가 더 중요하다"고 말했다. 예를 들어 '꾸러미'를 만드는 거다. 계란 한 개가 중요한 게 아니라, 어떤 꾸러미에 어떤 계란을 담느냐가 더 중요하다고 강조한다. 예를 들어 아동극 꾸러미, 형식의 외연을 넓히는 실험극 꾸러미, 뮤지컬을 교육하는 아카데미 꾸러미 등을 만드는 거다.

이 '꾸러미' 작업은 김민기가 2002년부터 원주 토지문학관에 파묻혀 연구하고 있는 숙제다. 당초 〈지하철 1호선〉의 후속 작품을 구상하러 갔다가 아예 처음부터 다시 공부하자고 마음을 먹고, 『우파니샤드』와 『코란』을 비롯해 고대사 등 고전을 섭렵하면서 근원을 파헤쳐 가며 얻은 결론이다. 그는 2004년 현재, 아직도 매주 절반은 원주에 살고 있다.

6. 김민기와 학전의 다른 뮤지컬: 〈개똥이〉, 〈모스키토〉, 〈의형제〉, 〈우리는 친구다〉

김민기가 그동안 〈지하철 1호선〉만 해온 것은 아니다. 그는 꾸준히 새로운 레퍼토리를 모색했다. 〈지하철 1호선〉 같은 고정 레퍼토리가 3개는 있어야 3개월씩 돌아가며 상영하여 자본을 축적하여 새로운 작품을 계속 만들어낼 수 있다는 것이다. 그래야 시대의 흐름에 맞는 새로운 작품이 계속 만들어져 물이 고여 썩지 않는다는 것이다. 이와 같은 구도 아래 그는 꾸준히 다른 작품을 만들었다.

제일 먼저 만든 것이 1995년 10월 서울 예술의 전당 토월극장에서 공연한 록 오페라 〈개똥이〉
다. 이 작품은 1997년 3월 서울 대학로 문예회관 대극장에서 다시 올렸다. 반딧불이가 바퀴벌레와 싸워
보금자리를 지켜내는 가족 환경 뮤지컬이다. 김민기가 농사일을 접고 다시 음악운동을, 뮤지컬 운동을
시작한 것도 사실은 이 가족 음악, 가족 뮤지컬 때문이다. 김민기는 최선을 다했지만 흥행에는 실패했다.

김민기의 음악도 줄거리도 좋고, 이학순의 무대도 상징적으로 깔끔하게 회전무대로 잘 만
들어졌으며, 지금만큼 유명하지는 않았지만 지명도 있는 로커 윤도현을 비롯해 이황의·이미옥·권형
준 등 출연진도 훌륭했다. 하지만 동물을 주인공으로 해서, 엄밀하게 말해서 인간이 동물 흉내를 내서
성공한 공연은 찾기 힘들다. 월트 디즈니의 〈라이온 킹〉이 예외적으로 성공했지만 그것은 동물의 느낌
이 나도록 상징적으로 처리한 것이지, 인간이 동물 그 자체로 분장한 것은 아니다. 사람이 동물 흉내를
내도 흥행이 힘든데, 하물며 벌레 흉내를 냈으니 흥행에 성공하기 쉽지 않았던 것은 불을 보듯 뻔한 일
이 아니었나 싶다.

하지만 김민기의 미덕 중의 하나가 '뚝심'이다. 옳다고 믿는 일에 그는 결코 후퇴가 없다.
잠시 접어두지만 결코 포기하지는 않는다. 1999년 그는 다시 〈개똥이〉 리바이벌 계획을 세웠다. 2000
년 새 천 년 시대를 맞아 한국 공연예술의 중심 서울 예술의 전당 오페라극장 신년 오픈 무대로 스케줄
을 잡아놓고 문화부의 지원금까지 확보했다. 프랑스의 연출가를 초청하여 합숙하며 새로이 플롯을 구
성하는 등 구체적으로 버전 업 작업에 들어갔다. 만일 프랑스 연출가가 지나치게 자기 주장을 펴지 않
았다면 〈개똥이〉는 어쩌면 한불합작으로 화려하게 비상해 있을지도 모른다. 하지만 프랑스 연출가가
고집을 굽히지 않음으로써 학전의 작품 제작 방향과 일치하지 않아 김민기는 작품을 중도에 접었고,
문화부의 지원금도 고스란히 반납했다. 그때나 지금이나 공연계의 풍토에서 지원금을 순순히 포기하
는 것은 쉽지 않은 일이다. 그만두는 것도 역시 김민기 아니면 하기 어려웠던 일이었다는 것이 공연계
주변의 이야기다.

김민기는 아직도 〈개똥이〉를 잊지 않고 있다. 2001년 학림다방에서 그와 함께 술을 마시는
데 학림다방 이충렬 사장이 막 출시된 김동성이 편곡한 클래식 버전 김민기 노래 음반을 틀었다. 김민
기는 역시 특유의 계면쩍은 표정을 지으며 "음악을 꺼라"고 손사래를 치다가 문득 〈개똥이〉의 삽입곡

「날개가 있다면」이 나오자 눈빛이 달라졌다. 언제고 〈개똥이〉를 새 세상에 날린다는 투혼이 꿈틀거리고 있다는 것을 느끼게 하는 장면이었다.

1997년, 1999년과 2000년에는 역시 폴커 루드비히 원작에 비르거 하이만이 작곡한 독일 그립스 극단의 청소년 뮤지컬을 각색한 〈모스키토〉를, 1998년, 2000년, 2001년에는 영국 웨스트엔드의 뮤지컬을 한국의 상황으로 번안한 〈의형제〉를 공연했다. 〈모스키토〉의 경우 1997년 버전은 김민기가 예술감독으로만 참여하고, 이상범 대본, 박광정 연출작으로 엄밀하게 말해서 그의 작품이라고 할 수는 없다.

이 작품들은 모두 좋은 평가를 받았지만 〈지하철 1호선〉만 못했다. 〈지하철 1호선〉은 삼세 번에 잭팟을 터뜨렸지만 이 작품들이 삼세번 동안 모두 적자를 기록했다. 〈의형제〉의 경우 세 번의 공연을 통해 모두 5억 원 이상의 적자를 낸 것으로 알려졌다. 이제 작품성이 어느 정도 알려지고 내용도 다져진 만큼 3전4기의 신화를 세우려고 하는데 원작자 측에서 번안 공연을 반대하여 저작권을 극단 신시에 넘겨주는 바람에 더 이상 학전의 〈의형제〉를 보기 힘들게 되었다. 〈의형제〉의 빈자리를 〈모스키토〉가 채우려 하지만 좀 힘에 부쳐 보이는 것이 사실이다.

2004년 폴커 루드비히 원작, 비르거 하이만 작곡의 그립스 극단의 가족 뮤지컬 〈우리는 친구다〉를 새로 선보여 화제를 모았다. 다양한 무대의 활용과 음악이 돋보이는 아름다운 가족 뮤지컬로 전망이 밝아 보이는 작품이다.

7. 나가면서: 세계 뮤지컬의 새로운 대안 김민기

〈오클라호마〉로 시작하여 〈사운드 오브 뮤직〉, 〈왕과 나〉, 〈웨스트 사이드 스토리〉로 대표되는 1940~1960년대 브로드웨이 뮤지컬의 황금기를 제1세대 뮤지컬이라고 한다면, 1980~1990년대 〈캣츠〉등 세계 뮤지컬 빅 4로 세계 뮤지컬계를 좌지우지한 웨스트엔드, 매킨토시와 웨버, 쇤베르그 콤비의 스펙터클 뮤지컬의 전성시대를 제2세대 뮤지컬이라고 할 수 있다. 그러나 〈선셋 블루바드〉, 〈마틴 기어의 귀향〉 등의 실패 이후 세계 뮤지컬의 미다스의 손 매킨토시와 웨버의 성가가 상당히 퇴색한

1990년대 후반부터 세계 뮤지컬은 춘추전국시대에 들어간 느낌이다.

브로드웨이의 월트 디즈니가 〈미녀와 야수〉, 〈라이온 킹〉, 〈아이다〉 등 만화영화를 바탕으로 한 일련의 작품으로 현재 가장 앞서가는 가운데, 웨스트엔드는 〈맘마 미아!〉, 〈마이 페어 레이디〉 등 복고풍 뮤지컬로 현상 유지를 하고 있다. 이와 함께 리바이벌 붐에 댄스 뮤지컬, 넌버벌 퍼포먼스 등 다양한 형태의 뮤지컬이 세계 뮤지컬 시장의 헤게모니를 잡기 위해 경쟁을 벌이고 있다. 또 뮤지컬 시장의 가치를 확인한 전통의 공연 강국 프랑스와 독일이 뮤지컬의 시장성을 인정하여 새로운 형식의 뮤지컬을 끊임없이 제작하며 새로운 경쟁자로 강력하게 떠오르고 있다.

1980년대 중반 뮤지컬이 한국 공연 시장의 중심으로 자리 잡은 다음 1990년대 한국 뮤지컬에도 '빅 스리(big three)'가 탄생했다. 김민기의 〈지하철 1호선〉과 윤호진의 〈명성황후〉, 송승환의 〈난타〉다. 새로운 세기에 들어 윤호진은 〈명성황후〉의 후속으로 〈몽유도원도〉를, 송승환은 〈난타〉의 후속으로 〈UFO〉를 만들었으나 모두 평론가는 물론이고 관객들의 기대에 부응하지 못했다. '빅 스리'의 주인공 가운데 한 사람인 김민기는 아직 〈지하철 1호선〉의 후속 작품을 내놓지 않고 있다. 2004년 현재 '빅 스리' 탄생 이후 10년 가까이 됐지만 한국 창작 뮤지컬은 아직까지 그 구도를 벗어나지 못한 채 답보 상태인 셈이다. 이와 같은 상황에서 김민기에 대한 기대는 더욱 크다.

김민기는 새로운 제3의 뮤지컬을 고민하고 있다. 그는 아직도 현재진행형으로 공연 중인 〈지하철 1호선〉과 관련하여 "더 이상 큰 변화는 없다"고 정리했다. 이 작품은 1990년대 한국 서울의 풍속화이므로 주인공 캐릭터에 한계가 있으며, 이를 바꿀 경우 완전히 다른 작품으로 뒤바뀌기 때문이다. 김민기는 "2000년대의 이야기로 수정, 개작을 한다면 그것은 부분 개작이 아니라 새로운 작품을 써야 한다"며 "1990년대라는 시간이 한국 사회에서 나름대로 의미 있는 시간이므로 그 자체를 기록으로 남기는 것도 필요하다"고 말했다.

학전의 새 작품의 방향과 관련하여 1998년 그는 "문명사적 변화를 담아내는 작품이 필요하다"고 했다. 그는 『코란』과 『우파니샤드』, 불경 등 인간 지혜의 원전에서 새로운 양분을 취하며 새로운 틀거지를 모색하고 있다. 무엇이 나올지 김민기 자신도 아직 모르지만 그의 다음과 같은 말은 다음 작품에 대해 많은 시사를 준다.

"우물 안 개구리에서 벗어나야지. 중국의 경극, 일본의 가부키(歌舞伎)와 노(能), 분라쿠(文樂)를 무시하면 안 돼. 판소리, 마당극 등 우리 전통의 힘도 중요하지만 아시아적 정체성을 갖는 그런 공연 양식을 만들어야 세계에 나갈 수 있어. 이게 〈지하철 1호선〉과 함께 베를린, 베이징, 도쿄 등을 순회하면서 얻은 결론이야."

김민기 뮤지컬의 진면목은 아직 나오지 않았다. 〈공장의 불빛〉은 아름다운 서정과 투철한 의식이 조화를 이룬 참여적인 작품으로 역사적 의미는 있지만 현재 극으로서의 완성도나 대중성은 약하다. 또 프로페셔널이라기보다는 순수성이 돋보이는 아마추어의 냄새가 나는 것도 사실이다. 〈개똥이〉는 그가 온갖 공을 들인 작품이기는 하지만 아직 결정판은 아니다. 많은 숙제를 안고 있고 이를 풀기 위해 노력 중인 진행형의 미완성 작품이다. 〈지하철 1호선〉은 원작자도 인정한 한국적 재창작이지만 근원적으로 번안 작품이라는 한계를 갖고 있다. 〈모스키토〉, 〈의형제〉, 〈우리는 친구다〉도 마찬가지다.

어쩌면 김민기는 학전을 세우고 14년째인 지금까지 못자리에서 여러 가지 모를 키우며 여러 가지를 실험하고 있는 중인지 모른다. 분명한 것은 그가 추구하는 것이 미국식 상업 뮤지컬은 아니라는 것이다. 그는 현재 서양 문화의 휴머니즘적 고갱이를 간직하고 있는 유럽 뮤지컬의 자양분에 다양한 한국적 모를 실험하고 있는 것으로 보인다. 거기에 그동안 무시되어온 인도, 중국, 일본 등 동양 정신의 정수를 더하고 있는 것으로 생각된다.

그는 조급하지 않다. 그래서 더욱 믿음이 간다. 구체적인 작품 구상에서 시작했던 원주에서의 공부가 원론으로 들어가며 여러 가지 꾸러미로 가닥을 잡으면서 하나 둘 정리되고 있는 것은 분명하다. 곧 그의 꾸러미에서 '문명사적 전환을 담은 걸작'이 탄생하여 백가쟁명인 세계 뮤지컬 시장을 주도할 제3세대 뮤지컬의 단서가 나오기를 기대한다.

고통은 존재의 증거이다 _록 뮤지컬 〈지하철 1호선〉을 평함

쾅신니엔(曠新年, 중국 청화대학교 중문과 교수)

《北京靑年報》2001년 10월 18일자

2001년 중국 베이징 공연 프로그램

한국의 저명한 연극 연출가인 김민기가 연출한 〈지하철 1호선〉은 새로운 시야를 열어주었다. 번영, 부유함, 햇빛, 돈에 은폐되어 있는 또 다른 삶을 표출해낸 것이다. "투기꾼들의 낙원, 기생충들의 천국, 창녀들의 보금자리, 외국인들의 파라다이스." 〈지하철 1호선〉의 배경은 한국의 대부분의 인구가 모여 사는 도시, 서울이다. "그곳은 교묘하게 부를 삼키고, 중생들을 토해내고, 화려함을 드러내고, 더럽고 불결한 것을 숨기는 도시이다." 그러나 서울은 단지 하나의 상징일 뿐이며, 실제로는 서로 속고 속이는, 약육강식의 자본주의 현대 도시를 그리고 있다.

김민기는 '대중문화'가 외면하는 구석으로 시선을 돌려 채워질 수 없는 삶의 균열과 심연을 폭로하고, 밑바닥 인생과 고단한 삶에 대해 관심을 표현해냈다. 그는 또 다른 일련의 사람들, 소외되고 버려지고 짓밟히고 박탈당하고 모욕받고 상처 입고 절망하는 사람들에게 시선을 돌렸다. 김민기는 그들에게 동정 어린 시선을 보내고, 빼앗겼던 지위를 찾아주고, 이 엘리트 사회에서 도태된 '찌꺼기 사람들'과 그들의 일상을 무대 중심에 드러내었다. 그는 그들에게 말을 주고, 그들로 하여금 생활의 고단함을 이야기하게 하고, 생활의 아픔을 노래 부르게 하였다.

권세에 빌붙어 노래하는 자본주의 사회의 지식인들과 반대로, 그는 '불결하고' '소외된' 사람들 속에 섞여 들어가 진정한 '대중 가수'가 되었다. 그는 풍요로움이 흘러넘치는 거대도시와 도시 생활을 또 다른 시선으로 바라보았다.

불로소득자들의 낙원이여/나라의 절반이나 되는 도시여/그 속엔 죽음의 아황산가스뿐/강에는 등 굽은 물고기뿐인데/거대한 자석에 붙어 떠나지 못하는/사

람들의 이상한 도시

(「서울의 노래」에서)

〈지하철 1호선〉에는 이름도 성도 없는 무지랭이 중생들이 나온다. 아르바이트생·창녀·뚜쟁이·청소부·좀도둑·단속반·대학생·수녀라는 이름에서, 걸레·문둥이·빨강바지 등의 이름까지 우리는 그것이 표현해내는 사회의 단면을 볼 수 있다. 그들에게 생활이란, 곧 삶의 모욕을 참아내는 것을 의미하고 고통을 의미한다. 삶은 싸움이다. 그러나 이러한 보잘것없고 미천한 생명은 도리어 믿기 어려울 정도의 완강한 생명력으로 살아간다. "산다는 게 참 좋구나, 이 서울에." 살아가는 것 이외에 그들은 어떤 진실한 바람도 없다. 단지 부서지기 쉬운 허망한 꿈만이 그들, 아무런 미래도 없이 살아가는 사람들에게 따스함을 줄 뿐이고, 이런 허망한 꿈조차 꾸지 않고 견디기 힘든 삶의 냉혹함에 직면해야 한다면, 그들은 살아나갈 수가 없다. 걸레의 자살, 그것은 바로 안경이 내뱉은 진실 때문이었다. 진실은 걸레의 꿈을 산산조각 내버렸다. 철수는 안경에게 말한다. "넌 걸레의 꿈을 박살 낸 거야, 이 한심한 새끼야"라고. 〈지하철 1호선〉은 더러움을 감추고 불결함을 받아들이는 장소이며, 쓰레기들의 노래이다. 사회 밑바닥에 숨어 있는, 캄캄한 저 삶의 아래에 파묻혀 버린 사람들은, 김민기의 음악극에서 자신의 존재를 찾았다. 그러므로 〈지하철 1호선〉은 소외되고 어둠 속에서 이름도 없이 살아가는 밑바닥 인생들에 대한 명명, 이름 불러주기이다.

사실, 이것은 일상적인 삶의 궤도 밖으로 내동댕이쳐진 사람들에 대한 명명일 뿐 아니라, 이러한 파탈할 수 없는 환상 속에서 살아가는 우리 보통 사람들에 대한 묘사이기도 하다. 「기다림」에서 노래하듯이 말이다.

문 닫히고 차 떠난다/뒤로 물러섯! 뒤차를 타래/또 밀려났고 기다려야만 하네/
화장실 차례, 만원 출근 버스/뒤로 물러섯! 요담에 타래/또 밀려났고 기다려야
만 하네/아파트 당첨도, 예쁜 색시도/폼 나는 직장은 다 동이 났네/기다렷! 늘

한 발짝이 꼭 늦네/문 닫히고 차 떠나간다/난 벌써 알고는 있었지/또 기다려야
만 한다는 걸/기다렷! 요다음 열차를/기다렷! 요다음 종강파티만/기다렷! 사
장이 퇴근하기만을/뻥 뚫린 망태 같은 내 인생을/기다렷! 신경통 낫기만/기다
렷! 생리통 멎기만/기다렷! 변비가 뻥 뚫리기만/내 골통이 암 걸려 터지기만

기다렷, 케이크가 크게 만들어질 때까지, 악어가 입에서 고기 찌꺼기를 떨구기를 기다렷,
우리 모두 복권에 당첨될 때까지, 모두가 부자가 될 때까지. 우리 누구도 질문할 용기도 없고, 심지어
이념의 헛소리를 차마 까발리지도 못한다. 자본주의의 논리는 부익부 빈익빈에 더없이 효능을 발휘하
는 것, 그러나 우리는 차라리 꿈을 믿기로 한다. 우리의 미래는 기적이라 일컬으며, 우리의 유일한 행
동은 바로 기다림이다.

　　'모순이 없으면 연극도 없다'는 말이 있다. 중국 고대소설과 희극은 일찍이 전기(傳奇)라고
일컬어졌다. 1940년대 장아이링 또한 그녀의 소설집을 『전기』라고 하였다. 그러나 〈지하철 1호선〉에
는 집중적인 줄거리의 모순이 분명하게 드러나지 않으며, 강렬한 슬픔과 기쁨의 대립도 없고, 직접적인
선과 악의 대립도 없고, 눈과 입을 떡 벌어지게 하는 클라이맥스와 결말도 없고, 심지어는 줄거리도 없
고, 관중의 기억에 남는 이야기도 없다. 귀에 거슬리면서 끊임없이 반복되는 열차가 역에 들고 나는 소
리, 견딜 수 없이 시끄럽고 단조로운 소음 같은 이 소리가 이 뮤지컬의 배경이면서 동시에 이야기의 리
듬이다.

　　이 리듬의 흐름은 밑바닥 인생들의 견딜 수 없는 빈곤과 단조로운 삶을 강조한다. 현대적인
삶이란 바로 산문화된 것이니, 〈지하철 1호선〉은 내게 1930년대 샤옌의 연극 〈상하이 지붕 아래서(上
海屋檐下)〉를 생각나게 하였다. 〈상하이 지붕 아래에서〉는 차오위(曹禺 : 현대 중국의 저명 극작가)의 〈뇌
우(雷雨)〉처럼 고조되었다 풀어지고, 심정을 뒤흔들고 넋을 뒤흔들 듯하지 않는다. 〈뇌우〉의 복잡하게
얽힌 줄거리와 첨예한 대립, 밀도 높은 '극적 요소'는 관중을 숨막히게 한다. 그러나 〈상하이 지붕 아래
에서〉는 자질구레하고 암울하면서, 낭만이라고는 없는 일상생활에 대한 현시이고, '거의 특별한 사건

이 없는 비극'이다. 〈지하철 1호선〉은 전기가 아니라 일상이다. 김민기의 연극은 시민적 색채를 강하게 띠고 있는데, 이것이 아마 중국과 한국의 연극, 아울러 중국과 한국 문화의 중요한 차이점일 것이다. 〈지하철 1호선〉은 삶의 더러움과 저속함을 가식이나 생략 없이 표현하였다.

이 극의 색깔은 복잡하고, 여러 목소리가 소리 높여 떠들고 있고, 선녀·창녀·시장·복부인·거지·좀도둑이 한 무대에서 어우러지고 있다. 선녀가 창녀로, 588 독립군 기념 거리가 여인들이 몸을 팔아 돈을 버는 창녀촌으로 되는, 그 속에서 모순과 대비가 충만하고, 사람을 빨아들이는 매력과 풍자가 가득하다. 어떤 의미에서, 이 극은 현대생활과 문명에 대한 김민기식의 우화이다. "고통은 존재하고 있음의 증명인 것이다." 아니, 어쩌면, 빈부양극으로 잔혹하게 분열된 자본주의 시대에서, '아픔'은 바로 상식의 증거이고, 인간성의 증명이다.

혼잡한 거리에 방울 같은 노랫소리_한국 극단 학전의 〈지하철 1호선〉

카라 쥬로 (唐十郎, 극작가·배우)

《아사히신문(朝日新聞)》 2001년 11월 18일자

2001년 일본 도쿄 공연 포스터

한국의 극단 학전의 록 뮤지컬 〈지하철 1호선〉(Volker Ludwig 원작, 김민기 작·연출)이 도쿄 시부야의 씨어터 코쿤에서 막을 열었다. 서울 중심부를 달리는 지하철 전차 안과 그 노선을 무대로, 고단한 사회를 강인하게 살아가는 사람들을 그려내는, 한국에서 1,000회를 돌파하는 롱런을 계속하고 있는 히트작. 첫날의 무대를 본 극작가이자 배우인 카라 쥬로 씨가 평을 써주었다.

'오늘날의 도쿄를 어떻게 묘사할 수 있을까?' 그러한 질문을 하지 않을 수 없게 만드는 복잡한 에너지가 넘치는 연극이다.

서울이라는 마법 같은 도시에, 선녀라는 이름의 시골 출신 처녀가 낡은 가방 하나를 들고 약혼자인 제비를 찾아서 온다. 그녀는 약혼자가 있는 곳이 588 독립운동 거리에 있는 궁전 무용교습소라고 기억하고 있었지만, 서울역에서 지하철을 타고 내린 588 거리는 청량리역 뒤편의 사창가였다.

방황하는 선녀를 방으로 끌어들이려고 하는 지골로, 그로부터 구해주는 목발의 음유시인 등과 만나면서, 극중 가장 인상적인 걸레라는 여자의 아이 같은 쓸쓸한 놀이를 목격한다. 그것은 몸을 파는 데에 지친 창부가 약간의 기분전환을 위해 하는 놀이인데, 소녀들이 스커트 자락을 잡고 뛰는 고무줄 놀이 흉내이다.

이는 3~4초간의 짧은 행동이어서, 자막을 올려다보고 있다가 놓쳐버릴 수도 있다. 2막에 있어서 복선이 되는 걸레의 이 행동은 후에 지하철 1호선의 어두운 플랫홈에서 일어나는 끔찍한 사건으로 발전해나가는데, 588의 이 장면에서는 아직 그런 기미는 느낄 수 없다.

지골로가 떨어뜨린 잭나이프를 만지작거리던 중 손목을 그어버리는 순간도 있지만, 그것은 우연한 일일 뿐이다. 선녀는 재빨리 걸레의 손목의 상처를 스카프로 감싸주는데, 상처를 감추기 위해 빨간 스카프가 사용된 것은 상처로부터 흘러나오는 피가 멈추지 않고 스카프 한 면에 퍼져가고 있는 듯이 보이기도 한다.

그러한 부분을 너무 확대 해석할 필요는 없지만, 선녀의 조그마한 행동 하나하나에서 평균 체온을 넘어서는 따뜻한 체온을 느끼게 되는 것이다. 그리고 돌연 입을 막고 토하려고 하는 모습을 보고 임신하고 있음을 알아차리면, 선녀의 사랑스러운 엉뚱한 행동, 무모함, 상처를 감추는 빨간 스카프 등의 디테일(부분)이 이어지며 하나가 된다.

결국 선녀가 찾는 제비는 빌딩을 몇 채나 가지고 있는 그 거리의 복부인의 정부임이 알려진다. 타락과 광란의 서울을 노래하며 거리를 오가는 사람들이 던져주는 돈을 받는 음유시인도 일찍이 학생운동을 주도하여 당국에 쫓기고 있다는 등의 현실적인 이야기가 더해지면서, 순진무구한 요정과 그 배 속의 아이만이 그곳에 남겨진다.

그것을 위로해주는 것은 걸레의 아름다운 노래인데, 마당극 수법으로 구성된 속물들의 거름통과도 같은 지하철의 일상세계에서 노랫소리는 방울 소리처럼 울려 퍼진다. 그 노래만을 현실세계에 유산으로 남기고, 살아가는 데에 유일한 버팀목이기도 했던 음유시인이 돈을 내고 자신을 안으려 하는 것을 견디지 못한 걸레는 지하철 플랫폼에서 고무줄 놀이 흉내를 내다가 전차에 몸을 던진다.

작·연출의 김민기는 여기에 이르러, 걸레라고 하는 존재야말로 방황하는 선녀의 찢어진 날개옷이었음을 보여주고 있다.

김 민 기—한국 대중음악사 최초의 얼터너티브

김형찬 (대중음악 평론가)

문화적 대안의 제출자

그가 우리에게 처음 알려진 것은 1970년대 초반 이 땅에 처음으로 기성세대와 구분되는 청년의 문화가 소위 '통기타 문화' 라는 이름으로 시작되었을 때, 낭만적인 혁명을 꿈꾸는 청년의 문제의식을 대변했던「아침 이슬」이라는 '포크' 장르의 한 노래를 통해서였다. 그렇지만 그는 1980년대 들어서 조직적인 변혁운동이 전개되기 전부터 이미 마당극에 대한 관심을 갖고 있었고, 1990년대는 '록 뮤지컬' 로 그 문화적 반경을 확장한다. 이렇게 그는 시대를 앞서서 문화적 대안을 제시하는 삶의 궤적을 그리고 있다.

잘 알려져 있다시피 개항 이래 한국에서 외국 문화 수입의 역사란 '비판적 수용과 재창조' 가 아니라 '패션의 추종과 소비' 의 연속이었다. 패션으로서 문화를 소비하고 또 다른 패션으로 우르르 몰려다니느라 정신이 없었다. 이처럼 과거의 역사에 대한 정리가 필요 없는 몰역사적인 나라에서, 현재의 유행과 관련되지 않은 문화에 관심을 갖는 사람은 아예 '문화적 국외자' 로 취급하면서도 '문화의 세기'를 부르짖는 '비문화적인' 나라에서, '김민기' 라는 문화적 코드가 제대로 읽히기란 무척이나 힘든 일이었다. 그렇지만 이 땅에 발을 붙이고 살 수밖에 없는 한 어렵더라도 정리 작업을 해야 하는 것이 연구자의 운명일 것이다. 그가 거둔 전체의 성과에 대한 정리는 다음으로 미루기로 하고 음악 분야에 한정해서 얘기를 해보자.

한국 대중음악사의 첫 번째 얼터너티브

한국에서 통기타 음악*을 이야기할 때 항상 김민기는 가장 먼저 언급된다. 그렇다고 해서 그가 한국 대중음악사의 거물인 신중현이나 조용필처럼 많은 음반을 남긴 것도 아니다. 통기타 음악을 담은 그의 정규 음반은 단 한 장이 있을 뿐이다(1978년의 〈공장의 불빛〉은 불법으로 배포된 카세트테이프였고, 1993년에 나온 네 장의 음반은 과거의 곡들을 정리한 것이므로 제외한다면). 이 단 한 장의 음반으로 그는 1970년대의 통기타 혁명의 상징적 인물이 되었으며, 그의 음반은 아주 고가로 그것도 비밀리에 거래

되는 음반수집가들의 표적이 되었다.

그의 음반이 발표된 1971년도의 상황을 보자. 1960년대 후반까지는 여전히 이미자, 남진, 나훈아에 의한 트로트와 현미, 최희준, 패티 김 등의 미8군 출신의 스탠더드 팝이 대중음악계를 장악하고 있었다. 1964년 '에드 포'를 결성한 이래 고전을 면치 못하던 한국 록의 시조인 신중현은 1968년에 이르러서야 펄시스터즈의 「커피 한 잔」으로 그 포효를 터뜨린다. 하지만 아직 일렉기타의 왜곡된 소리가 청년들의 음향으로 채택되지 못한 상황에서 새로운 유행을 추구하던 청년들의 집결지였던 무교동과 종로의 음악 감상실과 YMCA회관에 1967년부터 트윈 폴리오, 양희은, 서유석, 투코리언스, 쉐그린 등이 모습을 드러냈고, 1969년 9월에 한대수가 남산의 드라마 센터에서 본격적인 한국 통기타 음악의 탄생을 알리는 공연을 한다. 그러나 이런 움직임은 대학생을 중심으로 한 일부 마니아급의 청중과 통기타 음악가들에 의한 것이었을 뿐 아직 전체의 청년 세대에 확산되지 못한 상태였다.

이후 이런 국지적인 움직임은 1970년에 결성된 남녀 혼성 듀엣 '뚜와에무아'와 '라나에로스포', 그리고 여자 솔로 은희가 1971년에 속속 음반을 발표하여 방송이라는 대중매체를 장악함으로써 자신들의 정서를 대변할 새로운 음악을 갈망하던 당대의 청년들을 사로잡으며 대중음악으로 확산된다. 그러나 이들 오디오 스타들의 통기타 음악은 1960년대에 미국에서 시작된 모던 포크의 외면적 양식만 빌린 청춘 남녀의 사랑 노래에 머물러 있었고(실제로 이 당시 발표된 음반의 반 이상이 외국 포크의 번안곡으로 채워져 있었으며, 영어로 부른 곡도 있었다) 한국화된 통기타 음악 어법의 모색이라든지 더구나 미국 모던 포크의 중요한 줄기인 사회비판적 통기타 음악은 서유석에 의해 겨우 그 초보적인 모습을 드러내고 있을 뿐이었다.

---

* 이 글에서는 이제까지 한국에서 '포크'라고 잘못 알려져 온 음악에 대해 '통기타 음악'이라는 새로운 용어로 대체하여 사용하고자 한다. '포크'라고 불렸던 음악의 기원은 미국의 모던 포크인데, 이것은 미국의 여러 민속음악이 미국의 근대화 과정에서 합쳐져서 현대 도시사회에 맞는 음악으로 현대화된 음악을 말한다. 하지만 한국 사회에서 '포크'라고 불렸던 음악은 이런 음악과는 상당히 다른 의미를 가진다. 전통적인 민속음악이 현대화되지도 않고 청년 대학생들의 낭만적인 사랑 노래가 그 중심을 이루는 음악으로서 '포크'라고 불리기에는 상당한 오해의 소지가 있다. 따라서 새롭게 '통기타 음악'으로 명명하여 미국에서 들어왔지만 한국 사회에서 뿌리를 내린 음악의 정체성을 분명히 하고자 한다.

1971년에 김민기가 발표한 음반은 한국의 대중음악계에 던지는 엄청난 문제의식으로 가득 차 있었다. 이전까지 한국 대중음악은 고단한 삶에 지친 대중을 위로하거나 그들에게 오락거리를 제공하는 차원에 머물렀지만, 그의 음반은 개발독재 시대를 살아가는 억눌린 한국 청년 지식인의 내면을 은유적으로 드러낸다. 그것은 사랑 노래로 일관되던 당시의 통기타 음악에 대한 대안적 시도였으며, 한국의 대중음악에서 이루어진 최초의 사회적 발언으로서 위안과 오락이라는 한국 대중음악에 대한 집단적 무의식을 바꾸게 하는 계기가 된다.

그의 음악에서 보여준 음악 어법은 개항 이후 이 땅을 지배해온 서구의 고전음악과 미국의 대중음악을 한국인이 어떻게 소화하고 있는가를 보여주고 있으며, 미국 모던 포크의 모방으로 점철되던 당시의 한국 통기타 음악에 대안을 제시하였다. 통기타 음악은 삶에 대한 깊이 있는 통찰력이 음악으로 표현될 때 생명력을 갖는 음악이므로 자신의 곡을 스스로 짓는 능력이 요구된다. 김민기가 한대수와 더불어 작사·작곡·노래·연주를 겸비하는 싱어 송라이터의 전범을 보여줌으로써 한국의 통기타 음악은 비로소 내용을 담아낼 수 있는 음악으로 발전하며, 일정한 수준을 유지하는 자신의 창작곡으로 채워진 앨범의 시대를 연다.

그는 한사코 사회성이 있는 음악, 저항적인 음악, 운동적인 음악은 만든 적이 없다고 부인한다. 적어도 자신의 사고체계 내에서는 그의 말이 사실일 것이다. 그러나 유신 치하의 70년대에 들어 자신들의 문화적 지분을 획득하면서 유신체제 반대운동과 더불어 사회적·정치적 각성을 해나갔던 70년대의 대학생들은 비록 은유적이고 암시적이었지만 김민기의 통기타 음악을 자신들의 세계관을 담은 음악으로 채택한다. 따라서 그의 음악은 창작자의 본의와는 다르게 수용자들에 의해 사회적으로 재해석되고 적극적으로 의미가 부여되는 최초의 예가 된다. 그의 일관된 부인은 이런 수용자의 역할을 강조하는 역설인지도 모른다. 이런 중요한 의미와 함께 그는 통기타 문화의 상징적이고도 핵심적인 인물로 자리매김되며 그의 음반은 한국 대중음악사의 첫 번째 얼터너티브가 된다.

두 번째의 반란 〈공장의 불빛〉

음반을 발매한 이후 가수 및 작곡가로서 조금씩 알려지기 시작하던 1971년 겨울 무렵에 그는 70년대의 문화적 대안을 모색하던 모임에서 김지하를 만나면서 그의 문제의식을 더욱 심화시킨다. 이후 카톨릭권에서 활발히 전개된 문화운동에 참여하는데 1973년에 김지하의 희곡 「금관의 예수」에 참가하면서 1978년에 양희은의 음반에 (가사가 바뀌어) 수록되는 「금관의 예수」를 작곡한다.

한편 그가 본격적으로 국악에 관심을 갖게 된 계기는 작곡가 이종구와 김영동을 만나면서부터다. 이종구의 작품을 국악기와 기타 반주로 편곡하여 무대에 올리곤 했는데 여기서 기타의 편곡과 연주를 맡으면서 그는 국악 어법과 만나는 귀중한 경험을 한다. 이어 1974년에 한일관계를 기생관광에 초점을 맞추어 풍자한 소리굿 〈아구〉(김민기 작, 이종구 작곡)에 참가하면서 그의 관심은 음악과 극이 만나는 장소로 서서히 이동한다.

1974년 군에 입대한 후 운동권 가요 작곡자로 지목되어 약간의 고초를 겪은 후 1977년에 제대해보니 자신도 모르게 대학가에서는 투사로 변신되어 있었고 정부에는 요시찰 인물이 되어 있었다. 할 일도 갈 곳도 없던 그는 공장에 취직을 하고 거기서 노동자들의 삶과 의식을 체험한다. 당시 한국의 통기타 음악가로서 국악의 경험을 한 것도 유례없는 일이었지만 노동자적 삶을 체험한다는 것도 김민기가 아니면 겪기 어려운 일이었다. 한국의 대중음악가로서 첫 번째 얼터너티브였던 그에게 주어진 이러한 고난의 삶의 역정은 필연적으로 두 번째의 반란을 준비하는 과정이 되었다. 이런 과정을 겪고 1978년에 드디어 두 번째의 문제작인 〈공장의 불빛〉을 제작한다. 이것은 70년대 한국 노동운동 초기의 일반적인 모습을 소재로 하여 노래굿이라는 새로운 양식으로 한국교회사회선교협의회의 후원으로, 하지만 불법으로 제작된 카세트테이프로 보급되었다.

이것은 여러모로 1971년의 1집에 비하면 질적인 비약을 이룬 것이었다. 1집이 공윤이라는 공식적 검열기구를 거친 정상적 음반 시장 내의 상품이었다면, 이것은 처음부터 불법으로 제작되어 비공식 경로를 통해 유통됨으로써 자본과 권력으로부터 독립하는 최초의 시도였고, 이후 80년대의 노래 운동에서 독립적인 생산·분배 시스템의 원조가 되었다. 1집 발매 시 그는 그래도 한국 사회에서 선택

받은 기득권층이라 할 수 있는 지식인 대학생층에 속해 있었고 음악도 공식적인 경로를 통한 음반이라는 테두리에 묶여 있었다. 그러나 그는 모든 기득권을 빼앗기고 더 이상 내려갈 곳도 없는 상태에서 음반이나 공연 등 어떤 전제나 구속도 없는 상태에서 이 작품을 제작함으로써 자신의 한계를 훌쩍 뛰어넘는다. 그는 3분 내외의 서정적 양식이라는 노래의 한계를 넘어, 자신의 음악적 표현을 일련의 사건이 음악에 의해 하나로 연결되는 40분짜리의 서사적 양식으로 전환 확장한다. 또한 이 작품에는 그동안의 음악적 경험이 반영되어 모던 포크, 클래식, 국악, 구전 잡가 등의 다양한 음악 어법이 총망라된다.

이러한 내용을 담은 그의 〈공장의 불빛〉은, 1975년 '대마초 사건'으로 대중음악계가 초토화된 후 팝트로트와 관제화된 대학가요에 의해 장악되어 있던 한국의 대중음악계에 김민기가 자신도 모르는 채 불쑥 내놓은 두 번째 대안의 제시였다.

한 국 통 기 타 음 악 에 서 김 민 기 의 업 적

대중음악은 가사(문학)와 음악이 결합된 그 무엇이다. 따라서 대중음악의 가사가 음악으로 불릴 때에는 그것이 그냥 시나 산문으로 읽힐 때와는 달리 음악과의 호흡이 중요한 관건이 된다. 특히 통기타 음악처럼 단순하게 간단한 기타 반주와 노래로 구성이 될 때는 가사와 음악의 결합이 노래의 성공 여부에 중요한 변수가 될 뿐 아니라, 미국에서 들어온 음악인 모던 포크가 한국에서 자생성을 갖고 계속 발전할 수 있느냐를 재는 척도가 된다. 70년대 초반까지의 통기타 음악이 외국 음악의 번안곡이었기 때문에 어색한 표현을 구사하거나 혹은 한국어의 아름다움을 살리는 적극적인 수준으로 나아가지 못하고 있었음에 비해, 그는 아름다운 한국어를 적절한 선율과 화성 속에서 구사해내는 본능적인 능력을 갖고 있었다. 1971년에 발간된 그의 음반은 이후의 통기타 음악가들에게 한 단계 더 발전한 통기타 음악으로 나아갈 수 있는 디딤돌이 되었다(이 부분을 좀더 설득력 있게 밝혀내기 위해서는 문학, 언어학, 음악학의 학제 간 연구가 필요할 것이다).

두 번째의 업적은 그의 기타 연주에 들어 있다. 그 당시의 기타 연주는 몇 개의 간단한 코드를 스트로크로 치거나 아르페지오로 연주하는 것으로서 대부분의 경우 연주라기보다 '반주'의 수준에 머무르고 있었다. 누나의 피아노 악보를 통해 기타를 독학으로 익혔던 그는 단순한 반주 수준에 머물지 않았다. 아르페지오 반주에 선율을 넣음으로써 단순한 코드 위주에서 프레이즈가 드러나는 연주의 형태로 전환했다.

　　　1집의 「친구」에서 그가 연주하는 하나의 기타는 마치 피아노가 반주와 대선율을 동시에 연주하는 듯한 형태를 보여주는데, 이것은 80년대까지 대학가에서 수준 높은 연주의 전형이 되었다. 1971년 양희은 1집 음반의 「아침 이슬」에서는 김민기가 클래식 기타를, 이용복이 12현 기타를 치는데, 김민기의 기타는 「친구」와 같은 형태로 연주하고 이용복의 기타는 노래의 프레이즈 사이를 경과적 선율로 연결시키는 연주를 함으로써 김민기의 연주와 훌륭한 합주를 이루어 한국 통기타 음악의 기타 연주를 한 차원 높이 끌어올린다. 이와 같이 김민기의 통기타 음악은 그의 독자적인 기타 연주가 주를 이룰 때 그 진가를 발휘하는데, 그의 첫 음반은 정성조가 재즈풍의 연주로 세션을 함으로써 결과적으로 그의 음악적 의도를 방해하게 되었음은 애석한 일이다.

김민기의 음악 언어

　　　한 대중음악가의 음악 세계 전체를 파악하기 위해서는 그의 음악 세계를 둘러싼 음악사회학적 조명과 그것이 그의 음악 세계 내부에 작용하여 이루어진 결과 모두를 유기적이고도 균형 있게 다루어야 한다. 김민기의 음악사회학적인 조명도 충분히 이루어지지 않았지만 그의 음악 세계 내부에 대한 조명은 거의 전무한 상태이다. 물론 이 현상은 김민기에게만 해당하는 것이 아니라 한국 대중음악 전체에 해당하는 일이지만 한국 대중음악의 첫 번째 얼터너티브라 할 수 있는 음악가에 대한 대접치고는 너무 소홀한 감이 있다. 그의 음악 세계 내부를 조명하기 위한 전제조건이 충분하지 않고, 복잡하고도 전문적인 얘기를 하기에 지면의 제약도 있으므로 그가 사용했던 음악 언어에 대해 간략하게 얘기해보겠다.

　　　그가 제일 처음 접한 음악은 서구 고전음악이었다. 그는 피아노를 전공한 누나의 연주를 늘 들었고, 고등학교 때는 누나의 피아노 악보를 사용해 기타를 독학했다고 한다. 이 대목에 주목할 필요가 있다. 피아노라는 것은 서구 고전음악의 미학과 이상을 가장 잘 실현할 수 있는 악기이다. 따라서 그 연주 악보는 화성학과 대위법을 기본적인 음악 어법으로 사용하여 구성된다. 그에 비해 기타는 피아노처럼 선율과 반주를 동시에 구사할 수는 있지만 음폭의 협소함과 음의 불연속성으로 인해 피아노와 같은 완벽한 화성 진행을 구사하기가 어렵다. 이런 한계 때문에 피아노의 악보로 기타를 배우려면 피아노에 구사되어 있는 화성을 기타에 축소하여 적용해야 한다. 확장에 비해 축소가 훨씬 어렵다는 점을 감안하면 그가 이 과정에서 화성학을 완벽하게 터득했음을 알 수 있고, 그 어려운 과정을 혼자 해냈다는 것은 그의 음악적 재능이 그만큼 뛰어남을 말해준다. 따라서 이후 그의 음악의 어법에서 뛰어난 화성의 사용이 가장 두드러진다.

그는 많은 코드를 빈번하게 사용한다. 그런 면에서 몇 개의 코드만을 사용하던 당시의 통기타 음악과는 구별된다. 예컨대 「상록수」를 보면 가사 '온누리'에서는 각 글자마다 코드를 부여하여 그 의미를 강조한다. 또한 그는 비교적 많은 종류의 코드를 사용한다. 마이너 세븐 코드, 마이너 식스 코드, 메이저 세븐 코드, 2차적 도미넌트 세븐 코드 등은 당시의 통기타 음악가 중 이정선 이외에는 사용하지 않았다. 그는 일련의 코드 진행을 사용하여 뛰어난 음악적 형상화를 이룩한다. 「친구」의 첫 소절 "검푸른 바닷가에 비가 내리면"의 반복되는 '미' 음은 끝없는 바다를 의미하고 여기에 부여되는 C-CM7-C7-F의 코드 진행은 끝없는 바다 위에 내리는 비를 연상하게 하여 가사의 시각화·공간화를 달성하는 효과적인 수단으로 쓰인다. 그는 또 같은 으뜸음조의 전조(C-Cm)를 효과적으로 사용한다. 〈공장의 불빛〉 중 「야근」에서 노동자의 비참한 공장 생활을 노래할 때는 C단조(Cm)로 시작되지만 사장의 사치스러운 생활은 앞의 선율을 그대로 사용하면서 C장조로 전조됨으로써 서사적인 양식에 어울리는 대조를 이룬다. 그런가 하면 「종이연」(원제목은 「혼혈아」)에서는 '혼혈아'라는 한 많은 화자를 D장조로 나타내어 교대시킴으로써 이야기를 전개한다.

그는 또한 다양한 음악 양식에 관심을 보인다. 먼저 미국 모던 포크의 영향을 볼 수 있는 곡들이 있다. 「아하 누가 그렇게」에서의 기타 반주와 좁은 음역 내에서 짧은 호흡을 갖는 선율구조는 전형적인 모던 포크 양식이다. 그런가 하면 5음계를 사용함으로써 그것을 벗어나려는 시도를 보인다. 「서울로 가는 길」에 이르면 가사의 내용은 이농 현상이라는 한국의 현실을 담고 있으며 5음계 선율은 장조의 조성임에도 불구하고 장조와 단조의 중간적 성격을 느끼게 함으로써 미국의 모던 포크가 김민기에 의해 한국적으로 수용되는 모습을 보여준다. 또한 「기지촌」과 같은 곡은 블루스 양식을 사용하여 효과적인 표현을 한다. 그가 사용한 양식 중 가장 비포크적인 것은 서구 고전음악의 가곡 양식이다. 이 것은 「아침 이슬」, 「상록수」, 「이 세상 어딘가에」, 「날개만 있다면」 등의 곡에서 드러나는 바와 같이 통기타 음악의 양식으로 나타낼 수 없는 폭이 넓은 감정을 표현하기 위해 사용된다. 이런 곡들은 서정적인 분위기의 전반부와 절정부로 상승하는 후반부로 나누어지며 다양한 코드를 사용하여 큰 폭의 감정 표현을 돕는다. 이러한 양식의 사용은 그의 관심이 통기타 음악이라는 양식에 한정되어 있는 것이 아니라 표현에 중점을 두고 계속 확장해나가는 것임을 보여준다.

이런 그의 음악적 태도와 변방의 지식인으로서의 반성적 사유를 통해 그는 비록 서구 고전음악의 음악 어법으로 출발했지만 거기에 머무르지 않고 국악에 대한 관심으로 나아간다. 양희은의 1978년 음반에 실린 「밤뱃놀이」와 〈공장의 불빛〉의 「두어라 가자」가 그것인데 모두 민요적 선율과 창법에 국악 반주를 사용한다. 그러나 이것들이 전통음악의 양식으로부터 별로 발전되지 않은 것으로 보이는 반면, 「가뭄」과 「식구 생각」 같은 곡의 선율은 좀더 자연스러워 보인다. 50곡이 넘는 그의 자작곡 중에서 국악의 양식을 사용한 곡이 몇 곡 되지 않는 것으로 보아 관심은 가졌으되 많은 성과는 거두지 못한 듯하다. 하지만 한국 통기타 음악의 태동기부터 한국의 대중음악이 여전히 미국의 헤게모니 속에서 어떤 대안적 시도도 못하고 있을 때 그가 먼저 문제를 제기했다는 사실만으로도 소중한 것이다. 그의 문제제기는 학창 시절 그의 음악을 들으며 자란 정태춘에 의해 어느 정도 성과를 거둔다. 이런 국악 양식의 도입이 너무나 큰 문제라서 힘겨웠던 반면, 그가 〈공장의 불빛〉에서 보여주었던 구전가요의 도입은 아주 효과적이었다. "지나가는 여대생을……" 어쩌고저쩌고하는 구전가요의 트로트 선율(라시도미파)을 노동자의 비참한 현실을 드러내는 곡에 사용함으로써 현실감의 획득에 성공한 것은 훌륭한 사례이다.

김민기가 남긴 과제

그가 한국 대중음악의 첫 번째 얼터너티브인 이유는 그가 남긴 과제의 중요성 때문이며, 이것이 통기타 음악에 한정되지 않고 한국 대중음악 전체에 해당되기 때문이다. 그는 음악이 자본과 권력으로부터 독립하지 못하면 내용적으로는 획일성·순수성·건전성이라는 발목 잡기에서 벗어날 수 없으며, 산업적으로는 자본의 이익에 결국 봉사하게 됨을 일찍이 간파했다. 또한 그는 한국 대중음악의 자아가 서구의 대중음악에 의해 장악되어 있음을 깨닫고 그것을 벗어나면서 그것들과 조화를 이루기 위해 전통음악으로 눈을 돌려 한국적 음악 어법을 추구했고, 이를 통해 한국 대중음악의 정체성을 추구했다. 끝으로 그 자신이 의도한 것은 아니지만 수용자들이 그의 음악을 수용하는 과정에서 성취한 김민기의 음악이 남긴 또 하나의 의미는, 통기타 음악의 가장 큰 힘은 개인의 사적인 세계를 넘어서서 인간의 삶과 사회에 대한 깊이 있는 통찰력이 동반될 때 가장 강력하게 발휘된다는 것을 모두가 알게 되었다는 것이다.

김민기의 깊은 목소리

최경식 (음악평론가)

이 글은 최경식 씨의 음악 에세이 『영혼을 어루만지는 음악 이야기』 (한울, 2003)에 실린 글을 재수록한 것이다.

김민기가 만일 대한민국 정부가 주는 예술 문화 훈장을 받게 된다면 청천벽력같이 경악할 사람들이 많을 것인가?

'대중 가요의 아인슈타인'이라 평가되고 있다곤 하지만, 반골 가수 밥 딜런(Bob Dylan)은 지난 1997년 12월 6일 미국 국무성 만찬에 이어 다음 날의 백악관 리셉션에서 성악가 제시 노먼(Jessye Norman)과 함께 미국의 정평 있는 예술 문화 훈장(Kennedy Center Honors Award)을 받았고, 그 후 케네디 센터의 로열 박스에 앉아 자랑스럽게 그것을 목에 걸고 있었다.

김민기와 밥 딜런

나는 김민기를 얘기하려 할 때 두 사람이 생각난다. 한 사람은 김지하 시인이고, 또 다른 한 사람은 미국의 민중시인·가수 밥 딜런이다. 밥 딜런은 시인 딜런 토마스(Dylan Thomas)에 경도하여 그의 성(Zimmerman)까지 갈아버렸다.

"얼마나 많은 길을 인간은 걸어가야 하나"라고 묻는 밥 딜런에 대해 김민기는 "여러 갈래 길, 누가 말하나, 이 길뿐이라고. 누가 말하나, 저 길뿐이라고" 하고 묻는다. 밥 딜런은 "바람 속에 그 해답이 있다"고 내답한다. 김민기는 "여러 갈래 길, 다시 만날 길, 죽기 전에라도 다시 만날 길, 죽은 후에라도 다시 만날 길"이라는 해답으로 해탈한다.

얼마나 많은 잘난 체하는 사람들이 이 길뿐이라고 우기며 다른 길을 가는 뭇사람을 함부로 매도하고 심판하고 유린했던가. 때문에 김민기의 노래 전체가 송두리째 금지되고 선량한 인간 김민기가 위험인물이 되는, 어두운 밤의 불행한 사회가 아니었던가. 결코 투사가 될 수 없는 김민기는 1970년대의 민중운동을 열었다는 김지하 시인의 영향을 받았다고는 하지만, 천성적으로 자비인욕의 가인이었다.

"간다/울지 마라 간다/흰 고개 검은 고개 목마른 고개 넘어/ 팍팍한 서울 길/몸 팔러 간다"는 김지하의 「서울 길」은 김민기의 「서울로 가는 길」에서 "좋은 약 구해갖고 내 다시 올 때까지 집 앞의 느티나무 네 빛을 변치 마라. 나 떠나면 누가 할까, 병드신 부모 모실까, 서울로 가는 길이 왜 이리도 멀으냐"로 한결 부드러워지고 자비로워진다.

　　김민기의 노랫말에도 '새벽'이 자주 나온다. 늦잠꾸러기인 그가 새벽 타령을 하는 것은 새벽이 김지하의 시에서처럼 긴 밤과의 결별이기 때문이다. "아침 동산에 올라 작은 미소를 배운다"는 그 '작은 미소'가 그렇고, '밤새 하늘에선 별들이 잔치 벌였나. 어느 초라한 길목엔 버려진 달빛 고였나'의 '새벽 길'이 그렇지 않은가. 어둠 속에서 "긴 밤 지새우고 풀잎마다 맺힌 진주보다 더 고운 아침 이슬처럼" 눈물겹도록 영성적이며 눈부시도록 우주적이다.

　　맨 발 , 고 무 신 , 긴 　외 투

　　1994년 정월에 내놓은 김민기의 전집 CD에 재일 작가 김중명이 일본어로 이렇게 적어놓아 우리말로 옮겨본다.

우리에게 필요한 것은 절규가 아니라 속삭임이다. 도취가 아니라 생명에 대한 자비에 넘친 슬기인 것이다. 사랑스런 사람의 살갗의 온기가 느껴지고, 심장의 고동이 들려오고 머리카락의 향내가 풍겨오는 그 알맞은 거리에서 들을 수 있는 노래야말로 우리가 필요로 하는 것이다. 그리하여 김민기의 노래는 그러한 노래의 하나라고 나는 생각한다.

앞서 그는 또 이렇게도 얘기하고 있다.

그의 노래는 씩씩하게 정치적인 구호를 부르짖거나 하지 않는다. 열화 같은 분노로 부정을 규탄하거나 하지도 않는다. 그의 노래에서 들려오는 것은 삶의 절절한 신음이며 영혼의 갸륵한 속삭임이다. 거기 있는 모든 언어들, 온갖 소리 소리의 접속은 민주와 독재, 반체제와 체제라 하는 것 따위와는 차원이 다른 존재

그러한 김민기의 노래는 가두시위 때 불리면 운동가가 되고, 운동경기장에서 불리면 응원가가 되며, 장례식 때 불리면 장송곡이 될 뿐만 아니라, 예배당에서 불리면 찬송가가 돼버리는 것을 오래전에 여러 번 그 현장에서 나는 목격하고 체험했다. 그래서 왜 그럴까 하고 김민기 노래의 특성을 이렇게 저렇게 생각해본 것이다. 먼저 떠오른 것이 그의 상징기호 같은 '맨발', '고무신', '외투' 세 가지였다.

첫째로, 수줍어하고 쑥스러워하는 그 '맨발'의 동심. 그것은 "너희가 생각을 바꾸어 어린이같이 되지 않으면 결코 하늘나라에 들어가지 못할 것이다"(마태오 18: 4)라는 성서적 동심을 말한다.

"누가 망쳤을까, 아가의 꽃밭. 그 누가 다시 또 꽃 피우겠나. 무궁화꽃 피워 꽃밭 가득히 가난한 아이의 손길처럼" 물도 주고 앓아눕고 눈물 흘리는 동심이다. 「인형」, 「고무줄 놀이」, 노래극 〈개똥이〉, 노래일기 「엄마, 우리 엄마」의 동심.

둘째로는, 안쓰러워하고 함께 아파하는 '고무신'의 인간 연대의 그 사상성이다.

"아하, 누가 푸른 하늘 보여주면 좋겠네. 아하, 누가 은하수도 보여주면 좋겠네. 아하, 누가 나의 손을 잡아주면 좋겠네. 아하, 내가 너의 손을 잡았으면 좋겠네." 「기지촌」, 「혼혈아(종이연)」, 「나비」, 「늙은 군인의 노래」, 「강변에서」, 노래굿 〈공장의 불빛〉, 그리고 1984년 LA올림픽 예선 탈락자들을 위한 노래 「봉우리」.

혹시라도 어쩌다가 아픔 같은 것이 저며올 때는 그럴 땐 바다를 생각해, 바다 ……. 봉우리란 그저 넘어가는 고갯마루일 뿐이라구.

그리하여 셋째로, 어스름 속 새벽빛을 노래하며 바닷길 삶을 감싸주는 '긴 외투'의 영성이다. 그것은 남에게 벗어던지기도 하는 '긴 외투'의 구김 없는 영성이랄 수 있다.

'아침 이슬'에서 비롯하여, '길', '새벽길', '천리길', '고향 가는 길', 그리하여 '눈산'과 '바다'.

여기서 의사, 버니 시겔(Bernie Siegel)의 책『사랑, 약과 기적(*Love, Medicine & Miracles*)』에서 나치에 의한 유태인 대학살 때 기적적으로 살아남은 야곱 슈바르츠라는 사나이에 대한 얘기를 들어보자.

강제수용소에서 감시병의 심한 매질로 순간 의식을 잃었는데, 그때 그는 채찍질을 당하는 예수의 영상을 본다. 곧 깨어나자 그는 사랑에 충만되어 때리는 감시병을 쳐다보며 깊은 목소리로 "당신을 사랑합니다" 하고 말한다. 그 눈길, 그 진정에 크게 충격을 받은 고문자 감시병은 그저 멍하니 서서 더 이상 때리지 못하고 그를 지켜보았다. 그런데 더 놀라운 것은 바로 눈앞에서 피 흘리던 슈바르츠의 상처가 아물며 말끔히 낫는 것이다.

이번엔 김민기의 비슷한 얘기. 1971년 수사기관에 끌려가 고문당할 때의 일이다. 역시 심한 매질로 신체적으로 의식은 거의 잃었지만 그의 정신만은 맑아졌다. 아니면 환각 상태에 빠져 있는 것도 같았다. 무차별 폭행은 더 심해지고 그 기관원은 거품을 뿜어내며 악에 받쳐 매질에 더욱 열을 올리고 있었지만 당하는 그는 도리어 침착, 아니 평안했다고나 할까. 김민기는 돌연 '괜히 이 사람은 나 때문에 이렇게 죄를 짓고 있는 게 아닌가' 하는 생각에 다다른다. 그 기관원에게 한없이 미안한 생각이 들었던 것이다.

아하, 그런 생귀신, 날벼락 같은 체험에서 영성의 노래는 우러나오는 것이다.

만남, 수난, 그리고 영성

내가 김민기를 처음 만난 곳은 명동의 서울 YWCA였다. 군사 문화의 먹구름에 뒤덮여 있던 당시, 비가 오려 할 때는 심하게 운다는 청개구리들이 모이는 그곳 '청개구리홀'에서였다. 나는 거기서 한 젊은이의 언어적 감수성과 그것을 감당해내는 뛰어난 음악성을 만났다.

이튿날 나는 그 젊은이, 김민기를 기독교 방송으로 오게 하여 즉시 그의 노래를 녹음하기로 하였다. 빈 스튜디오를 찾아 부산하게 뛰어다니던 내 귀에 기타로 치는 바흐의 전주곡이 들려오는 것이었다. 마룻바닥에 아무렇게나 주저앉아 기다리는 그사이 아무 생각도 없이 그는 바흐를 뜯고 있었던 것이다. 잘 치건 못 치건 그것은 김민기의 바흐였으며, 김민기의 전주곡이었고, 나는 그때 전율을 느꼈다.

그의 셋째 누나는 뉴잉글랜드 콘서버터리를 나온 피아니스트이다. 누나가 치는 피아노 아래 공간은 어린 시절 그의 놀이터였다. 그리고 훗날 그의 음악, 미술, 문학, 연극, 그리고 보이 스카우트 활동이 뮤지컬로 통합되는 오늘날 '학전'의 모태였던 것이다. 그리고 누나가 그의 고교 입학 축하 선물로 사준 기타는 누나의 피아노와는 사뭇 다른 음색, 터치, 표현, 기능으로 그의 운명이 되었다.

깊은 목소리로 부르는 그의 「아침 이슬」을 녹음하자마자 나는 전파에 실어 오후 4시경의 서울 하늘에 띄웠다. 노랫말과 가락이 함께 숨쉬며 가사와 선율의 밀착도가 단숨에 느껴지는 「아침 이슬」은 깊은 한숨, 뜨거운 눈물이었다. 그리하여 그것은 내 예상을 훨씬 뛰어넘는 반응을 불러일으켰다.

그 무렵 나는 시인 고은의 라디오 에세이 〈세노야〉를 제작했는데, 그때까지 주제곡과 배경 음악으로 쓰던 바흐의 「오라, 달콤한 죽음이여」 대신 우리 음악을 주제곡으로 쓰고 싶었다. 그래서 시인 에게 가사를 쓰게 하고 내 동생 최양숙에게 노래를 시켰다. 내 동생은 고은에게 그녀를 위해 노랫말을 하나 써달라고 간청했고 그 자리에서 쓰여진 것이 「가을 편지」이다. 역시 김민기는 즉석에서 샘솟듯, 물 흐르듯, 그림 엽서에 답장 쓰듯 곡을 붙였고, 나는 그의 천재성을 다시 한번 확인할 수밖에 없었다.

김 민 기 에 게 바 라 는 것

40곡이 수록된 김민기의 넉 장짜리 전집의 서두를 장식한 첫 곡 「가을 편지」는 그 후로도 오랫동안 나의 애창곡이었고, 사시절 혼자 속으로 부르며 봄에는 봄 편지, 여름에는 여름 편지, 겨울엔 겨울 편지가 되어 나의 '사계'가 되어버렸다.

1971년 더 이상 참지 못한 나는 김민기의 음반을 무작정 제작키로 했다. 그해 출반된 그의 첫 앨범의 재킷에 어설프게 쓴 나의 라이너 노트에서 언젠가 꼭 '김민기론'을 쓰겠다고 큰소리치고 말았던 것이 그로부터 30여 년이 지나가 버렸다. 기나긴 세월이 흐른 뒤, 이제야 이런 글이나마 쓰게 된 것은 정말 다행스런 일이다.

흔히들 그를 가리켜 "김민기는 한국 가요사에 큰 획을 그었다"라든지 "그는 우리 노래의 새로운 지평을 열었다"라고 말하지만, 그런 거창한 결론으로 이 글을 마무리하고 싶지는 않다. 김민기는 이제 역사이며 고전이라 믿고는 있지만, 그가 과거, 추억, 신화, 더더구나 기념비 따위라고는 추호도 생각하고 있지 않으므로 나는 언제나 그의 노래를 새롭게, 새로운 의미로 듣고 있는 것이다.

이 글의 첫머리에 쓴 밥 딜런은 김민기보다 꼭 열 살 위이다. 반대 감정 병존과 소외 의식 속에서, 최근 새로운 CD를 내놓은 밥 딜런은 잘못되어가는 이 세상의 닳아빠진 사랑 타령에 진절머리가 난다면서도 신음하듯 「상사병(Lovesick)」을 음울하게 노래하고 있다. 그리하여 자꾸 멀어져만 가는 이 세상 모든 것을 바라보면서 기신없는 상실과 끝없는 편력의 이 시인 가수는 "마음에서 아득한 시간(Time out of mind)"을 떨리는 목소리로 암담하게 부르고 있다.

김민기는 그의 '학전'을 살려야겠고 식구들을 먹여 살려야겠지만 뮤지컬과 경영, 그 사이에 존재할 그의 노래들을 그 깊은 목소리로 새로이 들려줄 수는 없는 것일까?

우리의 외적 인간은 낡아지지만, 내적 인간은 나날이 새로워지고 있습니다.

(고린도 후서, 4: 16)

어둠 속의 낮은 목소리_김민기의 음악적 재능

이 글은 1993년에 나온 김민기 전집 음반의 보관판을 위해 제작된 책에 영어로 수록되어 있는 것을 번역한 것이다.

카터 J. 에커트 (Carter J. Eckert, 하버드 대학교 교수, 한국사)

김창남 옮김

김민기의 첫 번째 음반이 나온 것은 그가 서울대학생이었던 1971년이다. 세상에 나온 지 얼마 되지 않아 그의 음반은 정부 당국에 의해 압수되었고 김민기 자신도 체포되어 심문과 고문을 당해야 했다. 이후 20여 년간 그는 남한의 군사정권 아래서 끊임없이 핍박받았고 그의 노래는 금지되어야 했다. 그러나 마침내 승리한 것은 김민기와 그의 노래였다. 그와 그의 음악은 70년대와 80년대 한국 학생운동의 영웅적 저항을 상징하는 것이었고, 특히 그의 「아침 이슬」은 이 시대 학생운동의 비공식적인 찬가였다. 학생들이 저항적 행동을 위해 모일 때 「아침 이슬」은 늘 첫 번째로 함께 부르며 감정을 고조시키고 연대감을 다지던 노래였다. 1987년 여름의 함성과 함께 정치 개혁과 민간 정부를 향한 문이 열릴 때, 경찰에 의해 사망한 대학생을 추모하기 위해 시청 앞 광장에 모인 수십만 시민들의 입에서 함께 흘러나온 노래도 「아침 이슬」이었다.

1992년부터 1993년까지 녹음되어 1993년에 세상에 나온 전집 음반에 수록된 노래들은 일부를 제외하면 대부분 60년대 말부터 70년대 초 사이에 김민기가 만든 노래들이다. 「아침 이슬」을 비롯한 일부 작품은 가수 양희은에 의해 대중적으로 널리 알려졌지만 그 외의 많은 노래는 과거에는 일반 대중에게 알려질 기회가 많지 않았다. 김민기는 처음 양희은을 돕기 위해 곡을 쓰기 시작했지만 스스로 자신의 노래를 상품화하는 것은 지속적으로 거부해왔다. 오랫동안 그의 노래가 대학생들 사이에 널리 불렸고 다른 가수의 이름으로 공연되기도 했지만 그는 단 한 번도 정당한 로열티나 보상을 받은 적이 없다. 그가 전집 음반을 발매하는 데 마지못해 동의한 것도 그것이 그가 지금 운영하는 학전 소극장의 운영에 재정적 도움을 줄 수 있을 것이라는 설득 때문이다. 그 결과 우리는 마침내 22년간의 억압을 뚫고 이 뛰어난 시인·작곡가·가수의 작품들을 즐길 수 있게 되었고 한국 현대 대중음악에 미친 그의 독특한 기여를 제대로 평가할 수 있게 된 것이다.

김민기와 그의 작품을 70~80년대 반정부 학생운동과 결부시키는 일반적 인식에도 불구하고 그의 전집 음반에서 가장 두드러진 점은 표면으로 드러나는 정치적 내용이 뜻밖에도 상대적으로 적다는 점이다. 이 점에서 그의 작품은 신랄한 풍자로 박정희 정권에 직접적으로 도전했던 70년대의 또 다른 위대한 상징인 시인 김지하와도 매우 다르다.

　　그의 명성에도 불구하고 김민기는 그 자신을 결코 정치적 행동가로 생각하지 않는다. 어린 시절부터 그의 첫 번째 열정은 늘 그림이었다. 그는 서울대학교 미술대학에서 공부했는데, 그의 작품들이 가진 중요한 특징 가운데 하나는 다채로운 시각적 이미지이다. 그의 노래는 그 자체로 언어와 사운드를 통해 작곡가가 그려낸 풍경화(그의 삶과 의식에 강하게 부딪혀온 광경과 사람들을 그린)이다. 김민기의 작품에서 그런 이미지들은 때로 매우 구체적으로 자신의 색깔을 드러내기도 하지만 흔히 깊은 개인적 감정과 철학적 태도를 표현하고 상징하는 데 이용됨으로써 좀더 큰 권위를 얻는다. 예를 들어 그의 가장 매혹적이고 널리 알려진 노래 「친구」를 통해 우리는 이러한 점을 뚜렷이 볼 수 있다.

　　이 노래는 그가 열일곱 살이었을 때 보이 스카우트 캠핑에서 익사한 친구의 부모에게 소식을 알리기 위해 서울로 돌아오는 기차에서 만들어졌다. 이 노래에서 물리적인 맥락은 매우 구체적이다. 노래의 화자는 기차에 앉아 창밖을 바라보며 친구를 생각한다. 그는 길가에 흩날리는 꽃을 보고 달리는 기차 바퀴의 소리를 듣는다. 그러나 그는 묻고 있다. 여기서 무엇이 진짜 현실인가? 친구의 죽음이라는 현실을 받아들일 수 없는 그에게 창을 통해 나타나는 친구의 이미지는 기차나 바깥세상의 현실만큼 혹은 그보다 더 현실적인 것이다.

> 눈앞에 보이는 수많은 모습들
>
> 그 모두 진정이라 우겨 말하면
>
> 어느 누구 하나가 홀로 일어나
>
> 아니라고 말할 사람 누가 있겠소?

　　마지막에 화자는 이른바 현실 세계라는 것이 그 부정할 수 없는 죽음의 현실에 만족할 만한 대답을 해줄 수 있는 것인지 묻는 것으로 보인다. 그 물음에는 전적으로는 아닐지라도 희망이 느껴지지 않는다.

눈앞에 떠오르는 친구의 모습

흩날리는 꽃잎 위에 어른거리오

저 멀리 들리는 친구의 음성

달리는 기차 바퀴가 대답하려나

「친구」처럼 김민기의 대부분의 노래는 세상에 대한 깊은 슬픔으로 가득 차 있다. 때로 그는 잃어버린 순수성을 꿈꾸기도 하는데, 이는 「백구」처럼 어린아이의 눈을 통할 때 최고의 감정을 이룬다. 그러나 그의 슬픔은 분노도 허무도 아니다. 그보다 우리는 그의 노래에서 불교의 해탈과 기독교의 용서 사이 어디쯤인가에 해당하는 일종의 달관의 메시지를 들을 수 있다. 이런 철학적 태도는 부분적으로 존재의 의미에 대한 오랜 의식적 탐구에서 비롯된 것이다. 대학을 떠나고 군복무를 마친 후 그는 80년대 초까지 몇 년간 소작농으로, 또 탄광촌의 광부로 일을 했다. 그 자신의 표현을 빌자면, "나 스스로를 인간의 가장 밑바닥 삶으로 향해 내던지는" 시도였다. 소작농으로서 첫 번째 수확을 거둔 후 그는 "세상 모든 것들에 대한 용서를 빌었고 또한 나 스스로 무엇인가를 용서할 수 있을 것 같은 자만을 감히 꿈꾸었다"고 말했다.

사실상 김민기는 매우 일찍부터 달관과 용서의 정신을 체화해왔다. 《신동아》와의 인터뷰에서 그는 1971년 정부에 의해 처음으로 당한 고문을 회상하면서 "비록 내 몸은 의식을 잃었지만 내 마음은 더욱 뚜렷해졌다. 일종의 환각 상태에 접어들면서 내 앞에 있는 사람이 입에 거품을 물고 자신의 일에 몰두하는 악의 화신처럼 보였다. 내 마음은 평화롭게 가라앉았지만 나 때문에 악을 행해야만 하는 그 사람에게 문득 미안한 마음이 들었다"고 말했다. 그가 오랜 박해의 세월을 견뎌 살아남을 수 있었던 것이 바로 이런 달관의 정신 때문이었음은 의심할 여지가 없다.

김민기의 가장 유명한 노래 「아침 이슬」은 이러한 정신이 노랫말과 음악에서 완벽하게 구현된 작품이다. 긴 밤을 지새웠지만 화자는 마침내 그 자신을 적시는 슬픔과 화해한다. 그는 집 뒤의 언덕을 오르며 어떤 고난이 닥치더라도 자신의 삶을 걸어가리라 다짐한다.

긴 밤 지새우고 풀잎마다 맺힌

진주보다 더 고운 아침 이슬처럼

내 맘의 설움이 알알이 맺힐 때

아침 동산에 올라 작은 미소를 배운다

태양은 묘지 위에 붉게 떠오르고

한낮의 찌는 더위는 나의 시련일지라

나 이제 가노라 저 거친 광야에

서러움 모두 버리고 나 이제 가노라

어떤 의미에서 70년대 한국의 권력이 이 감동적인 그리고 결코 정치적이지 않은 노래에서
그토록 강한 저항성을 발견한 것은 그리 놀라운 일이 아니다. 이 노래가 실린 음반에 좀더 저항적인 노
래가 함께 실려 있다는 것도 그 이유 가운데 하나일 터이다. 그 노래는 「꽃 피우는 아이」이다. 이 작품
은 한국의 국화이기도 한 무궁화가 시들고 죽어가는 것을 노래하고 있다. 이 노래는 당국에 의해 박정
희 정부에 대한 분명한 공격으로 간주되었다. 그러나 아이로니컬하게도 김민기는 처음 이 노래를 「오
랑캐꽃」으로 썼다가 단지 어감이 좋다는 이유로 「무궁화꽃」으로 바꾸었을 뿐이다. 우리는 이 노래가
정치와 무관하게 김민기의 달관의 정신을 보여주는 것으로 해석될 수도 있음에 유의할 필요가 있다.
마지막 구절에서 죽은 꽃을 다시 새롭게 피우자고 당부하는 것도 그런 예가 될 수 있다.

무궁화꽃 피워

꽃밭 가득히

가난한 아이의

다른 한편으로 70년대의 한국을 살아온 사람이라면 어째서 한국 정부가 김민기와 그의 음악을 침묵시키려고 했는지 이해하는 것은 그리 어려운 일이 아니다. 국가 발전이란 명분을 위해 박정희 정권은 어떤 반대도 용납하지 않으려 했을 뿐 아니라 모든 가능한 수단을 동원하려 했다. 특히 대중에게 정부의 정책에 대한 동의를 주입하기 위해 언론과 교육 시스템을 강력하게 통제했다. 직설적인 정치적 내용은 없더라도 김민기의 진지하고 성찰적인 노래가 사람들로 하여금 정부가 말하는 그대로 믿을 수 없다는 것, 정부가 추진하는 '근대화'의 어두운 면이 존재한다는 것을 느끼고 동요하게 했다. 그의 노래가 도발적일 뿐 아니라 매우 매혹적일 만큼 아름답다는 사실(특히 그 자신의 목소리로 부를 때)은 정권의 시각에서 그의 노래가 가진 전복성을 더욱 두드러지게 만들었다. 노래를 사랑하는 매우 정서적인 국민들이 사는 나라에서 그런 노래는 정당성을 의심받는 정권이 결코 무시할 수 없는 힘을 지니고 있었던 것이다.

정권이 김민기의 노래를 두려워하고 경멸하게 만든 바로 그런 속성이 당대 한국의 학생들에게는 가장 매력적인 요소로 받아들여졌다. 정권의 기본적인 전제와 통치 방식 자체에 대해 공개적으로 도전했던 것은 바로 학생들이었다. 비록 어떤 정치적 해결책을 제시하지는 않았지만 다른 사람들을 (심지어 그를 고문한 사람조차) 이해하고 연민하는 김민기의 뛰어난 능력으로 인해 그는 당대의 고통과 분노를 민감하게 받아들였다. 정치적 행동을 촉발하는 나팔 소리라기보다는 어둠 속에서 들리는 굵고 낮은 성찰의 목소리로서 그의 노래는 불의와 고통의 명백한 현실을 부정하는 카프카적 세계에 살고 있던 학생들에게 진실 그 자체를 일깨우는 소리로 다가왔다. 학생들은 김민기로부터 그들 자신의 모습을 보았고 그는 모든 세대의 양심이며 목소리가 되었다.

좀더 자유로운 정치 환경을 갖게 된 지금, 그래서 그의 모든 노래가 자유롭게 된 지금, 70~80년대의 정치적 상징으로서, 또 언어와 음악을 다루는 뛰어난 예술가로서 김민기의 복합적인 측면들을 좀더 잘 이해하는 것이 가능해졌다. 내가 그의 노래를 영어로 옮긴 것은 원래의 작품이 가지고 있는 놀랍도록 복잡한 사운드와 의미, 재미, 리듬을 거의 제대로 살리지 못한, 말하자면 거친 초고나 다름없는 것이다. 더욱이 영어 가사와 멜로디를 조화시키려는 시도는 아예 해보지도 못했다. 사실 김민기의 노래에서 가사와 멜로디는 동시에 만들어진 것처럼 긴밀하게 어울린다. 따라서 영어 가사를 억지로 멜로디와 맞추려 하는 것은 가능하지도 않을 뿐 아니라 일종의 폭력이라 생각된다. 우리는 이 최초의 불완전한 번역이 영어권 독자들에게 김민기의 문학적 재능의 일부나마(음악 자체의 청각적 아름다움과 함께) 전달할 수 있기를, 또한 그의 작품에 대한 좀더 많은 관심을 불러일으키고 추후 좀더 뛰어난 번역이 이루어지는 계기가 되기를 바랄 뿐이다.

김민기의 못난 자식들

이 글은 재일 조선인 작가인 김중명 씨의 글로 김민기의 전집 보존판에 수록되어 있다. 따라서 이 글의 시점은 전집이 출판된 1993년에 맞추어져 있다. 김중명 씨는 1986년에 출간된 『김민기』(한울)를 일본어로 번역하여 출판한 바 있다.

김중명(金重明, 재일 조선인 작가)

윤영주 옮김

김민기의 노래가 처음 레코드로 나온 것은 1971년이었다. 하지만 그 레코드는 나오자마자 압수되었다. 그 후 이번 전집이 나올 때까지(1993년) 22년 동안 김민기의 노래는 공식적으로 들을 수 없었다. 정부는 김민기를 끈질기게 공격하였고 김민기의 이름이 들어가 있으면 내용은 어떻든지 곧 방송금지가 되었고 판매금지가 되었다. 그의 노래를 다시 들어보아도 왜 이 노래들이 금지곡이 되었는지 이해할 수가 없다. 노랫말을 곰곰이 따져보면 정치적인 의미가 포함되어 있다고 할 수도 있겠지만 상식적으로 생각해보면 이 노래들을 '위험한 노래'라고 하는 것은 말이 안 된다. 그러나 당시 김민기를 둘러싼 상황은 상식을 훨씬 뛰어넘는 것이었다.

김민기에게 가해진 가혹한 탄압은 때로는 그를 반체제운동의 투사로 떠받들게 만들기도 하였다. 실제로 1970년대에 그의 노래는 반체제운동의 상징이기도 했다. 김민기 역시 정부의 압력에 굴하거나 타협하지 않은 채 여러 가지 활동을 해왔다. 그를 지탱해준 것은 무엇인가? 확고한 정치적인 신념인가, 반체제운동에 대한 군건한 각오인가, 아니면 예술의 현실 참여에 관한 군은 의지인가?

김민기의 노래를 들어보면 이런 해석은 전혀 빗나간 것이라는 생각이 든다. 그의 노래는 힘차게 정치적인 구호를 외치지도 않고 오만하게 부정을 규탄하지도 않는다. 그의 노래에서 들리는 것은 삶의 절박한 신음이며 영혼의 애처로운 속삭임이다. 그의 노래 안에 들어 있는 많은 말과 곡조는 민주와 독재, 반체제와 체제라는 도식과는 차원이 다른 것이다. 김민기는 22년 만에 음반을 만들면서 자신의 심정을 "자식의 호적을 본래의 모습으로 정리해주는 것같은 심정"이었다고 한다. 또 자기의 노래는 상업적인 목적으로 만든 것이 아니라, 그때그때 그만두고 싶어도 그만둘 수 없는 절박한 심정에서 나온 자기 분신과 같은 것이며, 부모를 닮아 못나고, 남들에게 보이기 부끄러운 자식들 같다고 한다.

바로 이런 이유 때문에 김민기는 타협하지 않았던 것은 아닐까. 자기의 자식과도 같은 노래가 엉뚱한 오명을 쓰고 부당한 탄압을 받는 것 때문에 그의 굽히지 않는 투쟁은 이어진 것이 아닐까. 김민기의 노래에 가해진 압력은 말하자면 그의 삶에 대한 부정이었다. 그가 살아가면서 그만두고 싶어도 그만둘 수 없어 만든 노래는 참혹하게 짓밟혔고 그의 부드러운 정신은 한국 사회에서 거부되었다. 이렇게 거부당한 것이 김민기의 책임일까? 결코 그렇지 않다. 오히려 한국 사회 쪽이 왜곡되어 있는 것이다.

김민기는 1951년 3월 31일에 전라북도 이리에서 태어났다. 10명의 형제 중에서 막내였다. 그의 아버지는 의사였는데 부르주아라는 이유로 인민군에 의해 학살되었다. 그가 어머니 배 속에 있을 때의 일이다. 아버지가 안 계신 집을 이끈 것은 산파 일을 했던 어머니였다. 어렸을 적에 그는 그림에 열심이었다. 그런 그를 음악의 세계로 이끈 것은 셋째 누나가 그의 고등학교 입학 선물로 준 기타였다.

1969년 김민기는 서울대학교 미대 회화과에 입학했다. 어려서부터 줄곧 그림만을 그려온 그에게 대학의 수업은 그리 만족스러운 것이 되지 못했다. 1970년 친구의 소개로 김민기는 양희은을 만난다. 가족을 부양하기 위해 노래를 불렀던 양희은을 위해 김민기는 몇 개의 노래를 만들어주었다. 그중 하나가 「아침 이슬」이다. 이듬해 양희은은 김민기의 노래를 중심으로 데뷔 앨범을 내었고 같은 해에 김민기 자신의 레코드가 나왔다. 그러나 김민기의 레코드는 바로 판매가 금지되었고 시중에 나와 있는 레코드는 모조리 압수되었으며 그는 동대문경찰서로 연행되었다. 그때부터 그는 수도 없이 연행 되곤 했다. 그 후 그는 노래만이 아니라 다른 표현 양식에도 접근해서 국악기나 민요, 판소리에도 관심 을 보였다. 당국의 곱지 못한 눈총에도 흔들림 없이 활발한 활동을 계속했으며 1974년 군에 입대했다.

1977년에 제대한 그에게는 '위험인물'이란 낙인이 따라다녔으며 일체의 공식적인 활동도 할 수 없었다. 그의 노래가 민주화운동의 상징처럼 불리고 있었기 때문이었다. 공장에서 일하거나 '노 가다'를 하면서 1978년 〈거치른 들판의 소나무처럼〉이란 음반을 만들었다. 노래는 양희은이 불렀지만 이 음반에는 「늙은 군인의 노래」, 「식구 생각」, 「상록수」와 같이 그가 만든 노래가 대부분이었다. 물론 그의 이름을 실을 수는 없었다. 그런데도 판매 후 얼마 안 있어 금지 조치가 내려졌다.

같은 해 말 그는 〈공장의 불빛〉을 카세트테이프로 만들었다. 70년대의 대표적인 노동조합 탄압사건이었던 '동일방직사건'을 노래굿으로 만든 이 테이프는 김민기가 처음으로 연행될 것을 각오 하고 비합법으로 만든 것이었다. 1979년 10월 박정희 대통령 사살 사건으로 한국 사회는 혼란스러웠 고 그 와중에 그는 노래와 연극 활동을 시작하였다.

그리고 광주사태.

김민기는 전라도로 내려가 쌀농사를 짓는다.

1983년 다시 서울로 돌아온 그는 어린이를 위한 뮤지컬을 제작·공연하고 음반을 낼 준비를 한다. 하지만 그 계획은 실현되지 못한다. 결국 김민기라는 이름으로 작품을 발표한다는 것은 불가능했던 것이다. 계획은 좌절되었지만 김민기는 한 여성을 만나게 되고 1985년 8월 억수같이 퍼붓는 빗속에서 이미영과 결혼식을 올린다.

1987년 6월 민주화 선언 이후 김민기에게 미흡하나마 공식적인 활동을 할 수 있는 길이 열린다. 같은 해 9월에는 탄광촌의 어린이를 위한 노래일기 〈아빠 얼굴 예쁘네요〉를, 12월에는 〈엄마, 우리 엄마〉, 노래극인 〈개똥이〉를 만들었다. 그리고 1991년에 김민기는 동료들과 함께 대학로에 소극장 '학전'을 열고 대표가 되었다.

여기서 김민기의 노래가 어떤 시대적 배경 속에서 만들어진 것인가를 알기 위해 한국 근대사를 간단히 살펴보자. 해방 후의 혼란으로부터 대한민국 정부가 성립된 것은 1948년이었다. 하지만 그 정부는 일본 식민지 지배라는 굴레에서 해방된 민중의 희망과 꿈을 구현해주는 정부가 결코 아니었다. 차라리 일본 식민지 지배의 앞잡이들이 새로운 지배자인 미국으로 자리바꿈을 한 정부라고 하는 표현이 정확할 것이다. 대한민국 정부는 수많은 민주주의자, 애국자, 공산주의자의 피와 엄청나게 많은 무고한 민중의 생명을 바탕으로 성립된 정부였다. 5만인지 10만인지 헤아리기 어려울 정도로 많은 사람들이 학살된 제주도 4·3 사건은 대한민국 정부의 본질을 드러내주고 있다. 1960년 부패한 이승만 정권은 민중항쟁에 의해 무너졌다. 그러나 그 후 혼란스러운 한국 사회에 등장한 것은 쿠데타로 정권을 잡은 박정희였다. 박 정권은 강력한 권력으로 민중을 억압하면서 경제적으로는 대외차관을 이용해서 성장정책을 추진했다. 김민기가 노래를 만들기 시작한 70년대 초는 독재정치에 의한 사회적인 억압이 폭발 직전이었고 민주화를 요구하는 민중의 욕구가 활발한 노동운동과 함께 높아져 박 정권의 존립이 위험하게 되었던 시대였다. 많은 재일 한국인이 정치범으로 몰려 탄압을 받기 시작한 것도 이때쯤이었다. 1972년에는 박 정권은 유신체제를 만들었는데 차라리 조선 시대의 민중의 자유가 이보다는 나았을 것이라고 할 만큼 강압적인 체제였다. 1979년 부산·마산의 민중항쟁이 격렬해질 즈음 박정희 대통령은 자기의 심복에게 사살당하는 비극적인 최후를 맞는다. 그 후 민주화의 흐름을 거스르고 권력의 자리에 오른 것은 역시 군인 출신의 전두환이었다. 전두환 정권의 성격이 어떤 것이었는가는 광주에서 수천 명의 무고한 시민의 피를 흘리게 하고 그 값으로 성립되었다는 사실로 알 수 있을 것이다. 1987년 6월 민주화 항쟁의 회오리 속에서 민주화 선언이 발표되고 그해 말 선거에 의해 노태우 정권이 성립된다. 그리고 1991년 말 선거로 최초의 문민대통령인 김영삼 정권이 들어선다. 김영삼 정권의 개혁에 의해 한국 사회는 급격하게 변화되어간다. 하지만 국가보안법은 아직도 건재하며 감옥에는 많은 정치범들이 갇혀 있다. 김민기를 끊임없이 괴롭혔던 검열제도도 변한 것이 없다. 검열은 분명히 민주주의 이념과는 어울릴 수 없는 당찮은 것이다. 권력자의 자의적인 해석에 의해 작품을 난도질당한다는 것은 참 견디기 어려운 일이다. 김창남이 쓴 김민기 연보에는 김민기가 당국을 어떻게 보고 있었던가를 드러내는 일화가 실려 있다. 김민기는 80년대 초 모 수사기관에 연행되어 대학 내 노래운동 모임을 배후 조종했다는 혐의로 조사를 받았다(노래운동 모임은 그가 군에 입대해 있는 동안에 만들어진 것으로 그와는 아무런 관계가 없었고, 그는 제대 후 비로소 그런 모임이 있다는 것을 알았다고 한다). 수사관은 그에게 기관 내부 교육용으로 보이는 대외비의 두꺼운 책 한 권을 보여주었다. 그 책 첫 장에 김민기의 인적 사항이 자세하게 기록되어 있었다. 책의 왼쪽에는 노랫말이, 오른쪽에는 해설이 써 있었다. 노래집 같은 책이었다. 그 책에는 김민기 자신도 알지 못하는 작자 미상의 독립군가나 빨치산가들이 김민기가 만든 것으로 되어 있었다. 수사관은 그 노래들을 짚어가며 그 노래들을 만든 동기를 심문하기 시작했다. 김민기는 웃어넘길 수밖에 없었다. 수사관은 또 「아침 이슬」을 보여주면서 그 노랫말 중에 '긴 밤'에 밑줄이 쳐져 있는 것을 보여주었다. '긴 밤'에는 '유신체제'라는 해석이 달려 있었고 몇 개의 단어에도 얼토당토않은 해석이 붙어 있었다. 예를 들면 '태양'은 '김일성 체제'를 의미하는 것이니까 전체적으로는 '긴 유신체제의 밤이 막을 내리고 민족의 태양으로 떠오르는 김일성을 열렬히 맞이하자'는 식이었다. 김민기는 수사관에게 양희은이 「아침 이슬」을 처음 불렀는데 자신이 노래를 불러 레코드를 낸 것은 1971년이었다고 말해주었다. 그러고 나서 수사관에게 "10월 유신은 몇 년이었나" 하고 물었다. 수사관은 대답 대신 얼굴을 찡그리고 책을 탁 하고 소리 내며 덮어버렸다.

한국의 검열제도는 문민대통령 이후에도 변한 것이 없다. 지금도 (예술인들은) 정부의 눈치를 보아야 하며 언제 또 어떻게 될지 모른다. 최근에는 저속한 문화에 대한 방어책으로 검열제도를 옹호하는 움직임도 있다. 그러나 「아침 이슬」을 '김일성 환영의 노래'로 해석하는 권력자에게 문화가 저속한지 아닌지에 대한 판단을 맡겨도 되는지 걱정스럽다. 나는 김민기에게 이번 전집을 내면서 혹은

'학전'의 활동을 하면서 어떤 간섭을 받은 적은 없었느냐는 질문을 던졌는데, 김민기는 "지금은 그런 일 없다. 학전 같은 건 몇 년 후에 망할 것이라고 생각하는 것 같다"고 한다. 검열제도의 첫 번째 희생자라고 할 수 있는 그는 검열에 대한 경계심을 풀지 않고 있는 것처럼 보였다.

최근 한국에서는 박정희 대통령을 재평가하려는 움직임이 보인다. 대한민국에 경이적인 경제 성장을 가져온 위인이라는 평가가 그것이다. 그러나 그런 평가가 얼마나 잘못된 것인지는 '김민기의 노래가 금지곡이 되는 사회에서 과연 사람들은 행복하게 살아갈 수 있을까'라는 생각을 해보면 금방 알 수 있다.

「늙은 군인의 노래」는 내가 좋아하는 노래 중의 하나이다. 허나 이 노래와의 만남은 그리 유쾌하지는 않은 것이었다. 한국 민주화 투쟁 지원 집회에서 사람들이 이 노래를 불렀는데 그때에는 비장감이 감돌게 하는 편곡과 절규하는 듯한 창법으로 불렀다. 노래가 본래의 노랫말과는 달리 느껴졌고 그런 창법은 내 신경에 거슬렸다. '군인'이 '투사'로 바뀌어 불렸다. 이번 전집에 실린 「늙은 군인의 노래」를 듣고 나니 이전에 이 노래를 들었을 때의 유쾌하지 못했던 느낌이 옳았다는 생각이 든다. 이 노래는 역시 이렇게 잔잔하게 불러야 하는 것이다. 그렇지 않다면 이 노래의 노랫말도 곡조도 살아나지 않는 것이다. 비장한 자기희생의 쾌감이나 절규에서 나오는 분노의 폭발은 인간을 삶의 현장으로부터 멀리 떨어진 곳으로 치닫게 만든다.

'X에 대한 절대적 신뢰', 'X에 대한 멸사봉공', 'X와 이질적인 것에 대한 절대적인 적대' 등등과 같은 정신 구조가 있다고 하자. 여기서 'X'에 무엇을 대입하든지 그 구조는 변하지 않는다. 예를 들면 'X'에 유교를 대입해보자. 그러면 산 사람보다 죽은 사람을 더 귀중하게 여겼던 옛날 조선 사회가 보인다. 사회를 그렇게 만들어버린 책임을 '인(仁)'에, 그리고 그 사상의 뿌리가 된 유교에 모두 떠넘길 수는 없다. 유교를 국교로 하고 이교를 배제하여 사회를 경직화시킨 그 과정이 문제인 것이다. 노동자 해방과 착취 없는 사회를 주장한 마르크스를 'X'에 대입해보자. 그 결과는 수십만에 달하는 무고한 민중을 학살하고 혹한의 시베리아로 민중을 끌고 간 스탈린이 말해준다. 또 권력을 세습화하려는 김일성

체제는 그 경직성의 극단을 보여주는 사례가 아닌가. 이와 같은 예는 수없이 많다. 그리고 규모의 차이는 있지만 우리의 일상에서도 쉽게 볼 수 있다. X에는 여러 가지가 대입되어왔다. 경우에 따라서 X에 대입되는 것이 바뀌기는 했지만 그 구조 자체는 늘 확대 재생산되었다. X'에 무엇을 대입했든지 그 결과는 늘 비참한 것이었다. 무엇을 말하는가가 중요한 것이 아니라 내용의 '바름'이 중요한 것이다. 어떻게 말하는가가 중요하다.

악인이 행하는 행동은 무엇을 할지 실로 뻔하다. 그러나 선한 사람이 선의로 행한 악행이야말로 무서운 것이다. 우리에게 필요한 것은 절규가 아니라 속삭임이다. 도취가 아니라 생명에 대한 사랑이 넘치는 지혜인 것이다. 사랑하는 사람의 따뜻한 체온이 느껴지며 심장 고동 소리가 들리고 머리 향기가 은은히 스며드는 그때에 들을 수 있는 그런 노래야말로 우리가 필요로 하는 노래가 아닌가 싶다. 그런 노래가 바로 김민기의 노래가 아니겠는가.

「늙은 군인의 노래」는 김민기가 군에 있을 때, 정년퇴직을 앞둔 선임하사인 늙은 군인과 어울린 술자리에서 그의 푸념을 듣고 바로 그 자리에서 만들어 증정한 노래라고 전해진다. 때로는 대학 출신의 젊은 상관 아래서 근무를 해야 했을 늙은 군인이 '죽어서 이 땅에 묻힌다면 그것으로 만족하자'라고 말한다면 거기에는 의미가 있다. 그러나 그 의미는 비장함이 아니라 인간으로서 마지막 존엄성을 건 '야세가만(묵묵히 참음)'이 아닐까? "고운 옷 입고프냐 맛난 것 먹고프냐"라는 구절 뒤에는 선임하사로 끝내야만 하는 늙은 군인에게 보내는 자식들의 원망을 담은 시선이 은연중에 담겨 있다. 그렇기 때문에 이 늙은 군인의 '야세가만'은 더욱 빛나 보인다. "푸른 옷과 함께 꽃잎처럼 져버린 나의 청춘"이라는 구절에는 회환이라고도 그리움이라고도 할 수 없는 그냥 그대로의 감정이 스며들어 있어, 삶의 애달픔을 느끼게 한다.

이번 전집을 마친 김민기의 다음 작업은 어린이를 위한 노래극인 〈개똥이〉 공연이다. 1994년 공연을 목표로 준비 중이다. 노래로 이야기를 구성하는 양식은 〈공장의 불빛〉, 〈엄마, 우리 엄마〉, 〈아빠 얼굴 예쁘네요〉와 같은 작품에서 시도되었던 것이다. 이 〈개똥이〉는 당국의 간섭 없이 자유롭게 표현하는 최초의 작업일지도 모르겠다. 당국의 간섭만 없었다면 〈개똥이〉는 10년 전에 나왔을 작품이다. 〈개똥이〉 공연을 포함하여 김민기는 활동의 기반을 '학전'에 둘 모양이다. '학전'은 1991년 3월 15일에 개설되었고 좌석수는 250석이다. 소극장이 다 그렇듯이 경영은 힘들다. 하지만 하고 싶은 일을 하면서 가난한 것은 어쩔 수 없는 일이다. '학전'의 미래에 기대를 걸고 싶다.

　　　김민기는 이미 역사적인 인물이다. 하지만 결코 과거의 인물은 아니다. 아직 40대의 김민기는 지금부터 더욱 많은 일을 해야 한다. 내가 김민기의 노래를 처음 알게 된 것은 아직 학생 때의 일이다. 겨우 스무 살이었던 나는 일에도 돈에도 성에도 목말라 있었다. 그리고 무엇보다도 민족에 목말라 하고 있었다. 결코 모어(母語)가 될 수 없는 모국어인 조선어, 그 조선어로 상징되는 재일 조선인이라는 위치에 초조해하고 있을 때 내 마음은 민족으로 민족으로 기울어갔다. 그러한 나에게 김민기의 노래는 솜에 물이 스며들 듯이 다가왔다.

　　　이 전집에 실린 노래는 한국 현대사 속에서 한 시대를 상징하는 것들이다. 그런 뜻에서 우리 민족사에 남을 역사적 유산이라고 말할 수 있다. 또 나 자신의 개인사에서도 이 노래가 지닌 의미는 크다. 그러나 지금 이 전집을 통해 세상에 하고 싶은 이야기는 향수에 잠기자는 것이 아니다. 그의 말을 빌리면 부모를 닮아 부끄럼 잘 타고 결점투성이인 김민기의 자식들은 현대를 살아가는 우리에게도 상쾌한 감동을 준다.

　　　시대를 넘어 지역을 넘어 사람을 감동시키는 작품을 고전이라 부른다. 그런 의미에서 여기에 실린 몇 노래는 고전이라고 해도 좋지 않겠는가?

08 | 대담

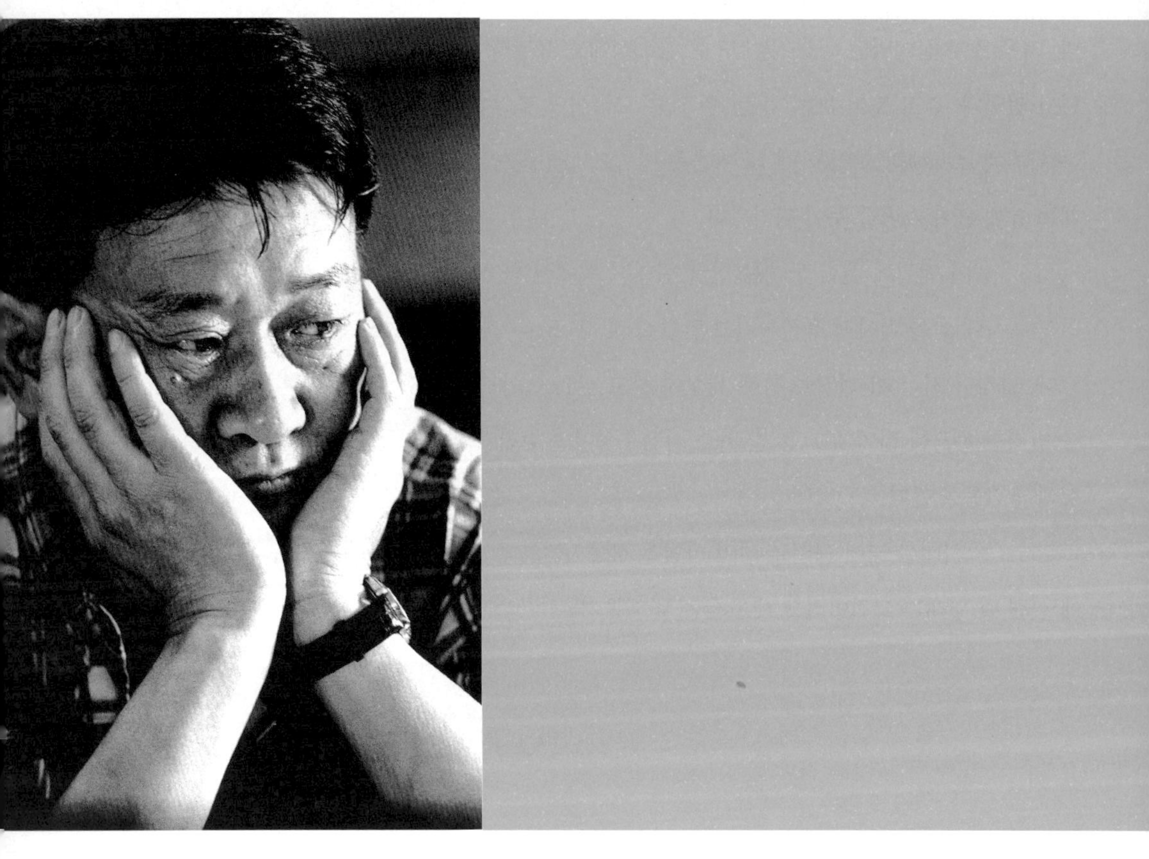

길은 다시 다른 봉우리로……

Interviewer : 강헌

일시 : 1998. 2. 10.~3. 21.

장소 : 학전 소극장

이 인터뷰는 계간지 《리뷰》 1998년 여름호에 실린 내용을 일부 수정한 것이다.

당신의 노래를 이십여 년 만에 다시 부른 양희은의 기습은 IMF의 파고 속에 순식간에 잠겨 버렸다. 우선 이 '1인 트리뷰트 앨범'에 대한 간단한 감상부터 듣고 싶다.

●●● 그럴만한 노래들도 아니고 내가 죽은 것도 아닌데. '헌정'이라는 것은 왠지 부담스럽고 싫다. 그가 옛날의 내 노래를 다시 부르고 싶은 것은 충분히 이해하지만 오래전에 존 바에즈가 밥 딜런의 노래들만으로 음반을 내면서 그랬듯이 그저 '양희은 plays 김민기' 정도로 했으면 충분할 텐데…….

그럼에도 불구하고 당신은 이십 세기 한국 대중음악사의 최초의 전복자로 기록될 것이다. 당신은 결코 혁명을 서술하지 않았지만 모든 혁명적 상상력의 원천이 되었고, 한 번도 영어의 몸이 되지 않았지만 가장 오랫동안 저항의 깃발이 되었다. 그것은 분명 부담스러운 일이다. 그러나 좀더 내밀하게 응시한다면 당신의 1971년 앨범은 최초의 싱어 송라이터 앨범이자, 일본과 미국이라는 우리 대중음악의 초자아로부터 변방의 독자성을 규명한 최초의, 그리고 최선의 성과라고 생각한다. 운동권 음악의 비조로서가 아니라 대중음악가로서의 자신을 스스로 평가한다면?

●●● 내가 '가수'였던 적은, 나아가 '가수'라고 생각했던 적은 한 번도 없다. 1971년 음악평론가이자 CBS PD였던 최경식 선생님의 주선과 종용으로 한 장의 앨범을 발표하긴 했지만, 뮤지션으로서의 나는 양희은 씨의 기타 반주자였을 뿐이다. 그를 만나 「아침 이슬」을 주었고 음반을 디렉팅했으며 기타를 담당했다. 이상하게 들릴지 모르겠지만 나는 통기타 연주자로서의 나에 대해서는 어느 정도의 뿌듯함을 지니고 있었던 것 같다. 그것은 내가 현란한 테크닉을 가졌대서가 아니라 70년대 초반 한국 포크의 사조가 형성되는 데 가장 중요한 요소인 통기타 그 자체의 대안적인 문제의식을 연주와 녹음을 통해 제시했기 때문이다. 통기타의 붐이 일 때 대부분의 연주자들은 코드 중심으로 사고하

고 훈련했다. 그러나 나는 기타를 피아노를 치던 누나의 악보를 통해 한 음 한 음의 선율을 중심으로 독학했던 까닭에 여느 통기타 뮤지션과는 다른 프레이즈를 구사했다고 본다. 감히 말하자면 어쩌면 그런 것이 서구의 것을 모방하면서 시작했지만 한국의 독자적인 통기타 음악 문화를 만드는 데 조금은 기여하지 않았나 하는 생각이다.

기타 반주자? 70년대에 걸쳐 당신은 단 한 장의 공식 음반을 발표했을 뿐이지만, 정태춘과 양병집을 위시하여 김영동, 그리고 김광석과 안치환 같은 80년대 노래운동 출신들과 아예 당신의 노래 「종이연」의 제목을 그대로 딴 포크 그룹 출신의 윤도현에 이르기까지 당신으로부터 영향을 받은 사람들의 기나긴 목록이 엄연히 존재한다. 그러나 당신 앞에 놓이는 이름을 찾기란 어렵다. 다만 당신의 데뷔 앨범(그리고 현재로는 마지막 정규 앨범)엔 당신의 곡이 아닌 유일한 노래 한 곡의 주인인 동시대의 한대수가 걸쳐 있다. 당신과 한대수는 모든 것이 대비되는 인물이다. 그는 당신에게 어떤 의미를 가지는가?

●●● 한대수 형과는 그 당시엔 단 한 번 만나 그의 단칸방에서 밤새 술을 마신 것 말고는 관계가 이어지지 않았지만(지난해 가을 잠시 귀국했을 때 근 이십오 년 만에 만났다) 그의 음악에 충격을 받

은 사람은 비단 나만이 아닐 것이다. 사람들은 그의 음악이 보여주는 위악적인 기이함만을 흥미롭게 생각하지만 그의 노래 속에 숨어 있는 선율의 독창적인 아름다움을 간과하는 것 같다. 그는 단순함에서 정곡을 본능적으로 추출해낸다. 「물 좀 주소」의 첫 네 소절만 보라. 그는 미국에서 돌아왔지만 이 땅에서 산 어떤 음악가들보다도 한국어의 강인한 미감을 단숨에 포착하는 능력을 보여주었다. 나는 그에게 정신적인 부채감이 있다. 똑같이 유신의 벽 아래 절망했지만 나는 단지 한국에 남아 있었다는 것으로 필요 이상의 평가를 받은 것에 비해 그는 80년대 세대, 특히 통기타 문화를 계승한 노래운동 진영으로부터 서구 추종적인 것으로 일방적인 매도를 당했다. 그의 리버럴리즘이 80년대에는 승인되지 않았던 것이다. 이장희 형과 더불어 그는 재평가되어야 마땅하다.

통기타는 60년대 말 70년대 초의 대학가에서 일종의 선민적인 장식이었을 것이다. 그러나 그것은 5년이 흐르기도 전에 어른이 장악해온 문화의 헤게모니를 뒤엎는 최초의 역사적 분기점을 일구었다. 그러나 한국에서 문화의 첫 번째 세대 혁명을 견인한 무기가 서구에서처럼 로큰롤이 아니라 통기타였다는 사실은 그 자체가 많은 것을 암시하고 있다. 왜 통기타였다고 생각하는가?

●●● 통기타는 우리 대중문화사의 하나의 분기점이며 문화의 민주주의를 인도한 중요한 매개물이다. 그전까지 '가수'가 부르는 노래를 수동적으로 받아들이기만 했던 수용자들이 통기타라는 무기를 손에 쥐면서 수용자이자 동시에 생산자의 몫을 구현할 수 있게 되었다. 그리고 통기타는 문화의 개별적인 소비 패턴을 벗어나 비록 소규모이긴 하지만 공동체적인 어울림을 가능하게 해주었고 술집 같은 밀실에서 탁 트인 야외 공간으로 음악을 불러내었다. 대중이 수동적인 소비자로서가 아니라 스스로 음악을 실천하는 존재로서 함께 참여할 수 있었던 것, 그것이 통기타 문화의 민주적 성격이라고 생각한다.

김민기는 자신의 노래가 결코 독창적이라고 생각하지 않는다. 서양 고전음악과 교회음악, 그리고 60년대의 서구 히피들의 모던 포크와 존 케이지 같은 현대음악, 대학에 들어와서 접한 우리의 전통음악과 탈춤, 구전 노래에 이르는 잡다한 예술의 경향이 그의 음악 행위 속에 녹아 있으며, 그것을 바탕으로 자신의 음악 언어들을 빚어냈다. 그러나 그의 진정한 독창성은 그의 머리가 아니라 땅을 딛고 있는 두 발에서 나온다. 황당하기 이를 데 없는 구실로 그의 노래는 금지되었지만(참으로 이상하게도 그의 노래엔 금지 사유가 없다) 산하를 누비는 그의 현실적 상상력은 거침없이 뻗어나간다.

●●● 1974년, 입대하기 전의 노래들은 대상을 멀찌감치 떨어져서 응시하는, 일종의 짝사랑 같은 것이었다면 제대 후 70년대 후반에 만든 노래들은 공장에 일 년쯤 다니다가 그나마 쫓겨나고 막노동을 하던 당시의 삶이 그대로 반영되어 있다. 비로소 대상과 일체가 되었다고 할까? 정년퇴임하는 탄약계 선임하사의 삶을 그 목소리대로 만든 「늙은 군인의 노래」나 공장 생활 시절 동료들의 합동 결혼식의 축가로 만든 「상록수」가 그러하다.

당신을 신화화한 최대의 공헌자는 다름 아닌 유신정권일 것이다. 그들은 당신의 영향력을 무시하면서도 두려워했다. 81학번인 내가 대학에 들어가서 처음 들은 당신의 영웅 설화도 공장과 농촌으로 신출귀몰하는 지하 혁명가로서의 초상이었다.

●●● 모든 것이 통제되던 때라 나에 대해서 과장되게 알려진 것이 많았다. 노동운동을 했다, 농민운동을 했다 하는 것들이 대표적인데, 그것은 「아침 이슬」을 시위가로 만든 것이 아닌 것처럼 사실과 거리가 멀어도 한참 멀다. 1977년 제대하고 돌아왔을 때 대학가에선 내가 유명한 인물이 되어 있었는지는 몰라도 내가 발붙일 수 있는 곳이란 아무 데도 없었다. 당장 먹고살 일이 막막했고 어머니의 책망도 늘어갔다. 그런 백수 생활 끝에 간신히 선배의 도움으로 부평의 봉제공장에 관리직으로 취직할 수 있었다. 말이 관리직이지 사실은 창고의 재고를 관리하는 업무였다. 공장에서 야학을 꾸렸다는 것도 그렇다. 같이 일하던 어린 여공들이 원단을 분류하는 간단한 영어 단어도 알지 못하기에 아침마다 영어를 조금씩 가르친 것이다. 그러나 공장 생활도 당국의 눈치 때문에 오래가지 못했다. 공장에 있을 때 대학의 졸업장과 중등교사 자격증이 나왔지만 그것은 나에게 아무런 소용이 없었다. 〈공장의

불빛〉 직후 농촌으로 내려가 농사를 지은 것도, 나중에 〈아빠 얼굴 예쁘네요〉의 모티브가 되어준 짧은 탄광 막장 생활도 별다른 목적이 있어서가 아니라 돈이 필요했던 그때의 생존 조건 때문이었다.

1972년의 봄부터 시작된 정치적 박해를 경과하는 동안 당신의 음악은 다채롭게 가지를 뻗쳐나간다. 그리고 당신의 십대 시기인 60년대는 서구의 대중문화가 대중매체를 통해 급격하게 상륙하는 시점과 일치한다. 당신의 목소리를 분만케 한 음악의 자양분은 어떻게 형성된 것인가?

●●● 중학교와 고등학교를 다닌 60년대, 여러 갈래의 음악을 좋아했다. 그때 본격적으로 시작했던 라디오의 심야 방송을 통해 서구의 팝을 들었고 또 다른 한편에선 바흐와 존 케이지에 흥미를 느꼈다. 하지만 서구의 대중음악 중에서도 젊은 세대를 열광시켰던 벤처스나 몽키즈 같은 백인 로큰롤 계열의 음악은 마음에 들지 않았다. 이에 비해 밥 딜런에 의해 주도된 모던 포크 음악은 처음 만나는 순간부터 좋았다. 뭐랄까, 거기엔 '내용'이 있었다고나 할까? 그의 60년대 전반 작품들, 가령 「Blowin' in the wind」 같은 간결한 프로테스트 송도 한눈에 좋았지만 60년대 중반을 넘어서면서 나온 「Sad-eyed lady of the lowlands」 같은 근 이십 분에 이르는 대작은 결정적으로 나를 매료시켰다. 그의 보컬은 매끄럽지 않고, 편성도 단출하지만 어느 한 순간도 비어 있지 않다. 나의 초기작들, 가령 「친구」나 「길」 같은 노래는 서양음악, 그중에서도 메이저 음계의 화성적인 화려함에 대한 나의 선호가 배어 있다. 미술로 치자면 모더니스트 계열의 것을 좋아했던 것처럼. 흔하지는 않았지만 우리 때도 재즈나 블루스의 마니아들이 있었고 나 역시 흑인들의 음악을 좋아했다. 여기에 미친 친구들은 음악으로서의 형식미를 탐닉했던 것 같은데 나에게는 그런 것보다는 흑인들이 지니고 있는 글자 그대로의 소울, 즉 짙은 절망감이 젊은 나의 감수성을 흔들었다. 「기지촌」 이외엔 블루스 스케일을 쓴 작품이 없지만 조금만 눈여겨보면 「새벽길」이라든가 「혼혈아」, 또 〈공장의 불빛〉에서 「교대」나 「돈만 벌어라」 같은 노래에 그런 요소가 스며들어 있다. 그러나 1972~1973년경부터 우리의 전통음악을 접하게 되면서, 엄청난 에너지가 내재되어 있는 민요의 위력에 서서히 빠져들면서 한편으로는 서구의 화성적인 화려함에 점점 식상하기 시작했다. 「새야 새야 파랑새야」를 보자. 이 민요는 딱 세 개의 음으로 이루어져

있는데 메이저로도 마이너로도 해석이 가능하다. 아니 그런 것 자체가 이미 무의미하다. 세 음만으로 표현할 수 있다면 음의 구속으로부터 완전히 해방되는 것이니까. 아악의 걸작인 「수제천」은 화성이 없다고 할 수 있지만, 반대로 한 음 한 음이 모든 것을 포괄할 수 있다는 초월적인 지평을 열어준다. 나는 그 당시에 식민지 시대에 형성되었던 잘못된 관행, 즉 이상한 신민요들의 유행 때문에 민요를 마이너적으로만 해석하려는 것에 거부감을 느꼈다. 처음 단계는, 우리 민요를 들어도 그것이 가령 밥 딜런의 기타를 통해 나한테 들리던 수준으로, 마이너적인 메이저 조성인 「서울로 가는 길」이 그런 것이다. 그러나 입대하기 전에 기타를 때려치우려고 작심했고 실제로 그토록 아꼈던 기타를 후배에게 줘버리고는(어차피 군대 가면 기타고 뭐고 없으니까) 입대했다. 산과 들판과 나무만을 바라보면서 나는 기타로부터 자유로워졌다. 계속 기타를 잡고 있었다면 「식구 생각」이나 〈공장의 불빛〉 중의 「두어라 가자」 같은 노래는 아마 만들어내지 못했을 것이다.

이야기가 자연스럽게 1978년 〈공장의 불빛〉에 이르렀다. 공식적으로는 한 번도 녹음되거나 공연된 적이 없는 기구한 역사를 가지고 있는 이 작품이야말로 당신의 최대 성과(물론 현재의 시점까지)라는 데엔 의심의 여지가 없다. 이 지하의 산물은 명백히 시대의 새벽을 가로질러 온 것이다. 이 문화사적인 괴물은 어떻게 탄생되있는가?

●●● 에워싼 벽이 좁혀 오고 정체를 알 수 없는 폭력이 가해지면 상상력은 그만큼 더 증폭된다던가……. 공장에서 나와 할 수 있는 것이라고는 공사판 노동밖에는 없었다. '예술? 그런 거 다 집어치워!' 하고 작심했지만 어디 엉덩이 구석쯤에서 어느 틈엔가 뾰루지가 돋듯이 노래는 삐져나오고 만다. 〈공장의 불빛〉의 동기는 명확하지 않다. 내가 일하던 공사판으로 선배 한 사람이 찾아와서, 누군지도 기억에 없지만, 아마 이런 식의 대화가 오갔을 것이다. "요샌 노래 안 만드냐?" "그딴 거 이제 관심 없어요." "공장 다닐 때 생각 안 나?" 처음부터 긴 작품을 쓰려고 했던 것이 아닌 것만큼은 확실하다. 그런데 한두 곡 만들어가다 보니 단형의 노래가 아니라 스토리를 담는 쪽으로 방향이 이동하기 시작했다. 즉, 외마디 외침이 아닌 서사적인 구조를 지닌 발라드로 말이다. 동일방직의 노조 설립투

쟁에 대해서도 알고 있었지만 이 작품의 내러티브는 어찌 보면 순진한 것으로, 전형적인 스테레오 타입에 불과한 것이다. 두 달 만에 작품은 완성되었다. 혼자서 끼적댈 때는 몰랐는데 만들고 보니까 상황은 심각했다. 유신 시대 최악의 암흑기에, 외따로 떨어진 내가…….

기타를 치며 나도 모르게 흥얼거리다 처음 노래라는 것을 만들었던 고등학교 때 나의 노래는 내가 칠 수 있는 기타의 수준 안에 갇혀 있었다. 그리고 양희은을 만나 그의 노래를 만들 때는 LP라는 메커니즘의 범주 안에서 만들었다. 그리고 김지하 형을 만나 〈금관의 예수〉를 했을 때는 연극이라는 한정된 무대공간에 규정당했다. 내가 작곡한 것은 아니지만 소리굿 〈아구〉의 대본 역시 마당극이라는 제한된 테두리가 있었다. 〈공장의 불빛〉은 이 모든 것을 덮었기 때문에, 따라서 모든 것으로부터 비로소 자유로울 수 있었다. 공연이나 음반 같은 걸 신경 쓸 필요도 없고 그 어떤 전제의 구속도 없다 보니까 「야근」 같은 대목에서 구전가요를 차용할 때도(나는 오랜 시간 동안 익명의 수많은 사람에 의해 재창조된 구전가요의 가치를 존중한다) 마치 현대 미술에서의 콜라주처럼 자유롭게 재조합할 수 있었다. 「야근」과 반대편에 「두어라 가자」와 「이 세상 어딘가에」 같은 음악적 대립이 형성된다. 전자가 정악풍이라면 후자는 서구적인 성가 스타일이다. 마음이 자유로우니까 그동안 내 속에 숨어 있던 음악적 관심사들이 자유분방하게 분출되었다.

그러나 이 작품은 수많은 선배·동료·후배의 용기가 없었다면 그저 오선지에 불과했을 것이다. 그 당시는 장준하 선생님의 의문사 얘기가 은밀히 떠돌던 시절이었으니까. 톱스타였던 송창식 형이 원효로의 개인 스튜디오를 선뜻 내준 것(그것이 자신에게 얼마나 큰 고통을 불러들일지 혜량하고 있었음에도 불구하고), 이호준·조원익·배수연 같은 당대의 연주자들이 차비도 되지 않는 비용만 받고 참여해준 것, 그러나 어쩔 수 없이 아쉬운 것은 보컬 녹음과 믹싱을 전문적인 녹음 기자재가 없었던 이화여대 방송국 스튜디오에서 몰래 나누어 하는 바람에 완벽에 가까웠던 창식 형 스튜디오에서의 연주 녹음이 망가져 버린 것이다. 어쨌거나 마스터 테이프는 완성되었고 불법 카세트테이프는 은밀히 그러나 광범하게 배포되었다. 그것이 어떤 풍파를 불러올 것인지 이미 알고 있었기에 나는 모든 것을 잊고 도피하지 않았다. 내가 도피한다면 나를 도와준 수많은 지인들이 곤욕을 치를 것이므로. 지금도 문득 놀라는 기억 하나가 있다. 마스터 테이프를 세 개 만들어 하나는 복사용으로 쓰고 두 개는 빼앗기지 않기 위해 어딘가에 숨겨놓고는 그 사실 자체를 잊으려고 자기암시를 걸었는데 모든 것이 수습된 후에도 그 마스터 테이프의 행방을 도무지 기억해낼 수가 없었다. 그중 하나는 어느 음반사의 창고에 있다는 설도 있는데 아직까지는 확인해보지 못했다.

간단한 조사를 받은 뒤 하루 이틀 시간이 흘렀지만 아무런 일도 일어나지 않았다. 1979년으로 넘어가는 겨울은 참으로 길었다. 나중에 들은 얘기지만 나의 처리 문제를 두고 무슨 관계기관 대책회의가 열렸는데 결론은 '똥이 무서워서 피하나 더러워서 피하지, 쟤 잡아넣어 봐야 김지하 하나 더 만드는 것밖에 되지 않으니 건드리지 말자'는 것이었다고 한다. 그렇게 숨막히는 시간은 종료되었고 나는 다시 홀로 남았다. 내가 할 수 있는 일은 역시 아무것도 없었고, 나는 얼굴도 보지 못한 아버지가 묻혀 있는 전북으로 낙향하여 익산의 한 농가에서 농사일을 배우며 더부살이를 시작했다. 그리고 그해 늦가을 궁정동의 총성으로 유신은 어처구니없게 막을 내렸다.

●●● 내가 낙향한 직후에 '한두레'라는 마당극 단체가 서울 제일교회에서 공연을 했다고 하나 볼 수는 없었고, 딴 사람들이 만든 것은 딱 한 번 본 적이 있다. 익산에 있을 때 소설가 황석영 형이 있던 광주로 가끔씩 내왕하였는데, 나는 그때마다 야학의 의미와 필요성을 언급하곤 했다. 그해 광주에서 야학이 조직되었는데, 그것이 바로 1980년 광주에서 작은 구심을 이루었던 들불야학이다. 1979년도 저물어가던 어느 날 광주에 들렀는데 그날, 나중에 「임을 위한 행진곡」을 만든 김종률 씨의 공연이 있었고(전남대생인 그는 1978년 대학가요제에서 「영랑과 강진」이라는 노래로 은상을 수상했다) 그 공연이 끝난 뒤 들불야학의 졸업 공연이 있다 하기에 그곳으로 갔다. 그런데 그 야학의 노동자들이 바로 〈공장의 불빛〉 반주 테이프를 틀어놓고 공연을 하는 것이 아닌가? 공연은 당연히 미숙했지만 내 가슴 속에 무언가 뭉클한 것이 묵직하게 자리 잡았다. 카세트의 뒷면에 반주부를 담을 때 학생운동 진영에 있었던 운동권들은 나의 그런 작업을 비참한 한국 노동자 현실과는 동떨어진 쁘띠부르주아적인 발상이라고 비난했다. 당시만 해도 카세트 녹음기는 매우 비쌌고 대학생들조차 소유하기가 힘들었던 탓이

다. 그러나 나는 공장 생활을 통해 카세트 녹음기가 어린 여성 노동자들에겐 최고의 문화적 수단이라는 것을 알고 있었다. 그들은 박봉을 쪼개고 쪼개 한 방의 룸메이트들이 돈을 모아 공동으로 마련한 뒤 고된 노동의 휴식시간에 카세트 녹음기로부터 유일하게 위안을 받았다. 관념으로만 계급을 이해하려는 이들은 그런 현실을 알 도리가 없었던 것이다.

〔그러나 인터뷰 후에 알게 된 사실은 김민기가 〈공장의 불빛〉을 만들 때 미국 버클리 대학교에 유학 중이었던 김석만이 카세트테이프를 가지고 버클리대 학생들과 뮤지컬로 공연했고(1980), 그것을 비디오테이프에 담아서 로컬 한인 TV 방송에 방영했다고 한다. 로컬 채널의 방영을 주선했던 버클리대의 일레인 김 교수는 이 비디오테이프를 아직도 강의교재로 사용하고 있다고 한다.〕

당신의 80년대는 마당극 〈1876년에서 1894년까지〉와 이 작품을 〈멈춰 선 저 상여는 상주도 없다더냐〉로 고쳐 문예회관 대극장에서 공연하면서 새로운 연대기를 기술해간다. 단일한 형태의 노래는 이미 당신의 관심이 아니었고 서사로서의 무대와 서정으로서의 음악이 만나는 뮤지컬을 김석만과 더불어 기획하지만 권력은 당신에게 작품을 발표할 수 있는 기회를 박탈했다. 90년대까지 이어지는 〈개똥이〉의 험난한 여정이 이렇게 첫 발자국을 찍는다. 이와 더불어 당신의 연보에서 중요한 포인트는 바로 '노래를 찾는 사람들'의 음반 제작이다. 80년대의 노래운동은 이렇게 서서히 부상하는데…….

●●● 어처구니없이 〈개똥이〉의 기획이 좌절되면서, 그 작품을 위해 규합했던 팀이 그대로 '노찾사'로 가게 되었다. 세상이 바뀌었나 하고 나왔더니 더 엄동설한이었다. 그리고 이듬해 결혼도 했지만 할 수 있는 일은 하나도 없었다. 그러니 수입이 있을 리도 없고 멀거니 있다가 뭐라도 해야겠다 싶어 1987년 끼적댄 것이 잠깐 아르바이트를 했던 탄광을 배경으로 한 노래일기 〈아빠 얼굴 예쁘네요〉이다. 연우무대에서 공연도 하고(만족스럽진 못했다) 음반도 냈지만 진이 빠졌다. 70년대보다 더욱 힘들었던 것 같다. 창작 작업도 여건이 안 되고 결국 〈공장의 불빛〉 직후 촌으로 내려간 것처럼 다시 한번 모든 것을 포기했다. 그리고 김지하, 장일순 선생님 등과 어울리는 중에 '그렇다면 근본적인 것은 뭐냐?' 하는 뻔한 화두에 몰입했고 그것이 '한살림 모임'으로 이어졌다.

'노찾사'의 1집 작업 이후 당신은 후배 세대와 결별한다. 당신은 80년대의 노래운동의 씨앗이면서 동시에 비판적 극복의 대상이었다. 하지만 나는 '쁘띠적 한계'로 요약되는 내가 속한 80년대 문화운동 담당자들의 비판이 그리 타당하지 않다고 생각한다. 엄청난 대중적 파급력을 지녔던 80년대의 노래운동은 그러나 숙명적이라고 할 수 있는 예술적 아마추어리즘의 마지막 장애물을 넘지 못했다. 그럼에도 불구하고 80년대의 노래운동은 많은 의의를 획득했다. 독자적인 전국 배급망의 건설, 다른 사회부문 운동과의 다양한 결합, 무엇보다도 압도적인 창작물과 많은 진보적인 예술가들을 배출해낸 것은 결코 과소평가될 수 없다. 그러나……

●●● 80년대를 횡행했던 기계론적인 조직 논리는 생래적으로 나와 맞지 않았다. '노찾사'의 경우도 마찬가지이다. 노래엔 음악 내면의 고유한 메커니즘이 존재하는데 그것을 극단적인 이념 틀로 몰아가고자 하는 것은 파국밖에는 기다리는 것이 없다. 나의 눈엔 모든 것이 못마땅했다. 작게는 노랫말 하나를 다루는 자세, 즉 낱말 하나하나마다 정서의 빛깔이 다른 것인데 그런 것들을 하찮게 여기는 것, 크게는 다양성에 대해 인정하지 않는 태도, 가령 일상적인 소재는 나른한 것이라고 폄하하는 것들이 그렇다. 얼마나 공허한가.

80년대 당신의 작업 중에서 가장 유니크한 것이 있다면 단형 노래로선 유일무이한 「봉우리」일 것이다. 낭송의 내러티브와 장엄한 교회음악풍의 후렴 선율이 어울린 이 노래는 1985년 양희은의 앨범에 수록되어 당신의 신작에 굶주린 많은 지지자들에게 기쁨을 주었다.

●●● 지금은 드라마 작가로 유명한 송지나 씨가 그 당시에 양희은 씨의 집에 기숙하면서 방송구성작가를 할 때다. 올림픽과 관련한 다큐멘터리 기획물을 하나 따내긴 했는데 컨셉트가 잡히지 않아서 상의하러 왔기에 별생각 없이 입상권에서 탈락하여 바로 다음 날 쓸쓸히 귀국하는 선수들을 테마로 하는 것이 어떻겠냐고 응답했다. 그때 내가 한 얘기가 바로 「봉우리」의 내러티브였던 셈이다. 그 제안으로 영악(?)한 송지나 씨한테 거꾸로 발목을 잡혔고 나는 곡을 만들어 어느 허름한 스튜디오에서

양희은 씨와 녹음을 마쳤다. 물론 방송물의 자막엔 내 이름이 나오지 않았다.

노래일기 형식의 1987년의 두 작업은 당신의 수많은 작업 중에서 어쩌면 가장 어정쩡한 것인지도 모른다. 그러나 거시적으로 보면 당신의 최후 과제가 될지 모르는 뮤지컬로 다가가기 위한 수많은 징검다리 중의 하나일 것이다. 그러나 하나 남은 의문은 함성으로 뜨거웠던 80년대의 정오에서 당신은 왜 아동극의 형태를 계속 집착했는가 하는 점이다. 당신에게 동심은 과연 어떤 의미의 단초를 제공해주는 것인가?

●●● 흔히 마당극의 효시라고 하는 소리굿 〈아구〉를 1974년 작곡가 이종구 형과 함께 했다. 나는 이미 대학 때 음악이나 미술 같은 개별 장르에 대한 충성심이 깨졌다. 〈개똥이〉가 두 번 망하는 과정에서 밀린 숙제가 얼마나 많은지를 실감했다. 노래 하나하나의 모티브가 무대에서 형상화될 때 얼마나 많은 것이 필요한 것일까? 〈아빠 얼굴 예쁘네요〉에서 시도한 멀티 슬라이드 프로젝션이나 오로지 오디오용으로 만들어본 〈엄마, 우리 엄마〉 같은 시도도 이런 맥락에 놓여 있다. 80년대의 노래극 형태의 작업들이 모두 동심의 시선으로 이루어진 것에 대해서는 별다른 이유가 있는 것은 아니다. 내가 거슬러 올라갈 수 있는 최초의 기억은 두세 살 때, 캄캄한 방공호 속에서 듣던 공습경보 사이렌 소리의 공포였다. 세계는 나에게 그렇게 다가온 것이다. 나는 절망을 이겨내는 힘으로서의 동심이 아니라 바로 그 동심 속에 이미 들어가 있는 어른들의 모순을 추적해보고 싶었다. 나는 그 당시에 열병처럼 번진 사회주의의 관변 행사 같은 의기양양한 확신들에는 별 매력을 느낄 수 없었다.

70년대의 피날레가 〈공장의 불빛〉이었다면 아마도 당신의 80년대의 코다는 한겨레신문사에서 주관했던 '겨레의 노래' 사업이 될 것이다. 이 시도는 우리의 음악 문화에 대한 생각보다도 많은 질문을 담고 있다. 물론 그 질문의 태반은 아직 대답을 찾지 못했다.

●●● 완강한 진영으로 찢어진 우리의 음악 갈래와 시대를 봉합하고 통합하는 예술적인

계기를 만들고자 하는 것이 궁극적인 목표였다. 음반에 실린 곡이 커다란 반향을 불러일으킬 것이란 기대는 애초에 없었다. 하지만 곡 하나하나는 곱씹어볼 만한 내면의 이유들을 제각기 품고 있다. 이 사업은 지속되지 못했다. 음악의 경계를 허물려는 작은 의도는 그 뒤에 공교롭게도 KBS의 〈열린 음악회〉가 매체의 위력을 바탕으로 이슈를 삼았다. 그러나 한 오 년 후에 일본의 저명한 오페라 가수인 제일교포 전월선 씨가 이 음반에 실린 「고려산천 내 사랑」을 남과 북에서 모두 불러 감회가 새로웠다. 지난 2월 KBS가 주최한 '겨레의 노래 및 응원가 공모' 프로그램에 심사위원으로 참가하였는데 출품곡들이 옛날보다도 수준이 낮아서 씁쓸했다(이 공모제의 그랑프리 곡은 대통령 취임식에서 조수미가 축가로 불렀다). '겨레의 노래'가 KBS까지 오다니, 격세지감이다.

90년대의 개막과 함께 당신은 '학전'의 극장주로서의 새로운 과제를 모색한다. 그러나 일거에 네 장짜리 전집으로 제작된 당신 음악의 일차 결산물은 그 제작 동기가 어떠하든 우리 모두에게 소중한 유산이다. 랩댄스 뮤직이 욱일승천하던 1993년에 당신의 전집은 점점 기반을 상실해가던 한국 모던 포크의 역사적 위상을 중간 점검하게 한다. 당신의 동료 세대는 이제 현역 명단에서 사라졌거나 급격한 퇴조의 양상을 보인다. 윤형주는 사업가로, 서유석은 방송 진행자로, 이장희는 미국으로, 양병집은 호주로 떠나버렸고, 한대수는 간간이 앨범을 한국으로 보냈을 뿐 귀국하지는 않았다. 김정호는 이미 망자가 되었으며, 이정선과 한돌, 양희은과 조동진은 시장에서 힘에 부친 기색이 역력했다. 다만 70년대 후반 세대라 할 수 있는 정태춘만이 홀로 검열제도와 싸웠을 뿐이다. 80년대 포크 세대 또한 명확한 중심을 가졌다고 보기는 어렵다. 김광석은 소극장 장기 공연으로 포크의 기수라는 이미지를 군건히 했지만 그에게 성공을 가져다준 것은 발라드(「사랑했지만」)이거나 이미 70년대의 유산들(「나의 노래」)의 재해석이었고 싱어 송라이터로서의 면모는 아쉽게도 세상을 떠날 때까지 획득하지 못했다. 1, 2집을 실패한 안치환은 더욱 힘든 시련을 견뎌야 했다. 그러나 더욱 비감한 것은 이 맥락을 이어갈 90년대 세대가 단 한 명도 출현하지 않은 것이다. 90년대의 한국 대중음악계에서 모던 포크—통기타의 미학은 이미 사멸해버린 것인가?

●●● 90년대 국면에서 포크가 지나가 버린 음악인 것은 엄연한 현실이다. 하지만 그 음악의 진정한 의미와 기능까지 용도 폐기된 것은 아니다. 유럽의 경우 통기타 한 대로 이루어진 노래들이 중소 규모의 극장에서 활발히 불리고 있다. 비록 거물급 록밴드들의 대형 공연에는 미치지 못하겠지만 연간 공연 횟수나 예술적 수준은 막강하다. 얼핏 생각할 때 포크 음악의 불모지로 보이는 독일이나 오스트리아 같은 경우도 루트비히 비르쉬나 콘스탄틴 벡커 같은 이들의 음반을 들어보면 감동이 밀려온다. 이들의 음악은 미국식 코드 진행에 의한 것이 아니라 그들의 고전적인 음악 전통에 바탕을 둔 프레이즈를 만들어나간다. 포크의 진면목은 노래 안에 살아가는 이야기를 담을 수 있다는 점이다. 악기들이 복잡하게 끼어들면 노랫말은 필연적으로 위축된다. 삶에 대한 깊이 있는 통찰력을 녹여내는 음유시인들의 음악은 언제 어디서건 생명력이 있는 것이다. 90년대에 우리의 포크 음악이 쇠락한 것은 대중적인 취향이 바뀌었다는 유의 외부적 요인 때문만이 아니라고 생각한다. 그보다는 '통기타'가 발휘할 수 있는 음악 정신을 우리의 음악인들이 지켜내지 못한 것이다. 더 가혹하게 얘기한다면 우리나라의 통기타 음악은 밴드를 가질 힘이 없는 뮤지션의 음악 그 이상도 그 이하도 아닌 수준에서 머뭇거렸던 것이다. 그런 노래들에서 빈혈증을 느끼는 것은 어쩌면 당연하다.

이제 권력에 의한 음반의 검열은 사라졌다. 어쩌면 90년대 한국의 모던 포크는 자본의 검열을 통과하지 못한 것일지도 모른다. 하지만 공윤은 무대의 뒤편으로 사라져 가는 그 막바지에도 결국 당신의 음반 작업 하나는 거덜내는 악착스러움을 유감없이 발휘했다. 바로 〈지하철 1호선〉의 오리지널 캐스트 앨범이 그것이다. 1971년 데뷔 때부터 검열이 사라지는 1996년까지 당신과 검열기관과의 질기디질긴 악연을 정리해달라.

●●● 1971년 데뷔 앨범 때 공윤의 전신 격인 예윤이 「혼혈아」의 제목을 수정하라고 하여 「종이연」으로 바꿨다. 그러나 그 음반의 압수 이후 사전검열은 본격적으로 시작되었던 것 같다. 「꽃 피우는 아이」와 「아침 이슬」이 부랴부랴 금지곡이 되었고, 양희은 씨의 1972년 음반에서는 「새벽길」의 '희뿌연 바람'이 문법에 맞지 않는다는 생트집에 '두부장사 종소리'를 '예배당 종소리'로 바꾸는 것으

로 흥정을 했고, 나는 주제넘게도 모든 가사를 은유적으로 쓰기 시작했던 것 같다. 그래도 그것은 양희은 씨를 위한 음반이었으니까. 1973년엔가 RCA-지구레코드로부터 계약금을 받고 이종구 형, 김구한 형, 김영동 씨 등과 함께 창작 국악 음반을 제작할 때였다. 지금 생각해보면 참으로 천진난만한 청년들이었나 보다. 김지하 형과 신동엽 선생의 시들, 그리고 내 가사들로 작곡을 했으니 공윤에 명함이나 내밀 수 있었을까? 윤지영 씨의 음반에서는 「기지촌」이 「황혼」으로 바뀌었고, 「내 나라 내 겨레」의 낭송 부분 때문에 곡 자체가 삭제되었던가? 송창식 형의 「강변에서」는 '16살 순이'가 근로기준법에 맞지 않는다고 해서 '18살 순이'로 둔갑을 했고, 내 이름으로는 심의 접수조차 안 받아들여져 작사·작곡자 이름을 아무 이름이나 붙여 낸 1978년 양희은 씨의 음반에서도 「고무줄 놀이」의 '살찐 송아지'가 '살찐 강아지'로 바뀌었다. 당시 제3공화국의 심볼이 '소'였기 때문이란다. 그리고 「늙은 군인의 노래」가 금지곡이 되어 삭제되자 「주여, 이제는 여기에」가 「주여, 이제는 그곳에」로 둔갑해 수록되었다. 사전검열은 음반 제작자를 통한 사사전검열로 효과적으로 바뀌어갔던 것이다. 모든 음반의 맨 끝에 어김없이 수록되는 건전가요 한 곡의 꼬리표와 함께. 그리고 나에게는 공윤이 아닌 수사기관이 직접 나섰다. 중앙정보부에 불려가서는 「꽃 피우는 아이」나 「작은 연못」, 「그날」의 내용이 당시엔 사람들 입에 오르내리지도 않았던 '공해 문제'를 다룬 것이라고 둘러대야만 했고 1984년 노찾사 1집을 만들 때는 음반 재킷에 기획자의 이름을 '민 기형'이라고 표기하기도 했다. 〈개똥이〉 음반 때에는 음반사 측에서 뇌물을 줬다는 얘기까지 들었는데도 몇 곡이 삭제되었고 그나마 '……이게 무슨 화약 냄새'가 '개똥 냄새'로 바뀌었다. 그리고 빈 공간을 〈엄마, 우리 엄마〉가 메웠다. 1987년 「아침 이슬」이 해금되고 난 뒤 〈아빠 얼굴 예쁘네요〉 음반을 만들 때이다. 심의접수 자체가 되질 않아 등기우편물로 발송을 해 억지로 접수를 시켰던 것 같다. 그러나 '전면 개작'으로 반려가 되었다. 이유는 '검다'라는 표현이 너무 많기 때문이란다. 너무도 기가 막혀 직접 공윤으로 찾아가 위원장을 만났다. 이 작품의 배경이 탄광인데, 그럼 '검다'는 표현을 모두 '하얗다'로 바꾸겠다고 했더니 탄광이 어떻게 하얗냐고 대꾸한다. 결국 검다는 표현은 통과가 되고 다만 올림픽을 목전에 두고 있던 상황에서 보신탕 대목만 바꾸는 걸로 타협했다. '보신탕'에서 '흑염소탕'으로. 검열관들은 자신들의 할 일을 했다고 자위하는 것 같았다. 1991년 〈겨레의 노래〉 때는 '한겨레신문사'라는 언론사가 제작자라는 점 때문에 가까스로 무수정 통과될 수 있었으나 음반사의 압력은 참으로 집요했다. 1994년에 녹음이 시작되어 1996년에야 출반하게 된 〈지하철 1호선〉은 공윤의 사전검열의 마지막 작품답게 그야말로 처참하기 이를 데 없이 갈기갈기 찢겼다. 곡 자체가 삭제되었고 절 수가 줄어들었고 그나마 남아 있던 노래들의 가사는 실제 공연과는 거리가 멀어 도 한참이나 멀게 다시 쓰였다. 쓰였다기보다는 말도 안 되는 낱말들의 조합으로 박자만 구겨 맞춰졌 다. 술도 무척 많이 마셨던 것 같다.

1993년의 전집은 〈공장의 불빛〉을 비롯한 제반 노래극들을 제외했다. 특히 〈공장의 불빛〉 은 80년대 중반 이후의 세대에겐 조우할 기회가 아예 주어지지 않았다. 혹시 미발표작들의 발표 계획 이 있는지?

●●● 전집은 단형의 노래들만 묶었다. 〈개똥이〉의 수록곡 일부가 들어간 것은 그 노래들 은 아직 완성되지 않은 노래극 중에서 이미 독립적인 완결성을 지니고 있는 것들이기 때문이다. 〈아구〉 의 곡들은 이종구 형의 작곡이었으므로 제외했다. 역시 남는 것은 지적한 대로 〈공장의 불빛〉이다. 이 작품에 대한 애착은 숨길 수 없다. 불행한 때에 태어난 자식을 어디 보육원에 맡겨놓고 아직 못 찾은 것과 같은 기분이 들 때가 있다. 이것만은 다시 녹음을 해서라도 리메이크하고 싶다. 그러나 과연 어떤 음반사가 시장성이 보이지 않는 이 음반의 제작비를 충당해줄 수 있을 것인지…….

당신이 겪어온 시간은 파란만장하고 공간 또한 다채롭다. 그 속에서 당신은 의외로 숱한 사 람들을 만나고 헤어졌다. 그 수많은 인물 중에서 당신에게 가장 영향을 끼친 사람을 단 한 명 든다면?

●●● 역시 김지하 형……. 그는 내가 대학 초년생 때 우리말의 생동감을 처음으로 각인시 켜준 유일한 분이다. 사상이나 정치적인 입장에 대해서는 사석에서 사사건건 부딪쳤지만 〈오적〉 같은 작품에서 우리말을 그토록 활력 있게 재생해내는 데 대해서는 아무 할 말이 없다. 초기 시편들의 절절 한 서정 또한 압권이다.

마지막 질문이다. 김현의 수사학을 잠시 빌린다면 나는 당신과 당신의 예술이 진정으로 극복될 수 있는 명제로 남기를 바란다. 그러나 당신 역시 아직 많은 과제를 수행하고 있는 단계임에도 불구하고 당신의 문제의식을 더욱 고양된 차원으로 넘어서려는 시도의 징후를 발견하지 못했다. 이것은 당신의 비극이며 동시에 우리 모두의 불행이다. 아직 얼굴을 모르는, 당신 뒤에 올 진정한 예술가에게 전하고 싶은 말은?

●●● 내가 미대에 응시하기 전에 달포 가량 다녔던 낙원동의 아틀리에 선생님의 얘기가 생각난다. 아틀리에에 다닐 형편이 아니어서 학교 미술실에서 혼자 데생을 익혔던 나는 쟁쟁한 또래 경쟁자들에게 주눅이 들어 있었다. 나만 진척이 되지 못하고 질척거리자 그 선생님이 내 곁에 오시더니 낙담한 나에게 이렇게 말해주었다. "네가 자꾸 지우는 것은 그리고 싶은 그 무언가가 분명히 있기 때문이다"라고. 나에겐 그 말이 큰 힘이 되었다.

결벽증과 완벽주의 사이

Interviewer : 주철환

일시 : 2004. 3. 20.

장소 : 학전 소극장

김민기(이하 김) : 5월 14일이 〈지하철 1호선〉 10주년이야. 지난해 11월 2,000회 기념으로 CD가 두 장 나왔는데 거기에다가 DVD 자료 화면을 삽입해서 10주년 음반을 하나 내보자는 얘기가 나왔지. 학전이라는 이름으로 아예 음반사 등록을 해버리는 건 또 어떨까 하는 생각을 했고. 사실 지금까지 〈개똥이〉 테이프나 〈지하철 1호선〉 CD 낸 건 막말로 하면 불법이었거든. 그러면서 이왕 학전 레이블로 낼 거라면 내 옛날 것들도 복원을 하자는 데까지 이르렀지……. 1971년에 냈다가 바로 압수된 음반. 그거랑 1993년에 낸 네 장짜리, 거기에다 지금 리메이크 중인 〈공장의 불빛〉, 그리고 〈아빠 얼굴 예쁘네요〉도 복각을 하고, 그러다 보니 CD가 무려 아홉 장이 나오게 됐더라고. 마침 창남이가 1986년에 만들어냈던 책도 다시 하겠다 하고……. 그래서 차제에 그때 얘기들도 다 떨어버리자…… 내 찜찜했던 거…… 옛날에도 안 했고 앞으로도 다시 안 하겠지만, 이번엔 옛날 얘기 다 해버리자. 그렇게 된 거야, 전후 배경이.

주철환(이하 주) : 옛날 이야기하는 걸 민망해하고, 쑥스러워하고, 심지어 분노하기도 하던 형이 갑자기 말문을 여니까 오히려 내가 당혹스러운데…….

김 » 옛날 것들이 늘 쫓아다녀서 찜찜했지. 1993년에 그렇게 음반 낸 게 사실 경제 문제도 그랬지만 옛날 노래들에 대해서 찜찜한 것들 일단 정리하는 심정이었어. 차제에 얘기고 노래고 정리 좀 해버리자, 제발 다음 일 좀 편하게 하자, 아동극을 5월 5일 시작하거든. 찜찜한 것 다 털어버린 후에 산뜻하게 새 일 하고 싶어서…….

주 » 이야기하는 중에 찜찜함이란 말이 자주 나오는데 실은 나 역시 형에게 늘 찜찜함을 느끼는 사람 중의 하나지. 김민기라는 사람이 나의 청소년기에 빛이든 그늘이든 크게 영향을 미친 사람

Kim Min-gi

임을 부정할 수 없는데 형은 그런 말을 꺼내면 늘 유쾌해하지 않았거든. 형이 부정하는 과거를 여전히 사모하는 난 도대체 뭐냔 얘기지. 솔직히 석연치 않고 이해하기 어려운 일이었어.

김》 1971년에 음반을 처음 냈잖아. 만으로 스무 살 때지. 어느 날 미대 바로 옆 낙산다방에 가니까 내 목소리가 나오는 거야. 그냥 뛰쳐나오고 말았어. 녹음기에서 나오는 자기 목소리 듣고 놀라지 않는 사람이 없을 텐데 단지 목소리만 나오는 게 아니라 청승까지 떨고 있단 말이야. 그걸 어떻게 들어? 내 목소리를 다른 사람 있는 데서 같이 듣는다는 것. 당연히 못 견디지. 뛰쳐나와 버린다고. 그게 이상스러울 리가 없어. 소스라치잖아. 모든 사람이 다 같을 거라고.

주》 반드시 그럴까? 형은 경악을 금치 못해서 뛰쳐나갔지만 오히려 어떤 사람에게는 경이로움일 수도 있지 않을까? 형이 유별난 거 아닌가? 지나치게 쑥스러워하는 내성적 자아를 가졌다든지.

김》 이렇게 비유를 하고 싶어. 노래라는 건 만드는 과정이 있잖아. 어떤 흔적을 밖으로 끄집어내는 과정. 그 속에 무수한 바이브레이션, 갈등이 있단 말이야. 그러다가 어느 정도 밸런스가 맞춰지면 뭐가 하나 정리돼서 작품이 돼. 그러나 만든 사람한테 그 물건은 이미 퇴물이야. 그럴 수밖에 없을 것 아냐? 그럼 보기가 싫어진다고. 더 이상 그것을 보고 싶지 않은 관계가 돼야 다음 작업도 시작되는 거지.

주》 결국 형은 아티스트네. 끝없이 새로워지고 싶은, 낡은 것과는 부단히 결별해야 하는, 뭔가 새로워지지 않으면 견디지 못하는…….

김》 그러니까 '쟁이'지. 내가 만든 그 물건과 나와의 관계는 세상에 나온 즉시 끝난 상태가 된단 말이야. 그걸 계속 끌어안고 간다는 건 도저히 용납이 안 돼. 나한테는 퇴물이야.

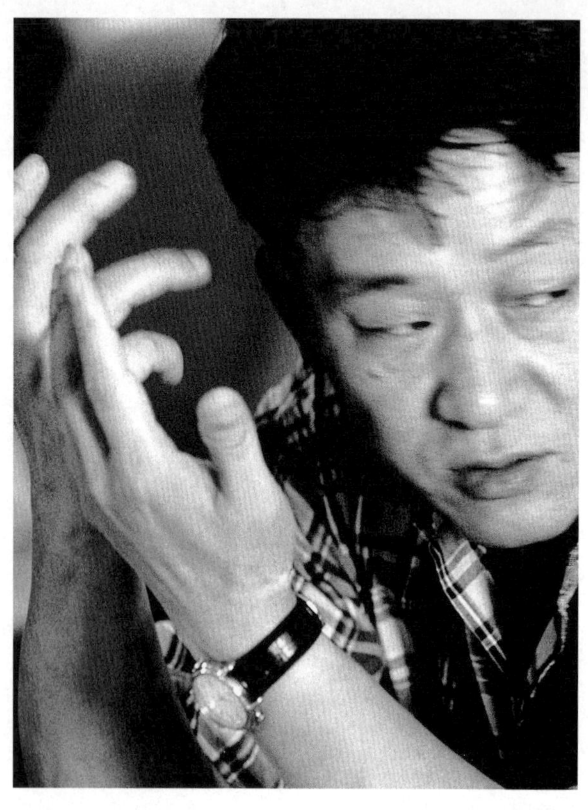

주» 형한텐 퇴물일 수도 있지. 그러나 나를 두고 볼 때에는 오히려 퇴비가 된 것이 아닐까 하는 생각도 들거든.

김» 세상엔 쌀을 생산하는 사람도 있고, 쌀을 파는 사람도 있고, 그걸 사서 먹는 사람도 있어. 살아가는 양식이 다른 거지. 유통업자한테는 그런 식으로 쌀을 만나는 행위를 충분히 인정한다 그거지. 다만 내 스스로는 그걸 못한다는 거야. 역할이 다르니까.

주» 그런 게 형을 더 '훌륭'하게 만드는 것 같다는 생각이 들어요. 예를 들면……

김» 너 그런 낱말 쓰지 마. (웃음)

주» (웃음) 그러니까 형을 괴롭히는 방법은 형을 칭찬하는 거야. 못 견디잖아. 그걸 고문이라고 생각하고.

김 » 너는 그쪽에서 보고 나는 이쪽에서 보니까 서로 다른 낱말 쓰는 것은 인정을 해. 근데 내가 네 쪽에 가서 봐야 될 이유는 없지.

주 » 그렇게 보라는 말 안 했어. 강요는 나쁘다고 생각해. 다만 난 내 생각을 펼쳐 보일 자유가 있는 거지. 내가 어떻게 감히 형 생각을 바꾸라고 이야기해. 형이 만일 나와 같은 생각을 한다면 나는 형을 좋아하지 않을 거야.

김 » 여기 학전 세울 때, 아니 세우는 게 아니지. 지하실이었으니까. 막상 시작하니까 빚이 엄청나게 불더라고. 그땐 저작권 등록을 안 했어. 안 한 것은 저작권협회의 행태도 마음에 들지 않았지만 내가 나 혼자서 아무도 모르게 만들어놓은 노래를 마치 내 재산인 양 등록을 한다는 게 용납이 안 되더라고. 근데 그게, 빚이 눈덩이처럼 불어나니까 방법이 없어. 그래서 노래방 기계들에 내 노래 들어가 있는 것을 조사해가지고 사람을 시켜서 소송을 걸었어. 철판 깔고 소송을 했는데…… 웃기더라고. 상대방 쪽에 인권변호사들이 들어가 있더군. 약식재판이라고 하나. 배심원식의 권유도 있더라고. 근데 변호사들이 그 사람들을 구워삶아 놓은 거야. 얘기를 하는데 비록 대중가요지만 작가라고 불러드리고 싶대. 작가로써 자기 작품 많이 알려지는 것이 좋지 않느냐, 그렇게 선의로 고맙게 생각해줄 수 없느냐 그러더라구. 근데 그 순간 피가 거꾸로 도는데…… 말 더듬더듬 하면서 당신 딸이 납치당해 가지고 윤간당해서 창녀촌에 버려졌다면 당신 가만히 있겠냐고 그랬더니 이 사람들이 어디 감히 그런데다 비유를 하느냐 이거야. 그래서 내가 다 집어 던졌지. 내가 만든 노래에 대해서 부끄럽고 죄스럽게 생각하지만, 거기서 그렇게 나오니까 그건 내가 못 참겠더라. 확실히 내가 자식으로 느끼고 있었던 거야. 내가 만든 노래에 대해서. 그건 내가 지금 우리 아이들에게 느끼는 죄스러움과도 비슷해.

주 » 조용한 형이 그런 활극을 벌이다니…… 그래서 소송에서 이겼나.

김 » 당연하지. 불법으로 허락 안 받고 쓴 건데. 그래가지고 빚을 또 한 차례 넘겼지.

주 » 이렇게 말하면 또 화낼지 모르지만 나는 언제부턴가 윤동주와 김민기를 같은 분류항에 넣고 있었거든.

김 » 웃긴다.

주 » 그래서 민기 형이 만약 요절을 했으면 어땠을까…… 민기 형이 「아침 이슬」 내고 죽었다면 말이지. 근데 형은 죽기는커녕 갑자기 학전, 〈지하철 1호선〉, 이런 거 하면서 어떻게 보면 사업인이 된 거잖아. 사업이라는 것은 운영을 해야 하는 거고 직원들 월급도 줘야 하고. 목구멍이 포도청 아냐. 그러다 보면 아티스트의 자존심과는 충돌하는 부분이 생길 거란 말이야. 아까 형이 '쟁이'란 표현을 썼잖아. 형이 쓰는 그 '쟁이'라는 개념은 어떤 거지?

김 » 미대 들어가서 나는 오히려 그림을 포기하게 됐어. 음악을 좋아해서가 아니라 미대라는 교육제도 때문에. 당시엔 어려서부터 그림을 한 것이 아니라 고 3쯤 돼서 '어디 갈까' 하다가 2학기 때부터 미대나 가볼까 그래서 미대 교수 과외를 받고 들어온 애들이 태반이었어. 걔들 기준으로 커리큘럼이 짜지는 거야. 실망을 했지. 아무것도 하기가 싫었어. 그런데 교수님 중에 한 분 전성우 씨라고 계셨어. 어느 날 그분이 외국 그림책들을 쓱 보여줘. 난 내 그림은 우주 역사 이래 최초로 만든 나의 작업이라고 여기고 있었는데 놀랍게도 그 책 안에서 누군가 이미 다 한 작업인 거야. 그럴 때의 그 아픔. 그 '쟁이'들의 아픔. 그림 안 그려본 사람들은 모르지. 이야기가 이상한 데로 왔는데.

주 » 이상하지 않아.

김 » 비슷한 기억이 또 있어. 공장 나오고서 막노동판 다닐 때. 그때 일당이 오천 원인가. 그 일당 받고 죽어라 연립주택 지을 땐데 아무리 열심히 일당 받고 일해도 저 집에서는 내가 살 수가 없더라고. 마르크스적인 명제. 노동으로부터의 소외야. 어디 머슴으로 살더라도, 비록 소유는 내 것이 아니라고 할지라도 내 입 속으로 들어가야 할 것 아니냐. 그걸 마지막으로 확인하고 싶더라고. 그래서 농사를 지으러 간 거야. 가면서 절망인 것이 한쪽 옆에는 항상 공상을 갖고 있다고. 창조, 생산, 이러한 어휘들에 대한 프라이드가 농사일에 있을 것이다, 거기는 뭔가 있을 것이다 하는 그런 공상. 한 3년째인가, 모내기 일을 하고 나면 말이야, 묘한 잠깐의, 긴장을 전제로 하지만, 휴식이 있어요. 모내기에서 김매기까지. 모내기하면 한 달 반 정도 떼로, 집단적으로 노동을 하잖아. 하고 나면 기분 좋은 휴식이 있다고. 마지막까지 하고 나면 그 다음 날은 새벽에 물꼬를 보러 나가거든. 논이라는 게 밤새 물이 찬단 말이야. 물에 다 잠기면 숨 막혀 죽거든. 새벽에 나가 물꼬를 터서 물을 빼준단 말이야. 실상 물꼬라는 게 한 삽 분량밖에 안 돼. 물이 쏴아~. 그건 똥 싸는 것보다 시원하지. 배설이지. 근데 그때 퍼뜩 어떤 생각이 들었냐면, 농사라는 게, 내가 그렇게 마지막까지 가치 있는 것이라고 믿고 왔던 이 일, 여기서 한 농부가 할 수 있는 일이라는 게 한 삽의 흙을 옆으로 옮겨놓는 이상은 아니더라고. 물이 가진 완전한 수평은 사람이 불도저로 아무리 흙을 인위적으로 해도 막을 수가 없어. 바람이 불어주고, 벌레들이 왔다 갔다 하고, 햇빛 때문에 광합성하고, 그중에서 농부가 하는 일이란 게 그 흙 한 삽 옮겨주는 것밖에 없더라고. 그걸 갖고 생산이 어떻고 창조가 어떻고 그렇게 믿고 왔던 거야.

김» 그런 처참함이라는 것은 차라리 축복이지. 꼭두새벽인데, 너무 창피하고, 너무 죄송하고. 그래서 논두렁에 납작 엎드렸지. 그것이 결국 '쟁이'라거나 그런 것과 직접 통한다는 얘기야. 창작에 대한 컨셉트도 바뀌더라. 전체 메커니즘 중에 내가 같이 참여하면 '그건 내 창작이다'라고 생각이 바뀌더라고.

김» 난 내가 한 짓거리에 대해서 죄를 자백한 일밖에 없어. 최경식 씨라고 계신데 그분이 어디에다 내게서 들은 이야기를 그 비슷하게 쓰신 적이 있어.

김 » 옛날 보안사에 한 번 끌려 들어갔는데. 거긴 정면이 유리창인데 반대편에서만 안을 볼 수 있었지. 누군가가 취조받다 자살한 얘기도 심심찮게 들리고. 진짜 잘 패더라. 이만 한 공사장 각목 가지고 배를 한 대 치고, '욱' 하니까, 어느새 얼굴을 치더라고. 다시 위에서 '팍' 찍는데 아픔을 느낄 겨를이 없어. 성냥개비로 만든 인형이 후다닥 사그라져 가듯이 정신이 가물가물하는데 나를 패는 놈들이 갑자기 슬로비디오가 되는 거야. 정신을 잃어가면서 어떤 느낌이 들었냐면, 나 때문에 공연히 이 사람들이 죄를 짓는다는 생각이 들더라고. 그래서 그 사람들한테 너무 죄송하더라니까. 내가 없었으면 이 사람들이 죄를 지을 리가 없잖아. 예수가 죽어가면서 이 사람들 용서해달라고. 이들은 자신의 죄를 모른다던 그 말. 그게 무슨 의미인지 알겠더라. 그런 이야기를 정의구현사제단의 문규현 신부님, 나 농사 지을 때도 도와주셨던 그 신부님께 한 적이 있거든. 그걸 다시 듣고 최경식 선생이 어느 책에다가 '민간인 성자의 모습' 그런 식으로 썼더라고. 너, 그렇게 씌었을 때 기분이 좋겠냐, 부담스럽겠냐.

김 » 누구를 구한 것도 없어. 단지 그건 한 사람의 상념이었을 뿐이라고. 그런데 그것이 그렇게 포장될 때……

김 » 그렇게 글로 썼을 때 포장이 되게 돼 있어. 마치 '성자스럽게'.

주 » 그건 이미 '성자스러운' 거죠.

김 » 난 나 이외의 누구를 구한 적이 없어. 내가 잠시 그렇게 느꼈을 뿐이야. 그걸로 끝났을 뿐이라고.

주 » 그러나 느낌으로는 완결편이지만, 그 에피소드는 다른 누군가에게 깨달음의 단초가 되죠. 최경식 선생은 나를 왜 이렇게 곤혹스럽게 만드나 하고 생각돼서 그분이 미웠어요? 그분은 또 그럴 수밖에 없는…… 역할론 아니에요?

김 » 근데 나는 불편한 거지. 불편한 거야.

주 » 내가 요절 얘기 꺼낸 건 형이 자칫 잘못하면, 어느 순간 세상사에 개입을 하면서, 여태까지 너무 참았기 때문에 절제했던 봇물이 터지면서 젊은이들에게 잔소리를 해대면 어쩔까 걱정하는 면도 있는 거야. 이것도 나의 젊은 노파심이겠지?

김 » 오늘 하루야. '떨이'를 하는 건.

주 » 오늘 '떨이'는 다시 형에게 부메랑이 돼서 돌아올 거예요.

김 » 그때는 난 모른 척할 거야. 지금까지 모른 척한 식으로. 냉담하게 할 거야. (웃음)

주 » 앞으로도 계속 형은 이제까지 살아온 삶의 방향에서 크게 빗나가지 않으면서 갈 거잖아요. 자, 지하철 10주년 이후 스케줄 표는 어떻게 돼요?

김» 아동극 쪽을 당분간 하려고 그래.

주» 창작 아동극?

김» 물론 창작도 하게 될 거야. 그러나 그걸 앞세우고 싶지는 않아. 내 것을 갖기 위해서라도 우선 굉장히 넓어져야 된다고 생각해. 어떤 작가들을 보면 중·장년 어떤 시기에 외국 것을 번안·번역하는 작업을 해. 비굴한 것이 아니라 정말 필요해서 하는 거거든. 전체 구조 안에서 자기가 어떻게 처해 있는가? 마치 농사지을 때 내가 새벽에 '전체'에 대해서 죄송스러워한 것처럼. 아동극에 대해서도 마찬가지야.

주» 주로 독일 쪽을 할 건가요?

김» 유럽 전체를 다룰 것이고 물론 미국도 할 거야. 전 세계에 이미 있었던 귀한 자료들이 최대한 공급되어야 한다고 생각해. 그런 중에 자연스럽게 창작이 나오면 아무도 모르게 쑥스럽게……그런 것이 나는 편하다 이거야.

주» 형은 참 쑥스러운 사람이야. 평생 쑥스러워하면서 살다가 죽을 사람.

김» 그게 편한 걸 어떡해? 그건 나의 태생하고도 관련된 건데…….

주» 형이 유복자로 태어나서?

김» 유복자? 아버지가 있다가 없어진 것이 아니라 애당초 없었기 때문에 내겐 아버지의 컨셉트가 없어. 제3자나 정신과 의사가 본다면 태생적으로 어떤 결핍증이 있다고 볼 거라고. 그 결핍증이 내 '쟁이' 기질하고 연결돼 있을지도 몰라.

김 » 그 논리로 대입해보면 우리 애는 결핍이 없다 보니까 뭔가 하고자 하는 의지가 없을 수도 있다, 그런 생각도 들더라고……. 이건 너무 유치한 코드지? 하여간 결핍증하고 상당히 관련이 있는 것 같아. 아버지를 '그린다'는 개념이 없어. 난 애당초 없었기 때문에 갈구하는 부분이 있었을 것이라는 유추가 되고. 그게 '쟁이' 기질하고 연관이 됐을지도 모르지.

주 » 형이 10남매 아니에요?

김 » 남자 다섯, 여자 다섯이야. 형제가 10남매다 보니까, 조카가 오죽이나 많겠어. 조카애들이 자기네 사이트도 만들고 자기네들끼리 만나는 모임도 있어.

주 » 중학교 들어갈 때 형이 공부를 잘했나 보지. 경기 들어간 거 보면.

김 » 난 공부란 걸 해본 기억이 별로 없어. 중·고등학교 때도 미술반하고 보이 스카우트만 했어.

주 » 「친구」라는 노래의 발단이 된 그 보이 스카우트?

김 » 주말 되면 캠핑 가는 게 그렇게 부러울 수가 없더라고. 우리 집은 계동의 셋방살이, 쭉 셋방살이만 했지. 돈도 없는 집인데. 그 당시 학교가 참 좋았던 것 같아. 특별활동을 100% 다 지원해줬으니까.

김 » 다른 학교 보이 스카우트는 주로 부잣집 애들이 하는 거였거든. 경기는 그게 아니었어. 미술반도 붓, 물감, 켄트지, 모든 재료를 다 지원해주는 거야. 중학교에 갔는데 난 너무 신이 났어. 처음에 열 몇 개 반을 다 들었지. 방과 후에 집에 올 수가 없어. 종소리 나잖아? 순식간에 학교 전체가 용광로가 돼. 운동장이고 뭐고 다 쏟아져 나와서, 학교가 좁은 거지. 그때 정말 천국이었어. 미쳤지, 나는 학교에.

김 » 좋았지. 근데 고등학교 들어가면서 바뀌더라고. 그때부터 소위 입시교육으로 바뀌기 시작한 거야.

김 » 보이 스카우트 6년 하면 대장이라는 게 되는데 사실 의미가 별로 없거든. 고 3이 됐고 학교는 입시체제로 바뀌었는데 여름방학 왔다고 캠핑을 어떻게 가냐? 그러나 안 가고는 못 배기겠더라고. 떠났지. 행정상으로 그때는 그곳을 북평이라고 했어. 아마 지금은 동해시로 됐을 걸? 원래 잼버리는 여러 지역이 전체로 하는 것이고, 캠포리는 지역 단위로 하는 거야. 그때 그건 서울 지역 캠포리였지. 실질적으로 내가 대장이었거든. 근데 한 아이가 사라진 거야. 중 2인가, 중 3이었을 거야. 내가 잘 아는 김석만 형의 동생이었어. 그 책임감이라는 것 있잖아. 당시엔 서울로 전화도 안 되고. 부모한테 알려야 되는데…… 결국 그날 못 찾았어. 돌아오는 야간열차 탔는데, 그 당시 중앙선이라는 게 말이야. 밤새도록 지그재그로 가잖아. 굴속으로 들어가면 매연 들어오고. 코스모스를 봤던 것 같은데. 기찻길 옆에는 큰 코스모스가 있잖아. 밤새도록 뜬눈으로 와서 아침에 떨어지자마자 걔네 집에 가서 엄청난 소식을 전달했는데 그 어머니가 오히려 다독다독하면서 이러시는 거야. "고생했다"…….

김» 그러신 것 같아. 석만이 형하고는 인연이 더 있지. 「아침 이슬」. 그 노래 최초로 부른 게 실은 석만이 형이었어. 「잘 가오」라는 노래도 그 형이 미국 갈 때 내가 환송회에서 만들어 부른 노래거든.

김» 클래식 기타라는 '장비'가 생긴 게 고 1이었거든. 중학교 때는 우크렐레라는 게 있었어. 네 줄짜리.

김» 얘기기 지꾸 오락가라하는데.

김» 갈팡질팡도 할 거야.

김» 국민학교 4학년 때까지 이리에서 다니고 5학년 때 서울로 전학을 왔거든.

김 » 추억의 장이라기보다는 그냥 어딘가 내가 모르는 곳에 가면, 내가 마치 지사처럼 농민 운동 하러 가는 것 같은 생각이 들까 봐.

김 » 그거는 거짓말이다. 어쨌든 어릴 때 우리 바로 앞집에 병원 주인이 이사를 왔어. 그 집 아이가 바이올린을 하는데 얼마나 부럽던지……. 같은 학년인데, 내가 다닌 국민학교는 좀 흙냄새도 나는 서민 학교인데, 그 애가 다닌 국민학교는 하이칼라였지. 걔가 바이올린 켜면 난 그냥 휘파람만 부는 거지. 그러다가 중학교 때 보이 스카우트 되니까 거기 우크렐레가 있는 거야. 내가 건드릴 수 있는 구체적인 악기를 만난 거 아냐. 근데 누가 가르쳐주기를 하냐? 그냥 가지고 장난하다 보니까 캠핑 가면 무조건 우크렐레 연주하는 건 나야. 캠핑이라는 게 캠프파이어 앞에서 다 같이 노래 부르는 것 아니냐. 그러다가 고등학교 들어가서 누나가 입학 기념으로 클래식 기타를 선물로 해줬지. 와, 내 세상이 생긴 거 아니냐? 보이 스카우트는 아마 우크렐레와 기타, 그것 때문에 더욱 푹 빠졌을 테고. 그런데 모든 일은 항상 양면성이 있지 않냐. 항상 여럿이 어울려서 노래를 부르다 보니까 공연히 혼자 있고 싶은 생각도 생기지 않았을까? 그때부터 속으로 노래를 만들기 시작했던 것 같아. 내 기억으로 고 1, 기타 막 생겼을 때 정릉에 살 때인가, 버스를 타러 가다가 속으로 멜로디를 하나 흥얼거려 봤어. 머릿속으로. 그때 굉장히 무섭더라고 세상이. 그림은 어려서부터 했으니까, 그런 게 없는데. 내가 흥얼거리는 것을 멜로디로 인정하게 되면 내가 작곡을 하게 되는 것 아냐? 작곡이라는 건 세상에 없던 것을 내가 만들어내는 행위인데. 그게 굉장히 무섭더라고.

김» 하여튼 멜로디가 나와버리는데 그것이 굉장히 범죄처럼 느껴지더라고. 그것의 연장으로 고 3 때 바로 그 「친구」라는 노래가 만들어졌던 거야. 근데 차마 그것을 드러낼 수가 없었지. 내겐 범죄라고 여겨졌던 거야. 그러다가 나중에 희은이 판 내고 뭐 이렇게 하다가 마침내 드러냈지. 이미 속에 차 있는 걸 어떻게 할 수가 없잖아.

주» 그 가사 2절에 보면, "눈앞에 보이는 수많은 모습들 그 모두 진정이라 우겨 말하면," 이렇잖아.

김» 그때 밤에 기차 타고 올라오는데, 그렇게 어른들이 미웠어.

주» 책임회피?

김» 책임회피에다가,

주» 이중적인 그런 게?

김» 그런 감정이 뒤섞여 막 유치한 청소년식으로 쓴 게 그 노래야. 그때 난 어떤 정서만 갖고 있었겠지. 그 정서가 죄책감 때문에 떠나지 않았던 거야. 그러다 나중에 이뤄졌을 거라고. 그러니까 실상 그 기차 타고 올라올 때는 코스모스가 없었을 수도 있지. 나중에 만들어졌을 수도 있어.

주» 난 개인적으로 그 바닷가에 비가 내린다는 이미지에 오랫동안 감금되어 있었지.

김» 아! 맞다. 개 죽는 날 비 안 왔다.

주» 어쨌든 내게 검푸른 바닷가에 비가 내린다는 이미지는 내가 가장 바닥에 던져져 절망감을 느낄 때마다 나를 일으켜 세워준 영상이었거든. 아까 형이 새벽 논에서 큰 깨달음을 얻었다는 순간과 비슷한 거지. 이제 다른 노래 이야기도 좀 하죠. 헐벗은 내 몸이 뒤안에서 떠는 것으로 시작되는 「두리번거린다」에는 무슨 특별한 창작의 배경이 있어요?

김» 70년대 교련 반대 데모가 처음 시작되는 언저리였는데 나는 교련 반대 데모하는 애들에 대해서 크게 동조를 안 했어. 뭔가 미심쩍었다고, 나한테는. 모든 게 혼돈스러웠던 거야. 그 혼돈 때문에 그런 걸 만들었을 거야. 저들이 옳을 수도 있고, 저들이 반대하는 사람들이 옳을 수도 있고. 나는 모르겠다 이거지. 그러니까 나는 물으면 맨날 회색분자라는 대답을 하지.

주» 새벽에 일어나 어두컴컴한 길을 걷는다는 「새벽길」은 언제 만들었어요?

김» 아까 얘기한 대로 정서의 기억, 그것들이 시간을 가지면서 형상화될 때 노래가 나와. 연대를 따져보니까 나중에 만든 것 같은데 그 정서의 기억은 고등학교 때인 것 같아. 그때는 통금이 있었잖아. 이상스럽게 밤을 많이 샜던 것 같아. 뭐 공부한다고 샜을 수도 있고, 그림 그린다고 샜을 수도 있고, 집에서도 그림 그렸으니까. 통금 딱 끝나는 그 시간을 기다리는 거야. 그럼 정릉에서 미아리 고개, 저 돈암동까지 걸어갔다 오고 그랬던 것 같아. 그때 기분이 참 좋았어. 새벽에. 그냥 금지된 시간을 기다렸다가 나갔다 온 게.

주» 형의 가사를 보면 가사에서 나타나는 문학성이 대단한데.

김» 난 책읽기가 굉장히 싫었는데. 오히려 그림으로 많이 기억돼, 시각적인 어떤.

주» 시의 세 가지 요소가 원래 음악적·회화적·사상적인 것, 그 세 가지잖아요? 「새벽길」에서 "밤새 하늘에선 별들이 잔치 벌였나" 이런 것은 상당한 회화적 이미지죠.

김» 활자가 나한테는 일종의 거부감을 주었던 것 같아. 활자가 그 내용을 담고 있다는 것에 대해서 믿음이 안 갔어. 그래도 좋아하는 시집은 몇 개 있었지. 한때 나 소월에 그렇게 미쳤어. 중학교 때 특히 그「초혼」…….

주» 부르다가 내가 죽을 이름이여.

김» 그것 때문에 몇 날씩 잠 못 잤어. 공포 때문에. 공간공포 그런 거 있잖아. 그 시를 읽으면 나한테 공간공포가 다가왔어. 중학교 때 고흐에 한참 미쳤을 때 그 말년 그림들 중에, 보리밭인가, 까마귀들 있고. 그 그림들도 나한테 공간공포로 왔어. 샤갈의 그림도 나한테 그렇게 왔고. 나중에 〈지하철 1호선〉 하면서 다시 그런 것을 느꼈는데, 그 대본이 팔십 몇 페이지더라고. 근데 그렇게 책 싫어하고 활자 싫어했는데, 내가 팔십 몇 페이지 이런 대본을 써냈다니 웃기더라. 아이러니더라. 그러니까 실은 그 노랫말이 활자로써 쓴 것이 아니고 시각 이미지를 말로 갖다 붙이자니까 옹색하게 그렇게 된 게 아닐까 그런 생각이 들어. 공간공포는 소리를 수반한대. 울림소리.

주» 형의 삶에서 공포라는 정서가 때로 형을 지탱해주기도 하고, 또 흔들기도 하고 그런다. 그렇지?

김» 그래.

주» 그렇게 공포가 있었어?

김» 제일 어렸을 때 기억은 방공호. 내가 태어난 게 전쟁 중이었으니까. 그때 집집마다 방공호가 있었어. 일제 때 만든 거지. 방공호에 들어가면 울림소리가 있다고. 컴컴한데 울리는 거. 네가 아까 공포라고 지적한 그런 게 늘 따라다녔던 것 같아.

주》「작은 연못」이라는 노래가 우리 세대에서는 「아침 이슬」만큼이나 중요한데. 가사가 너무 의미심장하지 않아요?

김》 그 노래 때문에 남산에 끌려간 적이 있었어.

주》 의심받을 만한 노래지. 검은 물만 고인 채 한없는 세월 속을…….

김》 검은 물만 고인 채 그런 거는 다분히 고흐나 샤갈적인 느낌이라고. 그런데 수사관이 자꾸 캐묻는 거야. 아니라고, 아니라고 그러다가 나중에 뭐라 그랬냐면, 이건 환경오염을 이야기한 거다. 그런데 그 당시에 환경오염이라는 게 어디 관심거리나 되었냐?

주》 앞서갔다.

김》 그건 좀 앞서간 것 같아. 사실 최 열 형에게도 환경문제를 한국에서 제일 먼저 거론한 건 나라고 농담 반 말했던 적도 있지만. 어쨌든 수사관에게는 그런 식으로 진술서 썼어. 주제가 환경오염이라고.

주》 그 사람들이 수긍을 해?

김》 어차피 잡아 죽이려고 넣은 것도 아니고, 단지 뭔가 이상한 냄새가 난다 그래서 잡아간 거니까.

주 » 청바지에 색동옷 입은 「인형」은 또 뭐예요?

김 » 「인형」 같은 경우는 너무 초보적인 알레고리라고 할까. 머리로 만든 노래지 마음이 실린 노래는 아닌 것 같아.

주 » 「종이연」하고 「혼혈아」는 같은 노랜데 제목이 두 개 있는 이유가 뭐예요?

김 » 첫 번째 음반 낼 때 제목이 「혼혈아」였어. 음반이 딱 나왔는데 보니까 「종이연」으로 제목이 바뀌었더라고. 당시 혼혈아라는 낱말을 쓰는 것도 금기시했어. 1993년에 음반을 내면서 내 새끼니까 내가 복권시킨다, 그런 의미로 되돌린 거지.

주 » 지난번에 노무현 정부가 들어서면서 초대 문화관광부 장관 후보에 형의 이름이 거론되고 하던 거 알아요, 몰라요?

김 » 신문에서 봤고, 어떤 기자한테 전화도 받았어.

주 » 그때 형의 소회는 어땠어?

김 » 참 고생들 하시네.

주 » 만약 진짜로 형에게 입각 제의가 왔다면?

김 » 당연히 난 못하지.

주» 하고 싶지 않아서?

김» 하고 싶지도 않고 내가 할 일도 아냐. 할 일이 밀린 게 얼마나 많은데. 1987년 6·29 때 6월 27일인가 28일인가 연우무대 〈변방에 우짖는 새〉 쫑파티 때 갑자기 노태우 씨가 왔어요. 공연을 보러 온 게 아니라 나를 만나기 위해 왔다면서. 신문에다가는 자기의 애창곡이 「아침 이슬」이라고 말하고. 당연히 「아침 이슬」이 해금이 됐지. 근데 신문이나 방송 이런 데서 전화가 와가지고 묻는 거야. 소회가 어떠냐고. 결국 그 사람들만 고생한 것 아니냐? 묶었다가 풀고 다 그 사람들 고생한 거지 나하고는 아무 상관이 없다고. 네가 지금 나한테 물어본 것도 똑같아. 자기네가 묶고 자기네가 풀고. 자신들만 고생하는 거지.

주» 「식구 생각」으로 넘어가죠. 이웃집 분이네는 무슨 잔치 벌였나 서울서 학교 댕긴다던 큰언니 오면 단가 뭐. 상당히 위화감을 조성하는 가사인데.

김» 웃기는 얘긴데 군대 생활이 1년인가 남았을 때 갑자기 보안대에 소환이 됐어. 중정에서 보안대에다 협조를 하라고 했겠지. 그때 대마초 파동이 일어나 가지고, 텔레비전·라디오가 전부 장송곡만 틀 때야. 그런 시절이 있었어. 중정에서, 뭐 흔한 말로 하면 정치공작이지. 보안대에다 협조해가지고, 내가 서울까지 나온 거야. 남산 서울예전에서 내려오면 바로 세종 호텔인가 하는 데가 있어. 거기로 내가 갔어. 나중에 들어보니까, 중정에서 학원담당이라는 부서가 옛날 KBS 밑 한 건물에 본부가 있는데 실질적으로 접촉하고 공작하는 데가 거기였더라고. 대뜸 노래를 만들어라 그거야. 노래를 만들면 편안하게 해준다, 지금 제대시켜줄 수도 있다.

주» 진짜 정치공작이네?

김» 만들겠다고 해야지 어떡해? 대신 난 내 식으로 만들 테니까, 평가는 그쪽에서 하십시

오, 그래서 난 휴가까지 얻었지. 2주인가 잘 기억도 안 나. 군대 생활할 때 속으로 흥얼흥얼해놓고 있던 거였어. 그 노래를 마무리해서 줬지. 그때는 4절인가에 불놀이, 쥐불놀이 있잖아, 들판에서 했던 것. 그런 가사도 들어가 있었던 것 같아. 악보를 갖다 줬더니, 밴드를 준비했더라고. 내가 부르진 않았어. 들어보더니 "안 되겠는데" 그래서 난 "알았어요" 그러고는 다시 복귀했지.

주》 채택이 안 된 거야? 가사에 색깔이 있어서 안 된다 그거지?

김》 자기들이 원하는 빛깔이 아니니까.

주》「서울로 가는 길」은 한참 전에 만든 노래지? 그건 좀 서사적이잖아. "우리 부모 병들어 누우신 지 삼 년에 뒷산에 약초 뿌리 모두 캐어드렸지."

김》 내 과거를 자꾸 물어보면 물어볼수록 나는 고개를 못 들어. 지금 맑은 정신으로 얘기를 못하는 게, 너도 어렸을 때 흔적들을 한번 들여다봐. 얼마나 유치하냐?

주》 꼭 그렇지는 않아요. 나는 오히려 내가 옛날에 썼던 것을 보면서 내가 이렇게 괜찮았던 적이 있었구나 하는 생각이 드는 적도 있으니까. 음, 그러니까 형은 아티스트고, 나는 뭐랄까, 뭐 아무것도 아니지.

김》 결혼을 하니까 둘째 누나가 스케치북 두 권을 줘. 내가 국민학교 때 그렸던 스케치북이더라. 2, 3학년 때, 아니 5학년 때 것까지도 있더라. 그중에 내 상상화가 하나 있는데, 산에 눈이 이렇게 있고, 앞에는 샘물이 흐르고, 초가집인지 오두막이 있는 그런 그림들이 있어. 그 그림들을 보면서. 아~ 이런 걸 내가 상상을 했구나. 「서울로 가는 길」이나 그런 노래도 다 그런 거지. 너 아까 부메랑 얘기했지. 다 끝이라고 생각하지만, 분명히 되돌아온다. 나 개인한테 있어서도 상상으로 말을 해놨다가 내 결벽증에 꼭 확인하러 가게 되더라고.

주》 범죄를 저지른 사람이 범죄 현장에 꼭 되돌아가 본다는 거와 같군.

김》 범죄를 실제로 안 했는데, 상상으로 말을 꺼냈다가, 이건 내가 꼭 확인하러 가야겠다는 거거든. 그게 내 노래하고, 나하고, 내 인생역정하고 비슷한 것 같아. 대학교 때, 학교 과제가 너무 짜증 나가지고 캔버스를 긁다 보면 캔버스가 구멍이 나더라고. 그 구멍으로 내가 그리던 나무가 보이잖아. 나무를 그릴 게 아니라 끌어안아야 하는 것 아닌가 싶었지. 나는 붓을 꺾었어. 나는 이제 너를 직접 만질 거야 그런 마음으로 농촌에도 가고…… 환자 맞지?

주》 환자야. 한 번은 정신과 의사와 인터뷰를 해보는 게 어떨까?

김》 지금 나는 너를 그 대상으로 삼은 거야.

주》 그러니까 마치 연극 〈에쿠스〉에서 정신과 의사가 앨런하고 너 왜 그렇게 했느냐 물으면 그때 그런 소리가 들렸어요 뭐 이런 식으로. 내가 감히 그 역할을 맡다니 이런.

김》 미안하다.

주》 미안하다고 말하는 건 그 대상에게 짐을 얹어주는 거야. 내가 형한테 고통을 준 게 없는데. 자, 진도를 나갑시다. 영화에 대한 형의 생각은 어때요?

김》 실은 나 대학교 1학년 때 영화를 만들어본 적이 있거든. 미대 다닐 때.

주》 동영상을 만들어봤단 말이야? 필름을 가지고?

김》 미대에 영화 서클이 하나 있었어. 거기서 음악을 맡았지. 이름이 있었는데…….

주》 알라성?

김》 알라성은 나중에 단과대까지 합쳐지면서 만들어진 거고 그 원조인 셈이지. 그때 찍은 내용은 실상 아무것도 아니었어. 야유회에 가서 그냥 찍은 거야. 기계가 귀했던 때니까.

주》 찍었다는 자체만으로도 신기해하던 시절이네요.

김》 그렇지. 그 카메라 한 대 때문에 그 서클이 있는 거니까. 음악을 내가 하기로 했어. 그음악이 지금 생각하면 재미있어. 부잣집 친구네 집에서 녹음기를 빌렸지. 거기 마이크에다 대고…… (웃음) 필름 편집을 할 때, 기본이 24프레임 아냐? 그런데 필름이 귀하니까 어떤 데는 초당 8프레임, 어떤 데는 막 느린 거야, 어떤 데는 16프레임, 이런 식으로 편집을 했어. 음악을 하겠다고 자청을 했는데…… 음악이기보다는 사운드지. 아무런 장비도 없고, 녹음기 하나인데…… 좋다. 마이크에다 대고 24프레임으로 가는 그 시간, 예를 들어 3분이면 3분 동안 '24프레임, 24프레임……' 일정한 톤으로 똑같은 목소리로. 그러다 16프레임 구간이 되면, '16프레임, 16프레임……' 이런 식으로 했어. 나중에 구내 다방 같은 데서 상영을 했는데 보다가 사람들이 그 소리 때문에 몇 분 안 돼서 다 나갔어. 토할 것 같았 대. (웃음)

주» 완전 아방가르드네. 대중이 그 아방가르드를 못 견딘 거네.

김» 그래도 그때는 영화를 좋아했지. 그런데 일반 영화를 보면서, 너무 싫었어. 영화가 만들 어내는 그 스토리라는 게 도무지.

주» 너무 허접스러워? 형이 보기에는?

김» 그 작위적인 게 싫었어. 또 연극도 싫어했어. 내 친구 중에 연극하는 사람들이 많았는데 내가 술 취하면 제일 아닌 친구한테 "연극하고 자빠졌네"라고 욕했어. 이제 그게 부메랑으로 돌아오네.

주» 재미있는 일이다. 형이 영화를 했으면 어쩌면 김민기식의 영화가 나왔음직도 한데.

김» 기술상의 문제가 아니라 영화를 둘러싼 메커니즘, 하드웨어가 너무 두터운 것 같아. 그 리고 그 틀 안에서 작위적으로 만들어지는 스토리.

주» 작위적으로 만들지 않으면 되잖아, 형이.

김» 우선 형식적으로는 2차원의 스크린이라는 것. 난 어려서 이미 그걸 지났거든. 그걸로 다시 돌아갈 이유는 없어. 그러나 이런 건 할 수 있어. 무대에 스크린이 5개인 영화, 그런 것은 앞으로 작업을 할 거야. 지금 진행되고 있는 거대한 스크린의, 그러나 2차원밖에 안 되는, 그 속의 일루전(illusion)에서 허덕이는 것은 내 정서로 볼 때 뒤로 돌아가는 것에 불과하거든. 나는 거기로 못 돌아가. 그 안에서 어떤 빅 쇼가 일어난다고 해도 그건 일루전이야.

김 » 개인으로서만 이야기하는 거야.

김 » 여러 해 전 일인데 광주비엔날레에서 대상 받은 작품이 이란 작가 것이었어. 껌껌한 방에 스크린을 양쪽 벽에 놨는데, 이쪽 벽하고 저쪽하고 다른 형상들이야. 이쪽은 차도르 쓴 여자들이 "우" 하고, 다른 쪽은 남자들이 정치 싸움하고. 흑백인데, 화질도 뭐 대단찮은 정도. 하지만 무지하게 상쾌했어. 지금의 영화 동네 같으면 저런 건 애들 장난이라고 하겠지. 그러나 나는 그 작업이 훨씬 위대해 보였어. 언젠가 무대에다가 또는 객석에다가 스크린을 5개까지 설치하는 작업을 내가 할 거야. 지금의 한국 영화는 위험 수위에 와 있는 게 보여. 속은 비었는데 겉은 천만 관객을 동원했다…….

김 » 난 안 보내. 그냥 너하고 이야기하는 거지.

김 » 난 몰라. 난 내가 책임질 수 없는 일에 대해서는 얘기를 못하겠어.

주» 형, 그럼 지금까지 뭘 책임졌어요, 이때까지? 형이 책임진 걸 얘기해봐. 형이 책임 못 지는 것에 대해서는 간파를 했거든.

김» 내 스스로에 대해서도 책임 못 지는데, 어떻게 여러 명에 대해서 내가 나서서 그럴 수가 있단 말이냐?

주» 어찌 보면 형은 개인주의적이고, 또 약간 완벽주의자인 것도 같고.

김» 결벽증! 결벽증이야!

주» 내가 궁금한 건 예를 들면 〈지하철 1호선〉을 공연했을 때 형 나름대로의 만족지수가 있을 것 아니에요. 오늘은 참 좋았다라든지, 안 좋았다라든지. 나 같은 경우는 수업을 하면서도 학생들의 반응에 상당히 신경을 쓰는데.

김» 극장에서의 관객들에 대해서는 하나하나가 염라대왕 같아. 내가 대표로 있고, 또 내가 연출했다는 책임하에서 돈을 내고 들어온 사람들 아니냐.

주» 형의 돈에 대한 생각을 얘기해보세요, 진실되게.

김» 아직 모르겠어. 항상 제일 저능지수로 몰리는 것이 경제 이런 거야. 코스닥인지 나스닥인지 나는 도무지 그 컨셉트에 대해 몰라. 그러면서 의심은 대단히 많아. 모르면서 의심이라고 내가 얘기했을 때는 저것이 올바른 방향으로 갈 것 같지 않다는 느낌 때문이야. 예를 들어 주식하곤 상관없이 자급자족하는 오지의 한 부락이 있다면 그 사람들의 행복도와 인류 전체의 미래하고는 무슨 상관이 있을까. 그런 거에 대한 의심이 많아.

김 » 계획은 있지. 대책은 없고.

주 » 계획이 뭐예요?

김 » 학전 극장도 자기 건물이 아니잖아? 어차피 세 들어 있는 거니까. 세 들어 있는 인생에 대해서는 내가 너무 익숙하기 때문에 가져야 된다는 것에 대한 집착은 없어. 어딘가 외진 곳에다 학전 창고 하나를 지을 수 있다면 내가 창고지기 하면서 살고 싶어. 앞에 밭도 가꾸면서. 연습은 이미 시작이 됐어. 원주의 토지 문화관에 매주 삼 일씩 들어가 있는 게 금년으로 삼 년째야. 박경리 선생님은 일종의 수도원 생활이라고 하지. 내 꿈이 박경리 선생님처럼 될 수는 없을 거야. 난 어딘가에 창고를 지으면, 그걸 아틀리에로 쓰고 싶어.

주 » 노후의 계획은 탄탄하네. 그리고 구체적이고. 건강검진 받아요, 안 받아요?

김 » 암은 없다나 봐.

주 » 축복받은 인생이야. 담배도 많이 피우고 술도 연달아 마시는 경우가 많지?

김 » 아무튼 내 계획은 거기서 문인화를 그리는 거야. 진짜 그림은 문인화거든. 그림의 원류라는 것이 있어. 그림이라는 게 실은 그리워한다는 인식론이라고. 저기 어떤 대상물이 있지, 저것을 인식하기 위한 방법으로 그려보는 거라고. 그래서 그리움으로 그리는 건데, 이제 나이를 먹고 나니까 그리움이 단순해져. 난초 같은 걸 그리고 싶어. 현대회화는 하고 싶지 않아. 그건 젊었을 때 해야 돼. 어렸을 때는 캔버스 막 긁다 보면 내가 왜 이걸 해야 돼, 그래서 그냥 가서 나무를 막 부둥켜안았다고 그랬잖아. 하지만, 나이 먹었을 때는 저기 있는 물건을 내가 건드리지 않기 위해서, 나무를 터치하지 않기 위해서, 나무를 존중하기 위해서, 여기서 요만큼의 거리에서 그리고 싶은 거야. 그게 그림의 본령인 것 같아. 그것이 문화일 수도 있고.

주》 음악에 대해서, 노래에 대해서는 형이 지금 어떤 태도를 가지고 있어요?

김》 청각이건 시각이건 개념이건 나한테는 모든 것이 공존하기 때문에 여전히 혼란스러워. 내가 예전에 바흐를 그렇게 좋아했거든. 바흐 이전에 피타고라스도 좋아했지. 그 수학들에 대해서도 존중을 한다고. 한국의 구전가요를 모은 CD들을 구해 듣고 있는데 그걸 들으면서 바흐의 고민도, 피타고라스의 고민도 거기 같이 있다는 걸 알았어. 차분하게 다 들으려면 아마 2~3년은 걸리겠지만.

주》 형이 마지막으로 창작했던 음악이 뭐예요? 발표됐던 것 중에.

김》 〈개똥이〉지. 그런데 딱 떨어지는 소네트나 노래를 가지고 작곡이라고 그러면 안 되는 게 소위 레치타티보성 있지? 그 레치타티보가 참 중요해요. 내가 연습시킬 때도 항상 얘기하는 바가 노래의 본 모양은 말이다, 즉 말의 어떤 부분을, 정서를 극대화시키기 위해서 그런 장치를 한 거다 그 거야. 오페라로 치면 우리가 가장 눈여겨봐야 할 미스터리가 바로 레치타티보에 있어요. 레치타티보가 곧 말이잖아. 아리아들은 이미 완결돼서 포장이 된 것들이고. 근데 〈개똥이〉에서 계속 그렇게 한 것이 바로 레치타티보야. 한국에서 그런 일 없었어. 그걸 작곡이 아니라고 하면, 그건 말이 안 돼. 그것 말고 그냥 노래로는 「철망 앞에서」가 마지막이야. '겨레의 노래' 때 팀송, 로고송으로 하려다가 낯간지러워서 안 썼어. 남이 의도적으로 시켰을 때 내가 안 했으면서, 내가 주관하는 일에 이런 걸 내가 한다? 그건 정말 아니더라. 그래서 그때 안 썼다고.

주》 노래의 본 모양은 말이다…… 언어에 대한 형의 태도도 연구대상인 것 같아. 형이 노래하는 걸 들어도 한 단어 한 단어가 조심스럽게 배열되거든. 형의 세계관이 거기 드러나는 거예요. 노래하는 방식, 노랫말을 다루는 방식 같은 데서.

김》 내가 가진 한 가지 숙제 중에 이런 게 있어. 한글이란 게 참 매력적이거든. 매력이라는 것은 애증관계야. 한글에 새로운 체계를 한 번 만들어보고 싶어. 소리를 어떻게 기록하느냐. 우리 뮤지컬 팀 연습하는 것 중에 이런 게 있어.

예를 들어 '서울역' 이란 가사를 연습할 때, 'ㄱ' 이라는 받침의 발음을 어떻게 처리해야 할까? 기역은 막히는 음이지. 발음이 안 나온다는 말야. 언제 기역 받침을 낼 것이냐. 그걸 악보 상에 표기를 해야 되겠단 말이야. 그래서 여기서 기역 받침 없이 '서울여~~~ㄱ', 기역 소리는 막히는 소리니까. 반 박자 막히고, 숨을 쉬어라 그거야. 난 이런 게 우리가 지금 해야 할 일이라고 생각해. 근데 그것이 알파벳처럼 풀어서 가자는 얘기냐. 그건 아니야. 알파벳은 폐해가 또 있어요. 그러면 한글을 가지고 어떻게 그 소리를 정확하게 표현하고 표기하느냐. 막연하게 정간보, 우리 것은 좋은 것이여, 턱도 없는 소리지. 받침을 어떻게 표기할 수 있는가 그것이 미스터리야. 난 그게 굉장히 중요하다고 생각해. 내가 그런 문제에 신경을 많이 쓰니까 그게 구체적으로 드러난 것이, 학전 뮤지컬의 노래 가사만 제대로 들린다는 서야. 한글 딕션에 관한 것. 한글 표기를 어떻게 할 것인가, 소리하고 더불어서……. 이런 것들이 굉장히 문제라고. 할 일이 많아.

주》 형 노래에 대해 한국말을 정확하게 음으로 ㄲ집어낸다고 하는 이유를 알겠네. 김민기식의 『훈몽자회』가…….

김》 필요에 의해서 나올 수밖에 없어. 기역 받침을 언제 소리할 거야?

주》 음악 하는 후배 중에 전인권하고 친하죠?

김» 마약도 하고 그러지만 인권이가 좋아. 인권이 때문에 법정에도 서봤어.

주» 증인으로?

김» 내가 그렇게 두드려 맞고 그랬어도 법정에 가본 적은 없었거든.

주» 뭐라고 변호해줬어요? 뭐가 판사들을 설복시켰나?

김» 얘는 예술가다. 얘가 잘못했다. 내가 선배인데, 얘가 잘못했으면 내가 잘못한 거다. 내가 꼭 끌어안고 가겠다. 다른 방법이 없지 뭐. 그러면서 나왔지.

주» 은인이네.

김» 나한테 딱 발목 잡힌 거지. 걔도 이제 외로우니까, 누군가에게 기대고 싶은 것도 있겠고.

주» 그러니까 김민기를 둘러싼 방대한 인맥은 각양각색이다. 김지하부터 전인권까지 나오고. 하기야 형이 뭐 오십 몇 년을 살았으니까.

김» 다 결핍증에서 온 것일 거야. 중학교 들어가서 1학년 때 특별활동을 열다섯 개나 든 거 봐도. 지하철 2,000회 때인가, 이리저리 초대해야 될 데 보니까 농민서부터 탄광에까지. 참 근데 거기에 절절한 내 친구들이 다 있어. 그게 내 복이야. 돈하고만 관련이 없어.

주» 돈이 형에게 중요한 것이었다면 이렇게 살진 않았겠지. 아마도 다르게 살았겠지.

김» 재미있는 것은 농사지을 때의 내가 제일 부자였어.

주» 마음이 부자였다는 거야?

김» 계산을 해보니까, 월 순수입이, 소작료 내고 다 하면, 월 한 삼만 원 정도더라고. 연말 되니까 삼십 몇 만 원 정도가 남고. 돈이 어떻게 남느냐? 쓸데가 없는 거야. 같이 일하면 말이야, 밥 줘, 막걸리 줘, 담배 줘, 다 주지. 쓸 시간도 없고, 집에서 내가 빨래하는 비누 값 정도만 있으면 되는 거야. 그때가 인생에서 제일 부자였어.

주» 세속적인 이야기를 했으니까 연애 이야기도 좀 하지. 형을 사모하는 여인이 있었나?

김» 있었던 것 같아. 근데 늘 어긋나는 게, 날 좋다고 쫓아오는 아이들한테는 내가 무지하게 잔인했어.

주» 왜 그랬어?

김» 귀찮으니까.

주» 이기적이다. 진정을 가지고, 순정을 가지고 왔을 텐데.

김» 그건 개네들 입장이지. 근데 그렇게 온 애들 중에 내가 속으로 짝사랑한 애도 있었어. 개가 나를 좋아한다고 쫓아오니까 어긋난 거지. 나는 개를 좋아하는 방법이 달랐으니까.

주» 단어의 무게나 질감은 다르겠지만 형은 야심가일지도 모른다는 생각이 들어요. 어떤 큰

김 » 큰 뜻이 있다면 나하고의 승부가 큰 뜻이지.

주 » 영웅들은 그렇게 말한다니까.

김 » 너 내가 얼마나 소심하고 그런 줄 알아? 그거 결벽증이야.

주 » 그 소심함이란 게 위장일 수도 있는 거지.

김 » 밀린 숙제가 있는데 어떻게 하냐.

주 » 그게 야심이지. 밀린 숙제라는 게. 남녀 간의 사랑이나 결혼이 가져오는 안정감보다 당시 형의 우선순위가 자기 자신과의 싸움이라고 단언하는.

김 » 개소리하지 마.

주 » 형 노래엔 사랑이란 말도 드문 것 같다.

김 » 아마 「두리번거린다」에서 사랑과 미움과 배움의 참을 너로부터 가르쳐 받지 못했다고 얘기한 게 유일할 거야.

주 » 사랑이 모든 창작의 모티프라고 이야기하는 사람들도 있잖아요?

김 » 그건 맞아. 다만 거기서 사랑이라는 낱말은 나중에 발생한 표현기구일 뿐이야. 사랑이라는 낱말을 통해서 사랑의 실체를 느낄 수 있다는 믿음이 안 오는 건 활자에 대한 근본적인 믿음이 부족한 것과 같아. 내겐 원형질적인 느낌의 기억만 있는 것이고, 가사라는 것은 나중에 궁여지책으로 붙여진단 말이야. 사랑이라는 낱말을 쓸 수 있는 배짱이 내게는 없어. 이것도 결벽증인지 모르지만.

주 » 형의 비밀을 푸는 키워드는 결벽증, 죄의식, 죄책감. 도대체 무엇에 대해서 그렇게 죄를 졌을까. 예수 그리스도도 아닌데 왜 그렇게 죄책감을 갖게 된 걸까?

김 » 결핍증. 후레자식이어서 그런 게 아닐까? 한쪽이 비었기 때문에.

주 » 그러나 아버지를 대체하는 것이 있지 않았을까, 어머니나 큰형, 선생님이나 하나님. 없었어요?

김» 없었어.

주» 형에겐 최면 기법을 써야 돼. 형을 약간 몽롱하게 만들어서, 술보다 독한 어떤 것을 써서, 형이 방언을 하듯이 해야 될 것 같아. 최후의 비밀의 코드는 여전히 해독되지 않고, 해독할 수 없고, 형 자신도 모르는 것일 수도 있고. 도대체 형의 죄가 뭐예요?

김» 작업의 기억들로 이야기하는 게 나로서는 제일 좋겠다. 그림이건 노래건. 아까도 얘기했지만, 작업을 하다가 어느 지점에 가서는 정돈이 된다고. 어느 정도 혼돈스럽다가 밸런스를 가지게 되지. 밸런스를 가질 때 불쾌감이 뭐가 있냐면, 그 이퀼리브리엄(equilibrium)이라는 것. 밸런스는 2차원에서 다 끝난 거지만 이퀼리브리엄은 긴장을 가지면서 평형상태로 유지를 하는 거야. 열역학의 맨 마지막 단계지. 그렇게 될 때 차라리 무지하게 죄책감이 생겨. 이렇게 정돈되는 게 나머지 공백을 다 잃어버리는 것이거든. 작품이 완성될 때 그 완성에서 제외되는 모든 것에 대해 죄를 짓게 되는 것이라고.

주» 상당히 형이상학적인 죄의식이네.

김» 그런 식으로 표현하는 게 제일 적합할 것 같아. 그럼 나머지는 공백이냐? 실은 그것도 아냐. 나머지는 존재하고 있어. 그중에서 이렇게 조합을 한 거란 말이야. 조합에서 제외된 것들은 엄연히 있는데, 나라는 인간 때문에 이렇게 됐다는 것은 결국 나머지에 대한 원죄라고.

주» 형은 정말 파헤치면 파헤칠수록 오묘한 존재다. 훌륭하다고는 말하지 않을게. 단지 우리 시대의 문제아, 아니 문제를 제시해주는 사람이다.

김» 그렇게 이야기 해주면 고맙지. 나는 현재진행형이야. 그것도 한구석에서. 내 별명이 한때 '석구'였던 거 알아? 청개구리 시절에 딱 '구석'에 처박혀 있었거든. 희은이가 만든 별명인가 그랬을 거야. 앞에 안 나가니까. 난 구석이 편해. 방공호가 편해.

주 » 이제 서서히 비밀의 문이 조금씩 열린다. 형은 살아 있고 움직이고 계속 진화하는 김민기잖아요. 나는 어느 순간의 프레임 속에 김민기를 캡처해놓고 그것을 기억하는 거고.

김 » 어려서부터 기억하는 것에 대해 무수히 증오했어. 기억나면 그걸 지우고 또 생기면 지웠지. 어려서부터 그게 싸움이었어. 멜로디를 기억하지 마라, 왜 스스로 그렇게 했는지 몰라. '쟁이'한테는 기억력과의 싸움이 있다. 너 그거 인정해야 해.

1951년 3월 31일, 전북 익산에서 10남매의 막내로 태어남

김민기의 모친은 산파였다. 부친은 그가 태어나기 직전에 패퇴하던 인민군에 의해 피살되었다. 유복자인 그는 아버지에 대한 아무런 기억도 가지고 있지 않다.

그의 어머니(1907~1996)는 함경도 원산 태생이며 연희전문을 다녔다. 연희전문 4학년 때, 그녀는 기숙사 내의 한국인 학생에 대한 차별대우에 항의하는 시위를 주도하다 제적당했고 이어 일본으로 건너가 조산원 자격증을 땄다. 귀국 후 남부 지방의 여러 곳을 다니며 진료 활동을 벌이다 익산의 병원에서 김민기의 부친과 만나 결혼하여 10남매를 낳았다. 아버지 없이 자란 김민기에게 활동적인 어머니의 영향은 대단히 컸다.

유년 시절

그는 서너 살 때부터 어머니와 형, 누나들이 각기 직장과 학교로 나간 후 늘 혼자 집을 지켜야 했다. 텅 빈 집에서 하루 종일 혼자 지내야 하는 어린 그에게 유일한 즐거움은 작대기를 가지고 땅바닥에 그림을 그리는 일이었다. 글자를 배우기 훨씬 전부터 그는 그림을 통해 자신의 감정을 표현하거나 스스로 대화를 나누는 방법을 터득하고 있었다.

유년 시절의 체험은 다분히 외로움과 공포의 기억을 동반한 채 아직도 그의 뇌리에 생생히 살아 있다. 혼자서 땅바닥에 그림을 그리다가 듣게 되던 방공훈련의 사이렌 소리, 거의 매일 밤 되풀이되던 등화관제의 칠흑 같은 어둠, 그 어둠 속에서 간간이 들리던 개 짖는 소리, 검은 갓을 씌운 전등 아래서 듣던 괘종시계 소리, 지붕밑 홈통의 빗물 떨어지는 소리……. 그의 감수성에 최초로 자리 잡은 음악은 바로 그런 소리들이었다.

1963

1963년, 서울 재동 국민학교 졸업, 경기 중학교 입학

중학교 시절 김민기 생활의 거의 전부를 차지한 것은 미술반과 소년단 활동이었다. 한국범스카우트 제49호이기도 한 그는 수업이 끝나자마자 미술실에 틀어박혀 그림을 그렸고 주말이면 보이 스카우트 대원들과 어울려 캠핑을 다니곤 했다. 물론 공부는 뒷전이었다.

당시 서울음대에서 피아노를 전공하고 있던 셋째 누나가 그를 음악의 세계로 이끈 최초의 스승이었다. 그는 피아노 밑에서 누나의 연주를 듣다가 잠이 들곤 했다. 그의 음악적 감각은 거기서 크게 자랐다. 얼마 지나지 않아 그는 누나의 연주에서 틀린 대목을 정확히 꼬집어내는 훌륭한 '귀'를 가지게 된다. 그 당시 그가 다룰 수 있었던 유일한 악기는 소년단실에 있는 우크렐레였다. 캠핑 때마다 우크렐레로 노래를 반주하는 일은 항상 그의 몫이었다.

1966

1966년, 경기 고등학교 입학

고등학교에서의 생활도 중학교 때와 마찬가지였다. 달라진 것이 있다면 그에게 그 자신의 악기가 생긴 것이었다. 셋째 누나가 입학을 기념하여 선물한 클래식 기타는 그가 최초로 소유한 악기였다. 그는 혼자서 누나의 피아노 악보를 이용해 기타를 익혀나갔고 얼마 안 가 학교 내에서 소문난 기타연주자가 되어 있었다. 누나가 선물한 기타는 그 후 그의 삶을 결정적으로 뒤바꾸어 놓은 계기가 된 셈이다.

1969

1969년, 서울대학교 미술대학 회화과 입학

어려서부터 그림을 그려왔고 중·고등학교 내내 미술실에서 그림만 그리다시피 해왔던 그에게 대학 교과과정의 미술 수업은 도무지 성에 차지 않았고 흥미롭지도 않았다. 따라서 학교 성적은 그리 좋은 편이 못 되었고 결국 그는 1년 낙제를 한다.

그가 학교 복도 구석에 칸막이를 치고 그곳에 틀어박혀 그림에 몰두하고 있을 때 고교 시절 그룹사운드 활동을 했던 동창 김영세가 그를 찾아왔다. 자기와 함께 듀엣을 만들어 노래를 하자는 제안이었다. 마침 그림 그릴 물감 값이 아쉬워 세차장에서 아르바이트를 하고 있었고, 1만 원 가량의 빚까지 지고 있었던 김민기는 그 제안을 받아들였고, 둘은 함께 기타를 치며 다방에서 노래를 부른다. 듀엣의 이름은 도비두(도깨비 두 마리라는 뜻)였다.

그가 낙제를 하고 두 번째로 1학년에 다니던 1970년 어느 날, 고교 동창 임문일의 소개로 양희은을 만난다. 집안 사정으로 스스로 돈을 벌어야 했던 양희은이 가수 활동을 시작하며 그에게 노래 반주를 부탁했고 김민기는 양희은의 노래 반주를 해주며 그녀를 위해 본격적으로 작곡을 시작했다.

1970년 양희은의 데뷔작으로 발표된 「아침 이슬」을 비롯하여 그녀가 부른 많은 노래가 이때 만들어졌다.

당시 이른바 통기타 붐의 시발점이 되었던 곳은 YWCA의 '청개구리홀'이라는 조그만 공간이었다. 많은 통기타 가수들이 그곳에서 자유롭게 노래를 부르며 어울리곤 했다. 김민기도 자주 이곳에 들러 노래를 부르곤 했는데, 이 '청개구리홀'의 후원자였던 경음악평론가 최경식이 그의 재질을 높이 사 출반을 주선해주었다.

1971년에 출반된 음반 재킷에 최경식은 다음과 같이 썼다.

김민기론: 언젠가 방송국에서 민기에게 내가 '김민기 론'을 쓰겠다고 했더니 '김민기 놈?' 하고 그가 되물어 거기 있던 모두가 웃음을 터뜨렸던 일이 생각난다. 민기는 그렇게 나이가 어울리지 않게 씁쓸한 친구다. 그의 노래 속엔 대체로 콧대 높고 줏대 있는 '젊은 한국'이 도사리고 있다. 시간이 남아 돌아가며 오래 기다려야 하는 스튜디오 밖 한구석에 쭈그리고 앉아 기타로 조용히 클래식 소품을 연습해보던 그의 모습이나, 어느 날 오후 머리부터 발끝까지 함빡 비를 맞아 뼛속까지 젖었을 그가 맨발로 내 사무실로 걸어 들어오던 일(그는 금붕어처럼 빼끔하니 입을 벌린 구두를 한길가에 내버렸단다)이며, 뭇사람들에게 미움을 받아가면서도 국산품 노래를 외고집하던 일 등등. 그러한 그의 일상생활은 그의 음악 속에 미화되거나 위장됨이 없이, 있는 그대로 소박하고 순수하게 구현돼 있다.

이번 첫 디스크를 위해 특별히 음악적인 헌신을 보여준 정성조 퀸텟과 김광희 양에게 이 음반은 발매된 지 얼마 안 가 압수조치를 당한다(이 음반은 한때 레코드가의 희귀본으로 일반 레코드 값의 수십 배에 달하는 고가로 거래된 적이 있다). 그것은 그가 1972년 봄 서울문리대 신입생 환영회에 초대되어 노래부르기를 지도했기 때문이었다. 그때 그가 불러준 노래는 「우리 승리하리라(We shall overcome)」, 「해방가」, 「꽃 피우는 아이」 세 곡이었다. 이튿날 새벽 그는 동대문서로 연행되었고 시중에 남아 있던 그의 레코드는 전량 압수되었으며, 그의 노래 「꽃 피우는 아이」가 그의 노래 중 처음으로 방송 금지되었다. 이것이 그가 그 후 수도 없이 되풀이하게 되는 연행(連行) 행로의 시작이었다.

1969년 겨울, 개인전

1학년 1학기를 낙제해 2학기를 휴학하게 된 그는 세종문화회관의 전신인 서울 시민회관 전시실에서 개인전을 연다. 그의 형이 대학 입학 기념으로 좋은 기타나 하나 사라며 준 돈으로 전시실을 대관한 그는 전시회가 가까워 올 때까지 아무 작업도 하지 않다가 전날에야 큰 켄트지 수십 장을 사서 1~30번대까지 숫자를 하나씩 크게 연필로 쓴 후 전시장을 빙 둘러 전시한다. 당시 재학생이 외부에서 개인전을 가지는 것은 금지된 일이었지만 그는 휴학 중이라 이 규정을 피할 수 있었다.

1971

1971년 겨울, 시인 김지하를 만남

그가 가수 및 작곡가로서 조금씩 알려지고 있던 1971년 겨울 무렵, 시인 김지하를 만난다. 당대를 가장 치열하게 살고 있던 한 시인과의 만남은 그에게 있어 대단히 충격적인 체험이었다. 당시 김지하 등을 중심으로 유수한 문인, 학자, 화가, 음악인, 영화인 들이 정기적으로 모여 한국 문화의 방향에 대해 토론을 벌이는 모임이 있었다.

이 모임의 이름은 폰트라(PONTRA: Poem on trash, 즉 '쓰레기더미 위에 시(詩)를'이란 뜻으로 다분히 시니컬한 뉘앙스를 가진 이름이다)였는데, 김민기도 이 모임에 참가하여 자신의 노래를 들려주고 선배들의 조언을 듣는 기회를 갖는다.

이 시기 김민기의 모습에 관해 김지하는 그의 회고록에서 이렇게 회상하고 있다.

> 그 무렵 내가 자주 어울린 선배와 친구들은 김윤수(金潤洙) 형님과 염무웅(廉武雄) 형, 그리고 시인 이성부(李盛夫) 형과 오숙희(吳淑姬) 선배, 또 오 선배의 그림 그리는 후배나 친구들이었다.

> 예술이나 민족통일, 특히 서구 근대주의와 우리의 처지 사이에 나타나는 여러 문제들에 대해 이심전심(以心傳心)으로 서로 통하고 함께 술을 마시며 민족문화운동에 관해 의견을 나누곤 했다. 함께 오(吳) 선배의 집에 가서 하룻밤 자는 일도 한두 번 있기는 있었으나 대체로는 낮과 저녁에 만나고 밤에는 자기 거처로 돌아갔다. 나이가 든 것이다. 내가 종암동에 살 때다.

> 문리대 선배요, 당시 공화당의 엄민영(嚴敏永) 씨가 운영하던 《정경연구(政經研究)》 편집장으로 있던 안인학(安仁鶴) 형님이 가끔 우리와 함께 어울릴 때가 있었는데 형님이 워낙 기발한 분이어서 우리 패거리 이름을 단박에 지어냈다.

> '폰트라'

> 설명하는데 '폰트라'는 영어로 'PONTRA' 로서 'poem on trash(쓰레기 위에 시를!)' 라는 캐치프레이즈의 줄임말이라고 널름 받아 제쳤다. 멋진 이름이라는 것이 우리 모두의 의견이었다. 이 그룹 '폰트라'는 아무런 체제도, 약관도, 구속도 없었지만 분명한 방향(方向)을 갖고 있었으니, 그것이 바로 훗날 '민중 주체의 민족문화운동'이었다. '폰트라'

는 오윤이 중심이 된 미술에서의 '현실동인(現實同人)'의 탄생을 유도하고 지원했으며 김민기(金敏基)의 노래를 듣고 그가 새로운 차원으로 성큼 나아가는 데에 한 도움을 주려고 노력했다.

　문학(文學)과 연극에서도 새로운 길을 모색하려는 대화를 아끼지 않았다. 아마 아는 사람도 별로 없을 것이고 눈에 띄지도 않았을 것이다. 배우 신성일(申星一) 씨의 동생이기도 한 미대 회화과 강명희(姜明姬)의 집에서 오윤과 임세택(林世澤), 그리고 안인학 형님과 내가 둘러앉아 듣는 가운데, 그 무렵 서울대 미대 회화과에 갓 들어온 김민기(金敏基)의 노래를 듣던 기억이 새롭다. 세 곡을 내리 들었던 기억이 난다.

　「길」, 「혼혈아」, 그리고 나머지 하나는 제목이 기억나지 않는다. 찢어지고 해진 청바지에 잠바를 걸치고 기타를 치며 심상치 않은 우울 속에서 저 밑바닥의 밑바닥으로부터 올라오는 깊고 애잔한 저음으로 미군부대 근처에 버려진 혼혈아의 슬픔을 지극한 데까지 들어올려 노래 부르는 「혼혈아」, 그리고 「길」에서는 우리 앞에 놓여 있는 여러 갈래 길의 혼돈이 가져오는 아린 상처를 건드리는 듯 고통에 가득 찬 노래를 불렀다.

　그것은 그러나 노래가 아니었다. 차라리 아슬아슬하게 절제된 통곡이었고 거센 압박 속에서 여러 가지 색채로 배어나고 우러나는 깊디깊은 우울의 인광(燐光)이었다.

　인학 형의 한마디,
　"사람 자체가 폰트라로군!"

　민기를 끌어들인 오윤 왈,
　"한국의 밥 딜런이오."

　내가 마침내 한마디 거들었다.

"음유시인(吟遊詩人)이야!
삿갓 이후 지하 이후의 계승자로군. 하하하……."

참으로 민기는 음유시인이었다. 우리가 헤어진 뒤 여름 한 날, 나는 서울대 의대(醫大)
함춘원(含春園)에 무료하게 앉아 있다 그때 마침 가까이 라디오에서 흘러나오는 민기의
독특한 우울투성이 저음을 듣고 귀를 바짝 기울였다.

긴 밤 지새우고
풀잎마다 맺힌
진주보다 더 고운
아침 이슬처럼
내 맘에 설움이
알알이 맺힐 때
아침 동산에 올라
작은 미소를 배운다
태양은 묘지 위에
붉게 타오르고
한낮에 찌는 더위는
나의 시련일지라
나 이제 가노라
저 거친 광야에
서러움 모두 버리고
나 이제 가노라

자기 나름의, 신세대 나름의 입을 꽉 다문 대담한 출사표(出師表)였다. 그리고 「아침 이
슬」이, 곧 일어나기 시작하는 새 노래운동의 시작이었다.

언뜻 생각이 미치는 것은 저것이 필경 '금지곡'이 되리라는 거였다. "태양은 묘지 위에 붉게 타오르고!" 여지없는 '불온'이었다.

좌우간 그 노래를 들으면서 앞으로 무엇이 올 것인지, 어디로 갈 것인지 아직 아무도 정확하게는 알지 못한다는 것에 생각이 미쳤다. 그러나 「황톳길」이 나오고 「서울길」이 나오고 또 이제 저처럼 강렬하고 아름답고 애틋한 "나 이제 가노라 저 거친 광야에"라는 「아침 이슬」까지 나왔다.

과연 우리는 이제부터 어디로 가는 것이며 또 가야 할 것인가.
'폰트라'의 한 불문율(不文律)로서의 과제(課題)가 있다면 그것은 바로 그 가는 곳이 어디인지를 어렴풋이나마 짐작해내는 것이었다.

그 방향 진단의 한 형태가 미술에서는 바로 '현실동인선언'으로 구체화되었다.

(『김지하 회고록』 중에서)

이 모임에 참여하는 과정에서 그가 지금까지 막연하게 가지고 있던 역사와 현실에 대한 의식이 조금씩 틀이 잡히기 시작했다. 김민기는 초·중·고등학교 시절의 미술반 동기이며 함께 서울대학교에 다니고 있던 친구 이도성 등과 함께 신정동에 야학을 열어 노동자들을 가르쳤고 인천 도시산업선교회 활동에도 참여하여 노동자들과 함께 연극을 만들어 공연하기도 했다.

1972년 여름, 그로서는 평생 잊을 수 없는 한 가지 체험을 하게 된다. 마산 수출공단의 노동자들과 해변으로 야유회를 갔을 때였다. 막 석양이 지는 바닷가로 하나씩 둘씩 돌아오는 고깃배들을 바라보다 그가 무심코 "야, 참 멋있는데"하고 중얼거렸다. 그때 옆에 같이 있던 여공 한 사람이 쏘아붙였다.

"그 사람들은 모두 먹고살자고 하는 일이에요. 뭐가 멋있다는 거지요?"

그때 그는 뒤통수를 철퇴로 얻어맞는 듯한 충격을 받았다. '난 아직 멀었구나' 싶었다. 이 조그만 체험이 그 자신의 감성적 기반에 대해 근본적인 반성을 겪는 결정적인 계기가 되었다. 그는 지금까지 그가 가져온 소위 '지식적인' 사고방식과 감수성에 대해 뼈저린 회의를 느끼기 시작한다. 어려서부터 그의 삶의 커다란 지주의 하나였던 그림에서도 차츰 멀어지게 되었다.

어느 날인가 그는 야외에서 풍경화를 그리고 있었다. 화면을 수정하기 위해 칼로 긁어내다가 캔버스에 구멍이 뚫려버렸다. 그 뚫린 구멍 사이로 방금 그가 그리고 있던 나무가 보였다.

"도대체 이런 그림을 그려서 무엇 할 것인가, 조금만 움직이면 저 나무를 내 손으로 직접 만질 수 있는데⋯⋯" 하는 생각이 스쳤다. 그는 앞으로 그가 살아갈 삶의 방식에 대해 대단히 중요한 시사를 받은 느낌이었다. 그해 겨울 무렵을 기해 그는 완전히 서양화 붓을 놓아버렸다. 기타라는 악기에 대해서도, 회의가 들기 시작했고, 전통 국악기나 민요, 판소리 등에 관심을 가지게 되었다. 그토록 아끼던 기타는 후배 누군가에게 주어버렸다.

1973년 초, 〈금관의 예수〉 공연

1973

이 무렵, 지학순 주교와 김지하 시인을 중심으로 가톨릭권의 문화운동이 활발히 전개되었다. 그 일환으로 김지하의 희곡 「금관의 예수」가 전국을 순회하며 공연되었다. 이 공연에는 김민기 외에 많은 연극패, 탈패 들이 참가했는데 이를 계기로 김민기는 연극패, 탈패 들과 본격적으로 교류하였다. 이 연극의 주제가이자 그의 걸작 가운데 하나로 꼽히는 노래 「주여, 이제는 여기에」는 첫 공연지인 원주로 향하는 버스 속에서 작곡되었다.

이때부터 그는 재야인사들의 집회나 문화행사 등에 자주 참여하는데 1973년 겨울의 '민족문학의 밤' 행사에서는 이종구의 북과 김영동의 아쟁에 맞추어 항일의병장 우덕순의 시 「보난 대로 죽이리라」를 낭송하기도 했다. 이와 같은 그의 모습은 모 일간지의 신춘문예 소설부문 당선작에 당 시대의 한 상징적인 젊은이의 모습으로 묘사되기도 했다.

1974년 4월, 소리굿 〈아구〉 공연

1974

김민기가 국악에 관해 처음으로 눈을 뜨게 되는 것은 당시 미대에 함께 다니던 김구한을 통해서였다. 김구한은 국악고등학교를 졸업하고 서울대학교 국악과에 합격했으나 형편상 입학을 포기했다가 1969년에 미대에 입학, 조소과에 다니고 있었다. 김구한에게서 단소를 배우면서 전통음악을 접하기 시작한 김민기가 본격적으로 국악의 대중화에 관심을 갖게 되는 것은 작곡과 출신의 이종구와 김영동을 만나면서부터였다. 그 첫 작업은 음대의 서클인 '20세기 음악연구회'의 발표회 무대를 통해서 이루어졌다. 신경림의 시에 이종구가 곡을 붙인 작품이 국악과 기타 반주로 무대에 올려졌는데 기타 부분의 편곡과 연주, 그리고 노래는 김민기가 맡았다.

1973년 말 김민기는 경음악평론가 최동욱의 주선으로 지구레코드사와 미국의 RCA와 함께 라이센스 음반을 만들기로 계약을 맺었다. 이때 받은 계약금을 가지고 준비한 것이 1974년 4월 국립극장 소극장에서 공연된 '이종구 작곡발표회'였다. 이 작곡발표회는 두 부분으로 이루어졌는데, 제1부에서는 이종구가 작곡한 작품들을 김민기가 노래 불렀다. 김지하의 시에 곡을 붙인 「빈 산」, 「서울길」을 비롯하여 「백제관음」, 「하나이었다더라」 등 여러 노래가 국악 반주로 발표되었다. 제2부에서는 한일 관계의 문제를 특히 기생관광에 초점을 맞추어 풍자한 소리굿 〈아구〉가 공연되었다. 소리굿 〈아구〉의 대본은 남사당 덧뵈기 중의 먹중과장의 기본골격을 원용하여 김민기가 집필한 것이었고 이종구가 작곡을 맡았으며, 채희완·임진택·김석만·이애주 등이 참가했다. 이 국립극장 공연은 TV로 방영될 예정이었으나 녹화 도중 중단되었고 레코드 출반계획도 이루어지지 않았다. 그것은 물론 그 노래들이 공연윤리위원회의 검열을 통과할 수 없었기 때문이었다. 그러나 공연 자체는 대단한 성황을 이루어 입장료가 200원인데 암표가 무려 3,000원에 거래될 정도였다. 전통 탈춤 양식이 오늘의 문제를 담는 데 얼마나 유용한 것인가를 보여준 이 소리굿 〈아구〉는 이후 70년대 전반을 통해 크게 일어난 마당극 운동의 결정적인 시발점이 되었다. 소리굿 〈아구〉는 이후 이화여자대학교에서 재공연되었는데 재공연 당일 채희완과 임진택이 연행되었고 김민기가 쪽발이 역을 직접 맡아 공연하였다.

1974년 10월, 군 입대

군에 입대한 그가 처음 배치받은 곳은 카투사 중의 카투사로 불리는 AFKN 방송국이었다. 그가 비교적 편한 군대 생활을 보내고 있던 1975년. 전국은 소위 유신찬반국민투표 문제로 온통 들끓고 있었다. 가톨릭권을 중심으로 국민투표 보이콧 운동이 맹렬히 전개되었고 투표 당일에 명동성당에서 하루 종일 투표를 반대하는 집회와 공연을 벌이려는 계획이 세워졌다. 이 모임의 계획에서 김민기의 노래들이 주 레퍼토리로 채택되었다. 이 계획은 사전에 발각되어 무산되었지만 이 일로 김민기는 영문도 모른 채 보안부대에 소환되었고 곧이어 최전방으로 재배치되었다.

전방으로 배치되어 갔을 때 그를 기다린 것은 2월 혹한 속의 차디찬 사단 영창이었다. 내복도 못 입은 채 독방

영창 생활을 마친 후 그곳에서 그는 나머지 군 생활을 보냈다.

1975년, 수색중대가 작사 · 작곡

그가 복무하던 연대의 수색중대장으로 있던 고등학교 선배의 부탁으로 만든 이 노래는 김민기가 만든 유일한 군가로 실제로 중대가로 불렸다.

1977년 5월, 제대

군에서 제대했을 때 이미 그의 노래는 방송가에서 자취를 감추었지만, 묘하게도 그는 자신이 입대 전보다도 훨씬 유명해져 있음을 느낄 수 있었다.

다른 한쪽에서 그는 '위험인물'로 단단히 낙인찍혀 있었고 모든 공식적인 활동에 제약을 받아야 했다. 대학가에서는 여전히 그의 노래가 애창되고 있었지만 그를 인기 가수라고 부르는 사람은 아무도 없었다.

대학가에서 불리는 노래 가운데는 그의 노래 외에 과거 독립군이나 빨치산들이 불렀던 유의 작자 미상의 구전 가요도 상당히 많았는데, 많은 사람이 그것도 김민기의 노래일 것이라고 지레 단정하곤 했다. 그는 본의 아니게 대단한 투사로 인식되고 있었다.

제대하고 얼마 후 그는 가까스로 부평 근처의 어느 공장에 취직한다. 생산직은 아니었지만 그로서는 노동자들의 삶과 의식을 가까이서 체험할 수 있는 기회가 되었다. 그는 그 공장에서 노동자들을 모아 새벽마다 공부를 가르쳤다. 소위 말하는 '의식화 교육'과는 무관하게 노동자들에게 조금이라도 도움을 주고 싶다는 소박한 생각이었다. 거의 매일 계속되는 야근 때문에 밤에 공부하는 것은 불가능했다. 야학(夜學) 아닌 조학(朝學)인 셈이었다.

이때 그와 함께 생활한 노동자들의 합동 결혼식을 위해 그는 「상록수」라는 노래를 만들어 불러주기도 했다. 그의 현장 상황에 관하여는 소설가 조세희가 『난장이 마을의 유리병정』이라는 작품에서도 언급한 바 있다.

공장에 다니던 중에 그는 당시 서울미대 학장이었던 조각가 고 김세중 씨의 배려로 대학 졸업장을 받는다. 중등 교사 자격증도 함께였다. 대학에 입학한지 9년 만의 졸업이었다.

더 이상의 공장 근무가 곤란해지자 그는 퇴사했다. 그 후 한동안 그는 노동자들과 함께 기숙하며 막노동 생활을 해야 했다. 그로서는 몹시도 춥고 외로운 시기였다.

1978

1978년, 음반 〈거치른 들판의 푸르른 솔잎처럼〉 제작

양희은이 노래한 이 음반은 그가 군대 시절에 작곡한 「늙은 군인의 노래」, 「식구 생각」, 그리고 제대 후에 만든 「밤뱃놀이」, 「거치른 들판에 푸르른 솔잎처럼」 등 거의 그의 작품으로만 이루어져 있다. 그러나 정작 어느 한 곡도 자신의 이름으로 발표할 수는 없었다. 이유는 간단했다. 김민기라는 이름으로는 심의를 통과할 수 없었기 때문이었다. 노래가 문제가 아니라 작곡자의 이름이 문제였으니 심의기준치고는 기가 막힌 심의기준이 아닐 수 없다.

남의 이름을 빌려 낸 이 음반은 그나마도 얼마인가 일부가 삭제되었고 곧 다시 판금되었다. 말썽이 된 것은 「늙은 군인의 노래」 때문이었다. 음반 발매 후 군인들, 특히 하사관과 일반 사병들 사이에 급속히 전파되던 이 노래에 대해 장교들은 심한 거부감을 가졌고, 국방부가 영내에서 이 노래를 부르지 못하도록 할 것을 전군에 하달했던 것이다.

이 음반은 그 후에 「늙은 군인의 노래」 대신 「주여 이제는 여기에」가 「주여 이제는 그곳에」로 둔갑하여 실려 재발매되었다. 이와 같은 상황에서 더 이상 합법적인 음악 활동이 불가능하다는 생각을 하게 되면서 김민기는 새로운 작업에 착수한다.

1978년 겨울, 노래굿 〈공장의 불빛〉 완성

〈공장의 불빛〉은 70년대 한국 노동운동 초기의 일반적인 모습을 노래굿이라는 새로운 양식으로 카세트테이프에 담아낸 것이다. 익명을 원하는 많은 사람의 후원을 받아 제작된 이 테이프에 김민기는 자신의 이름 석 자를 비로소 떳떳이 밝힐 수 있었다.

이 테이프의 제작에는 당시 대학마다 태동하기 시작하던 노래동아리들, 즉 서울대 '메아리', 이화여대 '한소리'와 경동교회 '빛바람 중창단' 등이 참여해 노래를 불러주었고 뜻있는 연주자들이 기꺼이 동참해주었다. 기관원들의 눈을 피해 가수 송창식의 연습실을 비롯해 여러 곳을 숨어 다니며 제작해야 했던 〈공장의 불빛〉은 나오자마자 커다란 화제가 되었고 그는 당연히 연행되어 조사를 받아야 했다.

〈공장의 불빛〉은 그가 시쳇말로 '빵에 갈' 각오를 하고 만든 것이었지만 어쩐 일인지 그는 구속되지 않고 곧 풀려나왔다. 그 후 그가 전해 들은 얘기 한 토막, 청와대의 어떤 회의석상에서 나왔다는 얘기다. "똥이 무서워서 피하나 더러워서 피하지. 건드리면 냄새만 나. 집어넣으면 김지하를 하나 더 만드는 셈이야."

조사를 마치고 나온 그는 이제 더욱더 위험한 인물로 간주되었고 아무 데도 갈 곳이 없었다. 그는 부친의 산소가 있는 이리 근처로 내려가 조용히 묻혀 살 결심을 한다. 그는 처음으로 얼굴도 모르는 부친에 대한 짙은 그리움을 느꼈다.

그는 익산의 어느 농가에서 밥만 얻어먹으며 농사일을 배우기 시작했다. 그러나 이런 생활조차도 자유로운 것은 아니었다. 그의 주인집은 정기적으로 그에 관해 경찰에 보고를 해야 했다. 10·26이 터진 후 그는 김제로 옮겨 소작 농사를 지었다.

1979년 12월, 유아원 기금 마련을 위한 자선공연에 출연

1979

10·26 직후 한국 사회는 새로 맞을 봄에 대한 기대로 잔뜩 술렁거렸다. 그때 김민기가 대학 시절에 활동했던 야학의 후배 강학들이 그를 찾아왔다. 그들은 여성 해고 노동자들에게 보모교육을 시켜 유아원을 설립하고자 한다며 그에게 도움을 청했다. 10·26 이전 같으면 어림도 없었을 유아원 기금 마련 자선공연이 김민기에 의해 기획되었고, 그는 실로 오랜만에 무대에 섰다. 프로그램에 그의 이름은 한 줄도 비치지 않았지만 소문을 듣고 문화체육관에 몰려든 젊은이들은 김민기에게 열광적인 박수를 쏟았다.

그는 마지막 공연에서 계속되는 앙코르 요청으로 다섯 곡이나 더 불러야 했다. 이 공연에서 마련된 자금으로 경기도 난곡에 자그마한 유아원이 설립되었다.

1980

1980년, 〈국풍〉 출연 거부

제5공화국이 시작되면서 정부는 대대적인 관제문화행사를 계획하는데 여의도 광장에서 펼쳐진 〈국풍〉이 그것이었다. 정부에서는 이 행사에 김민기를 참여시키기 위해 집요한 노력을 보였는데 정부 고위층 인사가 직접 내려가 갖은 회유를 다했으나 그는 농사일을 핑계로 끝내 출연을 거부했다.

1981

1981년, 마당극 〈1876년에서 1894년까지〉 창작 공연

김제에 자리를 잡고 농사를 짓는 동안 그의 집에는 전라도 지역의 문화패를 비롯하여 전국 각지의 문화예술인들이 쉴 새 없이 들락거렸다. 모내기 철이나 추수 때면 각지의 친구, 후배 들이 모여들어 일을 도와주었고 그의 집은 마치 장터처럼 떠들썩하기 마련이었다. 이때 김제, 전주 지방의 젊은 연극패들이 자주 그를 찾아왔는데, 그는 이들을 규합하여 근대사 세미나를 겸한 마당극 〈1876년에서 1894년까지〉를 창작했고 1981년 전주에서 소규모 워크숍 형식으로 공연하였다.

1981년, 경기도 전곡으로 옮김

1981년, 김민기는 전곡으로 옮겨 작은아버지와 함께 소작을 시작했다. 겨울철에는 추운 지역이라 비닐하우스도 할 수 없어 남해의 외딴섬 김 양식장에 가서 일을 해 하루 세 끼를 때워야만 했다.

전곡에서 농사를 짓던 중 그는 농민의 현실을 더욱 깊이 절감하는 계기가 된 한 사건을 경험한다. 그해 그는 약 5,000평 규모의 참깨 농사를 시작했다. 그때 모(某) 비료회사에서 그 일대를 맡아 액체 비료를 살포했는데 나중에 보니 싹이 몽땅 타 죽어 있었다. 김민기는 혼자서 원인조사에 나섰고 결국 비료회사에서 비료를 많이 팔기 위해 정량의 5배 이상이나 과다 살포한 탓임을 밝혀낸다. 그때부터 보상을 받아내기 위해 각지를 찾아다니며 협조를 구했으나 도움받을 길이 없었고, 그는 혼자서 비료회사를 상대로 외로운 싸움을 벌여야 했다. 그는 자신의 주장을 입증하기 위해 비료의 필요량과 실제 살포량 등에 관해 데이터를 작성해냈다. 그는 이를 근거로 회사에 손해배상을 청구하였고, 끝내 배상을 받아내는 집념을 보인다.

그는 이 사건을 계기로 소위 '새마을운동' 이후 마치 투기꾼처럼 변해버린 농민 모습과 모든 운명을 자신의 탓으로만 돌려버리는, 그래서 속으로 더욱 피폐해질 수밖에 없었던 농촌의 현실, 그리고 농민의 구체적인 삶의 현실은 외면한 채 오로지 정치지향으로만 치닫는 당시의 일부 재야운동권의 실상 등을 뼈저리게 실감할 수 있었다. 1981년 겨울, 전곡의 민통선 북방 지역에 5,000평 규모의 논을 소작할 기회가 생겼다. 단, 논 옆에 있는 흉가 하나를 매입해야 한다는 조건이었다. 그 겨울, 김민기는 충남 보령의 탄광에서 일해 50만 원을 벌었고 그것으로 흉가를 매입하여 그곳에서 생활하며 농사를 짓기 시작했다.

그는 마을의 젊은이들을 규합하여 청년회를 조직했고, 그를 통해 쌀 출하사업도 벌였다. 그곳에서 생산된 쌀을 도시의 소비자들에게 직매함으로써 중간 유통과정의 문제점을 없애고 농민과 소비자가 다 함께 이익을 얻도록 하는 사업이었다. 이 사업의 결과 농민 측과 소비자 측에서 각기 250만 원 정도의 이익을 남길 수 있었다. 청년회는 이 이익금을 기금으로 쓸 수 있었고 그중 일부는 마을 공동목욕탕 건립기금으로 적립시킬 수 있었다. 이 일로 그는 한때 '쌀장수'로 소문이 났고, 시인 황명걸은 「쌀장수 김민기」라는 시를 발표하기도 했다(《문예중앙》 1984, 여름).

1983년, 연극 〈멈춰 선 저 상여는 상주도 없다더냐〉 연출

1983

1983년, 극단 연우무대는 2년 전 김민기가 전주에서 만들었던 마당극 〈1876년에서 1894년까지〉를 대한민국 연극제에 출품하여 본선에 올랐다. 이 연극은 김민기의 연출로 문예회관 대극장에서 공연되었는데, 당시 제목은 〈멈춰 선 상여는 상주도 없다더냐〉였다. 당시 연우무대의 대표였던 오종우 씨를 희곡작가로 내세워 출품되었던 이 작품은 평론가들로부터는 그다지 좋은 평을 받지 못했지만, 연출자 김민기의 명성에 힘입어 대학생층의 열렬한 호응을 얻었고, 당시 문예회관 대극장 개관 이래 최대의 관객 동원이라는 기록을 수립하기도 했다.

1983년 12월, 화재발생. 84년 1월, 서울로 나옴

그가 민통선 안에서 농사꾼으로 일하고 있던 1983년 겨울, 그가 살고 있던 집에 화재가 나 가재도구와 가지고 있던 책까지 몽땅 불타버리는 액운을 만난다. 마을 사람들은 자기들이 새로 집을 지어줄 테니 계속 머물러달라고 했고 그 자신도 그렇게 할 생각이었다. 그때 미국에 유학 중이던 김석만이 돌아왔다. 그는 돌아오자마자 김민기를 만나 함께 일할 것을 종용했다. 마침내 김민기는 농촌 생활을 일단 청산하고 서울로 돌아왔고 그는 김석만, 오종우 등과 함께 사무실을 내고 새로운 작업을 시작했다.

맨 먼저 김석만과 함께 아동용 뮤지컬을 만들어 공연하고 레코드로도 출반할 것을 계획했다. 그러나 레코드사와 계약을 맺고 계약금을 받아 시작한 이 기획은 끝내 무산되고 말았다. 김민기의 작품이라는 이유 때문에 공윤 심의를 위한 접수가 거부되어 심의를 받을 기회조차 얻지 못한 때문이었다. 아직까지도 그의 이름으로 음반을 낸다는 것은 그 내용을 불문하고 불가능한 일이었다.

1984

1984년, 음반 〈노래를 찾는 사람들 1〉 제작

뮤지컬 계획이 무산되자 김민기는 또 다른 일에 착수한다. 70년대 후반부터 서울대, 이화여대 등을 필두로 노래 동아리들이 생겨났다. 이들은 70년대 문화운동의 주역이었던 마당극의 자리를 대신해 수많은 집회와 시위에서 가장 핵심적인 프로그램 제공자로 떠올랐고, 이러한 상황에 따라 새로운 노래들이 폭발적으로 생산되기 시작했다. 이즈음 70년대 후반부터 대학에서 노래운동을 하던 노래패들은 대학을 졸업하면서 대학 밖의 사회 공간에도 지속적인 노래운동의 장이 마련되어야 한다고 생각했고 정기적인 모임을 가지면서 새로운 활동 방식을 고민하였다. 그들은 김민기에게 도움을 청했고 마침 아동용 뮤지컬 음반을 준비 중이던 김민기는 이들과 함께 공식적인 음반을 제작·발매하기로 했다. 이 시점에서의 음반 제작은 대학 울타리 안에 머물러 있던 노래운동의 성과를 일반 대중의 광범위한 영역으로 확산시키면서 좀더 전문적인 노래운동의 장을 마련하려는 의도를 내포한 것이었다. 그러나 공윤은 김민기의 작품을 접수하기를 거부했고, 후배 노래패들의 노래들만, 그것도 딱 음반 한 장에 들어갈 분량 만큼만 심의를 내주었다. 그렇게 공윤 심의를 통과한 비교적 순화된 내용의 노래들만으로 구성된 〈노래를 찾는 사람들 1〉은, 그러나 음반사에 대한 기관원들의 압력으로 발매만 되었을 뿐 시중에 배포되지는 못한 채 수년간을 보내야 했다. 이 음반은 그 후 1987년에 다른 음반사에서 다시 출반되었고 그해 10월부터 본격적으로 공연 활동을 시작한 '노래를 찾는 사람들'의 활발한 활동에 힘입어 대중적으로 알려지게 되었다. 그 후 1989년에 출반된 〈노래를 찾는 사람들 2〉 음반의 성공과 함께 '노래를 찾는 사람들' 음반 1~3집은 레코드가의 스테디셀러로 자리 잡았고, '노래를 찾는 사람들'은 문화운동 역량이 대중적인 성공을 거둔 가장 대표적인 예로 부각되면서 한국 대중가요사에 큰 획을 그었다.

1985년 8월 31일, 결혼

그가 새로운 각오로 추진한 뮤지컬의 시도는 또 한 번의 좌절을 겪어야 했지만 그 작업을 계기로 그는 한 여자를 만날 수 있었다. 그가 뮤지컬 출반 계획을 추진하던 사무실에 상근하며 그의 작업을 도왔던 이미영이었다.

1985년 8월 31일, 억수같이 쏟아지는 빗속에서 서른다섯의 노총각 김민기는 결혼식을 올렸다. 쏟아지는 비에도 불구하고 결혼식이 있던 서울 미술관에는 수많은 하객이 모여 그들의 앞날을 축복해주었다. 그들은 불광동의 두 칸짜리 전세방에서 어머니와 두 조카와 함께 새살림을 시작한다. 김민기의 굴곡 많던 삶은 결혼과 함께 새로운 고비를 맞는다.

1987년 9월, 음반 〈아빠 얼굴 예쁘네요〉 출반

1987년 6월의 시민항쟁이 6·29 선언을 얻어낸 후 이루어진 여러 가지 변화 가운데에는 금지곡 해제 등 이른바 부분적인 문화해금이 포함되었다. 「아침 이슬」 등 김민기의 노래들도 이때 금지곡의 사슬을 벗는데 해금된 김민기가 새로 선보인 첫 번째 작업이 아동용 뮤지컬로 제작된 〈아빠 얼굴 예쁘네요〉였다.

〈아빠 얼굴 예쁘네요〉는 탄광촌에 사는 어린이들의 눈을 통해 그들의 인간적인 삶을 잔잔한 노래와 함께 펼쳐

보이는 작품으로, 작자 자신의 광부 생활 체험을 바탕으로 80년대 초부터 뜻있는 일선 초·중등 교사들에 의해 수집된 어린이 글짓기 작품들을 원용하여 구성한 작품이다.

출반 다음 해에 국민학교 4년 도덕 교과서에 익명으로 실리는 이 작품의 내용 역시 공윤 심의 과정에서는 개작 지시를 받아야 했다. 공윤은 작품의 전편에 여러 차례 걸쳐 나오는 '까만 집, 까만 길, 까만 물, 까만 산……'에서 '까맣다'라는 표현을 전면 수정할 것, 시험의 악몽에 시달리며 굴속으로 들어가는 꿈을 꾸는 주인공 어린이의 독백 가운데 '나는 지옥이 어떤 곳인 줄 안다……'에서 '지옥'을 바꿀 것, 올림픽을 목전에 두고 있으니 보신탕이란 표현을 바꿀 것 등등 터무니없는 개작을 요구했다. 결국 '까맣다'를 '하얗다'로 바꾸겠다는 작자의 협박 아닌 협박(탄광촌이 하얗다?) 끝에 '지옥'을 '굴속'으로, '보신탕'을 '흑염소탕'으로 바꾸는 선에서 타협이 이루어졌고 카세트테이프와 그림책을 묶은 형식으로 출반은 되었지만 공윤의 지겨울 정도로 자상한(?) 배려는 두고두고 웃음거리가 아닐 수 없었다. 김민기는 이듬해, 《한겨레신문》과의 인터뷰에서 공윤을 "군사문화를 확대 재생산하는 최후의 보루"라고 통렬히 지적한 바 있다. 또 그는 늘 공윤을 해체하고 창작자들의 저작권을 보호·육성하는 기구로 대체해야 한다는 주장을 펴곤 했다.

출반에 앞서 〈아빠 얼굴 예쁘네요〉는 연우무대에서 3대의 슬라이드 프로젝터(slide projector)를 사용해 사진과 그림을 영사막으로 비추고 노래와 음악을 플레이 백(play back)하는 방식으로 공연되었는데, 이때 처음 선보인 멀티 슬라이드 프로젝션(multi slide projection) 방식은 이후 수많은 공연과 집회, 특히 노래 공연에서 서사적 효과를 위해 활용되면서 새로운 공연 기법으로 자리 잡는다.

1987년 12월, 음반 〈노래일기-엄마, 우리 엄마, 노래극-개똥이 수록곡 모음〉 출반

공식 활동을 재개한 김민기는 1984년에 시도했다 좌절되었던 아동용 뮤지컬 작품을 비로소 음반으로 내놓는다. 이 음반에는 노래일기 〈엄마, 우리 엄마〉 전편과 노래극 〈개똥이〉에 나오는 「날개만 있다면」 등 열세 곡의 노래가 실려 있다.

〈엄마, 우리 엄마〉는 〈아빠 얼굴 예쁘네요〉와 같은 형식으로 이보다 먼저 만들어진 짧고 잔잔한 소품이고 〈개똥이〉는 윤기현의 창작 동화 「사랑의 빛」에서 모티브를 차용해 만든 뮤지컬 작품이다. 그러나 이 작품 역시 공윤의 심의 과정에서 몇몇 노래가 불허되어 음반에서 빠져야 했던 관계로 뮤지컬이라기보다는 조각난 노래들의 모음이라는 형식이 되고 말았다. 이른바 '문화해금'이니 '민주화', '개방시대'니 하지만 창작의 숨통을 옥죄는 검열장치는 여전히 엄존하였고 김민기에 대한 당국자들의 시각도 별반 달라진 것이 없었다.

70년대 이래 김민기에 대한 당국의 시각을 알게 해주는 일화 하나를 소개한다.

김민기는 80년대 초 모 수사기관에 연행되어 대학 내 노래동아리들의 결성 배후 혐의로 조사를 받게 되었다(노래동아리들은 그의 군대 생활 시절, 대학 내에 자연발생적으로 생겨나 그와는 전혀 무관했고, 그는 제대 후에야 그와 같은 동아리들의 존재를 알 수 있었다). 수사관은 그에게 기관 내부 교육용으로 제작된 것으로 보이는 대외비 책자를 한 권 펼쳐 보였다. 그 책자의 머리말에는 유독 김민기의 인적 사항이 상세하게 적혀 있었고 부피가 꽤 되어 보이는 그 책자는 쪽의 왼편이 노래 가사이고 오른편이 그 가사의 해설편인 노래집이었다. 김민기는 그 책자에 실린 작자 미상의 많은 독립군가와 빨치산 노래들에 자신의 이름이 작사·작곡으로 표기되어 있는 것을 보았고, 수사관은 그 노래들의 작곡 동기를 캐어묻기 시작했다. 김민기는 그저 웃을 수밖에 없었다. 수사관은 이윽고 「아침 이슬」의 가사를 펼쳤다. 가사의 첫 낱말인 '긴 밤'에 쳐진 밑줄에 눈이 갔다. 그리고 오른편의 해설을 보았다. '유신체제'였다. 또 몇 개의 밑줄과 장황한 해설들, 그리고 노래 후반의 첫 낱말인 '태양'에 쳐진 밑줄, 오른쪽 해설은 '김일성 체제를 뜻한다'로 되어 있었다. 전체적으로 요약하면 '긴 유신체제의 밤을 마감하고 민족의 태양이신 김일성을 열렬히 맞이하자'는 내용이라는 것이었다. 양희은이 「아침 이슬」을 맨 처음 취입하고 그 다음 해에 김민기 자신이 직접 불러 출반한 것이 1971년이라는 사실을 밝힌 다음, 김민기는 수사관에게 되물었다. "10월 유신이 몇 연도였지요?" 수사관은 대답 대신 인상을 찡그리며 책을 큰 소리가 나게 덮었다. 그러나 이 책자가 많은 관계기관 공무원들에게는 교재와 같은 것이었을 테고 새마을교육과 같은 연수교육 등에서 참고자료로 쓰였을 것임을 추정하기는 어려운 일이 아니다(실제로 그 얼마 후 김민기는 어느 연수교육엔가를 다녀온 친형으로부터 수사관이 물었던 것과 비슷한 질문을 받아야 했다). 막강한 권력을 휘둘렀던 권력자들이 한 개인에게 행한 참으로 치졸하기 짝이 없는 범죄행위였다.

1989년, 한살림 모임 창립, 초대 사무국장 맡음

1989

또다시 시도했던 새출발이 여지없이 난도질을 당하자 김민기는 창작에 대한 의욕을 포기하고 좀더 근본적인 문제로 눈을 돌린다. 사회의 변혁에 대한 종전의 도식적인 이론과 방법론에도 일말의 의문을 품어왔고 그 때문에 그의 실천적인 민중적 삶의 궤적에도 불구하고 때로는 패배적인 지식인으로 또는 나약한 문화주의자로 낙인찍히기도 했던 그는 대학 시절 친분이 있었던 강원도 원주의 장일순 씨와 다시 만나면서 새로운 세계관의 가능성에 대한 희망을 갖게 된다. 서울대학교 미대 미학과 1회 대선배이기도 한 장일순 씨는 한학을 비롯해 동서 학문에 해박한 식견을 갖춘 지역 원로로서 '농촌개발운동', '지역교육사업', '협동조합운동' 등을 벌이면서 70년대 재야운동권의 정신적 지주 역할을 하였고 시인 김지하에게 묵화(난)를 가르친 서예가로도 알려져 있다.

장일순, 박재일, 김지하, 최해성 등과 함께 창립한 '한살림 모임'의 '한살림 선언' 발문은 다음과 같이 시작된다.

> 산업문명이 온 세상을 황폐하게 만들면서 급속히 생명을 파괴해가고 있는 오늘의 죽임
> 의 상황에 대하여 지금 전 세계적으로 일고 있는 요청은 바로 생명의 세계관 확립과 이에
> 입각한 새로운 생활양식의 창조입니다. 분단 상황에 놓인 우리나라는 이 산업주의의 횡
> 포가 특별히 심한 지역이며 이의 극복에 대한 요청도 민족통일에 대한 요청과 더불어 날
> 로 커가고 있습니다……

김민기는 이 모임의 초대 사무국장을 맡는다.

1990

1990년, '겨레의 노래' 사업단 총감독 맡음

1990년 한겨레신문사는 한민족 누구나 부를 수 있는 노래를 발굴·창작하는 '겨레의 노래' 운동을 펼칠 목적으로 '겨레의 노래 사업단'을 발족시켰고 김민기가 그 책임을 맡게 되었다. 이 사업을 통해 중국 조선족의 노래들과 묻혀 있던 민족음악인들의 노래, 대중가요, 가곡, 운동가요 등 폭넓은 영역의 노래들이 수집되었고 대대적인 창작곡 공모가 이루어졌다. 그 결과 엄선된 노래들로 노래집 『겨레의 노래 1』과 음반 〈겨레의 노래 1〉이 발간되었다.

음반의 발매와 함께 전국을 순회하는 〈겨레의 노래〉 공연이 이루어졌는데 이 공연에서 사람들은 참으로 오랜만

에 「아침 이슬」을 부르는 김민기의 모습을 볼 수 있었다.

겨레의 노래 사업을 벌이면서 김민기가 직접 쓴 발문을 보면 이 사업에 임한 그의 마음을 읽을 수 있다.

> 땅도 나뉘었고, 사람도 나뉘었고, 생각도 노래도 나뉘었고 나뉜 중에 또 나뉘어 이제는
> 각자의 마음 안에서조차 가닥을 못 잡아 제 마음의 주인 노릇하기도 힘든 지경이 되고 말
> 았습니다. ……(중략)…… 그리고 지구 상에서 우리말을 쓰는 사람들만이라도 먼저 다
> 함께 같이 부를 '겨레의 노래' 한두 가락 생겨나지 말라는 법도 없을 것입니다……

1991년, 대학로에 소극장 '학전' 개관, 음반 〈북방의 선율〉 출반

1991

김민기는 1991년 대학로에 학전 소극장을 열고 대표를 맡는다. 연극, 음악, 무용 등 다양한 공연물의 종합적인 실험공간을 지향한 '학전'은 이후 TV 프로그램으로 옮겨간 〈노영심의 작은 음악회〉를 비롯하여 김광석, 안치환, 노래를 찾는 사람들 등 다양한 가수들의 콘서트를 기획 · 공연하면서 대학로에 소극장 콘서트 문화를 만들어낸다. 이후 매년 학전에서 공연을 한 김광석은 1995년 단독 콘서트 1,000회 돌파 기념공연을 한다.

개관 첫해에 겨레의 노래 사업의 연장선상에서 조선족 성악가들을 초청하여 〈북방의 선율 — 중국의 우리 노래〉 라는 이름의 공연과 함께 중국 조선족 창작 가곡과 동요 모음 음반 〈북방의 선율〉을 출반한다.

1993년, 음반 〈김민기 전집〉 출반

1993

〈공장의 불빛〉, 〈연이의 일기〉 등 긴 노래극 형식의 작품을 제외한 단형의 초기 작품 39곡을 자신의 목소리로 담은 네 장의 음반을 출반하였다. 실로 22년 만에 나오는 그 자신의 음반이다. 오랜 세월 동안 구전(口傳)의 문화로서 존재해왔고, 그래서 늘 현실이기보다는 신화에 가까웠던 그의 노래들이 작자 자신에 의해 비로소 제 모습을 드러낸 것이다. 이 음반은 단순히 한 개인의 창작물을 모은 것이

라는 차원을 넘어 그동안 자의건 타의건 한 시대의 커다란 문화적 흐름을 이루었던 정신사적 흔적을 살필 수 있게 해준다는 점에서 그 의의가 자못 크다고 할 수 있다. 젊은 시절 캠퍼스 어느 구석에서 그의 노래를 숨죽여 불러본 경험이 있는 세대에게 그것이 '추억'이라는 이름을 가지는 것이라면, 지금 젊음의 통과의례를 겪는 새로운 세대에게 그것은 '역사'라는 이름을 가지게 될 것이다.

1994

1994년 5월, 〈지하철 1호선〉 공연 시작

독일 뮤지컬의 틀 속에 한국의 현실을 놀라운 생동감으로 녹여놓은 뮤지컬 〈지하철 1호선〉의 장정이 시작되었다. 아래는 당시의 신문 기사 가운데 하나이다.

가수 김민기 〈지하철 1호선〉 타다

「아침 이슬」의 작곡자인 가수 김민기 씨의 서울 동숭동 소극장 학전에서 록 뮤지컬 〈지하철 1호선〉이 14일 개막된다. 연출자도 김민기 씨. 폴커 루드비히 원작, 비르거 하이만 작곡의 독일 작품을 연출자가 직접 번안·편곡했다. 6월 30일까지 화~목요일 오후 7시 30분, 금~일요일 오후 3시 / 7시 공연.
70년대 말 최초의 '노동 뮤지컬'이라 일컬은 〈공장의 불빛〉을 작곡했고, 탄광촌 어린 이들을 통해 막장의 인생을 바라보는 노래극(《아빠 얼굴 예쁘네요》)을 시도했던 김민기 씨가 뮤지컬을 한다는 것은 당연한 일처럼 보이기도 한다. 다만 왜 창작 뮤지컬이 아니라 외국 작품이냐는 질문이 있을 법하다.

"급할수록 돌아가란 말이 있잖은가."

예상대로 〈지하철 1호선〉은 김민기의 '한국적 음악극'으로 향하는 우회노선이었다. 상업 쇼에 가까운 브로드웨이식 뮤지컬에 휩쓸리는 우리 무대를 바라보며 그는 "개인적으로 각오는 비장"한 상태이고, "우리식의 대중문화 문법을 창조해내는 일을 더 이상 늦출 수 없다"고 생각하고 있다.

그러고 보면 〈지하철 1호선〉도 김 씨와 비슷한 강박을 당하던 독일의 연극인들이 비슷한 각오로 만들어낸 작품이다.

1968년 학생운동 세대의 일부가 문화운동을 자기 일로 정하고 만든 서베를린의 소극장이 그립스. 교육극 활동으로 이름난 이 극장은 브로드웨이식 뮤지컬 쇼가 휩쓰는 연극계에서 독일 뮤지컬의 작은 진지 구실을 하고 있다. 성인극으로는 그립스의 첫 작품인 〈지하철 1호선〉이 1986년 초연 이후 지금까지 성공적으로 장기 공연되고 있다.

통일 이전에 제작된 이 뮤지컬은 극우파와 좌파 성향 사람들의 대립과 갈등, 외국인 노동자 이야기, 노인 문제 등 서베를린 사회의 문제들을 드러내고 있는데, 김민기 씨는 그것을 오늘의 서울로 무대를 옮겨놓았다.

지방공연 온 록밴드 가수와 '사랑에 빠졌다가' 그를 찾아 서베를린으로 찾아가는 시골 아가씨가 독일판의 주인공인 데 비해, 서울판에서는 그 아가씨가 백두산 관광단 일원으로 연변을 지나갔던 청년을 찾아 서울행을 결행한 연변 처녀로 바뀌었다. 나윤선·방은진·윤영로·김효숙·이두일 등이 출연하고, 5인조 록밴드 무임승차가 연주를 맡는다.

"〈로미오와 줄리엣〉으로 〈웨스트 사이드 스토리〉를 만들고, 〈미녀와 야수〉나 〈인어공주〉를 끊임없이 새롭게 상품화하는 서양을 보라. 우리에게도 그런 자산은 한없이 풍부하다. 월트 디즈니 사라면 〈별주부전〉 한 편으로도 영화 수백 편은 만들 수 있었을 것이다."

벌써 다음 계획을 묻는 소리에 김 씨는 판소리 다섯 마당을 음악극으로 만들어보고 싶다고 밝혔다.

"우리 전통음악의 정서를 어떻게 오늘의 정서에 직접 이입시킬 것인가, 그것이 가장 큰 고민이다. 현대와 전통을 기계적으로 결합시킨 '콜라주'가 아니라 우리의 관객과 호흡하는 동시대 음악을 창조해야 할 텐데."

(《한겨레 신문》 1994.5.12.)

1995

1995년 5월 27일, '환경음악제' 노래극 〈오션월드〉 연출

KBS와 조선일보사가 주최한 환경음악제의 노래극 〈오션월드〉가 김민기의 연출로 세종문화회관 대강당에서 공연되었다. 〈오션월드〉는 세계야생동물보호기구가 바다 생태계를 소재로 제작한 음악극으로 환경음악가 피터 로즈의 가사에 앤 콘론이 곡을 붙였고 〈지저스 크라이스트 슈퍼스타〉의 편곡자 피터 케이시가 구성한 작품이다. 이 음악제에서 세계적인 지휘자 정명훈이 지휘봉을 들고 서울시립교향악단이 연주했다. 바리톤 오현명, 소프라노 차수정, 가수 강산에·한영애 등이 함께 무대에 오른 이 공연은 클래식과 팝의 만남을 통해 환경보호의 메시지를 전달한다는 점에서, 또 정명훈과 김민기가 함께 만든 작품이라는 점에서 많은 관심을 모았다.

1995년 10월, 록 오페라 〈개똥이〉 공연

록 오페라 〈개똥이〉가 1995년 10월 17일부터 11월 5일까지 예술의 전당 토월극장 무대에 올랐다. 환경문제를 우화적으로 다룬 이 작품은 원래 1984년 무렵 농촌 생활을 청산하고 서울에 올라왔을 때 기획해 준비했던 작품이다. 그러나 당시에는 김민기라는 이름으로 공식적 활동이 불가능했던 시절이었고 결국 이 작품 역시 무산되고 말았다. 대신 이 작품을 준비하는 과정에서 만난 일군의 후배들과 함께 제작한 음반이 〈노래를 찾는 사람들 1〉이었고 함께 작업했던 후배들이 '노래를 찾는 사람들'과 '새벽'이라는 80년대의 대표적 노래운동 집단의 모태가 되었다.

〈개똥이〉의 무대는 벌레들의 왕국. 인간이 무심코 버린 쓰레기로 인해 벌레들 사이에는 조금씩 반목과 갈등이 싹튼다. 그 가운데 주인공 개똥이(반디의 애벌레)가 이웃을 구하기 위해 자기를 희생해가며 어른 반디로 성숙해간다는 내용이다. 어린이용이라고 착각할 수도 있지만 공연 형태를 보면 그렇지 않다. 노래와 춤, 영상, 첨단 무대 미술을 복합적으로 결합시킨 멀티 장르 형태의 공연 형식을 취하고 있다. 다만 친근하게 접근할 수 있도록 하기 위해 숲 속 벌레를 주인공으로 삼은 것뿐이다. 국내에서는 생소하게 대사 없이 노래만으로 작품 전체를 이끌어나간 것도 이 작품의 특색이다. 국악과 록 뮤직을 넘나드는 30여 곡을 김민기의 땀으로 만들어냈고, 재즈 피아니스트 김광민의 편곡, 국악인 남궁정애의 소리 지도, 유니스 모리스의 안무 등이 합쳐졌다.

이 공연에는 윤도현·이미옥·이정열·김효숙·오지혜·최용민·김기순·박윤희 등 30여 명의 배우들이 참여했고, 1984년 당시 함께 작업했던 가수 김광석을 비롯하여 노영심·안치환·한동준·권진원·여행스케치 등이 동참했다.

1996년 5월, 학전그린 소극장 개관, 〈지하철 1호선〉 11개월 연속 공연

1996

아동 청소년극 및 뮤지컬 전용 극장을 표방하며 학전그린 소극장을 새롭게 개관하고 기존의 학전 소극장을 학전블루 소극장으로 이름을 바꾼다. 경제적인 어려움으로 인해 외부 대관을 시작한 1999년 3월 이전까지 학전그린 소극장은 극단 학전의 뮤지컬 공연과 연습을 위한 전용 공간으로 운영되면서 극단 학전의 창작 공간으로 기능했다.

학전그린 소극장 개관 기념으로 5월 1일 공연을 시작한 록 뮤지컬 〈지하철 1호선〉은 대학로 주 관객들과는 다소 거리가 있던 넥타이 부대를 중심으로 관객층이 확대되면서 연일 매진을 기록했는데, 장기 공연이라는 개념조차 보편화되지 않은 당시에 객석 점유율 100%를 넘기면서 11개월 동안 연속 공연되는 진기록을 세우며 현재와 같은 장기 상시 공연의 기반을 마련하였다.

1997년 3월, 〈개똥이〉 재공연

1997

〈개똥이〉가 다시 문예회관 대극장 무대에 올랐다. 1984년에 기획되고 1995년에 첫 공연된 이 작품은 1997년에 다시 수정·보완되어 공연되었다. 그러나 1997년의 〈개똥이〉 역시 여전히 미완성이라는 것이 김민기의 생각이다. 그는 "초연의 〈개똥이〉는 에피소드와 음악적 테마를 스케치한 것에 불과"했고 "이번의 〈개똥이〉도 완성품이 아니라 스케치에 골조를 올린 정도"라고 했다.

1997년 5월, 록 뮤지컬 〈모스키토〉 공연

청소년들을 주인공으로 기성 사회와 정치판을 풍자한 록 뮤지컬 〈모스키토〉가 처음으로 무대에 올랐다. 역시 독일 그립스 극단의 원작을 번안한 이 작품은 김민기가 예술감독과 작사를 맡고 외부 연출가와 작가를 섭외하는 제작 방식을 시도했다. 당시 한보사태 등으로 정치에 대한 국민의 불신이 극에 달하고, 연말의 대통령 선거를 앞두고 본격적인 정치의 계절이 열리는 시점에 공연되어 많은 화제를 모았으나, 번역과 번안, 정치극과 청소년극의 애매한 경계를 벗어나지 못하는 아쉬움을 남겼다. 이후 이 작품은 한국 청소년들의 현실을 다룬 청소년 뮤지컬로 전면 개작되어 1999년과 2000년에 다시 공연된다.

1997년 10월, 〈지하철 1호선〉 부산 공연

〈지하철 1호선〉이 처음으로 지방에서 공연되었다. 김민기는 〈지하철 1호선〉의 무대를 부산으로 옮겨 부산 지하철 1호선 주변과 완월동 등을 답사하고 구수한 사투리, 온천장 주변의 삽화 등을 집어넣어 부산 태양아트홀 무대에 올렸고, 부산 시민의 열렬한 호응을 얻었다. 서울과 지방의 작품 교류의 새로운 형태로 관심을 모은 이 공연은 극의 배경과 성격 등을 지역 특성에 맞게 개작해 무대에 올린 새 판본으로, 연극 공연의 다양한 길 가운데 하나를 개척했다는 평가를 받았다.

1998

1998년 8월, 뮤지컬 〈의형제〉 공연

극단 학전의 새 레퍼토리 〈의형제〉가 첫 무대에 올려졌다. 〈의형제〉는 영국 극작가 윌리 러셀의 원작을 김민기가 한국적 상황으로 번안·연출한 작품으로, 이전의 학전 작품들이 주로 독일 뮤지컬을 번안한 작품이었던 것과 달리 영국 뮤지컬 형식에 대한 새로운 탐구를 시도한 것이었다. 원작자는 공업도시인 리버풀을 배경으로 상반된 사회·경제적 조건에서 자라난 쌍둥이 형제의 삶을 통해 오일쇼크와 파운드화 폭락, 대량 실직을 겪는 70년대 영국의 사정을 묘사했다. 멜로드라마적 형식 안에 사회의 어두운 면을 날카롭게 해부해 "배신과 부패에 대한 성난

우화"라는 평을 얻으며 리버풀-런던-브로드웨이로 이어지는 대성공을 거두었다.

　　김민기는 이 작품을 50년대에서 70년대 유신 말기까지를 담는 한국 현대사의 이야기로 탈바꿈시킨다. 한국 전쟁 때 부산으로 피난 온 '간난'은 남편을 잃은 뒤 네 아이를 먹여 살리기 위해 사단장 집의 식모로 일하던 중 자신이 쌍둥이를 임신한 사실을 알게 된다. 아이를 못 낳는 사단장 집 '사모님'은 쌍둥이가 태어나는 대로 하나를 달라고 조른다. 그리고 쌍둥이의 출생의 비밀을 영원히 감추기로 약속한다. 빈민촌과 부촌에서 따로 자란 '무남'과 '현민'은 둘 사이를 떼어놓으려는 '사모님'의 노력에도 운명처럼 친구가 되고 의형제까지 맺는다. 하지만 이들 사이에 어릴 적 친구 '영희'가 들어서면서 이들의 관계는 묘한 삼각관계의 틀로 발전하고 그 안에서 비극의 씨앗이 자란다. 세 사람이 커가면서 우정과 사랑을 교환하는 이 시기는 동족상잔과 분단고착, 근대화 과정의 질곡 등 현대사의 중대한 사건들이 망라된 시기다. 〈의형제〉는 이런 정치·사회적인 문제를 진지하게 되짚어보는 데 목적이 있지만, 극의 형식은 김민기가 전작들에서 보였던 유쾌하고 발랄한 감성이 주조를 이룬다. 빠른 호흡으로 바뀌는 무대, 대중적인 선율의 노래, 유머와 위트가 넘치는 대사들이 극의 분위기를 이끈다. 6개월 동안 공연된 이 작품은 높은 완성도와 배우들의 뛰어난 팀워크로 연말 한국연극협회 '우수공연베스트 5'에 선정되었다.

1999년, 김광석 추모사업회 위원장

1999

　1996년 1월 세상을 떠난 김광석을 기념하는 추모사업회가 발족했고 김민기가 위원장을 맡았다. 김광석은 1984년 김민기가 〈개똥이〉를 준비할 때부터 함께했고 생전에는 일 년에 한두 번씩은 꼭 학전에서 공연을 했던 절친한 후배였다. 김광석 추모사업회는 해마다 김광석 추모 콘서트를 개최하고 그 수익금을 대중음악 문화의 발전을 위해 사용하겠다는 계획으로 활동하고 있다.

1999년 1월, 〈의형제〉 동아연극상 작품상 수상

　동아연극상에서 극단 연우무대의 〈김치국 씨 환장하다〉(연출 최용훈)와 학전의 뮤지컬 〈의형제〉(연출 김민기)가 작품상을 받았다.

1999년 5월, 청소년 록 뮤지컬 〈99모스키토〉 번안 연출

　록 뮤지컬 〈모스키토〉가 김민기의 번안·연출을 통해 한국 청소년들의 현실을 다룬 작품으로 전면 개작, 공연되었다. 이 작품은 본격적인 청소년 뮤지컬을 표방하면서 스타크래프트, 인터넷 방송, PC방 등 10대들의 다양한 코드를 작품에 담으며 이들의 삶에 밀착하고자 노력한 것이 주효하여 청소년 관객들로부터 열광적인 지지를 받았다.

1999년 11월, 김민기 헌정 공연

　1999년 한 해 동안 한국 포크 음악 30주년을 기념하는 다채로운 이벤트가 개최되었다. 3월 이화여자대학교 강당에서 개최된 '포크릴레이 페스티벌'을 시작으로 다양하게 열린 이벤트의 마지막은 김민기를 위한 헌정 공연으로 장식되었다. 11월 20일 서울 장충체육관에서 열린 김민기 헌정 공연에는 정태춘, 박은옥, 권진원, 낯선사람들, 노영심, 동물원, 박학기, 신형원, 안치환, 여행스케치, 윤종신, 이정열, 한동준, 유열 등 쟁쟁한 중견들과 신예 서문탁, 그리고 이적과 한상원, 정원영 밴드가 모인 그룹 긱스 등 다양한 가수들이 출연했고 특별 초대 손님으로 시인 박노해와 성공회대학교 김창남 교수가 출연했다. 이 공연에서 「아침 이슬」, 「천리길」, 「친구」, 「바다」, 「철망 앞에서」, 「늙은 군인의 노래」, 「작은 연못」 등 그의 대표작들을 후배 가수들이 불렀고, 노래극 〈공장의 불빛〉 가운데 중요 대목을 노찾사와 서울대학교 메아리가 부르는 무대가 마련되었으며, 조용필 등의 영상 축하 메시지가 상영되었다.

2000

2000년 2월 6일, 뮤지컬 〈지하철 1호선〉 1,000회 돌파

　1994년 장기 공연의 대장정을 시작한 〈지하철 1호선〉이 2000년 2월 6일 1,000회 공연을 맞았다. 단일 극단이, 단일 공연장에서, 단일 연출가로, 단일 작품을 1,000회 이상 공연한 것은 한국에서 처음 있는 일이었다. 모두 18만 명 이상의 관객이 다녀간 〈지하철 1호선〉

은 한국 소극장 뮤지컬의 새로운 전형을 만들었다는 평가를 얻는다. 독일보다 먼저 1,000회 공연을 이룬 학전의 무대에 원작자 폴커 루드비히(Volker Ludwig)와 작곡자 비르거 하이만(Birger Heymann)이 독일에서 날아와 축하를 전했고 작품의 독창성을 인정하여, 2000년 1월 1일 이후 저작권료를 받지 않겠다는 선물을 안겨주었다. 1999년부터 영어 자막을 서비스하는 〈지하철 1호선〉은 외국인들도 많이 찾는 한국 공연 문화의 대표작이 되었다.

2001년, 제37회 백상예술대상 연극부문 대상 및 연출상 수상

2001

관객들로부터의 광범위한 지지와 록 뮤지컬 〈지하철 1호선〉의 국내외적인 성공에도 불구하고 김민기는 연극계 내에서 오랫동안 이방인으로 취급되어왔다. 연극을 전공하지도 않았고 음악에서 출발하여 정극보다 뮤지컬 작업에 주력해온 그를 연극계에서는 연극인의 한 사람으로 쉽게 인정하지 않으려 했던 것이다. 때문에 그가 뮤지컬 〈의형제〉의 번안·연출로 백상예술대상 연극부문 대상과 연출상을 수상한 것은 단순한 상의 의미를 넘어 그가 연극계로 성공적인 중심이동을 이루었다는 것을 의미했다.

2001~2003년, 뮤지컬 〈지하철 1호선〉 연이은 해외 공연

〈지하철 1호선〉의 성가는 해외에까지 이어졌다. 2001년부터 김민기 연출의 〈지하철 1호선〉 해외 공연이 계속되며 거의 모든 공연에서 평단과 관객의 높은 호응을 얻는다. 또 상복도 이어져 2001년 11월에는 국회 대중문화-미디어 대상 연극-뮤지컬 부문 대상을 수상했고, 2003년 12월에는 제1회 외신공로상 공연부문 상을 수상하기도 했다.

〈지하철 1호선〉 주요 해외 공연 연보는 다음과 같다.

2001	4. 3. ~ 4. 5.	그립스 극단 초청 독일 베를린 공연 : 그립스 극장 (GRIPS Theater Berlin)
		중국 대외연출공사 초청 중국 투어
	10. 1.~10. 5.	상하이 공연 : 난심대희원 (蘭心大戱院)
	10. 11.~10. 17.	베이징 공연 : 중국아동극장 (中國兒童劇場)
		일본국제교류기금(Japan Foundation) 초청 일본 투어
	11. 15.~11. 18.	도쿄 공연 : Bunkamura Theater Cocoon
	11. 20.~11. 21.	오사카 공연 : Drama City Hall
	11. 24.~11. 25.	후쿠오카 공연 : West Civic Center
2003	3. 6.~ 3. 8.	제31회 Hong Kong Arts Festival 초청공연 : 홍콩 APA Lyric Theater

2002

2002년 3월, 〈지하철 1호선〉 상시 공연 시스템으로의 진입

2001년 해외 투어를 마친 〈지하철 1호선〉은 2002년 3월부터 연중 상시 공연에 돌입하여 학전그린 소극장을 전용관으로 현재까지 계속 공연되고 있다. 해외 투어 이후 더욱 늘어난 외국인 관객을 위해 영어와 일어 자막이 번갈아 제공되는 〈지하철 1호선〉은 관객들이 이 작품을 찾는 한 계속 공연될 계획이다.

2003

2003년 11월, 〈지하철 1호선〉 2,000회 공연

1994년부터 시작된 〈지하철 1호선〉의 장정은 2003년 11월 9일 마침내 2,000회 공연의 위업을 달성했다. 2,000회 공연을 기념해 독일 그립스 극장의 오리지널 팀이 문예회관 대극장에서 성황리에 초청 공연을 가졌다.

2004년 5월, 록 뮤지컬 〈지하철 1호선〉 공연 10주년

2004

2004년 5월 14일 〈지하철 1호선〉이 공연을 시작한 지 꼭 10년이 된다. 김민기와 학전은 〈지하철 1호선〉 10주년을 맞으면서 여러 가지 의미에서 중요한 전기를 맞는다고 할 수 있다. 〈지하철 1호선〉은 더 이상의 수정 없이 공연되고 있다. 이제 그것은 한국 뮤지컬 문화의 획을 그은 작품이자 외국 문화의 한국적 수용의 한 전범이며 그 자체로 한국 사회의 1990년대를 담아낸 역사적 기록물로 남게 되었다. 김민기는 지금 새로운 작품을 준비하고 있으며, 그의 역정이 담긴 음반들을 새로운 레이블로 가다듬어 역사에 남기는 작업을 진행 중이다.

2004년 5월, 학전 어린이무대 시작 – 〈우리는 친구다〉 공연

오랫동안 아동 청소년극에 관심을 보여왔던 김민기는 1984년 아동용 뮤지컬 〈개똥이〉의 좌절 이후 20년 만에 〈우리는 친구다〉로 아동극을 시작한다. 폴커 루드비히의 원작을 번안·연출한 이 작품은 초등학교 3학년인 '민호'와 유치원생인 '슬기' 남매, 그리고 이들이 놀이터에서 만난 '뭉치'가 친구가 되어가는 과정을 어쿠스틱 라이브 연주를 바탕으로 섬세하고 진솔하게 그려 "환타지 쪽으로만 너무 많은 무게가 실리는 아동극계에 아이들 세계의 리얼리즘의 가능성을 보여준 동시에 음악이 아동 관객들과 어떻게 만날 수 있는지 흥미롭게 보여준 공연"으로 높은 평가를 받았다.

앞으로 학전은 어른에 대비되는 존재로서가 아니라 아이들 스스로를 중심으로 놓고 아이들의 시각에서 자신의 일상생활에 자리 잡은 고민, 꿈, 소망, 그리고 현실을 이야기하는 다양한 장르와 색깔의 어린이 공연을 '학전 어린이무대'라는 이름으로 계속 선보일 계획이며 이를 위해 아동 청소년 전용 극장 운영을 준비 중이다.

2004년 10월 12일, 리메이크 음반 〈공장의 불빛〉, 음반모음 전집 〈Past Life of Kim Min Gi〉, 악보집 『김민기』 출시

1978년 나온 노래굿 〈공장의 불빛〉은 이른바 민중가요 불법음반의 효시라 할 수 있고 이후 1980년대 노래운동에 결정적인 영향을 미쳤다. 김민기는 이 음반이 나온 지 25년 만인 2004년에 이를 새로운 감각으로 완전히 개작한 리메이크 음반을 발표한다. 리메이크 앨범의 프로듀스는 정재일이 맡았고 앨범 타이틀은 전태일 열사의 일기장에서 집자해서 만들었다. 이 리메이크 음반은 〈공장의 불빛〉 오리지널 음원과 함께 더블 음반으로 출시되었다.

〈공장의 불빛〉 리메이크와 함께 김민기의 노래들을 함께 모은 'Past Life of Kim Min Gi'란 제목의 음반모음 전집도 발매되었고, 같은 시기에 김민기의 창작곡 악보와 〈공장의 불빛〉, 〈지하철1호선〉의 대본과 악보, 김민기에 대한 비평과 연보 등을 모은 책 『김민기』(김창남 엮음, 한울, 2004)도 출간되었다. 2004년 10월 12일 삼성동 백암아트홀에서 〈공장의 불빛〉 리메이크 음반과 전집 음반 〈Past Life of Kim Min Gi〉의 출시 그리고 책 『김민기』의 출간을 기념하는 기자회견과 쇼케이스 행사가 열렸다.

2005

2005년 11월, 파라다이스 문화재단의 파라다이스상 수상

파라다이스상은 고 전락원 파라다이스 그룹 회장의 아호인 우경(宇耕)에서 이름을 딴 우경문화예술상(1990년 제정)과 우경복지상(1996년 제정)이 통합해 2003년부터 시상해 온 상으로 문화예술 부문과 사회복지 부문을 시상한다. 김민기는 국내 소극장 공연 활성화에 기여한 공로를 인정받아 2005년 문화예술부문 상을 받았다.

2007

2007년 3월, 독일연방공화국 문화훈장 괴테 메달 수상

김민기는 독일문화원(Goethe-Institut)이 수여하는 '괴테 메달'의 2007년도 수상자로 선정됐다. 1954년 제정된 괴테 메달은 독일과의 문화교류에 공을 세운 세계적인 예술가나 학자에게 독일문화원이 수여하는 훈장이다. 김민기는 독일 그립스 극장(Grips Theater)의 뮤지컬 〈리니에 1(Linie 1)〉(원작 폴커 루트비히)을 한국 상황에 맞게 각색한 〈지하철 1호선〉을 1994년부터 13년째 공연하고 있던 중이었고 당시 주한독일문화원은 "김 씨가 연극인, 작곡가, 작가로서 활동하면서 한국과 독일 연극 교류에 기여한 업적을 인정받아 메달을 받게 됐다"고 전했다.

2007년의 괴테 메달 수상자는 모두 세 명이었다. 김민기 외에 베를린 도이치 국립오페라(Deutsche Staatsoper Berlin)의 상임지휘자 겸 음악 총감독인 다니엘 바렌보임, 작가 겸 번역가인 데쉬 탄도리 두 명이 메달을 받았다.

괴테 메달의 과거 수상자 중 한국인으로는 국립극장장을 역임한 연극인 고 서항석(1970년), 작곡가 고 윤이상(독일, 1995년), 비디오 아티스트 고 백남준(미국, 1997년) 등이 있으며, 한국 국적을 가진 수상자는 서항석 이후 김민기가 두 번째다.

시상식은 괴테의 서거일인 3월 22일 독일 바이마르에서 열렸다.

2008년, 고 김광석 노래비 제막

2008

1996년 김광석이 사망한 후 김민기는 김광석추모사업회 회장을 맡아 왔다. 김광석추모사업회는 2008년 김광석 12주기를 맞아 그를 추모하는 기념비를 세우고 제막식을 가졌다. 기념비는 학전소극장 앞에 안규철 교수가 제작한 부조 형태로 세워졌다. 1월 6일 제막식과 함께 학전소극장에서 열린 추모 콘서트에는 노영심, 이소라, 성시경, YB, 이적, 드렁큰타이거, 윈디시티, 김목경, 동물원, 박학기, 장필순, 한동준, 유리상자 등이 참여했다.

2008년, 뮤지컬 〈고추장 떡볶이〉 서울 어린이 연극상 우수상 수상

2008년 김민기와 학전은 독일 그립스 극단의 〈케첩 스파게티(Spaghetti mit Ketchup)〉를 한국 정서에 맞추어 번안 연출한 〈고추장 떡볶이〉를 무대에 올렸다. 이 작품은 그해 서울 어린이 연극상 우수상을 수상했고 월간 《한국연극》이 선정하는 2008년 공연베스트7에 선정되기도 했다. 《한국연극》은 매년 12월호에 그 해 공연된 작품 가운데 우수한 작품을 선정 발표한다. 2009년에는 학전의 〈무적의 삼총사〉가, 2010년에는 〈분홍병사〉가, 2016년에는 〈우리는 친구다〉가 각기 '공연 베스트7'에 선정되었다.

2013

2013년 12월, 뮤지컬 〈슈퍼맨처럼〉 장애인먼저실천상 우수실천상 수상

2013년에는 휠체어를 타는 초등학생을 주인공으로 한 뮤지컬 〈슈퍼맨처럼〉이 장애인먼저실천운동본부가 주관하는 장애인먼저실천상 우수실천상을 받았다. 이 작품 역시 독일 그립스 극단의 〈Stronger than Superman〉을 원작으로 김민기가 번안 연출한 작품이다.

2013년 2월, 제10회 한국대중음악상 공로상 수상

한국대중음악상은 대중음악전문가들이 모인 선정위원회에서 한 해 동안 음악적으로 가장 우수한 성과를 낸 음악인들에게 수여하는 상으로 2004년부터 시작되었다. 다양한 장르별로 가장 높은 성취를 이룬 음반과 노래에 대해 수상하는 장르부문, 그 해 가장 주목할 만한 송합적 성과를 낸 음악인들에게 수여하는 중합부문(올해의 신인, 올해의 음악인, 올해의 노래, 올해의 음반), 그리고 특별부문(공로상, 선정위원특별상)으로 나뉘어 수여된다. 2013년 제10회 한국대중음악상의 공로상은 김민기에게 수여되었다.

한국대중음악상 선정위원 서정민갑은 김민기에 대한 공로상의 의미를 아래와 같이 정리했다.

> 한국적 포크 음악의 시원으로, 싱어송라이터의 표본으로, 올곧은 청년정신과 시대정신을 음악으로 음악답게 담아낸 작가로, 한국 뮤지컬의 기본을 다잡은 연출가로 김민기는 형형하다. 그로부터 얼마나 좋은 노래들이 많이 나왔던가. 그로부터 음악은 얼마나 현실과 가까워졌던가. 낭만이라는 미명으로 현실로부터 도망가고, 이 땅의 삶과 고난과 아름다움을 외면하는 노래들이 득세할 때 그는 정직한 시선으로 노래를 바로 지금

이곳의 남루와 슬픔과 희망으로 데려왔다. 그리고 정갈하고 서정적인 한국어를 길어 올려 시에 준하는 노랫말로 담아내고, 단단하고 옹골찬 음악으로 피워냈다. 그가 만들어 낸 것은 몇 장의 음악이었지만 그로 인해 싹튼 것은 음악만이 아니었다. 그것은 하나의 정신이고 실천이었다. 스스로 즐기는 데 그치지 않고 자유를 고뇌하는 지성은 개인을 넘어 만인이 함께 사는 세상의 자유로 향했고, 거친 광야의 낮고 서러운 사람들 곁으로 내려갔다. 그 정신이 「아침이슬」을 넘어 「공장의 불빛」으로 이어지고 그의 노래를 가슴에 담았던 이들이 함께 어깨를 걸면서 한국 대중음악에는 하나의 새로운 길이 생겨났다. 현실과 서정이라는 예술의 책무를 동시에 짊어지려고 했던 예술가의 고투와, 말해야 할 것을 말하되 감동으로 전하기를 게을리하지 않은 작가적 헌신에 힘입어 생겨난 길을 무엇이라 불러야 할까. 그러나 그는 그 후로도 오직 자신의 길을 갈 뿐 스스로를 빛내거나 자신의 몫을 요구하지 않았고, 자신이 대결했던 불의와 거짓에 투항하지 않은 채 오늘도 청년이기를 멈추지 않고 있다. 그리고 그 후로 수십 년, 여전한 분단과 여전한 불평등으로 갈수록 더해가는 절망은 이제 지금 이곳의 음악가들을 그 길로 부르고 있다. 스스로를 부정하는 노추(老醜)들이 욕되게 하는 청년 정신을 넘어 꿋꿋이 제 길을 가는 청년 김민기들의 노래가 다시 필요한 때다. 그것이 오늘 김민기를 기리는 진정한 이유이다. 이제는 오늘의 김민기들이 출몰하고 날뛰어야 한다.

2014년 3월, 제11회 아시테지 연극상 수상

김민기와 학전은 제 11회 아시테지 연극상을 수상했다. 국제아동청소년연극협회(아시테지)가 주관하는 아시테지 연극상은 한 해 동안 아동청소년 연극인으로서 많은 활동과 업적을 남긴 개인 또는 단체에 수여하는 상이다.

국제아동청소년연극협회 한국본부(이사장 김숙희)는 "극단 학전은 척박한 아동청소년극의 제작환경에도 〈우리는 친구다〉, 〈고추장 떡볶이〉, 〈소년과 복서〉 등 사회적 이슈를 바탕으로 한 우수 공연물을 제작하고 지속적으로 공연했다"고 평했다.

2014년 10월, 제8회 한독협회 이미륵상 수상

2014년 10월에는 한독협회가 수여하는 이미륵상을 수상했다. 한독협회는 김민기가 공연 연출가로 활동하면서 〈지하철 1호선〉(〈리니에 1〉)을 비롯한 독일의 여러 뮤지컬 작품을 한국에 소개하는 등 두 나라 문화 교류에 이바지한 점을 높이 평가받았다고 선정 이유를 밝혔다. 시상식은 그해 10월 27일 서울 용산 주한독일 문화원에서 열렸다.

2018

2018년 10월, 한국대중문화예술상 은관문화훈장 수상

대중문화 발전에 기여한 문화예술인에게 수여하는 정부포상인 대한민국 대중문화예술상 은관문화훈장을 받았다. 2018년 은관문화훈장은 김민기와 배우 고 이순재, 그리고 고 조동진이 받았고 방탄소년단이 화관문화훈장을 받았다. 시상식은 10월 24일 서울 송파구 방이동 올림픽공원 올림픽홀에서 열렸다.

2020

2020년, 호암상 예술상

2020년에는 호암 이병철 삼성그룹 창업주의 경영 철학을 기리는 호암상의 예술상 수상자로 선정되었다. 호암상은 과학상, 공학상, 의학상, 예술상, 사회봉사상 등 다섯 부문으로 시상한다. 김민기는 「아침이슬」, 「상록수」 등의 작곡자로 1970~1980년대 청년문화를 이끌었고 이후 1991년 대학로에 소극장 학전을 개관해 한국인의 정서와 삶의 애환이 깃든 이야기를 '소극장 뮤지컬'로 풀어내며 한국 공연계에 새로운 대안을 제시한 제작자 겸 연출가로 평가받았다.

2020년 8월, 울릉도에 「내 나라 내 겨레」 노래비 제막

2020년 8월 8일 섬의 날을 기념해 울릉도에 「내 나라 내 겨레」 노래비가 세워져 제막식이 열렸다. 경상북도 울릉군 북면 안용복기념관 초입에 세워진 「내 나라 내 겨레」 노래비에는 김민기가 친필로 쓴 노랫말이 새겨졌다. 「내 나라 내 겨레」는 1970년대 초 음악평론가 이백천 씨가 주도했던 통기타 그룹의 대학순회공연팀의 단가로 불린 노래다. 김민기가 노랫말을 쓰고 송창식이 작곡해 조영남, 송창식 등 여러 가수들의 노래로 널리 알려졌다. 그해 10월 독도의 날을 맞아 경상북도청은 김민기에게 감사패를 전달했다.

2021년, '아침이슬 50주년 기념 김민기 헌정사업'

2021

「아침이슬」이 처음 음반화한 것은 1971년 양희은의 데뷔 음반을 통해서였다. 그 해에 김민기의 독집 음반도 나왔다. 「아침이슬」 발표 50주년을 맞아 경기문화재단 주관으로 아침이슬 50주년 기념 김민기 헌정사업이 추진되었다. 2021년 6월 10일부터 23일까지 예술의 전당 한가람미술관 제7전시장에서 22명의 작가가 출품한 미술작품들과 김민기의 어린 시절 그림과 악보, 연출노트 등이 전시되는 전시회가 열렸다. 김민기의 작품을 여러 가수들이 불러 제작한 더블 음반 〈아침이슬 50년 김민기에 헌정하다〉도 발표되었다. 여기 참여한 가수들은 나윤선(「가을편지」), 정태춘(「강변에서」), 이날치(〈공장의 불빛〉 중 「교대」), 레드벨벳의 웬디(「그 사이」), 이은미(「기지촌」), 유리상자(「늙은 군인의 노래」), 한영애(「봉우리」), 알리(「상록수」), 윤도현(「새벽길」), NCT 태일(「아름다운 사람」), 노래를 찾는 사람들(〈공장의 불빛〉 중 「야근」), 권진원과 황정민(「이 세상 어딘가에」), 장필순(「작은 연못」), 윤종신(「주여 이제는 여기에」), 크라잉넛(「천리길」), 메이트리(「철망 앞에서」), 박학기(「친구」) 등이며 마지막 트랙에 다 함께 부른 「아침이슬」이 수록되었다.

6월 20일에는 KBS 1TV를 통해 김민기 특집 '열린 음악회'가 방송되었고 9월 22일에는 수원 경기아트센터 대극장에서 헌정 공연이 펼쳐졌다. 박학기가 총감독을, 권오준이 음악감독을 맡은 이 공연에는 장필순, 윤도현, 권진원, 이은미, 유리상자, 알리, 노찾사, 크라잉넛, 한영애 등이 무대에 섰다. 12월 12일에는 서울 송파구의 롯데콘서트홀에서 오케스트라 반주에 맞춘 트리뷰트 공연이 열렸다. 최영선이 지휘하는 밀레니엄 심포니오케스트라의 연주로 이루어진 이 공연에는 작곡가 김동성과 김형석이 참여하였고 박학기, 권진원,

노찾사, 알리, 유리상자, 이은미, 이적, 장필순, 한영애, 성미산마을 어린이합창단 등이 출연했다.

김민기 헌정사업의 마지막 사업은 김민기의 작품 가운데 동요의 성격을 가진 노래들을 모은 음반을 제작하는 것이었다. 김민기의 동요 15곡이 수록된 이 음반은 노찾사 출신의 가수 조경옥이 부르고 백창우가 프로듀서를 맡아 2021년 12월에 출시되었다. 조경옥은 김민기의 권유로 2022년 12월 16일부터 18일까지 학전에서, 21일에는 고양시문예회관에서 콘서트를 가졌다. 이 공연에서 김민기는 전체 연출을 맡았고 김창남이 노래 해설을, 밴드 로큰롤라디오가 게스트로 나섰다. 강승원, 문대현, 신지아, 장경아 등이 반주를 맡았다.

2023

2023년 1월 6일, 학전에서 제1회 김광석 노래상 경연대회 개최

김민기가 회장을 맡고 있던 김광석 추모사업회 주최로 학전에서 제1회 김광석 노래상 경연대회가 열렸다. 참가자는 김광석이 부른 노래 1곡과 미발표 창작곡 1곡을 불러야 한다. 이 대회는 모두 102팀이 예선에 참가해 이 가운데 7팀이 본선에 진출했고 The2002 팀이 대상에 해당하는 김광석 상을 수상했다. 김민기 별세 후에는 강승원이 김광석추모사업회장 직을 이어 맡아 아르코꿈밭극장에서 매년 김광석 기일에 행사를 이어가고 있다.

2024

2024년 2월 28일~2024년 3월 14일, 학전 어게인

2023년 가을 김민기는 위암 판정을 받았고 결국 학전을 지속적으로 운영하기 힘든 상황에 처하게 된다. 학전 폐관 예정 소식이 알려지자 이 극장을 통해 성장한 많은 음악인과 배우들이 〈학전 어게인〉 공연을 기획한다. 2024년 2월 28일 여행스케치와 윤도현의 공연으로 막을 연 〈학전 어게인〉 콘서트는 많은 음악인과 배우들이 참여하면서 폐관 직전인 3월 14일까지 이어졌다. 단순한 소극장을 넘어 한 시대를 상징했던 학전의 33년 여정을 마무리하는 이 콘서트에 많은 관객들이 찾아와 감사와 아쉬움을 표했다.

2024년 3월 15일, 학전 폐관

1991년 3월 15일에 개관한 학전블루소극장은 33년 만에 문을 닫았다. 이 공간은 문화예술위원회가 인수해 어린이와 청소년 중심 공연장인 아르코꿈밭극장으로 2024년 7월 17일 재개관했다.

2024년 4월 21일~5월 5일, SBS 스페셜 다큐멘터리 〈학전 그리고 뒷것 김민기〉 방영

학전 폐관 소식이 전해지자 김민기와 학전의 역사를 기록해 두어야 한다고 생각한 SBS의 제작진에 의해 다큐멘터리 제작이 추진되었다. 기획은 정철원, 연출은 이동원, 고혜린, 박기영, 왕성우, 김영묵, 김로사, 작가로는 김명정, 이승미, 배은미, 이서인, 박지영 등 여러 스태프들이 참여했고, 나레이션은 배우 장현성이 맡았다. 다큐멘터리 〈학전 그리고 뒷것 김민기〉는 4월 21일(일), 4월 28일(일) 그리고 5월 5일(일) 밤 11시 5분에 3주 연속으로 방영되었고 동 시간대 시청률 1위를 기록하는 등 큰 사회적 반향을 얻었다. 김민기의 친구와 지인들, 학전을 거쳐 간 많은 배우와 음악인들의 인터뷰가 담긴 이 다큐멘터리는 그동안 잘 알려지지 않았던 김민기의 생애와 활동, 주변에 미친 선한 영향 등을 조명하며 많은 사람들에게 감동을 주었다.

이 다큐멘터리는 제61회 백상예술대상 교양작품상, 2025 방송미디어통신위원회 방송대상 우수상(사회문화발전부문), 2025년 WORLDFEST HOUSTON GOLD REMI AWARD, 방송통신심의위원회 선정 이달의 좋은 프로그램 최우수상, 한국PD연합회 선정 이달의 PD상, 민주언론시민연합 선정 이달의 좋은 보도상, 한국기독언론인연합회 선정 한국기독언론대상 등 국내외적으로 많은 상을 수상했다. 2025년부터는 넷플릭스에도 올라 서비스되고 있다.

2024년 7월 21일, 별세

2024년 7월 21일 밤 8시 26분에 별세했다. 향년 73세. 서울대 병원 영안실에 차려진 빈소에는 오랜 지인들과 음악인들, 학전을 거쳐 간 배우들, 고인을 기리고자 하는 많은 시민들이 찾아 와 조문했다. 발인은 7월 24일에 치러졌다. 고인의 시신은 오전 8시 서울대 병원 영안실을 출발해 학전소극장을 들른 뒤 화장을 거쳐 천안 공원묘원의 가족묘지에 안장되었다.

2024년 11월 13일, 우당상 수상

독립운동가 우당 이회영 선생을 기념하는 우당상 수상자로 선정되었다. 우당이회영선생교육문화재단은 "〈아침이슬〉은 전 국민을 화합시키는 정서적 토대였다"며 "고인은 문화창작가, 음악가, 연출가로서 뒷것을 자처하며 문화계의 인재를 양성했다"고 선정 사유를 밝혔다. 대한민국임시정부기념관에서 열린 시상식에는 큰 아들 김종화가 참석하여 대리 수상했다.

2025

2025년 7월, 1주기 맞아 복각 LP 〈김민기〉 발매, 학전김민기재단 설립 준비 발표

1주기를 맞아 1971년에 발매된 첫 앨범 〈김민기〉의 복각 LP가 제작 발매되었다. 또한 고인의 유지를 온전히 이으며 그의 업적을 아카이빙하기 위해 '학전김민기재단'의 설립이 추진되고 있음이 공지되었다.

2025년 12월 18일, 민족예술상 특별상 수상

한국민족예술인총연합(민예총)이 주관하는 제22회 한국민족예술인대회에서 민족예술상 특별상을 수상했다. 경기도 수원문화재단에서 열린 시상식에는 큰 아들 김종화가 참석하여 대리 수상했다.

엮은이 **김창남**

서울대학교 경영학과를 졸업하고 동 대학원 신문학과(현 언론정보학과)에서 석사와 박사 과정을 마쳤다. 1980년대부터 문화평론가로 활동해 왔으며 한국대중음악학회 회장, 한국대중음악상 선정위원장, 우리만화연대 이사, 서울문화재단 이사 등을 역임했다. 1996년부터 성공회대학교 미디어콘텐츠융합학부 및 문화대학원 교수로 재직하고 2025년 2월 정년퇴임했다. 현재 성공회대학교 명예교수로 활동하며 (사)더불어숲 이사장을 맡고 있다.

『대중문화의 이해』, 『한국대중문화사』, 『나의 문화편력기』, 『삶의 문화 희망의 노래』, 『대중문화와 문화실천』, 『신영복 평전: 더불어 숲으로 가는 길』(공저) 등의 책을 썼고, 『김민기』, 『대중음악의 이해』, 『대중음악과 노래운동 그리고 청년문화』, 『통하면 아프지 않다』, 『희망을 통찰하다』, 『가는 길이 내 길이다』, 『상상력으로 미래를 연습하다』 등 여러 책을 엮었다.

김민기 | Kim Min-gi (증보판)

ⓒ 김창남, 2026

엮은이 | 김창남
펴낸이 | 김종수
펴낸곳 | 한울엠플러스(주)

초판 1쇄 발행 | 2004년 10월 15일
증보판 1쇄 발행 | 2026년 2월 10일

주소 | 10881 경기도 파주시 광인사길 153 한울시소빌딩 3층
전화 | 031-955-0655
팩스 | 031-955-0656
홈페이지 | www.hanulmplus.kr
등록번호 | 제406-2015-000143호

Printed in Korea.
ISBN   978-89-460-8430-8 03670 (양장)
         978-89-460-8431-5 03670 (무선)

* 책값은 겉표지에 표시되어 있습니다.